Semântica

uma introdução ao
estudo formal do significado

Conselho Acadêmico
Ataliba Teixeira de Castilho
Carlos Eduardo Lins da Silva
Carlos Fico
Jaime Cordeiro
José Luiz Fiorin
Magda Soares
Tania Regina de Luca

Proibida a reprodução total ou parcial em qualquer mídia
sem a autorização escrita da editora.
Os infratores estão sujeitos às penas da lei.

A Editora não é responsável pelo conteúdo deste livro.
O Autor conhece os fatos narrados, pelos quais é responsável,
assim como se responsabiliza pelos juízos emitidos.

Consulte nosso catálogo completo e últimos lançamentos em **www.editoracontexto.com.br**.

Marcelo Ferreira

Semântica
uma introdução ao
estudo formal do significado

Copyright © 2022 do Autor

Todos os direitos desta edição reservados à
Editora Contexto (Editora Pinsky Ltda.)

Foto de capa
Colin Carter em Unsplash

Montagem de capa
Gustavo S. Vilas Boas

Diagramação
Do autor

Revisão
Camila Silvestre dos Santos
Elaine Grolla

Dados Internacionais de Catalogação na Publicação (CIP)

Ferreira, Marcelo
Semântica : uma introdução ao estudo formal do significado /
Marcelo Ferreira. – São Paulo : Contexto, 2022.
320 p.

Bibliografia
ISBN 978-65-5541-152-2

1. Semântica I. Título

22-3121   CDD 401.43

Angélica Ilacqua CRB-8/7057

Índice para catálogo sistemático:
1. Semântica

2022

Editora Contexto
Diretor editorial: *Jaime Pinsky*

Rua Dr. José Elias, 520 – Alto da Lapa
05083-030 – São Paulo – SP
PABX: (11) 3832 5838
contexto@editoracontexto.com.br
www.editoracontexto.com.br

Sumário

Apresentação	**9**
1 Forma e significado	**13**
1.1 Significado em vários níveis	13
1.2 Correspondência entre forma e significado	16
1.2.1 Sinonímia e ambiguidade	16
1.2.2 Ambiguidade e vagueza	19
1.2.3 Homonímia e polissemia	21
1.2.4 Formas sem significado	23
1.2.5 Significados sem forma	24
1.3 Uso e significado	26
Recomendações de leitura	28
Exercícios	28
2 Verdade e significado	**31**
2.1 Sentido e referência	32
2.1.1 Das palavras ao mundo	32
2.1.2 Das palavras à verdade	37
2.2 Sobre nomes próprios	42
2.3 Caráter e conteúdo	46
2.4 Analítico e sintético	49
2.5 Para além da verdade	56
2.5.1 Sentido e referência do falante	56
2.5.2 Múltiplas dimensões do linguístico	57
2.5.3 Condições de uso	66
2.5.4 Sentenças não declarativas	66
Recomendações de leitura	69
Exercícios	70

3 Possibilidades e significado   **73**

3.1   Mundos possíveis 73

3.2   Proposições como conjuntos 76

3.3   Relações semânticas 79

    3.3.1   Acarretamento 79

    3.3.2   Consistência 82

    3.3.3   Quadrado das oposições 83

3.4   Operando sobre o significado 88

3.5   Necessidades e impossibilidades 93

3.6   De volta aos acarretamentos 97

3.7   Pressuposições 99

    3.7.1   Sobre a pragmática das pressuposições 105

    3.7.2   Proposições, pressuposições e conversação 106

Recomendações de leitura 108

Exercícios 109

4 Compondo o significado I: saturação   **113**

4.1   Extensões 113

4.2   Sujeitos e predicados 116

4.3   Verbos e seus objetos 122

4.4   Operando sobre predicados 127

Recomendações de leitura 130

Exercícios 131

5 Compondo o significado II: descrição e modificação   **133**

5.1   Descrições definidas singulares 133

    5.1.1   Nomes próprios com artigos 138

5.2   Modificação adjetival 139

    5.2.1   Modificação, restrição e contexto 142

5.3   Relativização 145

    5.3.1   Implementação formal 148

Recomendações de leitura 150

Exercícios 151

6 Compondo o significado III: quantificação   **153**

6.1   Determinantes quantificadores 155

    6.1.1   Numerais 159

    6.1.2   Artigos (in)definidos 161

6.2   Propriedades formais dos determinantes 164

    6.2.1   Conservatividade 168

6.3   Incrementando a composição 170

6.4	DPs e forma lógica	174
6.5	Escopo	177
	Recomendações de leitura	182
	Exercícios	183

7 Para além do real: modalidade   **185**

7.1	Verbos de atitude proposicional	188
	7.1.1 O problema da onisciência lógica	198
	7.1.2 Ambiguidades de dicto/de re	200
7.2	Verbos transitivos intensionais	205
7.3	Verbos modais	207
	Recomendações de leitura	213

8 Para além do agora: temporalidade   **217**

8.1	Tempos e tempos	218
8.2	Sobre a sintaxe do tempo	220
8.3	Operadores temporais	221
	8.3.1 Modificação temporal	223
8.4	Tempo subordinado	224
8.5	Negação e dependência contextual	231
8.6	Tempo e aspecto	232
	8.6.1 (Im)perfectividade	233
	8.6.2 O aspecto perfeito	236
	Recomendações de leitura	239
	Exercícios	240

9 Para além do singular: pluralidade e massividade   **243**

9.1	Átomos e somas	245
9.2	NPs plurais	248
9.3	DPs plurais	251
9.4	Predicação plural	253
	9.4.1 Mais sobre cumulatividade	260
9.5	Coletividades	262
9.6	Contáveis e massivos	264
	9.6.1 Massivos atômicos	268
	Recomendações de leitura	271
	Exercícios	271

10 Para além do individual: eventividade   **273**

10.1	Modificação adverbial	274
10.2	O argumento eventivo	276

10.3 Eventos e seus participantes	281
10.3.1 Análise neodavidsoniana	283
10.4 Vozes verbais	285
10.4.1 Voz ativa	287
10.4.2 Voz passiva	288
10.4.3 Outras vozes: causativos e incoativos	290
10.5 Telicidade	296
10.6 Eventos no tempo	300
Recomendações de leitura	303
Exercícios	304

Respostas dos exercícios   **305**

Referências   **315**

O AUTOR   **319**

Apresentação

Este livro é uma introdução à semântica. Busca apresentar, sem pré-requisitos, esta área da linguística dedicada ao estudo do significado.

Significado é, ele mesmo, um conceito um tanto abrangente e complexo. Por um lado, extrapola o linguístico: acontecimentos, como uma guerra, têm significado; gestos, como um olhar ou um aperto de mão, têm significado. O silêncio, como o de uma pausa dramática em uma peça de teatro, pode ter significado. Por outro lado, mesmo dentro do universo linguístico, o significado é tentacular, alcançando os múltiplos níveis de análise que a forma das expressões linguísticas admitem: afixos, palavras, predicados, sentenças e textos têm significado. E como em toda empreitada intelectual em que nos debruçamos sobre um objeto complexo, há muitas abordagens e muitos pontos de vista a partir dos quais podemos olhar para ele. Não temos a pretensão de percorrer todo este vasto e pantanoso território, nem de nos colocar em todos os pontos de vista. Faremos, desde a partida, recortes empíricos, teóricos e metodológicos. Isolaremos faces e aspectos do significado que, esperamos, sejam consistentes e eventualmente integrados com descobertas e análises vindas de outros domínios e pontos de vista.

A abordagem que seguiremos costuma ser chamada de semântica formal. Abordagens formais se valem de ferramentas e métodos lógico-matemáticos na explicitação de seus conceitos, análises e explicações. De fato, a semântica formal está enraizada em uma tradição lógico-filosófica em que a matemática tem um caráter instrumental importante. Com exceção das considerações de caráter mais informal e descritivo que faremos no primeiro capítulo, o restante do livro se enquadra nesta abordagem semântica. Veremos que, mesmo com um aparato formal modesto e facilmente manipulável por não iniciados, é possível conseguir um notável alcance empírico.

A princípio, qualquer nível de análise linguística que manifesta significado, de afixos a textos, pode ser abordado com um viés formalista. Neste livro, entretanto, nosso recorte recairá sobre o nível sentencial. Falaremos do significado de sentenças e de como ele se compõe a partir do significado das palavras e dos constituintes sintáticos que estruturam estas sentenças. Frequentemente, olharemos para as interfaces da semântica com áreas vizinhas, seja com aquelas que estudam a forma das

10 Semântica

expressões linguísticas, a sintaxe em particular, seja com aquelas que se ocupam da comunicação linguística e da transmissão de significado entre interlocutores, a pragmática em particular.

Responder a pergunta 'o que é o significado?' é enfrentar uma questão filosófica profunda e que pode ter um efeito paralisante naquele que se inicia na área. Esse efeito, porém, não é exclusividade da semântica. Pense no que é a Biologia. O estudo da vida, alguém dirá. Mas o que é a vida? Difícil dizer. Mas essa dificuldade não impediu a ciência da vida de progredir. Como isso foi possível? Bem, fazendo o que normalmente se faz em ciência. Começa-se com uma caracterização intuitiva, pré-teórica do objeto de estudo e passa-se a investigar fenômenos em que ele se manifesta. No caso da biologia, a manifestação da vida se dá no que, pré-teoricamente, chamamos de seres vivos. O que tais organismos têm em sua constituição e funcionamento, que os demais organismos, os seres não vivos não têm? Responder precisa e explicitamente essa pergunta é, de certo modo, responder a pergunta 'o que é a vida?'. Assim foi feito, assim tem sido feito e assim se chegou a sistemas de órgãos, a células, ao DNA e a uma enorme quantidade de conhecimento sobre o que caracteriza os seres vivos e, portanto, a vida.

É assim que pretendemos proceder neste livro. Olharemos para uma série de fatos linguísticos que, intuitiva e pré-teoricamente, envolvem a noção de significado e, a partir disso, buscaremos compreender o que está por trás destes fatos. Esperamos que, procedendo assim, naturalmente nos aproximemos do próprio significado, o que quer que ele venha a ser.

Como dissemos inicialmente, não há pré-requisitos para a leitura deste livro. Qualquer pessoa interessada na linguagem humana, mesmo as que nunca tiveram contato com a literatura da área, terá plenas condições de seguir o material apresentado. O livro está dividido em capítulos relativamente curtos, que devem ser lidos na ordem em que aparecem no sumário. Ao final de cada um destes capítulos, há exercícios que o leitor não deve deixar de fazer. Alguns reforçarão o material que acabou de ser abordado, outros convidarão o leitor a expandir seu horizonte. Há também recomendações de leitura que o interessado poderá consultar e que o levarão a níveis mais sofisticados. Estas recomendações incluem tanto materiais didáticos mais aprofundados e técnicos do que este livro, quanto textos fundadores da área escritos por filósofos, lógicos e linguistas cujos trabalhos ajudaram a dar à semântica formal o rosto que ela tem hoje. Espero sinceramente que o leitor se sinta instigado a olhar para essa literatura tão fascinante.

Em linhas gerais, eis o que aguarda o leitor: são 10 capítulos que podem ser vistos como formando três grupos. Os primeiros três capítulos, com títulos da forma *significado e X*, apresentam os fundamentos da semântica formal e as relações do significado com as noções de forma linguística, verdade e possibilidade. Além de conceitos centrais a qualquer abordagem semântica, como sinonímia, ambiguidade e vagueza, serão introduzidos os principais construtos teóricos com os quais semanticistas de viés formalista costumam trabalhar: valores de verdade, mundos possíveis e proposições. Os capítulos 4 a 6, intitulados *a composição do significado I, II, e III*, respectivamente, discutem como o significado de uma sentença é obtido a partir do significado de suas palavras e de sua estrutura sintática. São analisadas composições envolvendo noções como predicação, modificação, definitude, determinação e quantificação, a partir da análise semântica de substantivos, verbos, adjetivos, artigos, determinantes e orações relativas. Os capítulos 7 a 10, com títulos da forma *para além de X*, estendem esse material em termos empíricos e teóricos, discutindo o significado nos domínios da modalidade, temporalidade, pluralidade/massividade e eventividade. Nestes capítulos, discutem-se verbos com complementos proposicionais, as categorias de tempo e aspecto, a distinção entre substantivos contáveis (singulares e plurais) e massivos e, por fim, advérbios de modo, vozes gramaticais e a classificação de predicados verbais de acordo com o tipo de situação que descrevem.

***

Este livro deve muito a outros manuais que exerceram enorme influência em minha formação como pesquisador e professor na área de semântica. São obras inspiradoras e que muito contribuíram para os eventuais acertos didáticos do que está neste livro. Gostaria de destacar, em ordem alfabética, Altshuler et al. (2019), Chierchia (2003), Chierchia & McConnell-Ginet (2000), Gamut (1991), Heim & Kratzer (1998), Jacobson (2014), Larson & Segal (1995), Pires de Oliveira (2001), Saeed (2016) e Von Fintel & Heim (2011). Aproveito a oportunidade para agradecer às autoras e aos autores o muito que me ensinaram através de suas obras.

A primeira versão completa do manuscrito que originou este livro foi escrita em 2020, durante a trágica pandemia da COVID-19, que, no momento em que escrevo esta apresentação, ainda não chegou ao fim. Na maior parte deste período, o sítio de meu pai em Minas Gerais serviu de refúgio para mim, para minha mulher Elaine e para meus filhos Henrique e João Pedro. Gostaria de agradecer a companhia deles, do meu pai José Olindo, do Matheus, da Paula, do Rodrigo e da Vicentina. Sempre que pensar neste livro, vou me lembrar do privilégio que foi estar com vocês naquele momento tão atípico.

Após essa primeira versão, o manuscrito passou por algumas revisões de forma e conteúdo resultantes das leituras atentas que Elaine Grolla e Camila Silvestre fizeram e do seu uso nas minhas aulas de graduação da disciplina de semântica na USP. Meu muito obrigado à Elaine, à Camila e aos alunos por essa ajuda tão importante.

1 Forma e significado

O objetivo deste primeiro capítulo é situar a semântica, o estudo linguístico do significado, no contexto dos estudos linguísticos em geral. Uma língua pode ser vista como uma maneira de parear sons e significados. Esse pareamento, como veremos, não é tão simples, e a correspondência entre forma e significado é, superficialmente ao menos, muitas vezes irregular ou opaca. Nas seções a seguir, olharemos para a relação da semântica com outras áreas da linguística centradas na forma, tendo em mente essas correspondências. Apresentaremos algumas noções semânticas básicas que nos servirão de apoio nas questões que perseguiremos nos capítulos seguintes.

Ainda não começaremos a responder aquela que é, de direito, a questão semântica fundamental: o que é o significado? Tampouco nos engajaremos em análises aprofundadas de construções linguísticas específicas. Tudo isso será feito nos capítulos seguintes, em que mergulharemos em fundamentos e análises semânticas sofisticados. Neste primeiro instante, vamos apenas nos familiarizar com alguns conceitos e fatos semânticos mais gerais e que deverão permanecer ativos em nossa memória de trabalho à medida que formos progredindo na jornada intelectual que temos pela frente. Comecemos, então, modestamente.

1.1 Significado em vários níveis

Unidades linguísticas se articulam em vários níveis de sucessiva complexidade. No nível mais elementar estão os sons que associamos a consoantes e vogais, ou fones, como costumam ser chamados na fonética e na fonologia, que são as áreas da linguística dedicadas aos elementos sonoros das línguas naturais. Os fones, em si, não possuem significado. Entretanto, podem articular-se em unidades maiores, estas sim, portadoras de significado. As menores unidades linguísticas dotadas de significado são os morfemas, que, por sua vez, se articulam formando palavras, também elas dotadas de significado. Tome, como exemplo, a palavra 'gatinhas'. Nela, encontramos quatro partes com significado:

(1) **Morfemas se articulam em palavras**
     gat+inh+a+s ⇒ gatinhas

Da esquerda para a direita, temos (i) uma raiz 'gat-', também presente em outras palavras relacionadas, como 'gato' ou 'gatas' e que remete a um certo tipo de animal; (ii) o sufixo diminutivo '-inh-', que traz a ideia de tamanho reduzido; (iii) a desinência de gênero feminino 'a', que contribui com a ideia de sexo biológico; e (iv) a marcação de plural '-s', que contribui com a ideia de pluralidade, ou seja, mais de um. Trata-se, pois, de uma palavra plurimorfêmica. Algumas palavras, como 'mar', por exemplo, são monomorfêmicas. Neste caso, os três fones se concatenam em uma unidade maior, que é, ao mesmo tempo, um morfema e uma palavra. A área da linguística que estuda os morfemas e a formação de palavras é a morfologia.

A articulação dos fones, unidades sem significado, em morfemas, unidades com significado, e destes em palavras, também com significado, ilustra uma característica fundamental da linguagem humana, a que o linguista francês André Martinet (1908-1999) chamou de dupla articulação. Em uma dessas articulações, a partir de algumas dezenas de unidades básicas, os fones, forma-se um número elevadíssimo (na casas das dezenas de milhares) de unidades mais complexas, os morfemas. Na outra articulação, os morfemas se combinam, compondo seus significados, e gerando um número ainda maior de palavras, cada qual com seu próprio significado. Trata-se de uma formidável característica que evidencia uma notável economia de meios.

(2)   **A dupla articulação da linguagem**
g+a+t ⇒ gat
gat+inh+a+s ⇒ gatinhas

No nível dos morfemas, a junção entre e som e significado é arbitrária. Isso quer dizer que não há nada na natureza dos sons que compõem um morfema que nos revele seu significado. Isso fica claro quando ouvimos uma palavra que nos é totalmente desconhecida, seja de nossa própria língua, seja de uma língua estrangeira que estamos aprendendo. Só ouvir os sons não basta para chegarmos ao significado. Salvas algumas pouquíssimas e imperfeitas exceções, relacionadas a onomatopeias e interjeições, essa é outra característica notável da linguagem humana, a que o influente linguista suíço Ferdinand de Saussure (1857-1913) chamou de arbitrariedade do signo linguístico. Essa arbitrariedade fica estampada quando comparamos a pronúncia de termos com significados semelhantes em línguas distintas: 'cachorro' em português é 'dog' em inglês e 'perro' em espanhol, para ficarmos em um único caso e com línguas relativamente próximas umas das outras. Como se vê, as semelhanças entre os significados não se faz acompanhar por uma semelhança entre os sons.

A partir dos morfemas, porém, o significado obedece a regras de composição. Do padrão da arbitrariedade que acabamos de ver, passamos a um padrão de composicionalidade, em que o significado do todo é função do significado das partes.

Já vimos isso no caso de 'gatinhas', ilustrando a articulação dos morfemas em palavras, e o mesmo se dá nos níveis seguintes. Palavras se articulam em unidades maiores formando sintagmas ou constituintes sintáticos de vários tipos, como expressões nominais ('o primeiro homem a pisar na Lua') e verbais ('era americano'), que por sua vez, se articulam para formar sentenças ('o primeiro homem a pisar na Lua era americano').

(3)   **Palavras se articulam em sintagmas**
        o+primeiro+homem+a+pisar+na+Lua ⇒ [o primeiro homem a pisar na Lua]
        era+americano ⇒ [era americano]

(4)   **Sintagmas se articulam em sentenças**
        [o primeiro homem a pisar na Lua] + [era americano] ⇒ [o primeiro homem a pisar na Lua era americano]

Ao estudo de como as palavras se estruturam em unidades maiores (como as que demarcamos com colchetes nos exemplos acima) formando sentenças, chamamos de sintaxe. A interpretação no nível sintático é fundamentalmente composicional. Há exceções, claro, como nomes próprios compostos ('João Pedro') e expressões idiomáticas, ora correspondendo a constituintes sub-sentenciais, como em 'bater as botas', ora a sentenças inteiras, como em 'a vaca foi bro brejo'. Nestes casos, grupos de palavras se cristalizam em um bloco, cujo significado é opaco em relação ao significado das partes que o constituem.

Por fim, sentenças se articulam em textos. Neste nível, a composição do significado não parece tão regrada quanto no nível sentencial, mas, de modo algum, é arbitrária ou caótica. Eis um exemplo bem simples de construção do significado neste nível:

(5)   **Sentenças se articulam em textos**
        Pedro está cansado. Ele trabalhou o dia todo.

Cada sentença, isoladamente, tem seu significado. Postas em sequência, formando este breve texto, sugerem um nexo causal entre elas. Interpretamos o cansaço a que a primeira sentença se refere como tendo sido causado pelo trabalho prolongado referido na segunda parte. Sobre este nível de análise se debruça a área de estudos conhecida como linguística textual.

Temos, pois, uma extensa hierarquia de níveis de análise linguística. Com exceção do nível mais elementar, o fônico, as expressões linguísticas são dotadas de significado. Como vimos, a partir do nível morfêmico, a estruturação formal em unidades cada vez mais abrangentes corresponde a uma interpretação composicional, em que o significado das partes contribui para o significado do todo. A semântica, entendida como o estudo linguístico do significado, pode operar em todos estes níveis, do morfêmico ao textual.

O escopo deste livro é a semântica sentencial. Investigaremos a natureza do significado de uma sentença e como este significado é composto a partir do significado das palavras. Trata-se de um recorte teórico, que, como tal, implica em limitações. Esperamos, entretanto, que esta estratégia de dividir para conquistar seja frutífera e que possa, com modificações, se integrar às contribuições que outros recortes, como o da semântica lexical (morfemas e palavras) e o da a semântica textual (períodos compostos e textos) trouxeram e continuam trazendo para o entendimento de como forma e significado se correspondem na linguagem humana. Sobre esta correpondência, ainda faremos algumas considerações na próxima seção, extraindo delas alguns conceitos básicos que nos serão úteis no decorrer dos próximos capítulos.

1.2 Correspondência entre forma e significado

Como vimos na seção anterior, à medida que a forma de uma expressão linguística vai sendo construída em sucessivos níveis de análise, o significado vai, paralelamente, sendo composto. Entretanto, essa correspondência entre forma e significado não é uma correspondência biunívoca, com uma única forma para cada significado ou um único significado para cada forma. Duas noções semânticas importantes estão na origem desta correspondência imperfeita, como veremos a seguir.

1.2.1 Sinonímia e ambiguidade

Sinonímia diz respeito à associação de duas formas distintas ao mesmo significado. Ela pode se dar no nível lexical ou no nível sintático, quando costuma ser chamada de paráfrase. Exemplos do primeiro tipo são 'cão' e 'cachorro', ou 'marido' e 'esposo'. Essa semelhança no nível lexical leva, obviamente, a semelhanças no nível sentencial:

(6)   a.   Um cão entrou na igreja.
        b.   Um cachorro entrou na igreja.

As sentenças (a) e (b) parecem dizer a mesma coisa. São paráfrases uma da outra. Há, porém, casos de sinonímia sentencial que são irredutivelmente sintáticas, ou seja, não se explicam apenas pela troca de uma palavra por outra de mesmo significado. É o caso, por exemplo, de pares do tipo voz ativa/voz passiva:

(7)   a.   Pedro leu um livro.
        b.   Um livro foi lido por Pedro.

Entre palavras e sentenças, temos casos envolvendo constituintes sintáticos intermediários:

(8) a. O atual marido da Maria.
    b. O homem com quem Maria está casada atualmente.

Novamente formas distintas e mesmo significado. Seja quem for a pessoa a quem (a) se refere, esta será também a pessoa a quem (b) se refere, e vice-versa.

Na direção oposta à sinonímia, vai a ambiguidade. Neste caso, uma mesma forma se associa a significados distintos. Novamente, isso pode se dar em diferentes níveis. No nível lexical, temos palavras como 'manga', que pode designar tanto um tipo de fruta quanto uma parte de certas peças de vestuário. Ou 'banco' que pode designar uma instituição financeira ou um tipo de assento. Nestes casos também, a ambiguidade lexical pode se estender a expressões maiores:

(9) manga amarela.

(10) Tem uma manga em cima da mesa.

Em (9), o adjetivo pode estar qualificando tanto a cor de uma fruta quanto a de uma peça de vestuário. Já em (10), podemos estar descrevendo a mesa de um feirante ou de uma costureira.

Também no caso da ambiguidade, há casos irredutivelmente sintáticos:

(11) Pedro visitou a fábrica de chinelos.

Esta sentença pode descrever uma situação em que Pedro visitou uma fábrica que produz chinelos, sem que saibamos que tipo de calçado estava usando, quanto uma situação em que Pedro calçava chinelos quando visitou uma certa fábrica, sem que saibamos que tipo de fábrica ele visitou. Neste caso, não há palavras ambíguas. A ambiguidade, agora, é fruto da possibilidade de conferirmos diferentes análises sintáticas a uma mesma sequência de palavras. Em uma das análises, 'de chinelos' modifica o substantivo 'fábrica', formando com ele um grupo nominal coeso. Na outra análise, 'de chinelos' modifica o predicado 'visitou a fábrica', ou talvez um constituinte oracional 'Pedro visitou a fábrica'. Podemos representar estas análises sintáticas agrupando os respetivos constituintes entre colchetes:

(12) a. Pedro [visitou a [fábrica [de chinelos]]]
    b. Pedro [[visitou a fábrica] [de chinelos]]

Na primeira análise, em que temos um caso de modificação nominal, [fábrica de chinelos] aparece entre colchetes, indicando tratar-se de um dos constituintes sintáticos da sentença. Na segunda análise, essa sequência não é um constituinte sintático, não aparecendo portanto delimitada por colchetes. O que se tem são dois constituintes, [visitou a fábrica] e [de chinelos], se combinando no nível da predicação verbal, após o verbo e seu objeto direto já terem se juntado. Um outro caso de ambiguidade no nível sintático ocorre com expressões nominais coordenadas:

18 **Semântica**

(13)   brasileiros e estrangeiros idosos

O adjetivo 'idosos' pode ser interpretado como modificando apenas 'estrangeiros' ou a estrutura coordenada 'brasileiros e estrangeiros'. Aqui, também, a representação com colchetes pode explicitar o que está por trás da ambiguidade:

(14)   a.   [[brasileiros e estrangeiros] idosos]
      b.   [brasileiros e [estrangeiros idosos]]

O uso de colchetes para demarcar constituintes sintáticos guarda semelhança com o uso de parênteses em expressões matemáticas complexas:

(15)   a. $(2 + (3 \times 5))$
      b. $((2 + 3) \times 5)$

Nestes casos, os parênteses indicam a ordem em que as operações aritméticas se aplicam. Como se pode notar, diferentes ordens de aplicação levam a resultados (interpretações) diferentes: 17, no primeiro caso, 25, no segundo.

Se considerarmos sentenças como estruturas hierárquicas, e não como meras sequências de palavras, veremos que exemplos como (10) ou (11) representam (de maneira incompleta) não uma, mas duas sentenças com formas (sintaxe) e interpretações (semântica) distintas. O que se tem em comum é apenas a pronúncia (ou a escrita).

Uma observação relacionada pode ser feita em relação aos casos de ambiguidade lexical. Se pensarmos em palavras não como meras sequências de sons, mas como pares formados por som e significado, teríamos as seguintes possibilidades:

(16)   *palavra*$_1$: $(som_1, significado_1)$
      palavra$_2$: $(som_2, significado_2)$

(17)   *palavra*$_1$: $(som_1, significado_1)$
      palavra$_2$: $(som_2, significado_1)$

(18)   *palavra*$_1$: $(som_1, significado_1)$
      palavra$_2$: $(som_1, significado_2)$

O caso em (16) representa duas palavras com som e significados distintos, como 'gato' e 'cachorro', além de muitos outros. O caso em (17) representa a sinonímia, em que duas palavras têm sons diferentes e significados iguais, como 'cão' e 'cachorro'. Por fim, o caso em (18), representa a ambiguidade, em que duas palavras têm sons iguais e sentidos diferentes, como 'manga' (fruta) e 'manga' (parte de peça de vestuário). Visto assim, o vocabulário do português conteria dois itens fonologicamente semelhantes, que podemos representar como manga$_1$ e manga$_2$. Sentenças com tais palavras herdam esta ambiguidade. Sendo assim, também estaríamos diante de duas sentenças, e não apenas uma:

(19)   a. S_1: Tem uma $manga_1$ em cima da mesa.
        b. S_2: Tem uma $manga_2$ em cima da mesa.

Desta forma, todos os casos de ambiguidade se reduzem a duas (ou mais) expressões com sons idênticos e interpretações distintas. Fica explicitada também a intuição de que sinonímia e ambiguidade são duas faces da mesma moeda. Ambas evidenciam que a correspondência entre som e significado não é biunívoca, ou seja, de um para um.

1.2.2 Ambiguidade e vagueza

Ao discutir o conceito de ambiguidade, apontamos que palavras ambíguas, como 'manga' ou 'banco', podem designar coisas distintas, como frutas e partes de peças de vestuário, ou assentos e instituições financeiras. A propriedade de designar tipos distintos de coisas (entendidas aqui da maneira mais ampla possível) se aplica também a um outro conceito semântico, que é importante distinguir da ambiguidade, tal como vista na seção anterior. Trata-se do que se chama, no jargão linguístico, de vagueza. Para entender a vagueza e, sobretudo para contrastá-la com a ambiguidade, vejamos um exemplo. Considere a sentença a seguir, focando na palavra 'criança', que aparece em destaque:

(20)   Tem *criança* na sala.

A palavra 'criança' designa tanto meninos quanto meninas. Meninos e meninas diferem entre si, o que também se aplica a frutas e pedaços de roupa. Assim como ao ouvirmos (20) fora de contexto, ficamos sem saber se há na sala somente meninos, somente meninas, ou meninos e meninas, quando ouvimos (21), que repetimos da seção anterior, fora de contexto, ficamos sem saber se o que há sobre a mesa é uma fruta, um pedaço de roupa, ou até, quem sabe, uma fruta e um pedaço de roupa.

(21)   Tem uma *manga* em cima da mesa.

Pode-se dizer que meninos e meninas, apesar de diferentes entre si, remetem a conceitos próximos, ao passo que frutas e pedaços de roupas, apesar de também distintos, remetem a conceitos muito distantes um do outro. Isso está correto, mas ainda precisa de esclarecimentos. Considere, por exemplo, a palavra 'coisa', destacada na sentença a seguir:

(22)   Tem uma *coisa* sobre a mesa.

20 **Semântica**

Seria 'coisa' um caso de ambiguidade? Intuitivamente não. Note, porém, que esta palavra pode designar coisas muito distintas entre si. Aliás, tanto frutas quanto pedaços de roupa são, afinal de contas, coisas. Mas o que, então, leva nossa intuição a colocar casos como o de 'manga' de um lado, e os de 'criança' ou 'coisa' de outro?

Continuemos a nos referir ao caso de 'manga' como um caso de ambiguidade, caracterizada da maneira que vimos na seção anterior, ou seja, como a existência de duas palavras no vocabulário do português que têm a mesma forma, mas significados diferentes, e passemos a nos referir a casos como o de 'criança' como um caso de vagueza. A ideia é que termos vagos são monossêmicos, ou seja, têm um único significado, mas que este significado remete a conceitos que não discriminam certas diferenças. No caso da palavra 'criança', temos algo como 'humano de pouca idade', sem que haja a especificação do sexo biológico. Inclui, portanto, meninos e meninas. Mas o ponto capital é que se trata de uma única palavra, ou seja, de uma única forma associada a um único significado. O mesmo se dá no caso da palavra 'coisa', sendo o significado aqui algo extremamente abrangente, não discriminando praticamente nada, a ponto de incluir frutas e pedaços de roupa, além de uma infinidade de outros objetos.

A melhor evidência linguística para uma distinção nesta linha vem da interação destas palavras com a negação sentencial. Imagine a seguinte situação: você vai à feira para comprar mangas (a fruta, claro) e retorna com a sacola vazia. Ao ser perguntado do porquê, você responde com (23):

(23)   Não tinha manga na feira.

De maneira alguma sua resposta implica que os feirantes estavam sem camisas ou usando camisetas do tipo regata (sem manga, portanto). Isso é facilmente explicado, assumindo que a sentença em questão continha a palavra $manga_1$ que designa a fruta, e não $manga_2$, que designa parte de peça de vestuário. Como compartilham da mesma pronúncia, não há como ter certeza, quando pronunciada isoladamente, a qual item lexical a sequência de sons está associada. Cabe ao contexto de fala a desambiguação. No caso acima, a presença da palavra 'feira' já é um bom indício sobre que palavra está sendo usada em (23). O importante a se notar é que, contendo apenas uma das palavras 'manga' existentes em português, a sentença acima diz respeito a apenas um de seus significados. Nada há de inconsistente, portanto, entre o que (23) afirma e a existência de mangas (de camisa) na mesma feira. Compare isso com o que acontece com a negação de uma sentença com a palavra 'criança':

(24)   Não havia criança na festa.

Se alguém me pergunta a razão de a festa em questão ter estado tão calma, e eu respondo com (24), eu afirmo, sem margem para dúvidas, que não havia nem meninos e nem meninas na festa. Ou seja, se tiver havido uma única criança na festa, seja ela menino ou menina, eu terei mentido ao afirmar (24). Aqui não há apelo ao contexto que me salve de inconsistência. A hipótese de que termos vagos são monossêmicos e que 'criança' é um termo vago explica imediatamente o que está se passando. Havendo uma única palavra com a forma 'criança' no vocabulário da língua, e seu significado abrangendo meninos e meninas, a negação veiculará a inexistência de qualquer indivíduo, menino ou menina, que recaia no conceito.

Temos assim uma boa razão para distinguir ambiguidade de vagueza e um bom respaldo teórico à nossa intuição inicial de que se tratava mesmo de fenômenos distintos. Podemos, inclusive, usar a negação para testar termos que não nos pareçam incialmente claros em relação a essa oposição. Por exemplo, a palavra 'cunhado' pode designar tanto o irmão da esposa quanto o marido da irmã. Ambiguidade ou vagueza? Usemos a negação. Se eu digo a você que Pedro não é meu cunhado, o que eu estou negando? Que ele seja irmão de minha mulher? Que ele seja marido de minha irmã? Ou ambas as coisas? Se você compartilhar minha intuição, terá endossado a última alternativa. Assim sendo, trata-se de vagueza e não de ambiguidade.

1.2.3 Homonímia e polissemia

Deixando o conceito de vagueza de lado, e voltando a focar a ambiguidade, uma outra distinção semântica importante se dá entre casos de homonímia e polissemia. Homonímia diz respeito a casos de ambiguidade em que a coincidência das formas é puramente acidental, não havendo relação entre os significados envolvidos. É o caso de 'manga'. Contraste-o com a palavra 'café'. Essa palavra aparenta ter ao menos cinco significados distintos. Vamos representá-los por $café_1$, $café_2$, ...$café_5$. As definições a seguir buscam relacioná-los:

(25) $café_1$: um tipo de planta cultivável (...)
         $café_2$: fruto de $café_1$
         $café_3$: pó obtido a partir do processamento de $café_2$
         $café_4$: líquido preparado a partir da mistura de água com $café_3$
         $café_5$: tipo de estabelecimento comercial onde se serve $café_4$

Como se pode notar, os diferentes significados se relacionam, e o que fizemos em (25) foi explicitar estas relações, obtendo novas definições a partir do significado inicial representado em $café_1$. Trata-se de um caso típico de polissemia: significados distintos, porém relacionados. Outros exemplos são 'porta', que pode ser um vão em uma parede (como em 'passar pela porta') ou um objeto sólido que preenche esse vão (como em 'bater na porta') e 'universidade', que pode significar uma instituição de ensino ou o local em que essa instituição funciona. Esse último tipo de polissemia vale para uma série de palavras, como 'empresa', 'loja' e mesmo 'banco' que, mais acima, vimos ilustrar um caso de homonímia ao manifestar os significa-

22 Semântica

dos de assento e instituição financeira. A este último significado se relaciona um terceiro, o de local em que a instituição funciona:

(26) **Homonímia de 'banco'**
banco$_1$: tipo de assento
banco$_2$: insituição financeira

(27) **Polissemia de 'banco'**
banco$_2$: insituição financeira
banco$_3$: local em que funciona banco$_2$

Como se pode ver, banco$_1$ e banco$_2$ não são semanticamente relacionados, enquanto banco$_2$ e banco$_3$ o são.

Homonímia e polissemia também se distinguem na sua robustez translinguística. Enquanto a primeira, por seu caráter acidental, dificilmente se replica em diferentes línguas, a segunda é muito mais estável e atestada em várias línguas. Apenas a título de ilustração, compare 'manga', 'porta' e 'banco', em português, com suas contrapartes inglesas. No primeiro caso, a ambiguidade desaparece, com a fruta sendo designada por *mango* e a parte ligada a vestuário por *sleeve*. No segundo, a polissemia permanece na tradução *door*. E, no terceiro, a ambiguidade entre tipo de assento e instituição financeira se perde com os termos *bank* e *bench*, mas a polissemia permanece com *bank* podendo designar tanto a instituição quanto seu local de funcionamento. Essa relativa estabilidade translinguística é fruto de a polissemia ser reveladora da estrutura conceitual e cognitiva que embasa o fenômeno, com conceitos próximos compartilhando uma mesma forma. Em se tratando de algo revelador da própria mente humana, é esperado que se manifeste mesmo em línguas não tão próximas historicamente.

Por fim, é interessante notar casos do que alguns consideram a manifestação da polissemia no nível sintagmático. Considere os casos de modificação adjetival elencados abaixo:

(28) a. carro rápido
      b. estrada rápida
      c. digitador rápido
      d. resposta rápida

A modificação efetuada pelo adjetivo no substantivo que o acompanha é diferente em cada caso. Um carro rápido é um veículo que se desloca com grande velocidade. Uma estrada rápida é uma superfície sobre a qual veículos podem se mover velozmente. Um digitador rápido é uma pessoa capaz de executar uma tarefa velozmente. E uma resposta rápida é, ou uma resposta curta, enunciável em breve período de tempo, ou uma resposta que se segue quase que imediatamente a uma pergunta. Note-se que, em cada caso, um atributo diferente do que o substantivo designa é afetado pela modificação introduzida pelo adjetivo. Ainda assim, em todos os casos há um núcleo semântico comum e que diz respeito à noção de rapidez ou velocidade. Neste caso, de fato, parece mais perspicaz conferir o caráter polissêmico não ao adjetivo isolado, mas à própria construção sintagmática [substantivo + adjetivo].

1.2.4 Formas sem significado

Nas discrepâncias entre forma e significado que vimos até aqui, tivemos casos em que formas distintas se associavam ao mesmo significado (sinonímia) e casos em que a mesma forma se associava a significados distintos (ambiguidade). Essas discrepâncias se acentuam quando notamos haver também casos em que uma forma vem desacompanhada de significado. É o que acontece, por exemplo, com certas preposições que acompanham alguns dos chamados verbos transitivos indiretos, como 'gostar':

(29)   Pedro gosta de chocolate.

Intuitivamente, a relação expressa pelo verbo se dá entre um indivíduo (Pedro) e um tipo de comida (chocolate). A preposição 'de' não parece cumprir nenhum papel na composição do significado. Ao contrário, sua presença parece se justificar em termos puramente sintáticos, uma exigência gramatical deste verbo do português. Note, a esse respeito, a ausência desta preposição em construções relacionadas. Pense, por exemplo, em verbos do próprio português com sentidos próximos, como 'apreciar' e 'adorar', ou verbos semelhantes de outras línguas, como o verbo *like*, do inglês. Todos estes verbos são transitivos diretos e vêm desacompanhados de preposição, o que não os impossibilita de expressar relações entre seus sujeitos e objetos do mesmo tipo daquela expressa pelo verbo 'gostar'.

Fatos análogos parecem se dar com certas construções impessoais de certas línguas, envolvendo verbos expressando fenômenos meteorológicos ou com sentido existencial. Compare as construções do português, em (30), com suas traduções em inglês e francês, prestando atenção nos termos destacados:

(30)   a.   Está chovendo.
         b.   Tem um livro sobre a mesa.

(31)   a.   *It* is raining.
         b.   *There* is a book on the table.

(32)   a.   *Il* pleut.
         b.   *Il* y a un livre sur la table.

A diferença que salta aos olhos é a presença de um sujeito (*it*/*there*/*il*) em inglês e em francês, mas não em português. Tal sujeito não contribui em nada na composi-

24 **Semântica**

ção do significado e parece, como no caso da preposição 'de', ser apenas fruto de requerimentos da sintaxe de certas línguas. Tais sujeitos costumam ser chamados de sujeitos expletivos, sem significado. Se representarmos, como o fizemos anteriormente, as palavras como pares do tipo (som, significado), teríamos algo como (som, #), em que # indica tratar-se de um item semanticamente vácuo, ou seja, vazio de significado. Essa representação nos leva a cogitar a existência de um outro tipo de expressão, desta vez com significado, mas sem som: (#, significado), que, como veremos a seguir, também é atestada.

1.2.5 Significados sem forma

Considere a sentença a seguir:

(33)   Maria já está trabalhando, mas Pedro ainda não.

A segunda oração, introduzida pela conjunção 'mas', parece incompleta em termos sintáticos. De fato, tal oração, se enunciada isoladamente e fora de contexto, soaria um tanto estranha:

(34)   Pedro ainda não.

Em (33), porém, a ausência formal não parece implicar em ausência semântica. Ao contrário, não temos qualquer dificuldade em interpretar a oração, acrescentando o constituinte faltante: Pedro ainda não [está trabalhando]. Trata-se do fenômeno conhecido como elipse, em que parte de uma oração aparece elidida: não é pronunciada, mas é interpretada, contribuindo para a composição do significado da oração a que o constituinte pertence. Na linha do que vínhamos assumindo nas seções anteriores e que já antecipamos ao final da última seção, podemos representar uma expressão elidida como uma expressão sem som, mas com significado. Não se trata, pois, de ausência da expressão, mas de ausência de seu componente sonoro:

(35)   Pedro ainda não [$_\epsilon$ _____].

A ideia, portanto, é que o constituinte ϵ é parte da sentença, mas não é pronunciado. O contraste entre (33) e (34) sugere que o uso adequado de uma elipse requer um contexto que forneça uma expressão que preencha, por assim dizer, o constituinte elidido. Tal expressão é chamada de antecedente. Em (35), o antecedente estava na mesma sentença. Em outros casos, pode estar em outro enunciado:

(36)   A: Sei que a Maria já está trabalhando, mas e o Pedro?
        B: O Pedro ainda não.

A resolução de elipses, ou seja, a identificação das condições necessárias e suficientes para que se possa elidir um constituinte é uma tarefa complexa, que tem desafiado linguistas há um bom tempo. Se, por um lado, o suporte contextual parece necessário, ele, definitivamente, não é suficiente. Veja o caso a seguir, que adaptamos de um exemplo em inglês do linguista Thomas Wasow:

(37)   *Uma prova de que Deus existe ainda não.

O asterisco prefixado à sentença indica que se trata de uma expressão agramatical, rejeitada pelos falantes de português. A razão para isso parece clara: falta um predicado verbal após o 'não'. Mas por que não interpretamos essa ausência como um constituinte elidido? A escolha do antecedente seria óbvia: o verbo 'existir' presente na própria oração:

(38)   Uma prova de que Deus existe ainda não **existe**.

O desafio em questão é entender por que um exemplo como (33) é aceitável, mas outro como (37) não. Não iremos aprofundar esta discussão. Nosso objetivo, ao chamar a atenção para as construções de elipse, foi apenas o de ilustrar mais uma evidência das assimetrias entre forma e significado, que é o tema desta seção.

Sumarizando tudo o que vimos, expressões linguísticas podem ser vistas como uma correspondência ou pareamento entre som (forma) e significado. Esta correspondência, porém, é imperfeita: há casos de sinonímia, em que mais de uma forma está associada a um único significado, casos de ambiguidade, em que mais de um significado está associado a uma única forma, casos de expletivos, em que uma forma não está associada a nenhum significado, e casos de elipse, em que um significado não está associado a nenhuma forma. Essa imperfeição, entretanto, não é um empecilho para os usuários de uma língua. Crianças aprendem espontaneamente suas línguas, absorvendo naturalmente sinonímias, ambiguidades, expletivos e elipses. Ouvintes são costumeiramente rápidos em usar pistas contextuais para resolver ambiguidades e elipses, e falantes até mesmo tiram partido de tudo isso com intenções comunicativas que visam realçar suas falas com humor e espirituosidade. Para a compreensão de tudo isso, a caracterização estritamente semântica que fizemos neste capítulo precisará ser somada a outras, vindas de áreas afins da linguística, como a pragmática, que estuda as interações comunicativas, a psicolinguística, que estuda a maneira como adquirimos, produzimos e processamos em tempo real as expressões de nossas línguas, e a neurolinguística, que estuda as bases cerebrais da linguagem humana. Estas interfaces são, por um lado, uma amostra da grande complexidade por trás dos estudos do significado, mas, por outro, evidenciam seu caráter fascinante e são um convite para uma jornada intelectual formidável.

26 Semântica

1.3 Uso e significado

Antes de encerrar este capítulo inicial, é importante dizer algumas palavras sobre uma das interfaces da semântica a que aludimos ao final da seção anterior. Trata-se da interface da semântica com a pragmática. A pragmática também se ocupa do significado. Ela o faz, porém, de uma perspectiva diferente. Ao passo que a semântica está centrada nas expressões linguísticas, assumindo serem elas portadoras de significado, a pragmática está centrada nos falantes e no uso das expressões linguísticas em situações concretas de fala. Passa-se de sentenças e suas partes a proferimentos ou enunciações. Passa-se do sentido das expressões linguísticas, vistas abstrata e isoladamente, para as intenções comunicativas dos falantes, evidenciadas em situações concretas de uso da linguagem.

Ainda que as fronteiras entre a sintaxe, a semântica e a pragmática sejam difíceis de demarcar, uma primeira aproximação, baseada em uma proposta do filósofo americano Charles Morris (1901-1979), pode ser posta da seguinte forma: a sintaxe se ocupa da forma dos signos e de suas possibilidades combinatórias, a semântica se ocupa da relação dos signos com os objetos que eles designam e a pragmática se ocupa dos usos, ou seja, da produção e interpretação dos signos por usuários de um sistema. Limitando nossa atenção ao universo linguístico, uma série de considerações até certo ponto análogas às que fizemos nas seções anteriores sobre a relação entre forma e conteúdo poderiam ser feitas em relação à interface da semântica com a pragmática. Ao trazer os falantes para o universo da significação linguística, detectamos também uma série de discrepâncias entre o que se diz, por um lado, e o que se quer dizer, por outro. Voltaremos a isso em algumas ocasiões no decorrer deste livro. Por agora, encararemos intuitivamente alguns poucos exemplos, com o objetivo de termos uma noção melhor do que é a pragmática e de sua interface com a semântica.

Compare as reações de B às falas de A nos exemplos a seguir:

(39) A: O Pedro é inteligente?
      B: Ele é esforçado.

(40) A: Pedro errou todas as contas de multiplicar que eu passei pra ele!
      B: Trata-se de um gênio da matemática!

(41) A: Você esteve com a vítima no dia do crime?
      B: ...

No primeiro exemplo, B diz que Pedro é esforçado. Mas parece claro que o que ele quis mesmo dizer é que Pedro não é inteligente. Infere-se que B acha que Pedro é esforçado, mas não inteligente. Com isso, B consegue comunicar mais do que ele, de fato, disse. Já no segundo exemplo, temos um caso de aparente ironia. O que B disse é que Pedro é um gênio, mas, muito provavelmente, o que ele quis dizer foi o extremo oposto disso. Nesse caso, B consegue comunicar o contrário do que ele disse. Por fim, no terceiro exemplo, B não diz nada, permanecendo em silêncio. Infere-se que ele não tem a intenção de contribuir, talvez porque não queira, talvez porque esteja amedrontado ou ameaçado. Se B for suspeito de um crime e estiver sendo interrogado por um delegado, seu silêncio pode ser tomado como evidência de que ele esteve, de fato, com a vítima no dia do crime. Nesse caso, o silêncio é interpretado como uma resposta afirmativa à pergunta do interrogador.

Nos exemplos que acabamos de discutir, só o significado das sentenças, ou seja, aquilo que nossa competência estritamente linguística nos dá, não nos permite entender o que se passa. Prova disso é que uma mesma sentença pode ser usada para comunicar mensagens distintas, como se vê a seguir, a depender do contexto de uso:

(42)   A: O seu vizinho Pedro é bom professor?
        B: A letra do Pedro é bonita.

(43)   A: Como é a letra do seu vizinho Pedro?
        B: A letra do Pedro é bonita.

Em ambos os exemplos, B responde com a mesma sentença, cujo sentido literal é um juízo estético positivo da caligrafia de Pedro. Intuitivamente, porém, o que B quis dizer, e A provavelmente captou, em (42) difere bastante do que ele quis dizer em (43). Neste último caso, o que B quis dizer corresponde basicamente ao que ele, de fato disse, ou seja, que a letra de Pedro é bonita. Já no primeiro exemplo, o que B quis dizer parece ter sido que Pedro não é bom professor. De onde vem esta intuição? Como chegamos tão facilmente à conclusão de que há, no caso de (42), uma discrepância marcante entre o que o falante disse e o que ele quis dizer? E por que no caso de (43) esta discrepância inexiste e não inferimos nada significativo para além do sentido literal da sentença? Não parece uma boa ideia apelar para o conceito de ambiguidade. Não há na sentença usada por B nenhuma palavra ou construção sintática de duplo sentido que poderia estar sendo usada em uma de suas acepções em (42) e em outra em (43). Tampouco se trata de uma inferência puramente lógica. Ter letra bonita e ser bom professor são propriedades independentes que podem ou não coexistir em um único indivíduo. Ter letra bonita é, a princípio, compatível com ser bom professor.

Em todos os casos acima, o ponto principal não é o que o falante diz explicitamente, mas o que se infere da sua atitude verbal, que pode ir do silêncio ao oposto do que ele, de fato, disse. Um robô programado linguisticamente, portador de um sofisticado software que trouxesse embutido todos os detalhes da língua portuguesa, do fonológico ao semântico, não seria capaz de compreender o aspecto interpretativo crucial das interações acima. Ouvindo (40), por exemplo, atualizaria seu banco de dados com a informação de que Pedro é um gênio da matemática. Presenciando (41), nada acrescentaria a este mesmo banco de dados. A despeito de

28 **Semântica**

sua perfeita competência linguística, semântica inclusive, faltaria a ele uma competência pragmática que o habilitaria a fazer o que nós, seres humanos, fazemos corriqueiramente: extrapolar o que se diz, ou não se diz, tecendo implicações sobre as atitudes do interlocutor baseadas em seu comportamento verbal no contexto de uma conversa. É sobre essas atitudes ligadas a intenções comunicativas e aos contextos em que se dão que a pragmática se debruça. Intenções, pressuposições e ações comunicativas estão no centro das noções de que a pragmática se ocupa. Entender como o significado linguístico, o contexto de fala e essas atitudes mentais interagem, e como isso pode ser explicitado e, eventualmente, programado, é algo abrangente e ambicioso, que tem ocupado os estudos de linguistas, lógicos, filósofos, psicólogos e cientistas da computação. A semântica tem, claro, algo a contribuir, já que o sentido das sentenças, aquilo que se diz, é parte importante da equação e deve, claro, ser levado em conta. O que veremos nos próximos capítulos pode, e deve, também, ser encarado neste panorama intelectual mais amplo.

Recomendações de leitura

A ideia da dupla articulação da linguagem aparece em Martinet (1970). A arbitrariedade do signo linguístico é enunciada em De Saussure (2008), um dos clássicos da linguística moderna. Pietroforte (2002) fornece uma apresentação didática destas ideias. As noções de sinonímia, ambiguidade, vagueza, bem como várias outras relações de sentido no nível lexical e sentencial, são discutidas de maneira acessível em Cançado (2012), Cruse (2013) e Saeed (2016). Uma breve e excelente apresentação da semântica lexical em uma perspectiva interdisciplinar, realçando questões linguísticas, filosóficas, e psico/neurolinguísticas é Elbourne (2011), cap. 2. Temas como sujeitos expletivos e elipses costumam ser discutidos em manuais de sintaxe. Ver, por exemplo, Carnie (2013), caps. 8 e 16. Para uma ideia inicial sobre a pragmática e sua relação com a semântica, ver Birner (2021), Birner (2017), caps. 1 e 4, e Elbourne (2011), cap. 7, todos bastante acessíveis ao leitor que se inicia nos estudos do significado.

Exercícios

1. Ao analisar a palavra 'gatinhas' neste capítulo, identificamos quatro morfemas (gat+inh+a+s), cada um deles contribuindo semanticamente para o significado da palavra. Considere, agora, a palavra 'mesinhas'. A princípio, é possível analisá-la morfologicamente de maneira aná-

loga a 'gatinhas'. Qual seria, porém, a contribuição semântica do morfema '-a-'? Trace um paralelo com o que vimos sobre sujeitos expletivos.

2. A sentença a seguir possui dois significados, ilustrando o fenômeno da ambiguidade estrutural:

Editora imprime artigos com defeito.

Dê uma paráfrase não ambígua para cada um dos significados. Em seguida, diga para qual desses significados a sequência *artigos com defeito* é um constituinte sintático na sentença acima, justificando sua resposta.

3. Argumente a favor ou contra a seguinte afirmação: 'azul' é uma palavra ambígua, podendo significar tanto azul claro quanto azul escuro.

4. Considere as palavras grifadas nas sentenças abaixo e diga, para cada par, se estamos diante de um caso de homonímia ou polissemia. Justifique suas respostas.

(1a) Este livro pesa quase 3 quilos.
(1b) Este livro inaugurou o Romantismo no Brasil.

(2a) A pena aplicada ao réu foi de 3 anos de detenção.
(2b) A pena de um pavão é feita de um material muito resistente.

(3a) O carro passou pelo portão.
(3b) A ventania quebrou o portão.

(4a) A vela do barco foi içada.
(4b) A vela foi acesa na escuridão.

5. Reflita sobre os usos da preposição 'de' nos exemplos a seguir. Seria essa preposição semanticamente vácua? Seria a preposição ambígua ou vaga? Discuta.

(a) Os 100.000 livros de um famoso colecionador foram leiloados.

(b) Os livros de Machado de Assis são clássicos da literatura brasileira.

6. Considere o seguinte texto: 'Pedro deu um soco em João e quebrou o nariz dele.' Qual o referente do pronome 'dele', Pedro ou João? Ao responder a essa pergunta, você pôs em jogo sua competência semântica ou pragmática? Discuta.

2 Verdade e significado

Considere a seguinte sentença:

(1)   A árvore mais alta do mundo tem mais de um milhão de folhas.

(1) é um objeto linguístico, e, como tal, tem uma série de propriedades: é formada por palavras, tem sujeito e predicado, começa com um artigo definido, etc. Sendo uma sentença declarativa, uma de suas propriedades é ser verdadeira ou falsa. A verdade ou falsidade de (1) é algo que você, provavelmente, ignora. Imagine, porém, que alguém lhe informe que ela é verdadeira. A princípio, trata-se apenas de mais uma propriedade da sentença. Entretanto, ao ser informado que (1) é verdadeira, essa informação não lhe soa como mera informação meta-linguística. Ao contrário, ao ser informado que (1) é verdadeira, você está sendo informado sobre a árvore mais alta do mundo, um fato extralinguístico sobre um objeto não linguístico. Ser informado que (1) é verdadeira é ser informado que a árvore mais alta do mundo tem mais de um milhão de folhas, uma informação sobre como o mundo é. O mesmo poderia ser dito de uma eventual informação de que (1) é falsa. Neste caso, você estaria sendo informado que a árvore mais alta do mundo não tem mais de um milhão de folhas, também algo sobre o mundo extralinguístico.

Saber que uma sentença é verdadeira (ou falsa) é saber algo sobre o mundo, sobre como as coisas são. Por outro lado, saber como as coisas são me permite saber se uma dada sentença é verdadeira ou falsa. Se, silenciosamente, eu observo minuciosamente todas as árvores do mundo e chego à conclusão de que a mais alta delas tem mais de um milhão de folhas, eu posso comunicar meu achado dizendo que (1) é verdadeira. Se a árvore mais alta do mundo tem mais de um milhão de folhas, então (1) é verdadeira. E se a árvore mais alta do mundo não tem mais de um milhão de folhas, então (1) é falsa, ou seja, ela não é verdadeira.

Tudo isso é bastante óbvio, sem dúvida. Eis aqui outra obviedade: saber que uma sentença é verdadeira ou falsa só é útil como informação, se eu sei o que a sentença significa. Coloque-se na posição de alguém que acaba de desembarcar em um país cuja língua desconhece completamente e que tenha escutado uma determinada sentença. Suponha que esta pessoa tenha ouvidos privilegiados e que, extraordinariamente, tenha sido capaz de decodificar até o último detalhe fonético o que lhe foi dito. Suponha ainda que, de alguma forma, talvez usando pistas prosódicas, tenha sido capaz de identificar a fala como correspondendo a uma sentença declarativa e sua segmentação em palavras, chegando a uma representação como a seguinte:

(2)   bliga blog plud qrati.

Imagine agora que alguém lhe informe que (2) é verdadeira. Nada disso será útil a essa pessoa se ela não souber o significado do que lhe foi dito. Nem mesmo a mais refinada análise da forma do que foi dito nos capacita a relacionar a verdade do que se ouve com as coisas do mundo. Em outras palavras, o desconhecimento do significado, a despeito do conhecimento da forma, nos incapacita a informar e ser informado sobre o mundo via linguagem.

Continuemos com nosso viajante de ouvidos privilegiados e que ouve (2) sem conhecer seu significado. Imagine, agora, que ele ainda não tenha sido informado sobre a verdade ou falsidade de (2). Mesmo que ele seja bem informado sobre as coisas do mundo, se ignorar o significado do que lhe foi dito, ele não saberá se o que foi dito era verdadeiro ou falso. Talvez a sentença em questão até signifique algo banal para ele, algo como 'a neve é branca'. Isso se torna irrelevante, na medida em que sua ignorância semântica lhe impede de saber o que foi dito e, portanto, a relação entre o que foi dito e o mundo. Refletindo um pouco mais, ainda que nosso viajante fosse um ser onisciente em relação aos fatos extralinguísticos e soubesse absolutamente tudo sobre o mundo em que vive, sem o conhecimento do significado expresso pela sentença, seria impossível a ele inferir a verdade ou falsidade do que foi dito. Ignorar o significado é, num certo sentido, ignorar o que foi dito. E o que foi dito era, no caso, a maneira ou o critério que tínhamos para chegar à verdade.

Mas o que é, afinal de contas, o significado? Como ele torna possível essas conexões que acabamos de ver entre linguagem e realidade? Em algum ponto da conexão está a noção de verdade, mas onde exatamente? Começaremos a abordar essas questões neste capítulo, refinando e formalizando nossas considerações nos próximos. A ideia geral que exploraremos é a de que há uma relação entre expressões linguísticas (morfemas, palavras, sintagmas e sentenças) de um lado e o mundo de outro. O papel do significado é ser o veículo que conecta as expressões linguísticas com as coisas do mundo, incluindo pessoas, objetos, lugares, intervalos de tempo, acontecimentos e o que mais acharmos que existe *lá fora*.

2.1   Sentido e referência

2.1.1   Das palavras ao mundo

Imagine que a seguinte tarefa tenha sido atribuída a você. Três pessoas, identificadas como A, B e C, estão alinhadas à sua frente. As três são fisicamente bastante distintas. A pessoa A tem quase dois metros de altura, olhos castanhos e cabeça quase raspada. B tem estatura mediana, olhos verdes e cabelos longos. C tem pouco mais de um metro e meio, olhos azuis e cabelos curtos. Você recebe a lista em (3) e precisa preencher os parênteses com A, B ou C, de acordo com o que você está presenciando:

(3)   A pessoa com cabelos mais longos ( )
        A pessoa mais alta ( )
        A pessoa de olhos azuis ( )

A tarefa é bastante simples e, rapidamente, você preenche os parênteses com B, A e C, respectivamente. Você, então, recebe mais uma lista, desta vez com apenas dois itens:

(4)   A pessoa com a temperatura mais elevada ( )
        A pessoa com íris esmeraldina ( )

A nova tarefa lhe parece mais difícil e você está prestes a deixar os parênteses em branco, quando o instrutor lhe diz que você pode interagir com as pessoas à sua frente e/ou consultar a internet. Você, então, pressiona sua mão sobre a testa de A, B e C, e nota que C está claramente quente e febril, ao passo que A e B não. Com isso, você preenche os primeiros parênteses com C. Logo em seguida, você usa o celular para consultar um dicionário online. Nele, você descobre que íris é a parte colorida de um olho e que esmeraldino quer dizer cor de esmeralda ou, simplesmente, verde. Sabendo disso, você olha novamente para as três pessoas e preenche os parêntenses restantes com B.

Que tipo de conhecimento essas tarefas estavam testando? O que aconteceu da primeira para a segunda tarefa? Por que a chance que o instrutor lhe deu evitou que você entregasse a segunda tarefa em branco? Comecemos com a primeira tarefa. Dois tipos de conhecimento estavam em jogo. O seu conhecimento linguístico a respeito do significado das expressões e o seu conhecimento dos fatos. O conhecimento linguístico mais o conhecimento dos fatos lhe levou à pessoa para a qual cada expressão apontava. Na segunda tarefa, um destes conhecimentos lhe faltou, impossibilitando que você desempenhasse adequadamente a tarefa. No primeiro caso, você sabia o significado da expressão, mas não sabia os fatos. No segundo caso, você sabia os fatos relevantes, mas não sabia o significado da expressão. Em ambos os casos, você foi incapaz de associar a expressão a uma pessoa. Quando lhe foi dada uma segunda chance, você não hesitou sobre o que fazer. No primeiro caso, você buscou conhecimento dos fatos. Quais fatos? Você encontrou uma maneira de comparar as temperaturas corporais das três pessoas e selecionar a pessoa que lhe pareceu estar com a temperatura mais elevada. Por que você fez isso? Porque esse era o significado da expressão! O significado, sozinho, não lhe permitia identificar

34 Semântica

a pessoa para a qual a expressão apontava, mas ele lhe dava uma receita ou critério para se chegar até ela. Você sabia que bastava comparar as temperaturas e escolher a mais alta, que os valores absolutos eram irrelevantes, que a altura, cor dos olhos ou forma dos cabelos também eram irrelevantes. Já no segundo caso, você ignorava o próprio significado da expressão. Por isso, você não sabia sequer que fatos verificar para chegar à pessoa em questão. Faltava-lhe justamente a receita ou critério de que acabamos de falar. Por isso, você foi até o dicionário, na tentativa de esclarecer o que algumas das palavras significavam. Ao descobrir o significado da expressão, você descobriu o que verificar: qual das pessoas tinha os olhos verdes. Note que se trata de uma informação que você já tinha, mas que não sabia ser relevante, justamente por ignorar o significado.

Expressões como as listadas em (3) e (4) são chamadas de descrições definidas singulares. São expressões formadas por um artigo definido singular ('o' e 'a') seguido de um sintagma nominal, cujo núcleo é um substantivo comum ('pessoa', nos casos em questão). Descrições definidas singulares, que abreviaremos por DDs, apontam não apenas para pessoas, mas também para objetos ('o primeiro livro que Pedro leu'), lugares ('a cidade em que Maria nasceu'), eventos ('a primeira guerra mundial'), etc. Vamos chamar essas entidades (para usar uma palavra bem neutra) para as quais uma DD aponta, de REFERÊNCIA. Vamos chamar o seu significado linguístico de SENTIDO.

Esse par de termos, sentido e referência, se devem a um dos maiores lógicos da história e uma das figuras inspiradoras da semântica moderna, o alemão Gottlob Frege (1848-1925). A dicotomia SENTIDO-REFERÊNCIA (*Sinn* e *Bedeutung*, no original em alemão) está no centro das ideias semânticas de Frege e dela nos ocuparemos um pouco mais no restante desta seção. Trata-se, sem dúvida, de uma das noções mais importantes para o tipo de semântica de que nos ocuparemos em todo este livro. Dada essa importância, vale a pena sistematizar um pouco mais a dicotomia fregeana, explicitando as propriedades capitais do sentido e de sua relação com a referência, mesmo que essas propriedades e relações já estejam embutidas na discussão das tarefas que acabamos de apresentar.

Prossigamos, então, com dois outros exemplos de DDs: 'o primeiro homem a pisar na Lua' e 'o maior país da América do Sul'. No primeiro caso, a referência é o norte-americano Neil Armstrong, que em 1969 se tornou a primeira pessoa a pôr os pés na superfície lunar. No segundo caso, a referência é o Brasil, o país de maior extensão territorial no continente sul-americano. Em ambos os casos, a referência é aquele ou aquilo que satisfaz a descrição que acompanha o artigo definido. A referência, como se pode ver, não é atribuída arbitrariamente. Neil Armstrong é o referente de 'o primeiro homem a pisar na Lua' porque ele foi, de fato, o primeiro homem a pisar na Lua. O Brasil é o referente de 'o maior país da América do Sul' porque é, de fato, o maior país da América do Sul. Fosse o Uruguai o país mais extenso do continente, seria ele a referência da descrição definida. Fornecer um critério para se chegar à referência é, como vimos, o papel do sentido fregeano. É através do sentido que expressões adquirem referência. Dados o sentido e o mundo real, ou seja, os fatos, chegamos à referência:

(5)   sentido + mundo $\longrightarrow$ referência

A partir deste esquema, notemos, em primeiro lugar, que expressões distintas podem ter a mesma referência, mesmo sem ter o mesmo sentido. Compare, por exemplo, as descrições definidas 'o maior país da América do Sul' e 'o único país sulamericano de língua portuguesa'. Em ambos os casos, temos a mesma referência, o Brasil. Mas os sentidos são distintos, já que o critério empregado para se chegar a essa referência não foi o mesmo. No primeiro caso, buscamos o país de maior extensão no continente, enquanto no segundo, buscamos o país sulamericano em que oficialmente se fala português. Em ambos os casos, chegamos ao Brasil. Note, porém, que só o conhecimento linguístico não nos permite inferir que se trata de um mesmo país. É preciso conhecimento de mundo, mais especificamente, conhecimento histórico e geográfico, para se chegar à conclusão de que estamos falando de uma mesma localidade. Conhecimento do sentido não equivale a conhecimento da referência.

Em segundo lugar, se duas expressões têm o mesmo sentido, elas terão a mesma referência. Considere, por exemplo, 'o país colonizado por Portugal na América do Sul', 'o país que Portugal colonizou na América do Sul', ou ainda 'a colônia de Portugal na América do Sul'. Neste caso, não são só as referências que são as mesmas. Os sentidos também são idênticos, já que os critérios para se chegar à referência são os mesmos. Prova disso é que podemos até ignorar qual terá sido o país em questão (o que, sabemos, exige conhecimento de mundo), mas de uma coisa estamos certos: se o referente da primeira expressão for um país X qualquer, então os referentes das outras duas também serão esse mesmo país X. Em outras palavras, o conhecimento do sentido basta para concluir que as expressões têm a mesma referência.

Por fim, notemos que uma expressão pode ter um sentido, mesmo sem ter uma referência. Considere, por exemplo, as expressões 'o brasileiro que pisou na Lua em 1969' ou 'o oceano que banha a Bolívia'. Como nenhum brasileiro pisou até hoje na Lua e nem a Bolívia tem litoral, essas expressões não têm referência. Elas, entretanto, têm sentido, e um falante de português saberá o que elas querem dizer, ou seja, o critério para que uma entidade qualquer seja o seu referente. Novamente, só o conhecimento linguístico não nos informa sobre a ausência de referência. Para tanto, é preciso conhecimento sobre fatos históricos e geográficos, que um falante competente de português pode perfeitamente ignorar. Mais uma vez, sentido não equivale a referência.

36 Semântica

Sentido e referência se aplicam também a outros tipos de expressões linguísticas. Pense, por exemplo, em predicados verbais como 'ser brasileiro', em substantivos comuns, como 'cachorro', em adjetivos, como 'triangular', ou em sintagmas complexos, como 'cachorro bravo' ou 'mesa de madeira maciça'. Nestes casos, as expressões não apontam para um único ser ou objeto, mas para uma classe, que pode ter um número variado de membros, a depender de como o mundo é. O sentido, neste caso, não é um critério para se chegar a uma entidade específica, como no caso das DDs. O sentido, agora, é um critério para se chegar a uma classe, ou para decidir se algo faz ou não parte de uma classe. Em termos mais modernos, não exatamente os de Frege, podemos pensar na referência destas expressões predicativas, verbais ou nominais, como um conjunto caracterizado por seus elementos, e o sentido, como um critério de pertinência que determina (junto com os fatos do mundo) o que pertence e o que não pertence ao conjunto.

Saber o sentido da palavra 'cachorro', por exemplo, não implica saber quais são nem quantos são os cachorros que existem no mundo. Isso requer conhecimento extralinguístico. O que o conhecimento do sentido fornece, nesse caso, é um critério de separação que distingue entre o que é cachorro e o que não é cachorro. O mesmo vale para 'mesa' e o mesmo vale para 'unicórnio' e 'dragão'. Note que, nesses dois últimos exemplos, temos sentido sem referência, já que não há unicórnios nem dragões no mundo, uma possibilidade que também vimos no caso das DDs. É possível, também como vimos com as DDs, haver expressões nominais com a mesma referência, mas com sentidos distintos. É o caso de 'ser vivo com coração' e 'ser vivo com rins'. Talvez você não saiba disso, mas todo ser vivo geneticamente dotado de coração é dotado de rim e todo ser vivo geneticamente dotado de rim é dotado de coração. Mas essa constatação não é algo derivável apenas do sentido das expressões. Do ponto de vista estritamente lógico, é perfeitamente possível haver criaturas com coração, mas sem rins, ou com rins, mas sem coração. Mesma referência, já sabemos, não implica mesmo sentido.

Para completar as analogias com as DDs, note que, se duas expressões nominais têm o mesmo sentido, elas terão forçosamente a mesma referência. É o que acontece com 'cão' e 'cachorro' ou 'livro que a Maria já leu' e 'livro que já foi lido pela Maria'. Se Totó é um cãozinho, ele também é um cachorrinho e vice-versa. Da mesma forma, eu posso não ter a menor ideia de quais ou quantos livros a Maria já leu, mas de uma coisa eu estou certo: se 'Quincas Borba', de Machado de Assis, é um livro que a Maria já leu, então 'Quincas Borba' é um livro que já foi lido pela Maria, e vice-versa. Como já havíamos visto com as DDs, mesmo sentido implica mesma referência, ou seja, o sentido determina a referência.

O que dizer de sentenças? Teriam elas também um sentido e uma referência? Qual a referência da sentença declarativa 'a Terra é redonda'? Qual o seu sentido? É possível relacionar sentido e referência como no esquema em (5), que vimos se aplicar tanto a DDs quanto a substantivos comuns e sintagmas nominais? As respostas a essas perguntas nos levarão a um dos *insights* fregeanos mais importantes, que terá um grande impacto em todo o restante deste livro. Por isso, vamos dedicar às sentenças uma seção exclusiva.

2.1.2 Das palavras à verdade

Voltemos às tarefas com que começamos a seção anterior. Na sua frente ainda estão as mesmas pessoas (A, B e C) e a você é dada uma lista de expressões seguidas de parênteses vazios que você deve preencher de acordo com o que você observa. Desta vez, porém, as expressões são sentenças declarativas e sua tarefa é preencher os parênteses com V ou F, de acordo com as sentenças serem verdadeiras ou falsas. Eis a nova tarefa:

(6)   A é mais alta que B ( )
        B e C têm olhos da mesma cor ( )
        C tem cabelo mais longo que A ( )

Novamente, essa primeira tarefa é um tanto banal, e você, sem hesitar, preenche os parênteses com V, F e V, respectivamente. Você, então, recebe mais uma lista:

(7)   A e B nasceram no mesmo dia ( )
        C tem pavilhões auriculares díspares ( )

Novamente, a segunda tarefa lhe parece mais difícil e você pensa em deixar os parênteses em branco, quando o instrutor lhe dá permissão para interagir com as pessoas à sua frente e consultar a internet. Você, então, se dirige até A e B e lhes pergunta suas datas de nascimento. A resposta de A é 20 de outubro de 1972 e a de B 22 de outubro de 1972. Imediatamente, você preenche os primeiros parênteses com F. Logo em seguida, você acessa a internet e consulta um dicionário virtual. Nele, você descobre que pavilhão auricular quer dizer orelha e que díspar quer dizer diferente. De posse disso, você fixa o olhar em C e, notando a evidente assimetria na forma e no tamanho de suas orelhas, você preenche os parênteses com V.

Há uma notável semelhança entre essas tarefas que acabamos de ver e aquelas que apresentamos no início da seção anterior. Em ambos os casos, você precisou acessar seu conhecimento linguístico e seu conhecimento dos fatos extralinguísticos, ou seja, seu conhecimento de mundo. Quando um deles lhe faltou, você se viu impossibilitado de desempenhar a tarefa. Que o conhecimento linguístico era necessário ficou claro no caso da sentença sobre pavilhões auriculares. Que esse conhecimento, porém, não era suficiente, ficou claro no caso da sentença sobre as idades.

A única diferença entre as tarefas com descrições definidas e as tarefas com sentenças declarativas foi que naquelas, as expressões linguísticas foram pareadas

38 **Semântica**

com pessoas (ou entidades, de maneira mais geral), enquanto nessas, as expressões foram pareadas com VALORES DE VERDADE, que é como chamaremos V e F. Se no caso das DDs, o conhecimento semântico mais os fatos relevantes nos levava até uma pessoa, no caso das sentenças declarativas, o conhecimento semântico mais os fatos nos levaram a um valor de verdade. E é nessa analogia que reside o *insight* fregeano. Frege propôs que, assim como as descrições definidas, sentenças declarativas também têm um sentido e uma referência, e que a referência de uma sentença declarativa é o seu valor de verdade. Considerar que sentenças declarativas têm referência nos mesmos moldes de uma descrição definida singular é, a princípio, algo um tanto inusitado. Mais inusitado ainda é considerar que essa referência seja um valor de verdade. Entretanto, os paralelos evidenciados pelas tarefas conferem um lastro inicial ao *insight* fregeano. Exploremos a ideia mais detalhadamente.

Como já vimos, podemos saber o sentido de uma descrição definida sem saber sua referência. É perfeitamente possível que um falante de português saiba o sentido da expressão 'o primeiro homem a pisar na Lua' sem saber quem foi este homem. Entretanto, se a ele for dado acesso aos fatos do mundo, ele saberá exatamente o que checar. Em outras palavras, quem conhece o sentido, conhece as condições que uma entidade qualquer deve satisfazer para ser o referente da expressão. Isso é muito parecido com o que acabamos de ver com as sentenças declarativas. É perfeitamente possível saber o sentido de uma oração declarativa sem saber se ela é verdadeira ou falsa. Um falante de português pode saber o significado da sentença 'A Lua é menor que a Terra' sem saber se ela é verdadeira ou falsa. O que esse falante sabe são as condições que devem ser satisfeitas para que a sentença seja verdadeira (ou falsa). Em ambos os casos, temos o sentido como um critério ou condição. A diferença é que, no caso das sentenças, esse critério é um critério para se chegar a um valor de verdade. Considere, ainda, o exemplo a seguir:

(8)   A árvore mais alta do mundo tem um número par de folhas.

Sendo um falante competente de português, você saberá o significado desta sentença. Entretanto, muito provavelmente, você não saberá se ela é verdadeira ou falsa. Neste caso, não lhe falta conhecimento semântico, mas sim conhecimento de mundo, ou seja, dos fatos relevantes. Saber o significado de uma sentença não lhe diz como o mundo é. Mas ele lhe diz algo relacionado. Ele lhe diz como o mundo deve ser para que a sentença seja verdadeira. Reflita um momento a respeito de (8). Como dissemos, você pode não saber se ela corresponde ao mundo como ele é, mas, se quiser descobrir se há ou não essa correspondência, você saberá exatamente como proceder. Você deverá comparar a altura de todas as árvores do mundo, selecionar a mais elevada, contar seu número de folhas e checar se tal número é divisível por dois. Se for, a sentença será verdadeira, se não for, ela será falsa. Tudo mais é irrelevante, como a localização da árvore, a cor das folhas, a grossura do tronco, etc. Posto de outra forma, seu conhecimento semântico lhe indica as condições necessárias e suficientes para que (8) seja verdadeira. De posse deste conhecimento, basta checar os fatos e verificar se tais condições são ou não observadas. Como acabamos de ver, se forem observadas, a sentença será verdadeira, e se não forem, ela será falsa. Juntos, o significado e os fatos do mundo nos conduzem à verdade ou falsidade da sentença.

Note ainda que tanto no caso das descrições definidas quanto no das sentenças declarativas, expressões distintas podem ter a mesma referência, sem ter o mesmo sentido. Retorne, por exemplo, ao que vimos sobre as expressões nominais 'o maior país da América do Sul' e 'o único país sulamericano de língua portuguesa'. Mesma referência, o Brasil, mas sentidos distintos. Da mesma forma, sentenças podem ter a mesma referência sem ter o mesmo sentido. Considere, por exemplo, 'O Brasil é o maior país da América do Sul' e 'Fala-se português no Brasil'. Mesma referência, já que ambas são verdadeiras, mas sentidos distintos, já que impõem critérios distintos para se chegar ao valor de verdade. O leitor, muito provavelmente, sabe que ambas são verdadeiras, mas esse saber não é fruto exclusivo de seu conhecimento semântico, exigindo também conhecimento extralinguístico.

Reforçando ainda mais o paralelo, vimos que, se duas descrições definidas têm o mesmo sentido, elas necessariamente terão a mesma referência. Isso também vale para sentenças declarativas. Considere as sentenças 'Portugal colonizou o Brasil', 'O Brasil foi colonizado por Portugal' e 'O Brasil foi colônia de Portugal'. Novamente, falantes de português podem até não saber se estas sentenças são verdadeiras ou falsas (isso requer conhecimento histórico, extralinguístico, portanto). Mas se formos informados que qualquer uma delas é verdadeira, automaticamente ficaremos sabendo que as outras duas também são verdadeiras. A correferência, neste caso, é inferida exclusivamente do sentido das sentenças.

O *insight* fregeano, portanto, é que o valor de verdade (V ou F) está para o sentido de uma sentença declarativa assim como uma entidade (pessoa, objeto, etc.) está para o sentido de uma descrição definida singular. Em ambos os casos, o sentido mais os fatos do mundo nos leva à referência. Mesma referência não implica mesmo sentido, mas mesmo sentido implica em mesma referência. Como já dissemos, para Frege, o sentido determina a referência, mas não vice-versa.

Frege leva o paralelo adiante, afirmando que assim como descrições definidas, sentenças declarativas podem ter sentido sem ter referência. Considere, por exemplo, a descrição definida 'o maior número inteiro positivo'. Como os números inteiros positivos (1,2,3, ...) são infinitos, formando uma sequência ascendente que não termina, não existe o maior número inteiro positivo. Trata-se de mais um caso de sentido sem referência. Considere, agora, a sentença a seguir:

(9)   O maior número inteiro positivo é par.

40 Semântica

Seria (9) verdadeira ou falsa? Verdadeira, com certeza, ela não é. Seria falsa? Neste caso, (10) a seguir deveria ser verdadeira, já que todo número inteiro positivo é par ou ímpar.

(10)   O maior número inteiro positivo é ímpar.

Esta sentença, porém, assim como (9), não é verdadeira. Nem (9) nem (10) parecem ter o estatuto de (11) e (12), a seguir:

(11)   O menor número inteiro positivo é ímpar.

(12)   O menor número inteiro positivo é par.

(11) é verdadeira, já que o menor número inteiro positivo, 1, é ímpar. (12), por sua vez, é falsa, já que o menor número inteiro positivo, 1, não é par. A saída de Frege deste aparente beco sem saída é admitir que sentenças como (9) e (10) têm sentido, mas não referência, ou seja, elas não são verdadeiras nem falsas. Elas contrastam com (11) e (12), que possuem sentido e referência, sendo uma verdadeira e a outra falsa. Voltaremos à possibilidade de sentenças declarativas não terem valor de verdade no capítulo 4, quando discutiremos a noção de pressuposição. Até lá, deixaremos tais sentenças de lado.

Frege se referia ao sentido de uma sentença declarativa como o pensamento expresso por ela. Entretanto, como a palavra 'pensamento' evoca uma série de outras noções e conotações, tornou-se comum referir-se ao sentido de uma sentença declarativa como uma PROPOSIÇÃO. Desta forma, ao falarmos do sentido fregeano de uma sentença declarativa, estaremos falando da proposição expressa pela sentença. Veremos uma caracterização mais precisa das proposições no próximo capítulo. Por ora, e para mantermo-nos fiéis às ideias de Frege, pensemos na proposição expressa por uma sentença como algo abstrato que determina (junto com os fatos) o valor de verdade da sentença. Eis aqui nosso esquema (5) aplicado ao sentido das sentenças declarativas:

(13)   proposição + mundo $\longrightarrow$ valor de verdade

É sempre importante ter em mente que, quando falamos de sentido, em geral, e de proposições, em particular, estamos operando em um certo nível de abstração em relação à forma. Nos pares a seguir, as sentenças são formalmente distintas:

(14)   a.   O marido da Maria nasceu em Portugal.
         b.   O esposo da Maria nasceu em Portugal.

(15)   a.   Portugal descobriu o Brasil em 1500.
         b.   O Brasil foi descoberto por Portugal em 1500.

Entretanto, em ambos os pares, (a) e (b) expressam a mesma proposição. Isso capta a intuição de que dizer (a) ou dizer (b) é, de certa forma, dizer a mesma coisa. Ou ainda, ser informado a respeito de (a) é o mesmo que ser informado a respeito de (b). Se eu sei (a) e você sabe (b), nós sabemos a mesma coisa. Ou, se eu acredito em (a) e você em (b), nós temos uma crença comum. Soa, inclusive, contraditório afirmar que uma certa pessoa acredita em (a), mas não em (b), ou vice-versa.

Tudo isso também vale para pares de expressões de línguas diferentes. Sinonímia, ou seja, equivalência no nível do sentido, não se limita a uma relação entre expressões de uma mesma língua. Um dos propósitos da tradução, ao menos da tradução mais técnica e literal, é justamente o de preservar o sentido. No par a seguir, a sentença do inglês em (a) é uma tradução da sentença do português em (b):

(16)   a.   Maria's husband was born in Portugal.
        b.   O marido da Maria nasceu em Portugal.

Obviamente, não há muita semelhança lexical neste caso. O que confere valor ou adequação à tradução é a semelhança do sentido sentencial. Neste caso também, informar ou ser informado a respeito de (a) é informar ou ser informado a respeito de (b). E um falante bilíngue que sabe ou acredita que (a) é verdadeira, também saberá ou acreditará que (b) é verdadeira. Em outras palavras, (a) e (b) expressam a mesma proposição.

A esse respeito, voltemos a nosso primeiro exemplo, envolvendo a sentença em (2), repetida em (17), pertencente a uma língua falada em um país distante e sobre a qual nada sabemos:

(17)   bliga blog plud qrati.

Imagine, agora, que algum falante bilíngue nos informe que:

(18)   A sentença (17) é verdadeira se, e somente se, a Lua é feita de gelo.

Intuitivamente, (18) nos informa sobre o significado de (17). Alguém em posse da informação em (18) sabe como o mundo deve ser para a sentença ser verdadeira e como o mundo deve ser para a sentença ser falsa. De posse de (18), podemos ir ao mundo e checar os fatos. Se a Lua for feita de gelo, (17) será verdadeira. Se a Lua não for feita de gelo, (17) será falsa. Sendo assim, (18) (junto com os fatos extralinguísticos) determina o valor de verdade de (17). Como se vê, um enunciado como (18), que explicita as condições em que uma sentença é verdadeira, parece indissociavelmente conectado ao sentido ou proposição expresso pela sentença. De fato, se o sentido determina a referência, e se a referência de uma sentença declarativa é o seu valor de verdade, é tentador identificar o sentido das sentenças declarativas com suas CONDIÇÕES DE VERDADE, ou seja, com as condições necessárias e suficientes para que a sentença seja verdadeira. Se isso estiver correto, mesmo sentido implica

42 **Semântica**

mesmas condições de verdade e mesmas condições de verdade implicam mesmo sentido. Sendo assim, o sentido de uma sentença declarativa e suas condições de verdade se equivaleriam. No próximo capítulo, exploraremos essa ideia em mais detalhes, apontando virtudes e alguns problemas potenciais.

2.2 Sobre nomes próprios

Considere a descrição definida 'o mais famoso aluno de Platão'. A quem ela se refere? A Aristóteles, o grande filósofo grego que viveu e morreu há alguns milhares de anos. Por quê? Porque Aristóteles foi, de fato, o mais famoso aluno de Platão. A referência, como já vimos na seção anterior, é determinada pelo sentido, o qual nos dá um critério para se chegar a ela. No caso em questão, o critério é ser o mais famoso aluno de Platão e Aristóteles foi o mais famoso aluno de Platão.

Considere, agora, o nome próprio 'Aristóteles'. A quem esse nome se refere? Ao mesmo Aristóteles que acabamos de mencionar. Por quê? Qual é, nesse caso, o critério para se chegar ao indivíduo em questão? Afinal de contas, não há, como no caso das DDs, material linguístico explicitando um critério. Antes de prosseguir, uma ressalva. Desconsidere o fato de haver e ter havido muitas pessoas no mundo cujo nome é Aristóteles. Essa não é a dificuldade que queremos salientar neste momento. Mesmo que esse nome tivesse sido dado apenas ao filósofo e a mais ninguém desde então, a discrepância com as DDs permaneceria.

Nomes próprios formam uma classe de expressões linguísticas para as quais a dicotomia fregeana sentido/referência não parece se aplicar. O que acabamos de ver para o nome (ou substantivo) próprio 'Aristóteles' se aplica a 'Napoleão Bonaparte', 'Machado de Assis' e tantos outros nomes de pessoas menos famosas, além de nomes de obras de arte, animais, localidades e eventos. Como descrições definidas, esses nomes próprios apontam para uma entidade. Em termos fregeanos, eles têm referência. Diferentemente das DDs, porém, essa referência não parece ser determinada por um sentido. O que a determinaria, então?

Para uma primeira e intuitiva resposta, voltemos a 'Aristóteles', o nome e a Aristoteles, o filósofo. Há muito tempo atrás, nasceu na Grécia Antiga uma criança. Alguém, provavelmente seu pai ou sua mãe, disse (em grego antigo) algo como 'Esse é Aristóteles' ou 'Seu nome será Aristóteles'. Seus pais e outras pessoas que participaram deste batismo começaram, então, a usar o nome para se referir à criança. Essas pessoas conversaram com outras pessoas, que também passaram a chamar o menino de Aristóteles. O menino cresceu, tornou-se aluno de Platão, professor de Alexandre, o Grande e autor de importantes obras filosóficas. Mais e mais pessoas ficaram sabendo dele, falaram sobre ele, escreveram sobre ele. Seu nome e seus feitos correram o mundo e muitos passaram a considerá-lo o maior filósofo de todos os tempos. Alguns milhares de anos depois, continua-se usando o mesmo nome (agora já foneticamente modificado, como é comum acontecer com a formas das palavras, em geral) para se referir àquele mesmo indivíduo batizado lá na Grécia Antiga. Como se vê, a referência parece ter sido fixada por uma cerimônia batismal, um acontecimento já distante no tempo. Essa associação direta entre o nome e o indivíduo se espalhou no tempo e no espaço através de uma sucessão de contatos. De acordo com essa resposta, o nome 'Aristóteles' se refere ao indivíduo Aristóteles não porque Aristóteles tenha sido o mais famoso aluno de Platão, o professor de Alexandre ou, para muitos, o mais brilhante filósofo de todos os tempos. Não há, portanto, um sentido determinando ou mediando a relação entre o nome e seu referente.

Vários filósofos antes e depois de Frege endossam uma semântica para os nomes próprios na linha que acabamos de traçar, ainda que os detalhes possam diferir. Em comum, a ideia de que os nomes próprios têm uma referência direta, não mediada por um sentido. Ou, se quisermos continuar a falar de sentido, no caso dos nomes próprios, o sentido é ou se esgota na própria referência. Frege, porém, não endossava essa proposta, insistindo que, como as descrições definidas, também os nomes próprios têm sentido e referência, e também para eles, é o sentido quem determina a referência. A diferença entre DDs e nomes próprios é que no caso destes o sentido não está fonologicamente explícito. Em outras palavras, nomes próprios são, para Frege, descrições definidas disfarçadas.

O principal argumento de Frege vem de casos em que um mesmo referente está associado a nomes próprios distintos. Seu exemplo mais conhecido é o da estrela da manhã e da estrela da tarde, ou, 'Hesperus' e 'Phosphorus', que são as adaptações dos nomes usados pelos gregos antigos. 'Hesperus' é como eles se referiam ao primeiro astro que aparecia no céu no fim da tarde (a estrela da tarde). 'Phosphorus' é como eles se referiam ao último astro visto no céu na parte da manhã (a estrela da manhã). Achava-se que Hesperus e Phosphorus eram dois astros distintos. Descobriu-se, porém, que a estrela da manhã e a estrela da tarde eram o mesmo astro, que, aliás, nem uma estrela era. O astro em questão era, na verdade, o planeta Vênus. Com tudo isso em mente, Frege nos convida a comparar o sentido das duas sentenças a seguir:

(19)   a.   Hesperus é Hesperus.
       b.   Hesperus é Phosphurus.

A pergunta capital é se (19a) e (19b) têm ou não o mesmo sentido. A resposta, porém, parece clara. As sentenças têm sentidos diferentes. A primeira é trivialmente verdadeira, uma obviedade da qual ninguém jamais havia duvidado. Já a segunda relata uma grande descoberta astronômica, algo que surpreendeu a todos, justamente pela constatação de sua verdade não ser nada óbvia, tendo requerido cuidadosa observação e análise. Note, porém, que a única diferença entre as sentenças

44 Semântica

é a troca de um nome próprio por outro na mesma posição sintática. Se o sentido de um nome próprio for a sua referência, como os termos em questão são correferentes, eles deverão ter o mesmo sentido. Entretanto, trocar um termo por outro de mesmo sentido não deveria afetar o sentido das sentenças de que são parte. É o que se vê, por exemplo, nos pares a seguir:

(20) a. O cachorrinho da Maria fugiu.

      b. O cãozinho da Maria fugiu.

(21) a. O único país sulamericano colonizado por Portugal é banhado pelo oceano Atlântico.

      b. O único país sulamericano que Portugal colonizou é banhado pelo oceano Atlântico.

Tanto em (20) quanto em (21), substituiu-se uma descrição definida por outra de mesmo sentido. A substituição, como se intui, não afetou o sentido das sentenças. Em ambos os pares, qualquer que seja o valor de verdade de (a), ele também será o valor de verdade de (b), e vice-versa. Por que, então, o sentido não é preservado em (19)? A resposta de Frege é que os nomes próprios em questão, apesar de terem a mesma referência, não têm o mesmo sentido. Ambos são descrições definidas disfarçadas ou ocultas. Para Frege, o sentido de 'Hesperus' é o mesmo de 'o primeiro astro que aparece no céu no fim da tarde', enquanto o de 'Phosphorus' é o mesmo de 'o último astro que aparece no céu na parte da manhã'. Essas descrições, claro, não são sinônimas. Como consequência, substituir uma pela outra, como em (19), faz diferença semântica.

Trata-se de um argumento poderoso, sem dúvida. Há, porém, contra-argumentos que põem em xeque a semântica descritivista de Frege. O par de sentenças a seguir ilustra um deles:

(22) a. O descobridor do Brasil descobriu o Brasil.

      b. Pedro Álvares Cabral descobriu o Brasil.

A única propriedade relevante que muitas pessoas associam ao nome 'Pedro Álvares Cabral' é a de ser o descobridor do Brasil. Sendo assim, não haveria outra possibilidade para o sentido do nome próprio 'Pedro Álvares Cabral' que não o da descrição definida 'o descobridor do Brasil'. Sendo assim, ao menos na língua de uma boa parcela da população, as duas sentenças em (22) deveriam ter o mesmo sentido. Entretanto, mesmo para essas pessoas, há uma diferença bastante clara entre as sentenças. Como no caso de (19), a sentença em (a) é trivialmente verdadeira e, portanto, não traz informação nova a ninguém. Já a sentença em (b) é informativa e sua verdade é um fato histórico não trivial e que poderia, muito bem, não ter ocorrido. Não é óbvio como a semântica fregeana explicaria essas observações sem associar o nome próprio a uma descrição arbitrária.

Um outro problema potencial é o seguinte. Vamos assumir que o sentido do nome 'Pedro Álvares Cabral' seja o mesmo da DD 'o descobridor do Brasil'. Imagine, agora, alguém que tenha estudado e adquirido as seguinte informações:

(23) a. PAC nasceu em Portugal.
      b. PAC morreu em 1520.
      c. PAC foi um fidalgo português.

Suponha, porém, que você descubra que os livros de história estavam todos errados e que o descobridor do Brasil foi Cristóvão Colombo, explorador italiano falecido em 1506. Intuitivamente, sua descoberta nada tem a ver com a verdade das informações em (23). Entretanto, se o significado do nome PAC fosse 'o descobridor do Brasil', todas as informações em (23) eram mentiras sobre Cristóvão Colombo! Outro impasse a que a semântica fregeana nos leva.

E os problemas não param por aí. Muitas vezes, a única informação que um falante tem sobre um indivíduo não é suficiente para distingui-lo de outros indivíduos. Meu filho mais velho, por exemplo, acabou de ter um primeiro contato com as figuras de Platão e Aristóteles em suas aulas no ensino fundamental. Quando eu lhe perguntei quem foi Platão, tudo o que ele soube me dizer foi que se tratava de um filósofo da Grécia antiga que se tornou muito famoso. E quando eu lhe perguntei sobre Aristóteles, ele me respondeu que se tratava de outro filósofo da Grécia antiga que também ficou muito famoso. O pouquíssimo que ele sabia sobre os dois não bastava para caracterizá-los unicamente. Ele, porém, sabia que estava falando de duas pessoas distintas. Neste caso, como no do parágrafo anterior, não é nada óbvio que descrições equivaleriam ao sentido dos nomes próprios. Pode-se alegar que há um outro fato que meu filho certamente sabe sobre os dois filósofos gregos e que basta para distingui-los. Platão era chamado de 'Platão' por seus contemporâneos, ao passo que Aristóteles era chamado de 'Aristóteles'. Isso, porém, não é verdade. Os nomes 'Platão' e 'Aristóteles' são nomes que, nós, falantes do português moderno usamos para nos referir a Platão e Aristóteles. Certamente, não eram esses os sons nem as letras que os gregos antigos usavam. Meu filho não faz a menor ideia de como os dois eram chamados por seus contemporâneos mais de dois mil anos atrás no idioma grego da época. A única saída nesta linha seria dizer que o nome 'Platão' está associado à descrição 'o indivíduo que hoje, em português, chamamos de 'Platão' e que o nome 'Aristóteles' está associado à descrição 'o indivíduo que hoje, em português, chamamos de 'Aristóteles'. Essa estratégia, porém, nos coloca em um círculo vicioso. Qualquer palavra P se refere àquilo que chamamos de 'P'. 'Sócrates' se refere ao indivíduo que chamamos de 'Sócrates', 'cachorro' se refere àquilo que chamamos de 'cachorro', 'água' àquilo que chamamos de 'água', etc. Sem dúvida, N se refere àquilo que chamamos de N, mas o que estamos buscando é a característica singular daquilo que chamamos de N, um fato

46 **Semântica**

do mundo que não seja trivial e que distinga o referente do nome de todos os demais indivíduos! Como se vê, a teoria descritivista fregeana tem lá os seus problemas e uma eventual solução, se existe, não é nada óbvia.

Antes de encerrar, cumpre mencionar o caso dos nomes próprios que não têm referência, como 'Papai Noel', 'Minotauro', 'Super-homem' e outros nomes míticos ou fictícios. Estes nomes parecem dar suporte à visão fregeana. Afinal de contas, parece pouco perspicaz do ponto de vista semântico dizer que as sentenças abaixo, ou seus sujeitos, não têm sentido:

(24) a. Papai Noel é um velhinho de barba branca.
      b. Minotauro tem corpo de homem e cabeça de touro.
      c. Super-homem usa uma capa vermelha.

Parece mais palatável assumir que estamos lidando com expressões com sentido, mas sem referência, já que os sujeitos em questão não designam seres reais. Mas a questão é delicada. Qual seria, por exemplo, o estatuto desses seres não reais? Tampouco parece óbvio que tais sentenças não tenham valor de verdade. Ao contrário, as três parecem verdadeiras. Voltaremos aos nomes próprios em outras ocasiões no curso deste livro. Curiosamente, esses nomes, aparentemente tão simples e intuitivos, têm sido alvo de um longo debate em que o descritivismo fregeano e a alternativa da referência direta são defendidos ou atacados acaloradamente. Neste momento, o intuito foi apenas o de deixar o leitor a par de alguns desafios e da relevância dos nomes próprios para a dicotomia sentido/referência.

2.3 Caráter e conteúdo

Considere a situação a seguir, em que duas pessoas, Alan e Bruno, usaram a mesma sentença:

(25) Alan: 'Eu sou brasileiro'
      Bruno: 'Eu sou brasileiro'

Pergunta: Alan e Bruno disseram a mesma coisa ou não? De certa forma, sim. Afinal de contas, eles usaram a mesma sentença. Além disso, podemos descrever suas falas como a autoatribuição da propriedade de ser brasileiro: Alan disse, de si próprio, que era brasileiro, e Bruno também disse, de si próprio, que era brasileiro. Seria essa semelhança fruto de estarmos diante do mesmo sentido fregeano que discutimos na seção anterior? A resposta parece negativa. Afinal, um deles pode estar certo, ou seja, falando a verdade, enquanto o outro não. Por exemplo, imagine que Alan, nascido em São Paulo, seja cidadão brasileiro e que, Bruno, nascido em Lisboa, seja cidadão português. Neste caso, o que Alan disse é verdadeiro, mas o que Bruno disse é falso. Mas se os valores de verdade são distintos, as condições de verdade não podem ser as mesmas. Em outras palavras, as proposições expressas pelas falas de Alan e Bruno não são as mesmas. Olhando por este ângulo, o que a fala de Alan nos informa é que Alan é brasileiro, ao passo que o que a fala de Bruno nos informa é que Bruno é brasileiro. Essas, claro, são informações distintas, podendo uma estar correta enquanto a outra não.

Retornando à resposta de nossa pergunta inicial: por um lado, Alan e Bruno disseram a mesma coisa, mas por outro, não. O conteúdo proposicional, o sentido fregeano, não é suficiente para explicar essa duplicidade. No centro da questão, está o pronome pessoal de primeira pessoa, 'eu'. Este pronome aponta sempre para o autor da fala. Como, no caso acima, estamos diante de falantes distintos, terminamos com sentidos distintos e, eventualmente, com valores de verdade distintos.

O filósofo e lógico americano David Kaplan propôs uma extensão do esquema ligando sentido e valor de verdade, apresentado na seção anterior, que nos permite explicitar o que está por trás desta duplicidade a respeito do que é dito em exemplos como (25). Ele identificou dois tipos de significado e os chamou de CARÁTER e CONTEÚDO (*character* e *content*, em inglês). O caráter corresponde ao aspecto do significado determinado exclusivamente pela sentença e pela língua em questão. Nesse nível, no nosso exemplo anterior, Alan e Bruno disseram a mesma coisa, algo como o falante (seja ele quem for) é brasileiro. Isso é tudo o que o conhecimento estritamente linguístico nos dá. Se eu sou um falante de português e me deparo com uma instância da sentença 'eu sou brasileiro' descontextualizada (por exemplo, escrita em um muro), tudo o que eu posso concluir é que ela é verdadeira se, e somente se, a pessoa que a produziu, seja ela quem for, é brasileira.

Kaplan propôs que a passagem do caráter ao valor de verdade não se dá em um único passo. A ideia é que o caráter mais o contexto de fala (ou escrita) determinam um outro nível de significado, o conteúdo. É nesse nível que Alan e Bruno disseram coisas distintas: Alan disse que Alan é brasileiro, e Bruno disse que Bruno é brasileiro. É o conteúdo kaplaniano que corresponde a uma proposição nesse novo esquema. De posse do caráter e do contexto, determinamos a proposição expressa. De posse da proposição, e com acesso ao fatos do mundo, determinamos o valor de verdade. O resultado é o sistema bidimensional representado a seguir:

(26)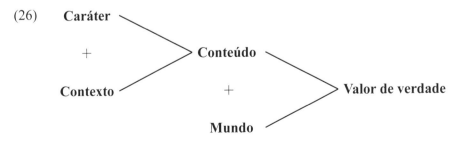

48 Semântica

Já vimos que o mesmo caráter pode levar a conteúdos distintos. Veremos, agora, que caráteres diferentes podem levar ao mesmo conteúdo. Considere, por exemplo, o par de sentenças a seguir, ditas por Alan e Bruno:

(27)   a.   Alan para Bruno: 'Eu sou brasileiro'.
          b.   Bruno para Alan: 'Você é brasileiro'.

O caráter de (a) e o caráter de (b) são diferentes e qualquer falante de português não hesitaria em apontar a diferença: (a) diz respeito àquele que fala, atribuindo a esse falante, seja ele quem for, a propriedade de ser brasileiro. Já (b) diz respeito a quem o falante se dirige, atribuindo a esse ouvinte, seja ele quem for, a propriedade de ser brasileiro. Essa diferença no nível do caráter é neutralizada no nível do conteúdo em (27). Como os papéis de falante e ouvinte se invertem, o 'eu' de Alan e o 'você' de Bruno remetem à mesma pessoa, Alan. Nesse nível do conteúdo, Alan e Bruno disseram a mesma coisa, ou seja, que Alan é brasileiro.

A relevância da distinção kaplaniana entre caráter e conteúdo e a possibilidade de haver diferença de caráter, mesmo em casos em que não há diferença de conteúdo, encontra respaldo cognitivo para além da linguagem, como ilustraremos com um exemplo adaptado do próprio Kaplan. Imagine que Alan esteja fortemente embriagado em um bar e com um cigarro aceso no canto da boca. Na sua frente, há um espelho, mas Alan nem nota que é para sua própria imagem que ele está olhando. De repente, cai um pouco da cinza do cigarro em sua calça, que começa a pegar fogo. Alan, olhando para o espelho, começa a gritar apontando para a sua própria imagem e dizendo sem se mover: 'ele está com a calça pegando fogo!'. Alguns segundos depois, Alan sente suas pernas esquentarem, olha para baixo e se dá conta de que é sua própria calça pegando fogo. Ele, então, muda de atitude e sai correndo para o banheiro, gritando: 'eu estou com a calça pegando fogo!'. A mudança de atitude é reflexo de uma mudança no que Alan acredita. Em ambos os casos, ele forma uma crença que nós, observadores externos da situação, sabemos ser sobre ele mesmo, Alan. Entretanto, no primeiro momento, essa era uma crença, digamos, em terceira pessoa. Da perspectiva de Alan, eram as calças de um outro que estavam em chamas. Já em um segundo momento, ainda na perspectiva de Alan, a crença passa a ser uma crença em primeira pessoa. Por isso, o desespero e a corrida até o banheiro. Como o 'ele' do primeiro caso e o 'eu' do segundo remetem, ambos, a Alan, que é o autor dos pensamentos/sentenças, somos levados a concluir que essa distinção se dá no nível do caráter e não no nível do conteúdo proposicional e que essa distinção tem relevância cognitiva, além de semântica.

Por fim, cumpre notar que não são apenas pronomes pessoais que introduzem dependência contextual e tornam não trivial a passagem do nível do caráter ao nível do conteúdo. Palavras como 'agora' e 'aqui' também o fazem. A diferença é que elas remetem a outras coordenadas do contexto de fala: o momento de fala e o lugar de fala, respectivamente. Há, ainda, casos menos óbvios, como certos tempos verbais. Considere, por exemplo, a sentença abaixo:

(28)   O filho da Maria já nasceu.

Assuma que o filho da Maria tenha nascido às 8 horas da manhã do dia 15 de fevereiro de 2001. Imagine, agora, dois enunciados desta sentença, um às 7:45 da manhã do mesmo dia, e o outro às 8:15 da manhã, também do mesmo dia. Aqui também teremos a mesma sentença, mas valores de verdade distintos. Neste caso, a razão da discrepância é o pretérito perfeito, que indica anterioridade em relação ao momento de fala. Como estamos diante de momentos de fala distintos, a mesma sentença, e, portanto, o mesmo caráter, levará a dois conteúdos kaplanianos diferentes. E dados os fatos descritos acima, esses conteúdos levarão a valores de verdade distintos.

Expressões linguísticas como pronomes de primeira e segunda pessoa, advérbios como 'agora' ou 'aqui' e tempos verbais como o presente e o pretérito perfeito são chamadas de INDEXICAIS. O que as une é o fato de fazerem menção a algum aspecto da situação de fala, seja este aspecto o autor, a audiência, o momento ou o local de fala. A indexicalidade é uma das áreas de estudo da interface entre a semântica e a pragmática. Nos estudos desta interface, busca-se entender como o sentido linguístico interage com os diversos aspectos do contexto de fala na transmissão de informação e na expressão de pensamentos e intenções através da comunicação verbal.

2.4   Analítico e sintético

[Antes de iniciar esta seção, um alerta: o material a seguir terá um tom bastante abstrato e um viés filosófico acentuado. Esse material, no entanto, não é necessário para a continuação da leitura do capítulo ou do restante do livro. Leitores que não queiram mergulhar nestas águas um tanto turvas em que semântica e filosofia se misturam podem avançar diretamente para a próxima seção, sem perda de continuidade.]

Nas seções anteriores, dissemos que a verdade de uma sentença declarativa depende de seu significado e dos fatos extralinguísticos. Só o significado não basta para fixar o valor de verdade. As sentenças 'a Terra é esférica' e 'a Terra é plana' são exemplos típicos desta dupla dependência. Nem a verdade da primeira nem a falsidade da segunda dependem apenas de seus significados.

Há, porém, certas sentenças cuja verdade é garantida exclusivamente pelo significado. Vejamos alguns exemplos:

(29)   a.   Triângulos têm três lados.
        b.   Nenhum homem solteiro é casado.

50 Semântica

c. Todo cachorro peludo é um cachorro.

Tais sentenças são verdadeiras por definição, poderíamos dizer. Sua verdade está embutida em seus significados, sendo os fatos extralinguísticos irrelevantes. A semântica do português especifica que triângulos são figuras geométricas de três lados, que os termos 'casado' e 'solteiro' são antônimos e que a expressão 'cachorro peludo' designa uma subclasse dos cachorros. Sentenças como (29), que são verdadeiras em virtude de seu significado e nada mais, são chamadas de ANALÍTICAS. Elas contrastam com sentenças como (30), que são verdadeiras (ou falsas) em virtude de seus significados e de como o mundo é. Tais sentenças são chamadas de SINTÉTICAS:

(30) a. A mesa de trabalho do Pedro tem três lados.
b. Vários homens solteiros gostariam de casar.
c. Alguns cachorros são peludos.

A distinção analítico/sintético é uma distinção semântica, que diz respeito ao significado de sentenças e sua relação com seu valor de verdade. Essa distinção, porém, está correlacionada com uma distinção epistemológica, ou seja, uma distinção que diz respeito ao conhecimento ou à maneira como o conhecimento é adquirido. Se eu sou um falante de português, eu sei que as sentenças em (29) são verdadeiras, não havendo necessidade de consultar os fatos extralinguísticos para tal. Conhecimento que não depende desse tipo de experiência externa com os fatos é chamado de A PRIORI. O conhecimento da verdade das sentenças em (29) é, portanto, conhecimento a priori. Em contraste, o conhecimento da verdade das sentenças em (30) não é fruto apenas de conhecimento linguístico, não sendo possível adquiri-lo sem experienciar o mundo ou se informar sobre os fatos extralinguísticos. O conhecimento que depende desse tipo de experiência ou informação é chamado de A POSTERIORI.

Como se pode notar, analítico e a priori, por um lado, e sintético e a posteriori, por outro, parecem indissociavelmente vinculados. Afinal, se a verdade de uma sentença depende exclusivamente de seu significado, basta o conhecimento linguístico para saber que a sentença é verdadeira. *Analítico* parece implicar *a priori*. Da mesma forma, se a verdade de uma sentença depende dos fatos extralinguísticos, então o conhecimento desses fatos é necessário para saber que a sentença é verdadeira. *Sintético* parece implicar *a posteriori*. Entretanto, a despeito dessas aparentes implicações, a correlação analítico/a priori e sintético/a posteriori é mais complicada do que parece e tem sido objeto de controvérsias ao longo da história da filosofia.

A questão de fundo é que nem sempre está claro o que deve contar como o significado de uma determinada expressão ou sentença, nem se determinado tipo de conhecimento deve contar como conhecimento linguístico ou extralinguístico. Pense nos pares de exemplos a seguir:

(31)   a.   Animais aquáticos são animais.
         b.   Baleias são animais.

(32)   a.   Mamíferos aquáticos são mamíferos.
         b.   Baleias são mamíferos.

As sentenças em (a) são exemplos incontroversos e pouco interessantes de sentenças analíticas cuja verdade sabemos a priori. E as sentenças em (b)? Seriam elas analíticas? Será que está embutido no significado da palavra 'baleia' que baleias são animais? Nesse caso, baleias seriam animais por definição e não seria possível saber o significado de 'baleia' sem saber que baleias são animais. Talvez esse seja mesmo o caso, ainda que haja uma diferença intuitiva clara entre animais aquáticos serem animais e baleias serem animais. E o que dizer sobre baleias serem mamíferos? Outra verdade por definição? O que dizer das pessoas para as quais baleias são peixes e não mamíferos? Faltaria a elas conhecimento linguístico, conhecimento biológico, ou ambos? Onde traçar a linha divisória entre conhecimento linguístico e conhecimento, digamos, enciclopédico? Considere, ainda o caso da sentença a seguir:

(33)   Água é H_2O.

Analítica ou sintética? A resposta parece óbvia, já que o significado da palavra 'água' não parece incluir a informação da constituição molecular do líquido que ela designa. Sendo assim, (33) seria uma sentença sintética cuja verdade depende de fatos científicos. Afinal, o que dizer do vocabulário das milhares de pessoas que jamais estudaram química? Sem falar na totalidade da população que já possuía a palavra em seus vocabulários antes da descoberta da constituição molecular da água no século 18. Para essas, a palavra 'água' designa ou designava apenas um líquido incolor, inodoro e insípido, sem o qual todos nós morreríamos. O sentido da palavra seria, portanto, descritivo e não o de identidade com uma determinada substância. Entretanto, o filósofo americano Hillary Putnam nos convida a fazer o seguinte experimento mental: voltemos no tempo para antes do século 18 e da descoberta da natureza molecular da água. Imagine, agora, que exista um planeta muito distante da Terra onde vivem seres humanos como nós. O planeta é idêntico ao nosso em todos os seus detalhes. Nele, inclusive, há pessoas que falam português, que têm a palavra 'água' em seus vocabulários e que também a usam para se referir ao líquido que bebem diariamente, que está nos mares, corre nos rios, brota nas fontes, etc. Por essas razões, Putnam chamou esse planeta distante de Terra Gêmea. Há, porém, uma pequena diferença entre a Terra Gêmea e a Terra. O líquido que os habitantes da Terra Gêmea chamam de 'água' na versão local do português

52 Semântica

não é H_2O, mas um outro composto químico, que, para simplificar, vamos chamar de XYZ. Essa diferença, porém, é imperceptível aos sentidos das pessoas. Se você perguntar a qualquer habitante local o que é 'agua', ele responderia da mesma forma que um habitante da Terra: água é um líquido transparente, sem cheiro nem gosto e que todo mundo precisa beber. A pergunta, agora, é: seria o significado da palavra 'água' no português da Terra Gêmea o mesmo significado da palavra água no português falado na Terra? A resposta parece ser negativa. A razão é que 'água' na Terra Gêmea é XYZ e 'água' na terra é H_2O, ainda que ninguém à época soubesse disso e que um viajante que saísse de um planeta e viajasse ao outro não fosse capaz de notar qualquer diferença. Sendo assim, o significado da palavra 'água' no português falado na Terra não equivale a nenhuma descrição do tipo 'líquido assim ou assado', já que essas descrições seriam as mesmas nos dois planetas. Uma das conclusões de Putnam é justamente essa: o significado da palavra 'água' sempre foi H_2O, ainda que, até um certo momento da história, ninguém fosse capaz de identificar essa composição molecular. Sendo assim, a descoberta científica dessa composição química não afetou o significado da palavra. Se a argumentação de Putnam for convincente, sentenças como (33) são analíticas, mas sua verdade só é conhecível a posteriori. Mas há algo estranho nessa conclusão: se o significado da palavra 'água' é a substância H_2O, então o significado de (33) é de identidade de uma substância consigo mesma. E alguém que saiba disso, imediatamente saberá que a sentença é verdadeira. Estaríamos de volta à associação entre analítico e a priori. Além disso, somos forçados à conclusão de que até o século 18, mesmo os falantes competentes de português que tinham a palavra 'água' em seus vocabulários não sabiam o seu significado!

O leitor atento notará uma certa semelhança com o que vimos na seção sobre nomes próprios, quando discutimos casos em que um mesmo objeto possui mais de um nome. Lembre-se de Phosphorus, a estrela da manhã, e de Hesperus, a estrela da tarde, que muitos achavam tratar-se de dois astros diferentes, mas que depois se descobriu serem o mesmo astro, o planeta Vênus. Seria a sentença 'Hesperus é Phosphorus' uma sentença analítica? Sua verdade foi uma descoberta astronômica, fruto de observações minuciosas sobre a posição dos astros no céu. A princípio, mais um caso de conhecimento a posteriori. Para Frege, que considerava o significado dos nomes próprios como descrições definidas disfarçadas, não há muito o que acrescentar. Os nomes 'Hesperus' e 'Phosphorus' não têm o mesmo sentido e a sentença em questão não é sinônima de 'Hesperus é Hesperus'. A correferência dos nomes e a verdade da sentença não dependem exclusivamente dos significados, e um falante competente pode muito bem ignorar os fatos extralinguísticos relevantes. Mais um caso, portanto, de sentença sintética e da associação sintético/a posteriori.

A situação, porém, se complica para aqueles que divergem de Frege e consideram que o sentido de um nome próprio é a sua referência. Para eles, não haveria diferença de significado entre 'Hesperus é Hesperus' e 'Hesperus é Phosphorus'. Ambas seriam trivialmente verdadeiras, já que ambos os nomes designam o mesmo astro. Sendo assim, 'Hesperus é Phosphorus' seria uma sentença analítica, já que sua verdade seria garantida pelo seu significado. Mas acabamos de ver que essa verdade foi uma descoberta astronômica, um conhecimento adquirido a posteriori e que surpreendeu a muitos que já usavam os nomes para se referir ao que viam no céu. Será que estamos diante de uma associação do analítico com o a posteriori?

Mesmo antes da descoberta astronômica, se perguntássemos a um falante a que o nome 'Hesperus' se referia, muito provavelmente, ele, durante uma tarde, apontaria para o céu na direção do que hoje sabemos ser o planeta Vênus, dizendo algo como 'o nome se refere àquele astro'. E se perguntássemos ao mesmo falante a que o nome 'Phosphorus' se refere, ele apontaria, durante uma manhã, para o mesmo planeta, dizendo algo como 'o nome se refere àquele astro'. Neste aspecto, seu comportamento antes e depois da descoberta não diferiria muito. Entretanto, se perguntássemos ao falante se os nomes se referiam ao mesmo astro, ele responderia com um categórico 'não' antes da descoberta, mas com um entusiasmado 'sim' depois da descoberta. A questão que se coloca frente à proposta anti-fregeana é: o falante que, antes da descoberta astronômica, aponta para o mesmo astro diante dos nomes 'Hesperus' e 'Phosphorus', mas que ignora a correferência, sabia o significado dos nomes, e portanto, da sentença 'Hesperus é Phosphorus'? Se a resposta a essa pergunta for afirmativa, então o conhecimento da verdade da sentença não depende apenas do conhecimento de seu significado. Nesse caso, é claro que o conhecimento é a posteriori. No entanto, se o significado é a própria referência, como é possível saber o significado dos nomes sem saber que eles são correferentes? Por outro lado, se a resposta for negativa, ou seja, se dissermos que o falante em questão não sabia o significado dos nomes e da sentença até o momento da descoberta astronômica, e que só passou a ter esse conhecimento no momento da descoberta, então, o conhecimento da verdade parece indissociável do conhecimento do significado, ou seja, o conhecimento da verdade seria a priori, o que parece contraintuitivo, já que o estatuto epistemológico da verdade de 'Hesperus é Phosphorus' não parece equivalente ao da verdade de 'Hesperus é Hesperus'.

Como se vê, teorias semânticas divergentes podem levar a caracterizações divergentes do tipo de verdade expresso por determinada sentença e das associações entre o analítico ou sintético de um lado, e do a priori e a posteriori do outro. A própria noção de analiticidade começa a ganhar contornos indeterminados.

Caberia ainda no contexto das questões que estamos debatendo, uma discussão das sentenças que expressam verdades matemáticas, outra perene fonte de controvérsias filosóficas. Tal discussão, porém, não se encaixaria bem em um manual introdutório de semântica, e iremos evitá-la (ver, no entanto, as sugestões de leitura ao final do capítulo). Bem mais próximo dos nossos interesses imediatos e mais conectado ao que vimos no restante deste capítulo é a situação de sentenças

54 Semântica

com expressões indexicais e seu estatuto perante as dicotomias analítico/sintético e a priori/a posteriori. É com elas que encerraremos esta seção.

Nos casos envolvendo indexicais, a verdade das sentenças deve ser relativizada a um contexto, já que, por definição, indexicais introduzem dependência contextual. A questão que queremos levantar é a seguinte: será que existem sentenças com indexicais que são verdadeiras em qualquer contexto e que, portanto, merecem o rótulo de analíticas, ainda que em um sentido estendido? Obviamente, sentenças como 'eu sou eu', 'você é você' e 'agora é agora' satisfazem esse critério, mas isso não chega a ser surpreendente. Vejamos, pois, outros exemplos. Se eu lhe digo 'eu sou brasileiro', o que eu lhe disse é verdade. Isso, porém, não é consequência apenas do significado da sentença. A verdade do que eu disse depende do fato de que fui eu, Marcelo, quem proferiu a sentença e do fato de que eu, Marcelo, sou mesmo brasileiro. E você só saberá que o que eu lhe disse era verdade se, além do significado da sentença, você souber desses fatos a respeito de quem estava falando e de seu local de nascimento. Eu mesmo, o falante, posso ignorar o local em que eu nasci ou estar equivocado a respeito. Podemos, sem muita controvérsia, rotular a sentença de sintética e o conhecimento de sua verdade de a posteriori. Até aqui, tudo bem.

Considere, agora, a sentença a seguir, dita por mim, Marcelo, em Juiz de Fora, Minas Gerais, às 8 horas do dia 15 de setembro de 2020:

(34)   Eu estou aqui agora.

Em termos estritamente linguísticos, ou seja, do caráter kaplaniano de que falamos na seção anterior, (34) diz que aquele que fala está no local de fala no momento em que fala. Obviamente, quem fala está sempre onde fala no momento em que fala. Independente de qual seja o contexto de fala, e de como seja o mundo, quem diz (34) estará sempre dizendo a verdade. E quem quer que diga ou ouça tal sentença saberá, sem necessidade de pesquisar os fatos extralinguísticos, que o que ela disse ou ouviu era verdade. Podemos afirmar que se trata de uma sentença analítica, cuja verdade conhecemos a priori.

Note, porém, que a proposição ou o conteúdo kaplaniano expresso por (34) no contexto em questão equivale à proposição ou conteúdo kaplaniano expresso pela sentença a seguir:

(35)   Marcelo está em Juiz de Fora às 8 horas do dia 15 de setembro de 2020.

Diferentemente do que acabamos de dizer sobre (34), a verdade de (35) não depende apenas de seu caráter. Sua verdade depende de eu, Marcelo, estar ou não em Juiz de Fora, às 8 horas do dia 15 de setembro de 2020. Não há como saber se a sentença é verdadeira sem antes checar o local em que o indivíduo Marcelo estava na data e horário mencionados. Podemos afirmar que se trata de uma sentença sintética, cuja verdade só conhecemos a posteriori.

Como se pode perceber, a extensão da distinção analítico/sintético a casos envolvendo indexicalidade torna possível que uma sentença analítica e outra sintética expressem a mesma proposição em um determinado contexto. O que é interessante observar a respeito de pares como (34) e (35) é que, no nível do conteúdo kaplaniano, temos uma proposição cuja verdade depende de como o mundo é, algo aparentemente contraditório com a sentença ser analítica. É importante, porém, ter sempre em mente que a oposição analítico/sintético, ao menos da forma como a estamos apresentando aqui, é uma oposição entre sentenças e não entre proposições. Analítico e sintético, já sabemos, têm a ver com significado. Sentenças têm significado, proposições não. Sentenças são verdadeiras (ou falsas) em um contexto de fala. Proposições não. Proposições, por seu turno, são verdadeiras (ou falsas) em um mundo e sua verdade (ou falsidade) não dependem de um contexto de fala.

Para fechar a discussão, e ver o outro lado da moeda, considere o par de sentenças a seguir, ambas ditas por mim, Marcelo:

(36) a. Eu sou Marcelo.
      b. Marcelo é Marcelo.

Nessas circunstâncias, ambas são verdadeiras, sem dúvida. Porém, apenas a verdade de (36b) depende exclusivamente do significado sentencial, não importando o contexto de fala ou os fatos extralinguísticos. Já a verdade de (36a) depende do contexto de fala. Se sou eu, Marcelo, quem está falando, o que está sendo dito é verdadeiro. Se não sou eu, Marcelo, quem fala, o que está sendo dito não é verdadeiro. (36a) é uma sentença sintética, enquanto (36b) é uma sentença analítica. Entretanto, uma vez computado o contexto, o resultado são proposições equivalentes, ambas dizendo que Marcelo é idêntico a Marcelo. Desta vez, a sentença com o pronome indexical, que era sintética, resultou em uma proposição cuja verdade não depende dos fatos. Novamente, a aparente contradição se dissolve ao atentarmos para a distinção entre uma sentença e seu caráter, por um lado, e entre a proposição expressa pela sentença em um determinado contexto, por outro.

Quando deixamos as sentenças de lado e nos fixamos apenas nas proposições, passamos do nível semântico, que diz respeito à linguagem, para o nível metafísico ou ontológico, que diz respeito à natureza das coisas ou da realidade. Neste nível, uma verdade CONTINGENTE diz respeito a como o mundo é, mas poderia não ser. Uma verdade NECESSÁRIA diz respeito a como o mundo é e não poderia deixar de ser. Em termos proposicionais, contingências são proposições verdadeiras que poderiam ser falsas ou proposições falsas que poderiam ser verdadeiras. Necessidades são proposições verdadeiras que não poderiam ser falsas. Que todo objeto é idêntico a si mesmo ou que dois mais dois é igual a quatro são necessidades ou proposições

56 **Semântica**

necessariamente verdadeiras. Que há estrelas no céu ou que a Terra é esférica são contingências, proposições verdadeiras, mas que poderiam ser falsas.

Se voltarmos agora aos exemplos com indexicais, temos que 'Eu estou aqui agora' é uma sentença analítica cuja verdade conhecemos a priori. Por outro lado, a proposição que ela expressa em um determinado contexto, seja esse contexto qual for, é uma contingência, uma proposição verdadeira, mas que poderia ser falsa, já que os fatos sobre a localização de quem fala no momento de fala poderiam ser diferentes.

Já no caso de 'Eu sou Marcelo', temos uma sentença sintética cuja verdade só podemos conhecer a posteriori, após sabermos a identidade do falante. Porém, a proposição que ela expressa quando dita por mim, Marcelo, é uma necessidade. Que Marcelo é Marcelo é algo verdadeiro e que não poderia ser falso. E o conhecimento da verdade dessa proposição é a priori, já que sabemos, sem necessidade de experiência dos fatos do mundo, que todo objeto é idêntico a si mesmo.

Por fim, se retomarmos a sentença de identidade 'Hesperus é Phosphorus', que taxamos de analítica, teremos, no nível proposicional, uma necessidade. Que o planeta Vênus é idêntico a si mesmo é algo necessariamente verdadeiro. Essa é a posição de Saul Kripke, o principal defensor da semântica puramente referencial, não descritiva, dos nomes próprios. Para Kripke, que Hesperus é Phosphorus é uma verdade necessária, mas que só é conhecível a posteriori. E se concordarmos com Putnam sobre água e outras substâncias, que água é H_2O é mais um exemplo de necessidade a posteriori.

No próximo capítulo, voltaremos a falar sobre a relação entre proposições e verdade e sobre a relação do significado linguístico com ambas as noções.

2.5 Para além da verdade

2.5.1 Sentido e referência do falante

Sentido e referência fregeanos são atributos que se aplicam a expressões linguísticas e que independem das intenções com que essas expressões são usadas pelos falantes, bem como dos efeitos que elas venham a causar nos ouvintes. Já vimos no capítulo anterior que, em muitas situações conversacionais, há uma clara discrepância entre o que o falante diz literalmente e o que ele quer dizer. O caso mais gritante é o das ironias, em que queremos dizer o oposto do que, de fato, dizemos. Se, diante da flagrante incompetência do João ao volante de um carro, eu afirmo ironicamente que ele é ótimo motorista, o que eu quis dizer é que o João é um péssimo motorista. É importante distinguir entre o SENTIDO DO FALANTE, aquilo que ele quis dizer (e sua audiência provavelmente captou) e o SENTIDO DA SENTENÇA, aquilo que as palavras expressam literalmente. O sentido fregeano é sempre o sentido da sentença, e, de forma mais geral, o sentido de uma expressão linguística. No contexto deste livro, quando falarmos em sentido, sem qualificações, é do sentido fregeano que estaremos falando.

Considerações análogas podem ser feitas sobre a referência. Suponha que você e eu estejamos conversando em uma festa de aniversário de um amigo em comum, quando eu observo um homem que eu nunca tinha visto antes. O homem está segurando uma taça com uma bebida que, à distância, parece ser champanhe. Eu, então, direciono meu olhar discretamente para o homem e digo a você: 'Olha, o homem bebendo champanhe é um penetra.' Você, que também nunca viu o tal homem na vida, concorda comigo. Acontece que o tal homem, que era mesmo um penetra, não estava bebendo champanhe, mas água gasosa. O único homem que estava bebendo champanhe na festa era o irmão do aniversariante, que, obviamente, não era um penetra. Cabem aqui duas perguntas. A primeira delas é: a quem a descrição definida 'o homem bebendo champanhe' se referia? A segunda é: o que eu disse a você era verdade ou não? Do ponto de vista fregeano, não há dúvidas: a descrição definida 'o homem bebendo champanhe' se refere ao irmão do aniversariante e a sentença 'o homem bebendo champanhe é um penetra' é falsa, já que o irmão era o único homem bebendo champanhe e ele não era um penetra. Do ponto de vista comunicativo, porém, está claro que minha intenção, imediatamente captada por você, era me referir ao tal homem desconhecido e que a descrição definida que eu usei foi, junto com meu olhar, a maneira mais conveniente que eu encontrei para direcionar sua atenção ao homem. Posto desta forma, o referente em questão era o homem desconhecido, e o que eu quis dizer era verdade, já que tal homem era mesmo um penetra. Note que, neste caso, a determinação da referência envolveu o falante e suas intenções comunicativas, contrariando o espírito da proposta fregeana. Como no caso do sentido, para evitar confusão conceitual e terminológica, é prudente falar em REFERÊNCIA DO FALANTE, sempre que quisermos levar em conta as intenções comunicativas de quem fala. Neste livro ao menos, quando falarmos apenas em referência, será sobre a REFERÊNCIA DA EXPRESSÃO que estaremos falando. A referência e o sentido fregeanos, voltamos a insistir, são sempre a referência e o sentido de uma expressão linguística.

2.5.2 Múltiplas dimensões do linguístico

Mesmo quando nos atemos ao significado estritamente linguístico, filtrando as intenções comunicativas do falante e concentrando-nos exclusivamente no que sentenças e suas partes expressam literalmente, é possível notar uma variedade de nuances semânticas que sugerem uma caracterização multidimensional do significado. Frege, em seu trabalho pioneiro sobre a distinção entre sentido e referência, notou ao menos duas dessas dimensões, que ele buscou separar do sentido. Esses aspectos semânticos ganharam notoriedade mais recentemente e têm sido objeto de atenção e

58 **Semântica**

controvérsia na literatura semântica e pragmática. Nesta seção, vamos ilustrar esse importante traço da maneira como as línguas naturais codificam o significado total de suas expressões, extrapolando o sentido fregeano e sua determinação da verdade ou falsidade de uma sentença. Começaremos com um exemplo adaptado do próprio Frege:

(37)   Quem descobriu a forma elíptica das órbitas planetárias morreu na miséria.

Essa sentença pode ser analisada como a conjunção de duas proposições: que houve alguém que descobriu a forma elíptica das órbitas planetárias e que esse alguém morreu na miséria. Frege argumenta que, se essa conjunção de duas proposições fosse o sentido de (37), sua negação deveria expressar o oposto, ou seja, que pelo menos uma delas é falsa. Note que é isso o que acontece ordinariamente com sentenças da forma 'A e B', como em 'está chovendo e ventando'. Negar essa sentença ('não está chovendo e ventando') é mesmo que afirmar que ou não está chovendo ou não está ventando, ou não está nem chovendo nem ventando. Se aplicarmos o mesmo raciocínio a (37), esperaríamos que sua negação equivalesse a algo como o seguinte: ou não existiu alguém que descobriu a forma elíptica das órbitas planetárias ou esse alguém não morreu na miséria. Esse, entretanto, não parece ser o que (38), a negação de (37), expressa:

(38)   Quem descobriu a forma elíptica das órbitas planetárias não morreu na miséria.

Como se pode notar, (38) continua expressando que houve alguém que descobriu a forma elíptica das órbitas planetárias, negando apenas que esse alguém tenha morrido na miséria. A proposição existencial parece imune à negação. Como Frege também notou, algo semelhante se dá com nomes próprios:

(39)   Kepler morreu na miséria.

O nome 'Kepler' se refere ao notável e polivalente astrônomo alemão Johannes Kepler (1571-1630), o descobridor da forma elíptica das órbitas planetárias. (39) também poderia ser analisada como a conjunção de duas proposições: que Kepler existiu (ou que o nome 'Kepler' se refere a alguém) e que ele morreu na miséria. Entretanto, neste caso também, ao negar (39), a negação não incide sobre a parte existencial, apenas sobre a parte que atribui a propriedade de ter morrido na miséria:

(40)   Kepler não morreu na miséria.

Em ambos os casos, Frege considera que as proposições existenciais associadas às sentenças não são parte do sentido dessas sentenças. Para ele, elas são uma pré-condição para que as sentenças tenham um valor de verdade, seja ele verdadeiro ou falso. Frege chamou essa dependência de pressuposição, termo ao qual fizemos breve menção anteriormente e ao qual voltaremos em mais detalhes no capítulo 4. Para Frege, sentenças declarativas afirmativas e suas contrapartes negativas compartilham das mesmas pressuposições. Sendo assim, a verdade de (37) ou de (38) depende da verdade de (41):

(41)   Houve alguém que descobriu a forma elíptica das órbitas planetárias.

Em outras palavras, tanto (37) quanto (38) pressupõem (41). O mesmo se pode dizer de (39) e (40), em relação a (42):

(42)   Kepler existiu (ou o nome 'Kepler' tem um referente).

Essas considerações nos levam a uma caracterização bidimensional do signficado total veiculado por uma sentença, em que diferentes aspectos deste significado correspondem a diferentes dimensões que podem ser isoladas uma da outra. É, por assim dizer, como se o conteúdo ou significado total estivesse sendo transmitido em dois canais, que podemos chamar de canal afirmado (o do sentido fregeano) e canal pressuposto:

(43)   Quem descobriu a forma elíptica das órbitas planetárias morreu na miséria.
    a.   *Pressuposto:* houve alguém que descobriu a forma elíptica das órbitas planetárias.
    b.   *Afirmado:* Esse alguém morreu na miséria.

(44)   Quem descobriu a forma elíptica das órbitas planetárias não morreu na miséria.
    a.   *Pressuposto:* houve alguém que descobriu a forma elíptica das órbitas planetárias.
    b.   *Afirmado:* Esse alguém não morreu na miséria.

Usando a negação como diagnóstico para a existência de conteúdo pressuposto, veremos que essa bidimensionalidade se aplica a várias construções linguísticas. É o caso, por exemplo, de construções da forma 'foi N que(m) V' em que N é uma expressão nominal e V um predicado verbal. Esse tipo de construção sintática é chamado de clivagem. Eis um par de exemplos:

(45)   a.   Foi o Pedro que a Maria beijou ontem.
    b.   Não foi o Pedro que a Maria beijou ontem.

Como se pode notar, ambas as sentenças veiculam que a Maria beijou alguém ontem, acrescentando que esse alguém foi (ou não foi) o Pedro. Aqui também a negação não incide sobre a parte existencial:

60 **Semântica**

(46) Foi o Pedro que a Maria beijou ontem.
   a. *Pressuposto:* a Maria beijou alguém ontem.
   b. *Afirmado:* Esse alguém foi o Pedro.

(47) Não foi o Pedro que a Maria beijou ontem.
   a. *Pressuposto:* a Maria beijou alguém ontem.
   b. *Afirmado:* Esse alguém não foi o Pedro.

De acordo com essa divisão, a negação opera em apenas em um dos canais, aquele em que é conduzido o conteúdo afirmado. O conteúdo pressuposto fica, por assim dizer, imune à negação. No caso das contrapartes não clivadas destes exemplos, nada se pressupõe a respeito de a Maria ter ou não beijado alguém. Nesses casos, todo o conteúdo é veiculado em um único canal, o canal afirmado (deixaremos de lado a pressuposição de que os nomes próprios têm referentes):

(48) A Maria beijou o Pedro ontem.
   a. *Pressuposto:* —
   b. *Afirmado:* A Maria beijou o Pedro ontem.

(49) A Maria não beijou o Pedro ontem.
   a. *Pressuposto:* —
   b. *Afirmado:* A Maria não beijou o Pedro ontem.

Esta caracterização bidimensional da transmissão do significado permite inclusive extrapolar o domínio das sentenças declarativas. Considere, por exemplo, a sentença interrogativa a seguir:

(50) Foi o Pedro que a Maria beijou ontem?

Como no caso de sua contraparte afirmativa, ao usar esta sentença para fazer uma pergunta a alguém, intuitivamente, eu tomo como certo que a Maria beijou alguém ontem e indago, em cima desse pano de fundo, se esse alguém foi o Pedro. Posto de outra forma, a pergunta não incide sobre o conteúdo pressuposto. Aqui também temos significado sendo transmitindo em dois canais, que podemos chamar de pressuposto e interrogado:

(51) Foi o Pedro que a Maria beijou ontem?
   a. *Pressuposto:* A Maria beijou alguém ontem.
   b. *Interrogado:* A Maria beijou o Pedro ontem?

Sem a clivagem, não há conteúdo pressuposto e a interrogação recai sobre o conteúdo total:

(52) A Maria beijou o Pedro ontem?

a. *Pressuposto:* —
b. *Interrogado:* A Maria beijou o Pedro ontem?

Essa bidimensionalidade leva-nos a especular sobre a existência de outros canais em que ainda outros aspectos do significado sejam veiculados separadamente, dando origem a uma análise multidimensional. Um dos candidatos a povoar uma dessas possíveis novas dimensões é o que ficou conhecido na literatura como IMPLICATURAS CONVENCIONAIS, introduzidas, ainda que de maneira bastante ligeira, no influente trabalho do filósofo Paul Grice, ao qual fizemos menção no primeiro capítulo. Grice chamou atenção para expressões como a conjunção adversativa 'mas' e sua relação com a conjunção aditiva 'e':

(53)   Maria é bonita e inteligente.

(54)   Maria é bonita, mas inteligente.

Está claro que (53) e (54) não são equivalentes e que isso se deve a uma diferença de significado entre as conjunções 'e' e 'mas'. A segunda traz, como parte de sua contribuição para o significado total, a ideia de oposição ou contraste. No caso acima, passa a ideia de que beleza e inteligência se opõem. Essa ideia não está embutida no significado de 'e'. A pergunta que queremos fazer neste ponto é: seria essa diferença uma diferença que afeta o sentido fregeano, ou seja, as condições de verdade das sentenças acima? Note que, em ambos os casos, para que as sentenças sejam verdadeiras, é necessário que Maria seja bonita e também inteligente. No caso da versão com 'e', isso parece ser tudo o que está em jogo. Se Maria não for bonita, ou não for inteligente, ou não for nem bonita nem inteligente, (53) é falsa. Entretanto, na versão com o 'mas', a questão é menos óbvia.

Frege, ao tratar brevemente de conjunções como 'embora', 'ainda que' e 'mas', considerou que essas conjunções não contribuem para o sentido das sentenças, apenas iluminando-o ou colorindo-o. Para ele, sua presença ou ausência não afetaria o valor de verdade, tornando apenas inapropriado o seu uso em determinadas circunstâncias. Algo semelhante foi proposto por Grice, que também considerou que a ideia de oposição veiculada pela conjunção 'mas', por exemplo, não era parte das condições de verdade de sentenças como (54).

Há um apelo intuitivo nas considerações de Frege e Grice. De fato, alguém que use (54) acreditando que Maria é bonita e inteligente, mas que não vê nenhuma oposição entre beleza e inteligência não estaria simplesmente faltando com a verdade, como seria o caso se não acreditasse que Maria fosse bonita ou que não fosse inteligente. A inadequação do uso de (54) parece ser de outra natureza nesse caso. O falante estaria sendo incongruente e enganador no sentido de expressar uma atitude que, de fato, não tem. Sua audiência será levada a crer equivocadamente que ele vê beleza e inteligência de forma antagônica.

62 Semântica

Para explicitar esse aspecto do significado de (54) introduzido pela conjunção 'mas' e que a torna distinta de 'e', Grice cunhou o termo *implicatura convencional*. De acordo com sua proposta, tanto (53) quanto (54) têm como consequência lógica que Maria é bonita e que Maria é inteligente. Pare ele, suas condições de verdade se equivalem. Entretanto, apenas (54) implica convencionalmente que beleza e inteligência se opõem e não costumam andar juntas.

Expandindo o que estávamos assumindo sobre a bidimensionalidade de afirmado e pressuposto, teríamos agora um terceiro canal de condução do significado:

(55)　Maria é bonita mas inteligente.

　　a.　*Afirmado:* Maria é bonita e Maria é inteligente.
　　b.　*Implicado:* Beleza e inteligência se opõem.

E podemos, claro, tornar nosso exemplo um pouco mais complexo, acrescentando conteúdo pressuposto e observando o preenchimento dos três canais ou dimensões:

(56)　Foi Pedro quem tirou 10 na prova, mas ele não estudou nada.

　　a.　*Pressuposto:* Alguém tirou 10 na prova.
　　b.　*Afirmado:* Pedro tirou 10 e Pedro não estudou nada.
　　c.　*Implicado:* Tirar 10 e não estudar se opõem.

Neste caso, a clivagem na primeira oração introduz uma pressuposição e a conjunção adversativa uma implicatura. Junto ao conteúdo afirmado, chegamos a uma análise tridimensional do significado, em que cada dimensão é responsável por um aspecto do significado total veiculado pela sentença inteira.

Um outro tipo de construção que pode ser analisada como introduzindo uma dimensão semântica diferente tanto do conteúdo afirmado quanto do pressuposto, assemelhando-se neste aspecto com o que acabamos de ver sobre o 'mas', vem de termos ou locuções que expressam uma atitude negativa do falante em relação a alguém ou algo. Vejamos o exemplo a seguir:

(57)　A besta do Marcelo tirou 10 na prova.

O constituinte em questão é 'a besta do Marcelo' ou, mais especificamente, a locução 'a besta do'. Em seu significado literal, trata-se apenas da referência a um animal aparentado de outros equinos. Mas o que nos interessa, claro, é seu uso não literal e que expressa uma opinião negativa em relação a um certo indivíduo, sugerindo tratar-se, na opinião de quem fala, de alguém intelectualmente desprivilegiado. Neste sentido, (57) veicula duas coisas: que Marcelo tirou 10 na prova e que Marcelo tem pouca inteligência. Cabe novamente a pergunta que fizemos no caso de 'mas': estaríamos diante de duas contribuições às condições de verdade de (57)? Compare (57) com (58), em que a expressão de atitude negativa é suprimida:

(58)   Marcelo tirou 10 na prova.

Para serem verdadeiras, tanto (57) quanto (58) requerem que Marcelo tenha tirado 10 na prova. Se ele não tiver tirado 10, alguém que diga (57) ou (58) estará dizendo algo falso. Mas e se Marcelo tiver mesmo tirado 10? Quanto à (58), não há dúvidas, ela será verdadeira. Já quanto à (57), precisamos pensar em situações em que Marcelo tirou 10 e o falante o tem em alta conta, ou seja, não acha que ele seja pouco inteligente. Como no caso de 'mas', a fala nos parece inadequada, não porque o falante estaria simplesmente mentindo, mas por estar expressando algo que não sente, ludibriando sua audiência. A ideia é que, neste caso também, estamos diante de uma outra dimensão, que contribui para o significado total da sentença, mas de forma separada dos significados afirmado e pressuposto:

(59)   A besta do Marcelo tirou 10 na prova.
    a.   *Afirmado:* Marcelo tirou 10 na prova.
    b.   *Implicado:* Marcelo é pouco inteligente.

A diferença em relação à (58) diz respeito, portanto, apenas ao conteúdo implicado. É interessante notar que há formas de veicular o mesmo conteúdo total, mas reorganizando o que vai em cada canal. Por exemplo, podemos esvaziar o canal da implicação, transferindo seu conteúdo para o canal afirmado:

(60)   Marcelo tirou 10 na prova e é uma besta.
    a.   *Afirmado:* Marcelo tirou 10 na prova e Marcelo é pouco inteligente.
    b.   *Implicado:* —

No total, nada parece ter se perdido. Mas a maneira como a informação total foi transmitida mudou ao retirarmos a locução 'a besta do'.

Neste caso também, se quisermos adicionar conteúdo pressuposto, já sabemos o que fazer para preencher as três dimensões:

(61)   Foi a besta do Marcelo que tirou 10 na prova.
    a.   *Pressuposto:* alguém tirou 10 na prova.
    b.   *Afirmado:* Marcelo tirou 10 na prova.
    c.   *Implicado:* Marcelo é pouco inteligente.

Consideremos, agora, o comportamento do conteúdo implicado perante a negação:

(62)   A besta do Marcelo não foi promovido.

Veja que o conteúdo afirmado se altera, mas o implicado se mantém. Tanto quanto sua contraparte afirmativa, (62) expressa uma atitude negativa em relação a Mar-

64 Semântica

celo. Neste aspecto, pressuposto e implicado se assemelham. Isso se confirma no caso a seguir, que é a negação de (61) com as três dimensões ativas:

(63) Não foi a besta do Marcelo que tirou 10 na prova.
  a. *Pressuposto:* alguém tirou 10 na prova.
  b. *Afirmado:* Marcelo não tirou 10 na prova.
  c. *Implicado:* Marcelo é pouco inteligente.

Conteúdo pressuposto e implicado permanecem inalterados. A negação não os afeta, incidindo apenas sobre a dimensão afirmada.

Há, porém, outras construções nas quais a interação do que é pressuposto e implicado com o restante da sentença divergem e que servem de suporte à ideia de que conteúdo pressuposto e conteúdo implicado estão, de fato, dimensionalmente separados. Considere a subordinação oracional introduzida pelo verbo 'acreditar' seguido da conjunção 'que':

(64) Maria acredita que a besta do Marcelo tirou 10 na prova.

Claramente, quem enuncia (64) não está necessariamente endossando que Marcelo tirou 10 na prova. Este conteúdo está atribuído ao sujeito da oração principal, Maria. Nada se infere a respeito de o falante, aquele que profere a sentença inteira, achar ou não que Marcelo tirou 10. Porém, se você se perguntar quem considera Marcelo uma besta, o falante ou o sujeito da oração principal, você verá que essa parte do conteúdo continua associada ao falante. É como se o conteúdo implicado resistisse à subordinação e subisse diretamente ao nível da oração principal. Isso fica particularmente claro em exemplos como o que vemos a seguir:

(65) Maria acredita que a besta do Marcelo é um gênio.

Note que (65) não atribui crenças contraditórias a Maria. O que o exemplo veicula é que Maria acha Marcelo um gênio e o falante o considera pouco inteligente. O conteúdo afirmado da oração subordinada interage semanticamente com o verbo 'acreditar', ao passo que o conteúdo implicado não:

(66) Maria acredita que a besta do Marcelo um gênio.
  a. *Afirmado:* Maria acredita que Marcelo é um gênio.
  b. *Implicado:* Marcelo é uma besta.

Se tentarmos, porém, usar a oração subordinada como oração principal, aí sim, expressaremos algo contraditório:

(67) A besta do Marcelo é um gênio.

Sem subordinação, o conteúdo afirmado contradiz o implicado, e como ambos recaem, por assim dizer, na conta do falante, o resultado soa inconsistente.

Se o conteúdo implicado não interage o verbo 'acreditar', o mesmo não se pode dizer do conteúdo pressuposto:

(68)   Maria acredita que foi o Marcelo que tirou 10 na prova.

Neste caso, a pressuposição disparada pela clivagem fica confinada à oração subordinada. É Maria, e não o falante, que acredita que alguém tirou 10 na prova. Evidência disso é que a sequência a seguir não é inconsistente:

(69)   Ninguém tirou 10 na prova, mas Maria acha que sim. Ela acredita, inclusive, que foi o Marcelo.

Resumindo o que acabamos de ver: (i) o conteúdo pressuposto e o conteúdo implicado, diferentemente do conteúdo afirmado, não interagem semanticamente com a negação; (ii) o conteúdo implicado, diferentemente do pressuposto ou do afirmado, não interage com o verbo acreditar. Juntas, essas duas assimetrias evidenciam diferenças entre o que é afirmado, pressuposto e implicado, fornecendo evidência empírica para a distinção teórica em que se propõe uma visão multidimensional do significado. Fica em aberto, inclusive, a possibilidade de outras dimensões que podem se revelar à medida em que a interação semântica entre mais termos e construções linguísticas for analisada em detalhe (ver a esse respeito sugestões de leitura a seguir).

Apenas para se ter ideia da complexidade que esse tipo de interação pode alcançar, considere a interação entre o conteúdo pressuposto e a conjunção 'e' em sentenças da forma $[_S \ S_1 \ e \ S_2 \ ]$. Em (70), por exemplo, diz-se que a pressuposição de S_1 projeta para S. A ideia é que tanto S_1, quando considerada isoladamente, quanto S, têm como parte do conteúdo pressuposto que alguém tirou 10 na prova. Posto de outra forma, esse conteúdo pressuposto de S_1 é herdado por S.

(70)   Foi Pedro que tirou 10 na prova e a professora o elogiou.

Considere, agora, (71), em que a construção clivada aparece em S_2:

(71)   Apenas um aluno tirou 10 e foi o Pedro (que tirou 10).

Neste caso, o conteúdo pressuposto originado em S_2 não projeta, ou seja, não é herdado por S. O que parece estar acontecendo é que a informação que alguém tirou 10 na prova já está contida em S_1, transferindo, assim, o conteúdo pressuposto para o conteúdo afirmado. A coisa é um pouco menos óbvia com a conjunção 'ou':

(72)   Ou ninguém tirou 10 na prova ou foi o Pedro que tirou (10 na prova).

66 **Semântica**

Aqui também, o conteúdo pressuposto parece ter sido absorvido, mas sem que tenha sido transferido para o afirmado. Não se infere de (72) que alguém tenha tirado 10 na prova.

Como se pode ver, a questão da descrição e explicação de quando e como as pressuposições das partes se tornam pressuposições do todo é uma questão complexa e que tem sido alvo de muitos estudos e propostas na interface semântica-pragmática. Essa questão ficou conhecida como PROBLEMA DA PROJEÇÃO e pode ser estendida a qualquer outra dimensão do signficado (ver, a esse respeito, algumas referências ao final do capítulo).

2.5.3 Condições de uso

Ao dizer que duas sentenças quaisquer têm o mesmo sentido, que expressam a mesma proposição ou que têm as mesmas condições de verdade, não estamos dizendo que elas têm as mesmas condições de uso nem que podem ser substituídas uma pela outra em uma conversa, sem que isso cause algum ruído discursivo. Voltemos, por exemplo, a pares de sentenças voz ativa-voz passiva, como em (73).

(73) a. Portugal colonizou o Brasil.
      b. O Brasil foi colonizado por Portugal.

Alguém pode preferir (a) a (b) por (a) ser mais curta que (b), por soar mais simples, etc. É bem provável ainda que (a), em que a palavra Portugal aparece no início da sentença, confira ao país europeu o caráter de tópico disursivo, ou seja, a entidade sobre a qual se está falando. Desta forma, a chance de (a) ser usada em uma conversa em que a nação portuguesa está em discussão é maior que a chance de (b) ser usada na mesma conversa. A situação se inverteria se a discussão fosse sobre o Brasil, sendo (b) nesse caso a escolha mais provável. A questão de como apresentar o conteúdo proposicional de uma sentença é certamente um assunto interessante e foco de pesquisas na área conhecida como ESTRUTURA INFORMACIONAL. Entretanto, reconhecer que pares de sentenças como (a)-(b) em (73) não têm as mesmas condições de uso em nada se choca com o fato de elas compartilharem o mesmo sentido e, portanto, as mesmas condições de verdade.

2.5.4 Sentenças não declarativas

Verdade e falsidade só se aplicam, ao menos diretamente, a sentenças declarativas. Sentenças interrogativas e imperativas, por exemplo, não são verdadeiras nem falsas, logo, não podem expressar condições de verdade. Mesmo assim, podemos vincular seu significado, ainda que indiretamente, à essas condições e, em última instância, à noção de verdade. Nesta seção, veremos, muito brevemente, uma maneira de fazer isso. No próximo capítulo, porém, retornaremos às sentenças declarativas, das quais nos ocuparemos no restante deste livro.

Compare a sentença declarativa em (74), com as duas interrogativas logo a seguir:

(74)   Pedro Álvares Cabral descobriu o Brasil.

(75)   Pedro Álvares Cabral descobriu o Brasil?

(76)   Quem descobriu o Brasil?

Sobre (74), nada a acrescentar: ela será verdadeira se o descobridor do Brasil tiver sido PAC, falsa se este não tiver sido o caso. Saber seu sentido implica saber suas condições de verdade, ainda que possamos ignorar se estas condições são, de fato, satisfeitas ou não neste mundo em que vivemos. De acordo com os livros de história, ela é verdadeira. Esta informação, entretanto, não pertence mais ao domínio semântico. Por isso mesmo, ela é encontrada nas enciclopédias e materiais didáticos de história ou geografia, e não nas gramáticas ou manuais de língua portuguesa. É a distinção entre sentido e referência que discutimos anteriormente.

Passando a (75), a situação muda de figura. Estamos diante de uma pergunta polar, do tipo sim/não. Como tal, não é verdadeira nem falsa. Não é o papel de sentenças interrogativas descrever o mundo, informar sobre as coisas ou expressar conhecimento ou crença. Seu sentido não parece do tipo proposicional, como o é o das sentenças declarativas. Sentenças interrogativas são usadas para levantar questões, solicitar informações, perguntar. Elas suscitam respostas, estas sim canonicamente na forma de sentenças declarativas, seja de forma abreviada, quando respondemos com um simples 'sim' ou 'não', seja de forma explícita quando como dizemos 'Pedro Álvares Cabral (não) descobriu o Brasil'. Podemos pensar que uma pergunta traz embutido um tipo de resposta direta ou esperada. A ideia é que, se eu sei o sentido de uma pergunta polar, eu sei quais respostas diretas ela suscita. No caso de (75) são duas: 'PAC descobriu o Brasil' e 'PAC não descobriu o Brasil'.

Disso resulta a ideia de que o sentido de uma sentença interrogativa é um conjunto de proposições, aquelas que intuitivamente correspondem a suas respostas diretas. Trata-se de conhecimento estritamente linguístico, como é normalmente o conhecimento do sentido. Já a referência de uma interrogativa polar seria sua resposta verdadeira. Isso demanda, para além do conhecimento semântico, conhecimento de mundo, como é o caso do conhecimento da referência em geral. No exemplo em (75), sua referência seria a proposição expressa pela sentença afirmativa 'PAC descobriu o Brasil'. De maneira geral, dada uma sentença declarativa que expressa uma proposição p, a interrogativa polar correspondente expressaria o conjunto formado por p e a contraparte negativa de p. Se o sentido de uma sentença declarativa corresponde às suas condições de verdade, o de uma interrogativa corresponderia às suas condições de resposta. Podemos representar condições de

68 **Semântica**

verdade e de resposta esquematicamente, de modo a realçar o paralelismo, como mostrado a seguir:

(77) o valor de verdade de (74) é
V, se PAC descobriu o Brasil
F, se PAC não descobriu o Brasil

(78) a resposta de (75) é
Sim, se PAC descobriu o Brasil
Não, se PAC não descobriu o Brasil

Passando ao exemplo (76), podemos manter a mesma linha de análise. Diferentemente de (75), (76) é o que se chama de pergunta de constituinte ou pergunta-QU, já que introduzida por uma palavra interrogativa. São exemplos de palavras interrogativas 'quem', 'o que', 'quando' e 'como'. Note que nem todas as palavras interrogativas começam com QU, mas a denominação de perguntas-QU é bem estabelecida. Informalmente, suas respostas diretas correspondem a proposições expressas por sentenças declarativas em que um nome (ou outra expressão nominal descritiva) é inserido no lugar do pronome interrogativo em sua posição canônica. No caso de (76), trata-se do pronome 'quem' na posição de sujeito, e as respostas seriam da forma 'x descobriu o Brasil', em que x se refere a uma pessoa. Novamente, estamos diante de um conjunto de proposições, mas, diferentemente do caso das interrogativas polares, este conjunto terá como membros várias proposições. A referência continua sendo a proposição correspondente à resposta verdadeira. No caso de (76), esta seria a proposição correspondente à sentença 'Pedro Álvares Cabral descobriu o Brasil'. Esquematicamente:

(79) a resposta de (76) é
PAC, se PAC descobriu o Brasil
Colombo, se Colombo descobriu o Brasil
J. Silva, se J. Silva descobriu o Brasil
...

Do ponto de vista pragmático, do uso da linguagem, da mesma forma que um falante sincero, ao enunciar uma sentença declarativa, expressa seu conhecimento ou crença na verdade da proposição correspondente à sentença, um falante sincero que enuncia uma sentença interrogativa expressa sua ignorância em relação a sua resposta verdadeira, e solicita ao ouvinte que a forneça em seguida. Do ponto de vista semântico, que acabamos de delinear, a sentença usada por tal falante expressa um conjunto de proposições. Conectando os níveis semântico e pragmático, podemos dizer que o falante solicita ao ouvinte que lhe forneça o(s) membro(s) verdadeiro(s) do conjunto de proposições expresso pela sentença interrogativa.

Consideremos, agora, também muito brevemente, as sentenças imperativas. Também neste caso, não faz sentido falar em verdade ou falsidade. Tais sentenças não nos informam sobre as coisas do mundo. Seu uso está vinculado a ações como ordens, pedidos, sugestões, conselhos e requerimentos, dentre outras. Vejamos o exemplo de uma ordem:

(80)   Abra a porta!

Ordens não são verdadeiras ou falsas. Ordens são cumpridas ou não. Elas suscitam uma ação por parte do interlocutor. Se eu compreendo o sentido de uma ordem, eu sei o que se deve fazer para cumpri-la ou estar em conformidade com a exigência em questão. Se sentenças declarativas expressam condições de verdade, se interrogativas expressam condições de resposta, podemos pensar nas imperativas como expressando condições de conformidade. Esta ideia pode ser explicitada tomando o sentido de uma sentença imperativa como sendo, a exemplo do que vimos no caso das interrogativas, um conjunto de proposições. Entretanto, no caso das imperativas, este conjunto teria duas peculiaridades: ele seria um conjunto unitário, contendo apenas uma proposição, e essa proposição seria formada a partir da aplicação do predicado da sentença ao ouvinte, ou seja, àquele a quem a ordem se dirige. Para o exemplo em (80), imaginemos que a ordem tenha sido dada a Bruno. Neste caso, a proposição em questão seria aquela expressa pela sentença 'Bruno abre a porta', ou, talvez 'Bruno abrirá a porta'. O mesmo valeria para outros casos. A toda sentença imperativa corresponderia uma sentença declarativa com conteúdo proposicional p. O sentido da sentença imperativa seria, pois, o conjunto unitário formado por p. Menos evidente seria a referência de tais sentenças. Talvez seja o caso de elas nem terem referência. Ou talvez a referência seja a proposição p, se a ordem for cumprida ou sua negação, se a ordem não for cumprida. Deixaremos esta e muitas outras questões importantes em aberto, já que, como dissemos inicialmente, nosso foco no restante deste livro serão as sentenças declarativas. Mas não deixa de ser digno de nota a possibilidade que acabamos de delinear de que proposições, condições de verdade, e em última instância, a própria noção de verdade estejam na raiz da análise formal do significado de todos os tipos sentenciais.

Recomendações de leitura

O clássico fregeano em que as noções de sentido e referência são apresentadas é Frege (1892), cuja leitura pode trazer algumas dificuldades ao leitor não acostumado à literatura filosófica. Um ótimo guia para acompanhar o texto de Frege é McGinn (2015), cap. 1. Outros conceitos introduzidos neste capítulo também têm sua origem em clássicos da filosofia da linguagem, estando, muitas vezes, imersos em jargões e discussões que podem complicar seu entendimento.

As noções kaplanianas de caráter e conteúdo estão em Kaplan (1989) e a de sentido do falante se deve a Paul Grice, cujos principais textos vinculando significado e intenções comunicativas estão na coletânea póstuma Grice (1989). A noção de referência do falante em analogia ao sentido do falante aparece em Kripke (1977), que por sua vez, discute e critica ideias sobre o sentido e a referência das descrições definidas apresentadas em Donnellan (1966). Quanto aos nomes próprios, o grande desafiador da semântica descritivista fregeana é o filósofo americano Saul Kripke, que em Kripke (1980), outro clássico da filosofia moderna, defendeu que a semântica dos nomes próprios não se assemelha à das descrições definidas. Uma excelente e acessível introdução aos desafios semântico-filosóficos em torno da noção de referência é Cappelen & Dever (2018). Sobre as distinções analítico/sintético e a priori/a posteriori, consulte a breve e altamente acessível apresentação em Papineau (2012), cap. 4 e as referências lá citadas.

De forma geral, talvez seja mais prudente ao leitor iniciante e que está interessado nesta literatura passar por uma introdução à filosofia da linguagem, para depois (ou simultaneamente) encarar os clássicos diretamente. Dentre muitas ótimas introduções, há Szabó & Thomason (2018), Taylor (1998) e Morris (2007). Uma excelente coletânea com vários dos textos clássicos da filosofia da linguagem, incluindo os que citamos anteriormente, é Martinich (2001). O já mencionado livro de McGinnis tem capítulos que servem de companhia a vários destes textos, sendo altamente recomendado.

Exercícios

1. Vimos neste capítulo vários exemplos de descrições definidas (DDs) singulares cujas referências eram entidades extralinguísticas: pessoas, coisas, lugares, eventos, números, etc. Forneça, agora, exemplos de DDs singulares cujos referentes são entidades linguísticas.

2. Considere as três sentenças – S, T e U – a seguir:

   (S) A sentença S é uma sentença interrogativa.

   (T) A sentença T começa com um artigo definido.

   (U) A sentença U é falsa.

Qual o valor de verdade de cada uma delas? Você teve alguma dificuldade em determinar algum desses valores de verdade? Se teve, o que poderia estar por trás dessa dificuldade?

3. Considere a sentença 'eu não estou aqui agora', uma sentença intuitivamente contraditória. Como você explicaria essa contraditoriedade em termos da distinção entre caráter e conteúdo?

4. Considere a sentença declarativa (P) a seguir, um dos mais conhecidos teoremas da geometria:

   (P) Em todo triângulo retângulo, o quadrado da hipotenusa é igual à soma dos quadrados dos catetos.

   Seria (P) uma sentença analítica ou sintética? Discuta.

5. Tomando por base a multidimensionalidade do significado discutida neste capítulo, analise a sentença 'O idiota do João não parou de fumar'.

6. Considere o seguinte cenário: o presidente de uma empresa está considerando promover um certo funcionário chamado Pedro. Ao perguntar a dois diretores (A e B) da empresa o que eles acham, ele obtém as seguinte respostas:

   A: O Pedro é muito competente, mas é encrenqueiro.

   B: O Pedro é encrenqueiro, mas é muito competente.

   As respostas de A e B não parecem totalmente equivalentes. Como você descreveria a diferença entre elas? Estaria esta diferença relacionada a suas condições de verdade? Discuta.

7. Considere a sentença exclamativa 'como o João é alto!'. Como você descreveria o sentido desta sentença? Seria o mesmo sentido da sentença declarativa 'o João é alto'? E quanto a referência? Discuta.

3 Possibilidades e significado

No capítulo anterior, relacionamos o significado de uma sentença declarativa com suas condições de verdade. Uma vez resolvidas eventuais dependências contextuais introduzidas por expressões indexicais, uma sentença declarativa expressa uma proposição. Não explicitamos, porém, o que é uma proposição. Exigimos apenas que uma proposição (somada aos fatos do mundo) determine o valor de verdade de uma sentença (em um contexto de fala).

Neste capítulo, daremos forma mais concreta a essas considerações, modelando proposições como um tipo bem simples de objeto matemático: conjuntos. Como veremos, esta formalização atende aos requisitos que vimos no capítulo anterior e que acabamos de repassar, além de lançar luz sobre uma série de outras noções ligadas ao significado sentencial.

3.1 Mundos possíveis

Já vimos que quando sentenças declarativas são verdadeiras, elas correspondem ao mundo como ele é. Mas não é só em relação ao mundo real, este em que vivemos, que podemos avaliar a verdade ou falsidade de uma sentença. Considere, por exemplo, uma obra de ficção. Tomemos, como ilustração, as estórias do Sítio do Pica-pau Amarelo, do escritor brasileiro Monteiro Lobato. Nessas estórias, há muito em comum com o mundo real: há pessoas, plantas, animais, casas, rios e um sem-número de coisas que conferem certa verosimilhança com o mundo que nos circunda e no qual estamos imersos. Mas há também muitas diferenças, que são, claro, a marca registrada da obra e que tanto encantam os leitores. Nelas, por exemplo, há um burro, um porco e até um jacaré que falam e dialogam como gente. Com isso em mente, avaliemos a sentença a seguir:

(1)   Existem bichos que falam.

Entenda-se por bichos, animais não humanos, e por fala, a comunicação verbal em uma língua natural qualquer, à maneira do que fazem, corriqueira e espontaneamente, as pessoas. Pois bem, (1) é verdadeira ou falsa? Tendo acabado de ler as

74 Semântica

considerações feitas no parágrafo anterior, sua postura, talvez, seja cautelosa ao responder. Talvez tenha lhe ocorrido algo como o seguinte: nas estórias do Sítio do Pica-Pau Amarelo, ela é verdadeira, mas no mundo real, ela é, obviamente, falsa. É claro que, normalmente, ao dizermos sem qualificações que uma sentença é verdadeira, estamos pensando no mundo real, este que habitamos. Mas, como vimos, é possível em certos contextos transferir nossos julgamentos de valor de verdade para outros mundos ou realidades. Há, inclusive, meios linguísticos de sermos explícitos a esse respeito:

(2)   No mundo do sítio do Pica-Pau Amarelo, existem bichos que falam.

(3)   No mundo real, não existem bichos que falam.

Estas expressões antepostas às orações principais nos indicam em que cenário ou mundo avaliar sua veracidade. E não é só ao comentar obras de ficção que evidenciamos nossa capacidade de relativizar nossos julgamentos de valor de verdade a diferentes possibilidades. Faz parte de nossas vidas, talvez parte integrante de nossa própria racionalidade, pensar hipoteticamente, ou mesmo contrafactualmente. Tomar decisões, avaliar riscos, agir mediante incertezas é, essencialmente, avaliar e comparar possibilidades. Avaliação de cenários para além do meramente real é, aliás, o que construções condicionais parecem expressar:

(4)   Se Pedro estiver em casa, ele estará dormindo.

(5)   Se Pedro estivesse aqui com a gente, ele estaria se divertindo.

Em (4), não sabemos se Pedro está ou não em casa e vislumbramos uma possibilidade que pode ou não estar em conformidade com o mundo real. Garantimos que, no cenário em que ele está em casa, a oração principal será verdadeira, e, portanto, ele estará dormindo. Já em (5), sabemos que Pedro não está conosco, e passamos a avaliar uma possibilidade que sabemos ser falsa. De acordo com (5), nessa possibilidade, a oração principal seria verdadeira, e Pedro se divertiria com a gente.

Vamos nos referir a cada um desses possíveis cenários como um MUNDO POSSÍVEL. O mundo real é um deles, mas, como acabamos de ver, não é o único. Para além do mundo real, podemos imaginar uma infinidade de outras possibilidades: haverá um mundo em que há uma única estrela no espaço, outro em que há apenas duas, outro em que há apenas três, etc. Haverá mundos muito próximos ao mundo real. Em algum deles, a única diferença em relação ao mundo real será o número de folhas na árvore em frente à minha janela. Talvez ela tenha uma folha a mais, talvez uma a menos, talvez a diferença seja um pouco maior. Haverá ainda mundos muito diferentes do nosso. Mundos em que as leis da física, da química, da biologia são outras. Neles, corpos dotados de massa se repelem, ao invés de se atraírem, água e óleo se misturam, e o corpo humano é geneticamente dotado de dois corações.

Nada disso é real, mas possível, se adotarmos um ponto de vista puramente lógico. Ilógicos seriam mundos em que você tivesse um único coração e ao mesmo tempo não tivesse nenhum ou dois. Aqui já não estaríamos violando leis da biologia ou da física, mas da lógica pura e simples. Não há mundos possíveis assim. Também não há mundos em que as verdades matemáticas sejam desobedecidas. Não parece razoável supor mundos em que a soma de dois mais dois seja cinco, e não quatro.

Tendo apenas a lógica como fator limitador, vamos assumir uma infinidade de mundos possíveis, sendo um deles o mundo real. Vamos representar cada um destes mundos pela letra w (do inglês, *world*) com um subscrito numérico n. Vamos reservar o número zero para o mundo real: w_0. Vamos nos referir ao conjunto de todos os mundos possíveis como W. Trata-se de nosso universo lógico, que podemos representar como uma área em que pontos correspondem a cada mundo possível:

(6) **O espaço das possibilidades lógicas**

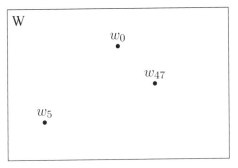

Será a partir desse universo infinito de possibilidades, o conjunto dos mundos possíveis, que formalizaremos a noção de proposição, e, a partir dela, uma série de noções semânticas importantes. Os mundos possíveis funcionarão como primitivos semânticos a partir dos quais os significados das expressões linguísticas serão modelados. Neste capítulo, vamos nos limitar às sentenças declarativas. Mais adiante, veremos outras expressões.

Antes, porém, um alerta. Mundos possíveis serão, para nós, construtos teóricos, objetos abstratos elementares a partir dos quais construiremos outros objetos semânticos mais complexos. Não estamos advogando que tais mundos existam, tal qual o mundo real existe, nem que podemos navegar pelo universo lógico, como navegamos pelo universo geográfico ou espacial. Mundos possíveis são apenas uma maneira de modelar formalmente a noção de possibilidade lógica, e que nos serão instrumentais na construção de uma teoria semântica. Questões metafísicas, sobre mundos possíveis serem ou não parte da realidade ou terem ou não o mesmo estatuto do mundo real são temas debatidos, em alto grau de abstração, por filósofos que têm defendido posições antagônicas a esse respeito. Não entraremos neste debate. Há também uma tradição lógica conhecida como lógica modal e que incorpora uma se-

76 Semântica

mântica baseada em mundos possíveis. Seu pioneiro foi o filósofo americano Saul Kripke, cuja obra teve enorme impacto não apenas em questões lógico-filosóficas, mas também linguísticas. O que veremos a seguir vem na esteira da semântica de mundos possíveis kripkeana.

3.2 Proposições como conjuntos

No capítulo anterior, usamos o termo 'proposição' para identificar o significado de uma sentença declarativa em um determinado contexto de fala. Proposições encapsulavam a noção de condições de verdade. Junto com os fatos, a proposição expressa por uma sentença deveria determinar se a sentença era ou não verdadeira.

Condições de verdade podem ser satisfeitas ou não. Dado o que vimos na seção anterior, essas condições podem ser satisfeitas em certos mundos, mas não satisfeitas em outros. Note que duas sentenças com as mesmas condições de verdade serão verdadeiras nos mesmos mundos possíveis. Considere, por exemplo, 'Portugal é menor que a Espanha' e 'A Espanha é maior que Portugal'. Pense nos mundos em que a primeira é verdadeira. Em todos eles, a segunda também será verdadeira. Pense, agora, nos mundos em que a primeira é falsa. Em todos eles, a segunda também será falsa. Como se vê, ambas serão verdadeiras nos mesmíssimos mundos possíveis. Na mesma linha de raciocínio, duas sentenças com condições de verdade distintas terão valores de verdade distintos em pelo menos um mundo possível. Pense, por exemplo, em 'Portugal é menor que a Espanha' e 'Portugal é menor que a França'. Ainda que ambas sejam verdadeiras no mundo real, não é difícil imaginar um mundo em que uma delas é verdadeira e a outra falsa.

Dessas considerações iniciais, já se pode perceber que podemos identificar as condições de verdade de uma sentença com os mundos nos quais ela é verdadeira. A ideia que exploraremos a partir de agora é que proposições nada mais são que conjuntos de mundos possíveis. Proposições, voltamos a enfatizar, são o significado de sentenças declarativas, já fixados os fatores contextuais. A ideia, portanto, é que esse significado seja modelado formal e abstratamente como um conjunto de mundos possíveis.

Uma proposição p separa W, o conjunto de todos os mundos possíveis, em dois subconjuntos: o dos mundos pertencentes a p e o dos mundos não pertencentes a p. Vejamos um exemplo concreto:

(7)   Existe mais de uma estrela no espaço.

Intuitivamente, esta sentença é verdadeira, se existir mais de uma estrela no espaço e falsa, se não existir. Em termos de mundos possíveis, ela será verdadeira nos mundos em que existe mais de uma estrela no espaço, e falsa nos mundos em que não existe mais de uma estrela no espaço. A proposição p expressa por (7) será o conjunto dos mundos possíveis em que existe mais de uma estrela no espaço:

(8) **Proposições e a bipartição de W**

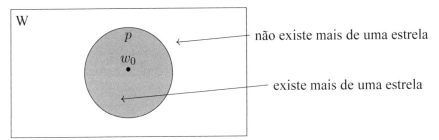

Note que como (7) é verdadeira no mundo real (w_0), este mundo está no interior do círculo que representa a proposição. Tecnicamente, dizemos que w_0 pertence à proposição expressa pela sentença (7): $w_0 \in p$. O símbolo $\in$, tomado da teoria dos conjuntos, indica a relação de pertinência. Escrever $w_0 \in p$ é o mesmo que escrever que w_0 é um elemento do conjunto p que, neste caso, é o conjunto dos mundos em que existe mais de uma estrela no espaço. Em notação matemática, temos:

(9) $p = \{w \in W \mid \text{existe mais de uma estrela em } w\}$

Nesta notação, ao invés de listarmos um a um os elementos de um conjunto, usamos uma condição ou critério de pertinência. O símbolo $\mid$ deve ser lido como 'tal que'. A letra w é uma variável, semelhante aos x e y das equações matemáticas. A parte $w \in W$ indica que os elementos do conjunto são mundos possíveis. p é, então, o conjunto dos mundos w tal que existe mais de uma estrela em w. Ou seja, o conjunto dos mundos em que há duas ou três ou ... estrelas. Posto ainda de outra forma, p é o conjunto formado única e exclusivamente pelos mundos w que obedecem à condição formulada após $\mid$.

Note que proposições, sendo conjuntos de mundos possíveis, serão sempre subconjuntos de W, o conjunto de todos os mundos possíveis. Isso quer dizer que todo elemento de uma proposição é também um elemento de W. Sendo assim, frequentemente omitiremos de representações como (9), a informação $\in W$, ficando subentendido que w indica sempre um mundo possível:

(10) $p = \{w \mid \text{existe mais de uma estrela em } w\}$

De acordo com a teoria matemática dos conjuntos, dois conjuntos são iguais se, e somente se, eles têm os mesmos elementos. Sendo assim, duas proposições serão iguais se, e somente se, a elas pertencerem os mesmos mundos possíveis, como já mencionamos anteriormente. Considere, por exemplo, as proposições expressas pelas sentenças a seguir:

78 Semântica

(11)   Pedro Álvares Cabral descobriu o Brasil em 1500.

(12)   O Brasil foi descoberto por Pedro Álvares Cabral em 1500.

Se chamarmos de p a proposição expressa por (11) e de q a proposição expressa por (12), temos que $p = q$, já que os mundos em que Pedro Álvares Cabral descobriu o Brasil em 1500 são os mundos em que o Brasil foi descoberto por Pedro Álvares Cabral em 1500, e vice versa.

Por fim, diremos que uma proposição p é verdadeira em um mundo w qualquer, sempre que w pertencer a p. Da mesma forma, diremos que p é falsa em um mundo w qualquer, sempre que w não pertencer a p. Com isso, estendemos os conceitos de verdade e falsidade, aplicando-os tanto a sentenças quanto a proposições. Em relação aos exemplos que acabamos de ver, dizemos que tanto p quanto q são verdadeiras em w_0, o mundo real. E se w_1 for um mundo em que Pedro Álvares Cabral foi um burocrata que nunca entrou em um navio, tendo sido Vasco da Gama quem descobriu o Brasil em 1500, tanto p quanto q serão falsas em w_1. Menos óbvio é o que dizer de (11) ou (12) nos mundos em que Pedro Álvares Cabral, o Brasil ou ambos não existem. Evitaremos esse assunto até o próximo capítulo, quando dedicaremos atenção especial a esse tipo de questão.

Antes de encerrar esta seção, algumas observações sobre a definição de proposição que acabamos de apresentar. Em primeiro lugar, é importante frisar que nem mundos possíveis nem conjuntos de mundos possíveis são conceitos linguísticos. Sendo assim, proposições, como as definimos, são absolutamente autônomas em relação a sentenças ou qualquer outro objeto linguístico. A existência e a caracterização das proposições independem da existência de línguas naturais. Ao dizermos que uma sentença S de uma língua L qualquer expressa uma proposição p, estamos relacionando S, um objeto linguístico pertencente a L, com p, um objeto não linguístico que não pertence a L ou a qualquer outra língua natural. Em segundo lugar, diferentemente de sentenças, proposições não têm estrutura interna. Noções como palavras, ordem linear, sujeito, predicado, objeto direto, dentre outras usadas na análise e caracterização de sentenças não se aplicam a proposições. Na identificação da proposição expressa por uma sentença, abstraímos aspectos da forma sentencial como quando analisamos sentenças na voz ativa e suas contrapartes na voz passiva como expressando a mesma proposição. Abstraímos, também, da língua em questão. Uma sentença S_1 de uma língua L_1 qualquer e sua tradução S_2 em outra língua língua L_2 qualquer expressam a mesma proposição.

Nossa meta nesta seção foi modelar matematicamente a noção de proposição. A definição de uma proposição como um conjunto de mundos possíveis não é a única já proposta na literatura e nem a que corresponde mais diretamente ao sentido fregeano ou ao conteúdo kaplaniano que discutimos no capítulo anterior. Entretanto, ela capta alguns aspectos centrais do que o próprio Frege parecia ter em mente. Em particular, vimos que uma proposição p e um mundo w determinam um valor de verdade, V ou F. p e w levam a V, se $w \in p$, e a F, se $w \notin p$. Como vimos no capítulo anterior, ser um objeto abstrato e que determinava o valor de verdade de uma sentença estavam entre os principais atributos do sentido fregeano.

Como veremos nas próximas seções, essa formalização do significado de uma sentença declarativa (já descontados os fatores contextuais) como um conjunto de mundos possíveis nos renderá bons frutos semânticos.

3.3 Relações semânticas

A grande vantagem em se modelar proposições matematicamente é que podemos nos valer de noções precisas vinculadas à teoria dos conjuntos para definir uma série de conceitos semânticos importantes, além de relacioná-los explicitamente uns aos outros, evitando vaguezas e indeterminações que métodos informais costumam deixar. Veremos a seguir alguns destes conceitos.

3.3.1 Acarretamento

ACARRETAMENTO é a mais importante noção semântica, ou lógico-semântica. Posto de forma sucinta, corresponde à noção de consequência lógica. Dadas duas sentenças declarativas A e B quaisquer, dizemos que A acarreta B se, sempre que A for verdadeira, B também for verdadeira. Ou ainda, não há como A ser verdadeira e B ser falsa em uma mesma situação. Em termos de condições de verdade, dizemos que A acarreta B se, sempre que as condições de verdade de A forem satisfeitas, as de B também serão satisfeitas. Vejamos alguns exemplos:

(13)　A: Pedro comprou um carro azul.
　　　B: Pedro comprou um carro.

(14)　A: Pedro estuda e trabalha.
　　　B: Pedro estuda.

(15)　A: Pedro tirou 10 na prova de matemática.
　　　B: Alguém tirou 10 na prova de matemática.

(16)　A: Pedro tem mais de vinte anos.
　　　B: Pedro tem mais de quinze anos.

Em todos esses pares de sentenças, se A for verdadeira, B também será. Esta inferência, também chamada de lógica ou dedutiva, depende apenas do significado das sentenças em questão. Se as sentenças são, de fato, verdadeiras ou falsas, não é relevante. O que a relação de acarretamento capta é o fato de que se, ainda que para efeitos puramente argumentativos, garantirmos a verdade de A, automaticamente garantimos a verdade de B. De certa forma, a verdade de A traz embutida a ver-

80 Semântica

dade de B. E esta é uma conclusão puramente lógica, ou lógico-semântica, já que independe de conhecimento extralinguístico. Para enfatizar este ponto, considere os dois pares a seguir:

(17)   A: Pedro mora em São Paulo.
       B: Pedro mora no Brasil.

(18)   A: Todo ser humano tem mais de cinco pulmões.
       B: Todo ser humano tem mais de três pulmões.

Em (17), não há acarretamento de A para B, ainda que ambas as sentenças sejam verdadeiras no mundo real. Isso porque apesar de SP se localizar no Brasil, isso é um fato, digamos, geográfico, e seu conhecimento é fruto de conhecimento extralinguístico. Um falante que ignore certos fatos geográficos poderia achar que A é verdadeira, mas B não. E do ponto de vista estritamente lógico, é perfeitamente possível haver mundos em que SP não seja parte do Brasil, por ter, por exemplo, declarado independência do restante do país no século passado. Já no caso de B, temos acarretamento de A para B, ainda que A e B sejam falsas no mundo em que vivemos. Neste mundo, a grande maioria dos seres humanos têm apenas dois pulmões. Mas isso é conhecimento extralinguístico, que diz respeito à anatomia humana e, por isso mesmo, irrelevante para a noção de acarretamento, a qual, voltamos a insistir, é uma noção estritamente lógico-semântica. E, de fato, se supusermos contrafactualmente que A é verdadeira, B será também verdadeira. Não há como alguém ter mais de cinco pulmões e, ao mesmo tempo, não ter mais de três. Trata-se de uma questão de lógica, relacionada apenas ao significado de A e de B. Alguém competente em português, mas ignorante em biologia ou qualquer outro assunto, seria capaz de tecer tal inferência.

Delineadas estas noções e feitas as observações informais acima, voltemos ao conceito de proposição, entendida como conjunto de mundos possíveis. Retomemos um dos exemplos vistos anteriormente e que repetimos a seguir, por conveniência:

(19)   A: Pedro estuda e trabalha.
       B: Pedro estuda.

Chamemos de p_A a proposição expressa pela sentença A, e de p_B a proposição expressa pela sentença B. Comecemos por p_A, que é o conjunto dos mundos w tais que Pedro estuda e trabalha em w:

(20)   **Mundos em que Pedro estuda e trabalha**

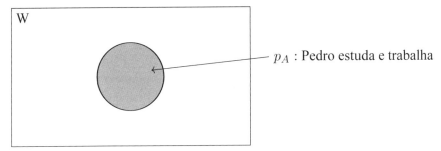

Olhando para esse diagrama, perguntemo-nos a que região corresponderá p_B, que é o conjunto dos mundos w tais que Pedro estuda em w. Um breve momento de reflexão deverá levá-lo a algo como o diagrama a seguir:

(21)   **Acarretamento**

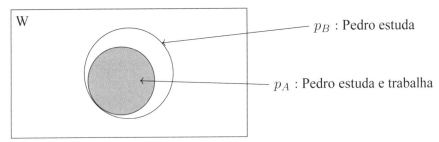

Note que p_A está contida em p_B, ou, na notação da teoria dos conjuntos, que $p_A \subseteq p_B$. Matematicamente, dados dois conjuntos X e Y, $X \subseteq Y$ se, e somente se, todo elemento que pertence a X também pertence a Y. A relação de acarretamento, portanto, nada mais é que a relação *estar contido em* entre conjuntos. Dadas duas sentenças A e B, A acarreta B se, e somente se, a proposição expressa por A estiver contida na proposição expressa por B. Mais sucintamente, podemos aplicar a noção de acarretamento diretamente às próprias proposições:

(22)   **Acarretamento**
        Dadas duas proposições p e q, p acarreta q se, e somente se, $p \subseteq q$.

Algumas observações importantes sobre a relação de acarretamento. Em primeiro lugar, acarretamento não é uma relação simétrica, ou seja, p acarretar q não implica q acarretar p. Isso fica evidente em todos os pares vistos mais acima em que A acarretava B. Em nenhum deles, B acarretava A. Isso, claro, é consequência direta da definição de acarretamento em (22). Ainda que todos os mundos em p pertençam também a q, o que faz de p um subconjunto de q, é possível que haja mundos em q que não pertençam a p, o que exclui a chance de q ser um subconjunto de p.

Há, porém, casos de acarretamento em que p acarreta q e q acarreta p. Nesses casos, pela definição acima, $p \subseteq q$ e $q \subseteq p$. A que casos, na prática, essa instância de acarretamento simétrico corresponde? Pense a respeito: como $p \subseteq q$, então todos os mundos que pertencem a p também pertencem a q, ou seja, todos os mundos em que p é verdadeira são mundos em que q também é verdadeira. Ao mesmo tempo, como $q \subseteq p$, todos os mundos que pertencem a q também pertencem a p, ou seja, todos os mundos em que q é verdadeira são mundos em que p também é verdadeira. Conclusão: $p = q$, ou seja, p e q são verdadeiras nos mesmos mundos possíveis, ou seja, p e q são equivalentes. Sinonímia entre sentenças corresponde a acarretamento mútuo. Pares de sentenças na voz ativa e passiva (ou suas respectivas proposições), ilustram este caso.

Segue também da definição em (22) que acarretamento é uma relação reflexiva, ou seja, para qualquer proposição p (ou sentença S), p acarreta p (ou S acarreta S). Isso porque, tecnicamente, todo conjunto é um subconjunto de si mesmo. Isto é, para qualquer conjunto X, $X \subseteq X$. Faz sentido, dada a definição de subconjunto: obviamente, todo elemento de X pertence a X. Se quisermos afirmar que X é um subconjunto de Y que não seja o próprio Y, dizemos que X é um subconjunto próprio de Y, representado pela notação $X \subset Y$. Aplicada a proposições p e q, a relação $p \subset q$ indica acarretamento assimétrico, ou seja, que p acarreta q, mas q não acarreta p.

3.3.2 Consistência

Duas proposições cujas verdades não se opõem são ditas consistentes entre si. Eis um exemplo:

(23) A: Pedro tem mais de um filho.
B: Pedro tem menos de três filhos.

Neste caso, há mundos em que as proposições expressas por A e por B são, ambas, verdadeiras. São os mundos em que Pedro tem exatamente dois filhos, e que aparecem destacados no diagrama a seguir:

(24) **Consistência**

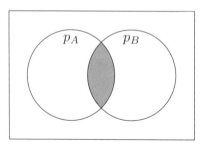

Note que o diagrama tem quatro regiões distintas. Além dos mundos em que ambas as proposições são verdadeiras, há mundos em que apenas A é verdadeira, mundos em apenas B é verdadeira, além de mundos em que nem A nem B são verdadeiras.

Para formalizarmos a noção de consistência, precisamos importar mais algumas definições da teoria dos conjuntos. A primeira delas diz respeito ao que se chama de conjunto vazio. Suponha que alguém lhe pergunte quantos elementos tem o conjunto X formado pelos estados brasileiros banhados pelo Oceano Pacífico. A resposta, no caso, é nenhum ou zero, já que não há estados brasileiros banhados pelo Oceano Pacífico. Em teoria dos conjuntos, diz-se que X é o conjunto vazio, representado por $\varnothing$. Já Y, o conjunto dos estados brasileiros banhados pelo Oceano Atlântico possui elementos, diferindo, portanto, do conjunto vazio. Sucintamente, para os conjuntos X e Y que acabamos de considerar, temos que $X = \varnothing$ e $Y \neq \varnothing$. A outra definição de que precisamos é a de interseção. Dados dois conjuntos X e Y quaisquer, a interseção entre X e Y, representada por $X \cap Y$, é o conjunto formado pelos elementos que pertencem tanto a X quanto a Y. Por exemplo, se X é o conjunto $\{1, 2, 3\}$ e Y o conjunto $\{2, 3, 4\}$, então $X \cap Y$ é o conjunto $\{2, 3\}$, já que 2 e 3 são os únicos elementos que pertencem a ambos os conjuntos. Neste caso, note que $X \cap Y \neq \varnothing$.

De volta aos mundos possíveis e às proposições consistentes, temos a seguinte definição (abreviaremos a locução 'se, e somente se' por '*sse*'):

(25) **Consistência**
Duas proposições p e q são consistentes entre si *sse* $p \cap q \neq \varnothing$.

Isso quer dizer que a interseção entre proposições consistentes é um conjunto não vazio, ou seja, um conjunto ao qual pertence ao menos um elemento (mundo possível).

3.3.3 Quadrado das oposições

Passemos, agora, a um conjunto de relações semânticas entre proposições que constituem o que se chama de *quadrado das oposições*, parte de uma tradição que remonta à lógica aristotélica:

(26) **Quadrado das oposições**

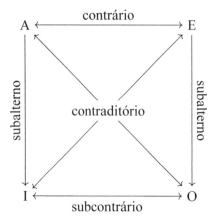

Os vértices do quadrado representam proposições, sendo a razão das escolhas das letras – A, E, I, O – algo obscuro. Isso, porém, não nos interessa no momento. O que nos interessa são as arestas e diagonais, que representam relações entre essas proposições. Explicaremos essas relações a partir dos seguintes exemplos:

(27) *Possíveis vértices para o quadrado das oposições*
   (A) Há mais de cem estrelas no universo
   (E) Há menos de cem estrelas no universo
   (I) Há no mínimo cem estrelas no universo
   (O) Há no máximo cem estrelas no universo

Comecemos pelos vértices A e E, relacionados por contrariedade. Duas proposições (ou sentenças) são contrárias se a verdade de uma implica a falsidade da outra. Em outras palavras, elas não podem ambas ser verdadeiras, ainda que possam ser ambas falsas. De fato, pensando em A e E, não há como o número de estrelas ser, ao mesmo tempo, mais de cem e menos de cem. Há, porém, como ele ser nem mais nem menos de cem. Neste caso, em que o número é exatamente cem, A e E serão ambas falsas.

Antes de prosseguir, um pouquinho mais de teoria dos conjuntos. Dados dois conjuntos X e Y quaisquer, a união entre X e Y, representada por $X \cup Y$, é o conjunto formado pelos elementos que pertencem a X, a Y ou a ambos. Por exemplo, se X é o conjunto $\{1, 2, 3\}$ e Y o conjunto $\{2, 3, 4\}$, então $X \cup Y$ é o conjunto $\{1, 2, 3, 4\}$.

De volta à noção de contrariedade e a nossas proposições contrárias A e E, note que elas dividirão W, o espaço das possibilidades, em três partes: aquela em que apenas A é verdadeira, aquela em que apenas E é verdadeira e aquela em que nenhuma delas é verdadeira.

(28) **W e duas proposições contrárias,** A **e** E

Note que não há mundos possíveis que pertencem às duas proposições. A e E são conjuntos disjuntos, ou seja, sem elementos comuns. Sua interseção é o conjunto vazio ($A \cap E = \varnothing$). Note ainda que a parte em branco do diagrama corresponde aos mundos em que nem A nem E são verdadeiras. A existência dessa parte indica que a união de A e E, ou seja, o conjunto dos mundos em que pelo menos uma delas é verdadeira, não abarca a totalidade de W ($A \cup E \neq W$). Essa região em branco delimita justamente os mundos em que nem A nem E são verdadeiras. Essas considerações nos levam à seguinte definição formal:

(29) **Contrariedade**
Duas proposições p e q são contrárias *sse* $p \cap q = \varnothing$ & $p \cup q \neq W$.

Passando, agora, às diagonais do quadrado, temos entre A e O e entre E e I relações de contraditoriedade. Duas proposições contraditórias têm sempre valores de verdade opostos. A verdade de uma implica a falsidade da outra, e vice-versa. Não há, portanto, como ambas serem verdadeiras e nem como ambas serem falsas simultaneamente. Olhando para os exemplos em (27), note que 'mais de cem' e 'no máximo cem' se opõem completamente, não havendo meio termo. O mesmo vale para 'menos de cem' e 'no mínimo cem'. Isso quer dizer que duas proposições contraditórias dividem o espaço das possibilidades em apenas duas regiões:

(30) **W e duas proposições contraditórias, A e O (ou E e I)**

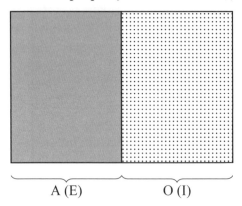

A (E) O (I)

Note que não há mundos pertencentes a ambas as proposições e que a união delas abarca todo o conjunto de mundos possíveis. Por isso, a região em branco que havia no diagrama da contrariedade desapareceu. Formalmente, temos:

(31) **Contraditoriedade**
Duas proposições p e q são contraditórias *sse* $p \cap q = \emptyset$ & $p \cup q = W$.

Olhemos em seguida para a aresta inferior do quadrado e que une os vértices I e O. Duas proposições são subcontrárias se não podem ser falsas ao mesmo tempo, podendo, porém, ser verdadeiras ao mesmo tempo. Em nossos exemplos sobre o número de estrelas do universo, I estabelece esse número como sendo maior ou igual a cem, enquanto O o coloca como sendo menor ou igual a cem. Como se pode notar, ao menos uma das duas estará correta, podendo até ser que ambas estejam, se o número for exatamente cem.

(32) **W e duas proposições subcontrárias, I e O**

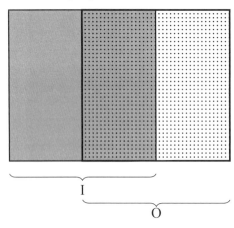

I
O

No diagrama em (32), a possibilidade de que ambas as proposições sejam verdadeiras corresponde à região ao mesmo tempo cinza e pontilhada. Essa relação também pode ser expressa formalmente com as ferramentas da teoria dos conjuntos:

(33) **Subcontrariedade**
Duas proposições p e q são subcontrárias sse $p \cap q \neq \varnothing$ & $p \cup q = W$.

Ao dizer que a interseção não é vazia, estamos dizendo que as proposições são consistentes, havendo mundos em que ambas são verdadeiras. Ao dizer que sua união é W, estamos dizendo que em qualquer mundo possível, ao menos uma delas será verdadeira, excluindo, assim, a possibilidade de que ambas sejam falsas.

Por fim, chegamos às arestas verticais do quadrado, em que os vértices A e I, pela esquerda, e E e O, pela direita, se ligam pela relação subalterna. Trata-se de uma relação direcional, que vai dos vértices superiores A e E para os inferiores I e O, respectivamente. É uma relação de inclusão, como foi a de acarretamento. A verdade da primeira já traz embutida a da segunda. Ou, posto de outra forma, a segunda é mais fraca que a primeira. De fato, em nosso exemplo, não há como A ser verdadeira e I falsa: se o número de estrelas for maior que cem, obviamente ele será no mínimo (maior ou igual a) cem. O mesmo vale para E e O: se o número de estrelas for menor que cem, ele necessariamente será no máximo (menor ou igual a) cem. Segue um diagrama ilustrativo da relação e sua formalização via conjuntos:

(34) **W e duas proposições subalternas, A e I (ou E e O)**

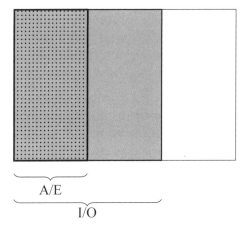

(35) **Subalternidade**
Uma proposição q é subalterna a uma proposição p sse $p \subseteq q$.

Percorremos, assim, todo o quadrado das oposições. Há várias outras escolhas possíveis para representar os vértices. (36) é apenas mais um exemplo, com foco nas expressões quantificadoras 'tudo', 'nada' e 'algo':

88 Semântica

(36) (A) Tudo está se movendo
      (E) Nada está se movendo
      (I) Algo está se movendo
      (O) Algo não está se movendo

Como o leitor poderá verificar por si mesmo, esses exemplos também instanciam as quatro relações lógicas que constituem o quadrado das oposições.

3.4 Operando sobre o significado

Tendo formalizado proposições como conjuntos, no sentido matemático do termo, podemos aplicar a elas operações que a teoria dos conjuntos nos coloca à disposição. É o que faremos nesta seção com as operações elementares deste domínio. Duas delas, a interseção e a união, nós já conhecemos. A terceira, chamada de complementação, nós conheceremos logo adiante. Como veremos, a aplicação destas operações a proposições expressas por sentenças declarativas nos dará uma ferramenta ao mesmo tempo simples e poderosa na modelagem do significado de sentenças mais complexas a partir do significado de sentenças mais simples, em uma primeira amostra do aspecto composicional do significado que exploraremos em capítulos posteriores.

Comecemos por sentenças S formadas pela coordenação de duas outras sentenças, S_1 e S_2, unidas pela conjunção aditiva 'e', como no esquema e no exemplo a seguir:

(37) [$_S$ S_1 e S_2]

(38) [$_S$ [$_{S_1}$ Pedro é brasileiro] e [$_{S_2}$ Maria é portuguesa]].

Pensemos, em primeiro lugar, em suas condições de verdade. De forma geral, tais sentenças são verdadeiras se, e somente se, as sentenças que as compõem forem, ambas, verdadeiras. Isso pode ser mostrado sucintamente na forma de uma tabela de verdade, que representa a contribuição aditiva do conectivo 'e':

(39) **Tabela de verdade da conjunção 'e'**

S_1	S_2	S_1 e S_2
V	V	V
V	F	F
F	V	F
F	F	F

Conectivos sentenciais deste tipo são chamados de verifuncionais, já que a verdade das sentenças formadas por eles é função única e exclusiva da verdade das sentenças que a compõem. Dessa forma, (38) será verdadeira se Pedro for brasileiro e Maria for portuguesa, e falsa nos demais casos, ou seja, se Pedro não for brasileiro, ou Maria não for portuguesa, ou ambas as coisas. Pensando em termos proposicionais, em estruturas sintáticas do tipo (37), S expressa a interseção das proposições p_{S_1} e p_{S_2} expressas por S_1 e S_2, respectivamente. Isso quer dizer que p_S será verdadeira nos mundos em que tanto p_{S_1} quanto p_{S_2} forem verdadeiras, e falsa nos mundos em que ao menos uma delas for falsa:

(40) **Conjunção como interseção**

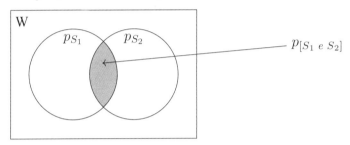

Com isso, torna-se possível isolar a contribuição semântica de cada uma das partes que compõem S. S_1 e S_2 contribuem com as respectivas proposições, p_{S_1} e p_{S_2}, enquanto a conjunção 'e' contribui com a operação de interseção, tal como definida na teoria dos conjuntos. Isso nos permite estabelecer uma paralelismo entre a estrutura sintática e a interpretação semântica:

(41) **Sintaxe** $\Rightarrow$ **Semântica**
  [$_S$ S_1 e S_2] $\Rightarrow$ $p_S = p_{S_1} \cap p_{S_2}$

Essa isomorfia entre a estrutura sintática, por um lado, e a interpretação semântica, por outro, é o que se chama de composicionalidade, e capta nossa intuição de que o sentido de uma expressão linguística é função dos sentidos das expressões que a compõem.

Uma análise no mesmo molde da que acabamos de ver para a conjunção 'e' pode ser aplicada a sentenças formadas com a conjunção alternativa 'ou':

(42) [$_S$ S_1 ou S_2]

(43) [$_S$ [$_{S_1}$ Está chovendo] ou [$_{S_2}$ está ventando forte]].

Seu caráter verifuncional está representado na tabela de verdade a seguir:

90 Semântica

(44)   **Tabela de verdade do 'ou' inclusivo**

S_1	S_2	S_1 ou S_2
V	V	V
V	F	V
F	V	V
F	F	F

De acordo com essa tabela, S será verdadeira se ao menos uma das sentenças que a compõem for verdadeira, e falsa se ambas forem falsas. Essa tabela corresponde ao que se chama de 'ou' inclusivo, em que a verdade de S não exclui a possibilidade de S_1 e S_2 serem ambas verdadeiras. Sendo assim, (43) seria verdadeira em situações em que estivesse chovendo E ventando forte. Este é um aspecto controverso da interpretação de sentenças com a conjunção 'ou'. Quando uma pessoa afirma algo como (43), sua fala parece excluir a possibilidade de que ambas as orações sejam verdadeiras. A interpretação mais natural é de alternativas mutuamente excludentes. Se este for mesmo o caso, estamos diante de um 'ou' exclusivo, e a tabela de verdade correspondente seria a seguinte:

(45)   **Tabela de verdade do 'ou' exclusivo**

S_1	S_2	S_1 ou S_2
V	V	F
V	F	V
F	V	V
F	F	F

Mas há também evidências de que o 'ou' seja inclusivo. Considere os exemplos a seguir em que o 'ou' aparece subordinado:

(46)   a.   Se chover ou ventar forte, o piquenique será cancelado.
        b.   Todo mundo que cursou sintaxe ou morfologia poderá se matricular neste curso.
        c.   Nenhum convidado comeu peixe ou camarão na festa.

Em todos estes casos, a interpretação mais natural é a inclusiva. No primeiro caso, inferimos que o piquenique será cancelado caso chova e vente forte. No segundo, será permitida matrícula aos alunos que cursaram sintaxe e morfologia. E, no último exemplo, concluímos que não houve convidado que comeu peixe e também camarão. Note ainda que, mesmo no caso em que tendemos a interpretar o 'ou' de forma exclusiva, é possível cancelar essa inferência sem nos contradizermos ou parecermos incoerentes:

(47) Choveu ou ventou forte ontem. Acho até que aconteceram as duas coisas.

Compare isso com a versão a seguir, em que se explicita que as alternativas são mutuamente excludentes:

(48) #Só choveu ou só ventou forte ontem. Acho até que aconteceram as duas coisas.

O símbolo # indica tratar-se de uma fala incoerente. Se só choveu ou só ventou forte, não é possível que as duas coisas tenham acontecido, como se afirma na segunda sentença. Essa incoerência contrasta com (47), em que o efeito da segunda sentença parece ser apenas o de especificar o que o falante tinha em mente ao enunciar a primeira. Esse efeito poderia ser facilmente explicado se assumíssemos que a interpretação do 'ou' na primeira sentença é inclusiva, eliminando apenas a possibilidade de não ter chovido nem ventado forte. A segunda sentença, então, realçaria a possibilidade de chuva e vento forte terem ocorrido conjuntamente.

Sem estendermo-nos mais nesta controvérsia (um tópico quente na interface da semântica com a pragmática), vamos assumir que a contribuição semântica do 'ou' é inclusiva, ainda que, em alguns casos, aspectos conversacionais o façam parecer exclusivo.

Com isso em mente, passemos à análise semântica no nível proposicional. Se a conjunção 'e' expressa a operação de interseção entre conjuntos, o 'ou' (inclusivo) expressa a operação de união. Desta forma, retornando ao nosso exemplo inicial em (43), temos que S expressa a proposição equivalente à união das proposições expressas por S_1 e S_2. Essa união está marcada em cinza no diagrama a seguir:

(49) **'ou' inclusivo como união**

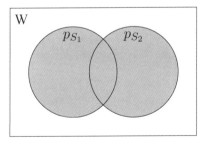

Como se vê, S será verdadeira nos mundos em que ao menos uma das proposições – p_{S_1}, p_{S_2} – for verdadeira. Será falsa nos mundos em que ambas forem falsas. Cabem aqui as considerações que fizemos anteriormente a respeito da isomorfia entre estrutura sintática e interpretação semântica, sendo o 'ou' a parte que contribui a operação de união:

(50) Sintaxe ⇒ Semântica
[s S₁ ou S₂] ⇒ $p_S = p_{S_1} \cup p_{S_2}$

Passemos, por fim, à negação:

(51) [s não S₁]

(52) [s não [s₁ está chovendo]]

Diferentemente das conjunções 'e' e 'ou', que conectam duas sentenças, a negação se aplica a uma sentença apenas. O resultado é uma outra sentença, cujas condições de verdade são opostas às da sentença original. Dada a representação em (51), S será verdadeira se S_1 for falsa, e falsa se S_1 for verdadeira:

(53) **Tabela de verdade da negação**

S	não S
V	F
F	V

Em termos de mundos possíveis, S será verdadeira nos mesmos mundos em que S_1 não for verdadeira. No caso de (52), esses são os mundos em que não está chovendo. Em termos proposicionais, queremos que a proposição expressa por S seja o complemento da proposição expressa por S_1. Aqui também, a teoria dos conjuntos nos fornece a ferramenta de que precisamos para implementar formal e composicionalmente esta análise. Matematicamente, dado um conjunto X qualquer, o complemento de X, representado por $\sim X$, é o conjunto formado por todos os elementos que não pertencem a X.

(54) **Negação como complemento**

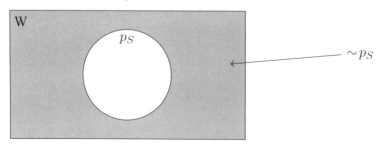

Mais uma vez, sintaxe e semântica andam de mãos dadas:

(55) Sintaxe ⇒ Semântica
[s não S₁] ⇒ $p_S = \sim p_{S_1}$

Um possível complicador que pode ofuscar essa isomorfia no caso da negação é que para sentenças com sujeito pré-verbal, como são muitas sentenças do português, a negação aparece entre o sujeito e o predicado, e não em posição inicial:

(56)   Pedro não é brasileiro.

Porém, do ponto de vista semântico, queremos primeiro obter a proposição correspondente a 'Pedro é brasileiro', para daí obtermos seu complemento. Em alguns quadros teóricos, como o da sintaxe gerativa transformacional, isso é alcançado postulando-se um nível de análise conhecido como forma lógica, que difere da estrutura superficial da sentença (aquela que determina a ordem de palavras e a maneira como a sentença será pronunciada), justamente por representar o sujeito junto ao sintagma verbal que lhe serve de predicado, deixando a negação (e outros operadores sentenciais) prefixadas a este radical sentencial:

(57)   **Estrutura superficial** $\Rightarrow$ **Forma lógica**
         [Sujeito [NEG predicado]] $\Rightarrow$ [NEG [sujeito predicado]]
         [Pedro [não é brasileiro]] $\Rightarrow$ [não [Pedro é brasileiro]]

A ideia é que a forma lógica é o nível de representação que alimenta o componente semântico, responsável pela interpretação da sentença, ao passo que a estrutura superficial é que alimenta o componente fonológico, responsável pela articulação e percepção da sentença. Em capítulos posteriores, veremos como evitar essa discrepância entre a sintaxe superficial e a semântica, possibilitando que a negação possa se aplicar diretamente ao predicado verbal.

3.5 Necessidades e impossibilidades

As seções anteriores devem ter deixado claras as virtudes de modelar proposições como conjuntos de mundos possíveis. Conseguimos encapsular, por assim dizer, as condições de verdade em um objeto matemático bem definido e, a partir disso, definir explicitamente uma série de relações e operações semânticas importantes, permitindo-nos inclusive delinear os rudimentos de um sistema interpretativo composicional.

Vimos também que, sendo conjuntos de mundos possíveis, proposições são objetos extralinguísticos, independentes da língua que se está analisando, e sem uma correspondência biunívoca com as sentenças que as expressam. Isso nos permitiu, por exemplo, atrelar sentenças distintas a uma mesma proposição, captando ao menos um aspecto importante do que, intuitivamente, se entende por sinonímia no nível sentencial, seja em uma mesma língua, como nos pares voz ativa e voz passiva do português, seja translinguisticamente, nas traduções literais que buscam justamente preservar o conteúdo informativo das sentenças. Em ambos os casos, muda-se a forma, preserva-se o sentido. Proposições seriam, assim, uma espécie de veículo semântico universal.

Há, entretanto, alguns fatores limitadores e potencialmente problemáticos que acompanham a simplicidade e as virtudes inegáveis da análise que estamos considerando. Vamos dedicar esta seção a alguns deles, já que é importante conhecê-los, ainda que não estejamos ainda em posição de resolvê-los.

Nas seções anteriores, chamamos o conjunto de todos os mundos possíveis de W. Proposições são subconjuntos de W. Na notação da teoria dos conjuntos, para toda proposição p, $p \subseteq W$. Os casos que vimos até aqui foram de proposições a que pertenciam alguns, mas não todos os mundos de W. Estas proposições p eram subconjuntos próprios de W, ou seja, $p \subset W$. Proposições como essas, que são verdadeiras em alguns mundos e falsas em outros, são chamadas de CONTINGÊNCIAS, uma noção que já encontramos no capítulo anterior, quando falamos de sentenças e proposições que são verdadeiras, mas poderiam ser falsas. Intuitivamente, são proposições expressas por sentenças que nos informam sobre o mundo. Como, a princípio, elas podem ser verdadeiras ou falsas, ao informar ou ser informado que são verdadeiras (no mundo real), aprendemos algo sobre o mundo em que vivemos que até então poderíamos ignorar. É o caso de sentenças que já vimos, como (58):

(58) Portugal colonizou o Brasil.

Alguém que ignore a história brasileira não saberá se o mundo real pertence ou não à proposição expressa por (58). Trata-se, nos termos epistemológicos que vimos no capítulo anterior, de conhecimento a posteriori.

Valendo-nos dos diagramas com conjuntos que estamos utilizando neste capítulo, já vimos que a proposição expressa por (58), e as contingências em geral, dividem o espaço lógico em duas partes distintas e complementares. Ser informado da verdade de uma contingência é como ser informado sobre a qual dessas duas regiões pertence o mundo real:

(59) S = Portugal colonizou o Brasil

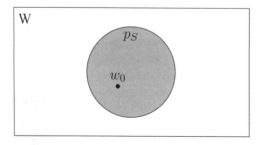

Até aqui tudo bem. Mas sendo W, ele mesmo, um conjunto de mundos possíveis, W também é uma proposição. Trata-se da mais inclusiva das proposições, aquela a que pertencem todos os mundos possíveis. Existiriam sentenças que expressam a proposição W? Sim. São sentenças necessariamente verdadeiras, ou seja, que são verdadeiras não apenas no mundo real, mas em todos os mundos possíveis. Eis um exemplo:

(60)   Ou o número de estrelas é maior que cem, ou ele é no máximo cem.

Não há mundo possível em que esta sentença seja falsa. Diferentemente de (58), que expressava uma contingência, (60) expressa uma NECESSIDADE, outra noção que encontramos no capítulo anterior. Veja alguns outros exemplos de sentenças ou proposições necessariamente verdadeiras:

(61)   Todo objeto é idêntico a si mesmo.

(62)   Se uma pessoa é brasileira, essa pessoa é brasileira.

(63)   A soma de dois números ímpares é um número par.

Essas sentenças não são meramente verdadeiras. Elas simplesmente não poderiam ser falsas. Eis, então, o que temos, posto agora em termos de definições explícitas a respeito de proposições:

(64)   **Contingência**
        Uma proposição p é uma contingência se, e somente se, existir pelo menos um mundo possível w tal que $w \in p$ e pelo menos um mundo possível w' tal que $w' \notin p$.

(65)   **Necessidade**
        Uma proposição p é uma necessidade se, e somente se, para todo mundo possível w, $w \in p$.

A essas definições, podemos acrescentar uma outra, a de contradição, entendida aqui como uma propriedade que se aplica a proposições, e não como a relação entre proposições que vimos na última seção. No caso da relação que vimos anteriormente, a noção que formalizamos foi a de duas proposições serem contraditórias entre si. Agora, queremos formalizar a noção absoluta de contraditoriedade:

(66)   **Contradição**
        Uma proposição p é uma contradição se, e somente se, não existir nenhum mundo possível w, tal que $w \in p$.

Seguem alguns exemplos de sentenças contraditórias, ou seja, que expressam proposições que são necessariamente falsas:

(67)   Nenhum objeto é idêntico a si mesmo.

96 Semântica

(68)   Algumas folhas são totalmente verdes e totalmente vermelhas.

(69)   A soma de dois números ímpares é um número ímpar.

Tais sentenças não são falsas apenas no mundo real. Elas são falsas em todos os mundos possíveis. Se, no caso de uma necessidade, a proposição em questão era W, o conjunto de todos os mundos possíveis, no caso de uma contradição, a proposição é $\varnothing$, o conjunto vazio. Afinal de contas, como acabamos de ver, o que define uma proposição contraditória é justamente não haver mundos possíveis que pertencem a ela.

Antes de prosseguir, uma última formalidade. De acordo com a teoria dos conjuntos, para qualquer conjunto X, o conjunto vazio é subconjunto de X. Trata-se de uma tecnicalidade, mas que é coerente com a definição de subconjunto. Para que um conjunto Y não seja um subconjunto de um conjunto X, é preciso que haja ao menos um elemento de pertença a Y e que não pertença a X. Como o conjunto vazio não possui elementos, essa condição jamais será satisfeita, independente do conjunto X que estivermos considerando. Em resumo, para qualquer conjunto X, $\varnothing \subseteq X$. Voltando a W e aos mundos possíveis, $\varnothing$, assim como o próprio conjunto W são também legítimas proposições, ou seja, subconjuntos de W.

Os problemas a que aludimos no início desta seção começam quando nos damos conta de que, dado tudo o que acabamos de ver sobre necessidades e contradições, haverá apenas uma proposição necessária, W, e apenas uma proposição contraditória, $\varnothing$. Isso implica que todos os exemplos de sentenças necessariamente verdadeiras que vimos em (61)-(63) sejam consideradas sinônimas, já que expressam a mesma proposição W. O mesmo vale para todas as sentenças necessariamente falsas, como as que vimos em (67)-(69), todas elas também expressando a mesma proposição $\varnothing$.

Uma conclusão que podemos tecer é a seguinte. Se, por um lado, abstrair da estrutura sintática das sentenças na identificação de seu conteúdo proposicional era uma virtude da semântica de mundos possíveis no caso das contingências, permitindo-nos captar uma relação de sinonímia que era intuitivamente correta, essa virtude se transforma em vício no caso das necessidades e contradições, causando um colapso semântico entre todas as sentenças necessariamente verdadeiras e entre todas as necessariamente falsas. Essa redução não parece intuitivamente adequada. Nenhum falante parece julgar como sinônimas nem as sentenças (61)-(63) nem as sentenças (67)-(69).

O problema se estende às relações entre verdades matemáticas, mesmo as mais simples, como '$2 + 2 = 4$' e '$3 + 3 = 6$'. Intuitivamente, essas sentenças não são sinônimas. Entretanto, ambas são verdadeiras em todos os mundos possíveis, expressando assim a mesma proposição W. O mesmo se pode dizer de '$2 + 2 = 5$' e '$3 + 3 = 7$', ambas falsas em todos os mundos possíveis, expressando assim a mesma proposição ∅. Uma semântica baseada exclusivamente em mundos possíveis não parece refinada o bastante para captar essas distinções de sentido.

Deixaremos essa discrepância entre nossas intuições e o que as definições nos fornecem em aberto. Dadas as muitas virtudes e a simplicidade que a semântica de mundos possíveis que delineamos acima indubitavelmente possui (veremos outras em capítulos posteriores), continuaremos a adotá-la, esperando que os problemas detectados possam ser eventualmente sanados sem que joguemos fora tudo o que obtivemos de positivo.

3.6 De volta aos acarretamentos

Na seção 3.3, modelamos a noção de acarretamento como a relação de subconjunto entre proposições. Uma proposição p acarreta uma proposição q quando $p \subseteq q$. Tomemos, por exemplo, as proposições expressas pelas sentenças a seguir:

(70) a. Existem mamíferos que voam.
b. Existem mamíferos.

Está claro que a proposição expressa por (70a) acarreta a proposição expressa por (70b), já que todo os mundos em que existem mamíferos que voam são mundos em que existem mamíferos:

(71)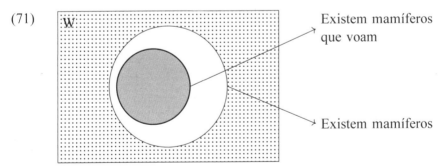

Considere, agora, as negações de nossas duas sentenças e as proposições que elas expressam:

(72) a. Não existem mamíferos que voam.
b. Não existem mamíferos.

(73)

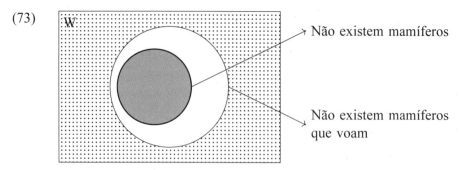

Não existem mamíferos

Não existem mamíferos que voam

Note que a negação inverteu a relação de acarretamento. No primeiro par, a proposição expressa por (70a) acarretava a proposição expressa por (70b), ao passo que agora, a proposição expressa por (72a) é acarretada pela proposição expressa por (72b). O ponto que queremos destacar é o seguinte: sempre que a proposição expressa por uma sentença S_1 acarretar a proposição expressa por uma sentença S_2, a proposição expressa pela negação de S_2 acarretará a proposição expressa pela negação de S_1.

Isso pode ser demonstrado pela definição de acarretamento como a relação de subconjunto e pela interpretação da negação sentencial como a operação de complemento. Se Y é subconjunto de X, então $\sim X$, o complemento de X será sempre um subconjunto de $\sim Y$, o complemento de Y, como evidencia o diagrama a seguir:

(74) $\quad Y \subseteq X \;\Rightarrow\; \sim X \subseteq \sim Y$

Trata-se de mais uma virtude da modelagem matemática baseada na teoria dos conjuntos.

Por fim, considere as proposições expressas pelo par de sentenças em (75) e suas relações com a proposição expressa por (76):

(75)   a.   Existem mamíferos que voam.

b. Não existem mamíferos que voam.

(76) Existem mamíferos.

Note que, diferentemente de (75a), (75b) não acarreta (76). Afinal, há mundos em que, além de não existirem mamíferos que voam, também não existem mamíferos que não voam. Nesses mundos, (75b) é verdadeira, mas (76) é falsa. Essa também é uma marca registrada da relação de acarretameto: p_1 acarretar p_2 não implica que seu complemento ($\sim p_1$) também acarreta p_2. Diz-se, às vezes, que o acarretamento não projeta sobre a negação. Em termos sentenciais, as sentenças acarretadas por uma sentença S qualquer não serão as mesmas que as acarretadas pela negação de S.

Além da negação, há várias outras construções sintáticas que bloqueiam essa projeção do acarretamento:

(77) a. Se [existem mamíferos que voam], eles são raros.
      b. Pode ser que [existem mamíferos que voam].
      c. Maria disse que [existem mamíferos que voam].

Todas essas sentenças tem como parte a sentença 'existem mamíferos que voam'. Como no caso da negação, nenhuma delas acarreta a existência de mamíferos. Os acarretamentos da parte não se projetaram como acarretamentos do todo. Esse comportamento projetivo do acarretamento será importante para distingui-lo da relação semântica que investigaremos na próxima seção e que contrastaremos com ele.

Podemos resumir tudo o que dissemos acima sobre acarretamento da seguinte forma:

(78) Se S_1 acarreta S_2, então:
      a. Sempre que S_1 for verdadeira, S_2 será verdadeira.
      b. Sempre que S_2 for falsa, S_1 será falsa.
      c. Quando S_1 for falsa, S_2 poderá ser verdadeira ou falsa.

3.7 Pressuposições

No capítulo 2, discutimos brevemente a noção fregeana de pressuposição e a possibilidade de sentenças declarativas não terem um valor de verdade, ou seja, não serem nem verdadeiras nem falsas. Dentre os exemplos que discutimos estavam sentenças clivadas, como (79):

(79) Foi o Pedro que tirou 10 na prova.

Essa sentença pressupõe que alguém tirou 10 na prova. Na mesma linha, sentenças com descrições definidas singulares também carregam uma pressuposição:

100 Semântica

(80)   O rei da França é careca.

A sentença (80) pressupõe que a França tem um rei. A ideia fregeana era que pressuposições são pre-condições para que uma sentença tenha um valor de verdade. Se ninguém tiver tirado 10 na prova, (79) não será nem verdadeira nem falsa. Posto de outra forma, se ninguém tiver tirado 10 na prova, não faz muito sentido perguntar se foi ou não o Pedro que tirou 10. De forma análoga, se a França não tem rei, (80) não é verdadeira nem falsa. Aqui também, diante da inexistência de um rei da França, não faz muito sentido perguntar se o rei é careca ou não.

Vimos também que as pressuposições de uma sentença declarativa são compartilhadas por sua contraparte negativa. (81) e (82) têm as mesmas pressuposições de (79) e (80), respectivamente:

(81)   Não foi o Pedro que tirou 10 na prova.

(82)   O rei da França não é careca.

Tecnicamente, a clivagem e o artigo definido singular são chamados de GATILHOS pressuposicionais. A ideia por trás da terminologia é que a presença da clivagem ou do artigo disparam uma pressuposição. Clivagem e artigos definidos são apenas dois de muitos exemplos de gatilhos. (83) e (84) apresentam outros dois casos, com os gatilhos em destaque. Em cada um dos pares, tanto (a) quanto (b) pressupõem (c):

(83)   a.   Pedro *parou de* fumar.
         b.   Pedro não *parou de* fumar.
         c.   Pedro fumava.

(84)   a.   Maria *sabe* que Pedro fuma.
         b.   Maria não *sabe* que Pedro fuma.
         c.   Pedro fuma.

No quadro teórico possibilístico que estamos adotando neste capítulo, as proposições expressas por sentenças com pressuposição não terão valor de verdade nos mundos em que essa pressuposição não for verdadeira. Exploremos as consequências disso em mais detalhe.

Sentenças expressam proposições e proposições são subconjuntos de W, o conjunto de todos mundos possíveis. W representa o universo ou espaço lógico contendo todas as possibilidades, sendo o domínio sobre o qual se formam as proposições. Como já vimos, a negação sentencial corresponde à operação de complementação da teoria dos conjuntos. Se uma sentença S expressa uma proposição p, a proposição expressa por sua negação corresponde ao complemento de p, conjunto ao qual pertencem os mundos em que S não é verdadeira.

No caso de sentenças sem pressuposição, essa complementação é relativa a W. Dizemos, nos termos da teoria dos conjuntos, que esse complemento é a diferença entre W e p. Tecnicamente, dados dois conjuntos X e Y quaisquer, a diferença entre X e Y, representada por $X - Y$, é o conjunto formado pelos elementos de X que não pertencem a Y. Portanto, se p for a proposição expressa por uma sentença S sem pressuposições, $W - p$ será a proposição expressa pela negação de S. A interseção entre p e $W - p$ é o conjunto vazio, já que elas não possuem elementos em comum. Já a união entre p e $W - p$ será igual a W, o conjunto de todos os mundos possíveis.

Sendo assim, para proposições expressas por sentenças S sem pressuposição, teremos uma bipartição de W: mundos em que S é verdadeira e mundos em que S é falsa.

(85)   **Sentença S sem pressuposição**

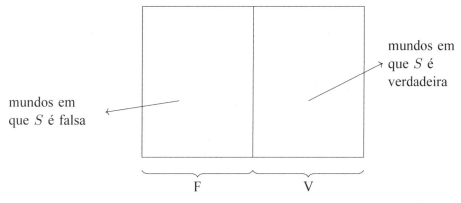

Já no caso de sentenças que carregam pressuposições, teremos uma tripartição: mundos em que a sentença é verdadeira, mundos em que a sentença é falsa e mundos em que a sentença não é verdadeira nem falsa. Podemos aqui falar em uma semântica trivalente, apoiada em três valores de verdade: V (verdadeiro), F (falso) e # (um terceiro valor de verdade, distinto de V e F). Note que, nesses casos, o conjunto dos mundos em que uma sentença não é verdadeira não é idêntico ao conjunto dos mundos em que ela é falsa. Diferentemente dos casos sem pressuposição, nos casos com pressuposição, o conjunto dos mundos em que uma sentença é falsa é apenas um subconjunto dos mundos em que ela não é verdadeira, já que haverá também os mundos em que a sentença não é verdadeira nem falsa.

(86) **Sentença S com pressuposição**

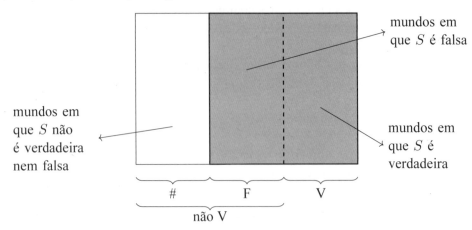

Passemos a um exemplo concreto, analisando a sentença 'o rei da França é careca':

(87) **Semântica trivalente para 'O rei da França é careca'**

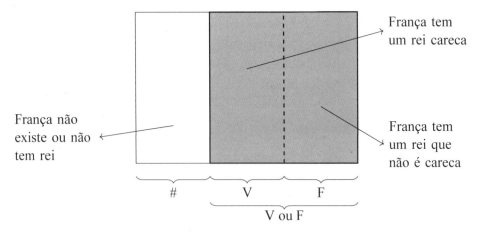

A região sombreada do diagrama corresponde ao conjunto dos mundos em que a França existe e tem um rei. São os mundos em que as pressuposições da sentença 'o rei da França é careca' são satisfeitas. Nesses mundos, a sentença será verdadeira ou falsa. Podemos, portanto, encapsular as pressuposições de uma sentença S em uma proposição, que representaremos por π_S. No caso em questão, teremos:

(88) $\pi_S = \{w \in W \mid \text{a França existe e tem um rei em } w\}$

Passando, agora, à negação de S, ou seja, à sentença 'o rei da França não é careca', teremos o seguinte diagrama:

(89)   Semântica trivalente para 'O rei da França não é careca'

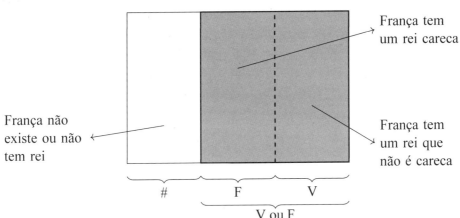

Note que a região sombreada não se alterou, indicando que as pressuposições de S e de sua negação são as mesmas. O que mudou foram as regiões correspondentes aos valores de verdade V e F, que se inverteram. Com isso em vista, podemos identificar a proposição expressa por $S\,(p_S)$ e a proposição expressa pela sua negação (p_{negS}) como dois subconjuntos de π_S que se complementam:

(90) $p_S = \{w \in \pi_S \mid \text{o rei da França é careca em } w\}$

(91) $p_{negS} = \{w \in \pi_S \mid \text{o rei da França não é careca em } w\}$

Note a restrição dos mundos w apenas àqueles em π_S ($w \in \pi_S$), ou seja, àqueles em que a França existe e tem um rei. A ideia é que as proposições expressas por S e sua negação se complementam em π_S, não em W como era o caso quando não havia pressuposições em jogo. Olhando para os dois diagramas anteriores, vemos que p_{negS} é a diferença entre π_S e p_S.

Um esquema inteiramente análogo pode ser traçado para o caso das pressuposições disparadas pela clivagem, como na sentença 'Foi Pedro que tirou 10 na prova', que chamaremos de S_C a seguir, e sua negação. Para simplificar a apresentação e concentrar na pressuposição disparada pela clivagem, vamos assumir que Pedro existe em todos os mundos possíveis. Dessa forma, não levaremos em conta a pressuposição existencial disparada pelo nome próprio, assumindo que S_C e sua negação pressupõem apenas que alguém tirou 10 na prova:

(92) $\pi_{S_C} = \{w \in W \mid \text{alguém tirou 10 na prova em } w\}$

(93) $p_{S_C} = \{w \in \pi_{S_C} \mid \text{Pedro tirou 10 na prova em } w\}$

(94) $p_{negS_C} = \{w \in \pi_{S_C} \mid \text{Pedro não tirou 10 na prova em } w\}$

Também neste caso, as proposições expressas por S_C e sua negação se complementam em π_{S_C}, não em W. Aqui também, p_{negS_C} é a diferença entre π_{S_C} e p_{S_C}.

(95) **Semântica trivalente para 'Foi Pedro que tirou 10 na prova'**

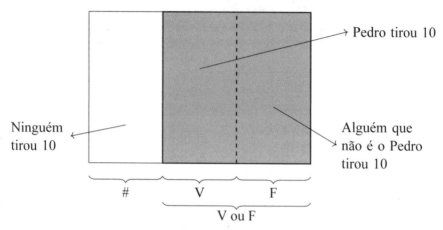

Note que se compararmos as proposições expressas por sentenças afirmativas não clivadas sem pressuposição com suas contrapartes clivadas, obteremos o seguinte:

(96) $[_{S_N}$ Pedro tirou 10 na prova$]$
       $p_{S_N} = \{w \in W \mid$ Pedro tirou 10 na prova em $w\}$

(97) $[_{S_C}$ Foi Pedro que tirou 10 na prova$]$
       $p_{S_C} = \{w \in \pi_{S_C} \mid$ Pedro tirou 10 na prova em $w\}$

Neste caso, a troca da restrição $w \in W$ em (96) pela restrição $w \in \pi_{S_C}$ em (97) não faz diferença na identificação dos elementos pertencentes às respectivas proposições, já que todos os mundos em que Pedro tirou 10 na prova também são mundos em que alguém tirou 10 na prova. Ambas – p_{S_N} e p_{S_C} – têm como elementos todos os mundos possíveis em que Pedro tirou 10 na prova e nenhum outro.

Já no caso de sentenças negativas, haverá diferenças entre a versão não clivada e a versão clivada:

(98) $[_{S_N}$ Pedro não tirou 10 na prova$]$
       $p_{S_N} = \{w \in W \mid$ Pedro não tirou 10 na prova em $w\}$

(99) $[_{S_C}$ Não foi Pedro que tirou 10 na prova$]$
       $p_{S_C} = \{w \in \pi_{S_C} \mid$ Pedro não tirou 10 na prova em $w\}$

Neste caso, as proposições expressas pelas sentenças não têm os mesmos elementos, já que os mundos em que ninguém tirou 10 na prova pertencem a p_{S_N}, mas não a p_{S_C}.

3.7.1 Sobre a pragmática das pressuposições

Como o leitor talvez já tenha se dado conta, o termo 'pressuposição' evoca, do ponto de vista pragmático, ou seja, do uso da linguagem, a noção de 'tomar como certo'. Dizer que, em uma conversa, se está pressupondo, por exemplo, que a Terra é redonda, é dizer que os interlocutores estão tomando como certo que a Terra é redonda e, em cima desse pano de fundo, acrescentando outras afirmações, como, por exemplo, que seu diâmetro é de milhares de quilômetros ou que ela gira sobre seu próprio eixo. Essa intuição se aplica bem no caso da clivagem com que estivemos lidando nas seções anteriores. Quando, em uma conversa, uma pessoa diz 'foi Pedro que tirou 10 na prova', ela está tomando como certo que alguém tenha tirado 10 na prova, acrescentando, em cima disso, que esse alguém foi o Pedro. Dizemos, do ponto de vista conversacional, que essa pessoa está pressupondo que alguém tirou 10 na prova e afirmando que esse alguém foi o Pedro. Da mesma forma, uma pessoa que diga 'não foi Pedro que tirou 10 na prova' também estará tomando como certo que alguém tirou 10 na prova, acrescentando, no entanto, que esse alguém não foi o Pedro. Do ponto de vista conversacional, essa pessoa está pressupondo que alguém tirou 10 na prova, mas afirmando que esse alguém não foi o Pedro. Note que a noção de pressuposição passa a ser a de uma relação entre um indivíduo e uma proposição. Destaquemos essa noção pragmática de pressuposição, a qual contrasta com a noção semântica que introduzimos anteriormente, em que apenas sentenças (ou as proposições expressas por elas) estavam em jogo:

(100) **Pressuposição (caracterização pragmática)**
Um falante f pressupõe uma proposição p quando f age tomando a verdade de p como certa, ou seja, como conhecimento compartilhado entre ele e sua audiência.

O que é peculiar ao caso da clivagem é que ela funciona como um marcador linguístico da pressuposição pragmática. Vista desta forma, a clivagem é uma marcação convencional que sinaliza um aspecto conversacional, impondo condições de adequação sobre o uso de uma sentença no curso de uma conversa. Constitui, desta forma, uma ponte entre semântica e pragmática. O mesmo pode ser dito de outros gatilhos pressuposicionais, como o artigo definido e a locução 'parar de' que mencionamos na última seção.

Essas considerações pragmáticas nos levam à previsão de que, em contextos em que nada tenha sido dito sobre pessoas terem ou não tirado 10 na prova, e nos quais não se possa presumir algo a respeito, o uso de clivagens será discursivamente anômalo ou infeliz. Essa previsão parece se confirmar em face de exemplos como o seguinte. Imagine que uma prova de matemática tenha sido aplicada em sala de aula a um grupo de alunos. Logo após a aula, o professor vai para seu escritório e corrige as provas. Na aula seguinte, ele entra em sala e diz à classe, logo de início,

106 Semântica

algo como 'Pessoal, foi o Pedro que tirou 10 na prova'. Note a estranheza dessa fala. Tal contexto parece não admitir o uso da sentença justamente por não satisfazer a pressuposição em questão. As coisas mudam de figura se mudarmos a situação de modo a satisfazer a pressuposição em questão. Imagine que ao terminar a correção em sua sala, o professor envia aos alunos uma mensagem dizendo que já terminou a correção, que entregará as provas na aula seguinte e que houve um único aluno que tirou 10. Neste caso, a fala inicial do professor que julgamos inadequada no cenário anterior torna-se agora perfeitamente natural. A diferença, claro, é que neste novo cenário a informação de que alguém tirou 10 já é compartilhada por todos no momento da fala do professor.

Levando tudo isso em consideração, a ponte entre a semântica e a pragmática a que fizemos referência anteriormente pode ser caracterizada assim:

(101) **Ponte semântica/pragmática**
Seja S_G uma uma sentença simples S contendo um gatilho pressuposicional G. O uso adequado de S em uma conversa requer que a pressuposição disparada por G seja compartilhada pelos participantes da conversa no momento da enunciação de S.

3.7.2 Proposições, pressuposições e conversação

Juntando o que vimos nas últimas seções, temos o seguinte: do ponto de vista estritamente linguístico, a relação de pressuposição se dá no nível sentencial. As pressuposições de uma sentença podem ser modeladas como proposições. São précondições para que a sentença tenha um valor de verdade (V ou F). Já do ponto de vista estritamente pragmático, a pressuposição é um tipo de atitude atribuída a um indivíduo. Pressupor é tomar algo como sendo informação compartilhada. Desse ponto de vista, pressuposições de um falante também podem ser modeladas como proposições. Pressupor é, assim, uma atitude proposicional, uma relação entre um indivíduo e uma proposição.

Na esteira desta visão pragmática sobre o que é pressupor, podemos estender e usar o conceito de pressuposição para modelar um dos aspectos centrais da dinâmica conversacional. Quando engajados em um conversa, indivíduos trocam informações entre si. Sempre que um participante afirma algo que não é rejeitado por seus interlocutores, o conteúdo dessa afirmação se torna informação compartilhada, algo que, ao menos para os propósitos daquela conversa, passa a ser tomado como de conhecimento mútuo por todos os participantes. No desenrolar de uma conversa, essas informações trocadas vão se acumulando, constituindo um repositório informacional interpressoal, que serve de pano de fundo para a continuação da conversa. Este fundo comum (*common ground*, em inglês) pode ser modelado como um conjunto de proposições, correspondendo àquilo que os interlocutores pressupõem em um dado momento de uma conversa. Como uma ilustração bem simples, imagine o início de uma conversa em que os participantes A, B e C, nesta ordem, falam sobre chuvas recentes na cidade de São Paulo.

(102)   A: Choveu muito em SP.
        B: Houve alagamentos em alguns bairros.
        C: Muitas pessoas estão desabrigadas.

Representando as proposições expressas pelas três sentenças em (102) por p_A, p_B e p_C, temos que o fundo comum (que abreviaremos por CG) foi se expandindo, passando de vazio, $\varnothing$, para $\{p_A\}$, depois $\{p_A, p_B\}$ e finalmente $\{p_A, p_B, p_C\}$. Assumir que o CG inicial era vazio é, por certo, uma grande simplificação. Normalmente, pressupõe-se muita coisa, mesmo no início de uma conversa. No caso acima, é bem provável que fosse de conhecimento mútuo dos participantes uma série de fatos relevantes sobre SP: que se trata de uma cidade brasileira, de uma capital densamente povoada, etc.

Do CG, podemos extrair um retrato momentâneo da conversa, intersectando as proposições pertencentes a ele. O resultado é o conjunto de mundos possíveis compatíveis com tudo que já foi estabelecido até o momento. Esse conjunto funciona como uma representação do contexto conversacional no que diz respeito ao corpo de informações trocadas pelos interlocutores até um dado momento. É, por isso mesmo, chamado de conjunto contextual (*context set*, em inglês). Mantendo as simplificações já mencionadas para efeitos de apresentação, podemos representar o CG resultante de (102) como no diagrama a seguir:

(103)   ***Common ground*** **(CG)**

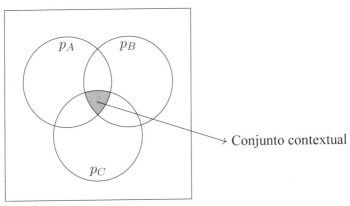

Note que, à medida que uma conversa flui, o conjunto contextual encolhe. Inicialmente, assumindo como fizemos acima, que nada era pressuposto, esse conjunto era W, o conjunto de todos os mundos possíveis. Em seguida passou a p_A, depois a $p_A \cap p_B$, e depois a $p_A \cap p_B \cap p_C$. Como se vê, cada vez que um falante profere

108 **Semântica**

uma sentença, a proposição por ela expressa é adicionada ao CG, reduzindo o conjunto contextual. Essa adição é, na influente proposta do filósofo americano Robert Stalnaker, a quem devemos os termos *common ground* e *context set*, o efeito essencial de uma asserção. Por asserção, entenda-se o ato comunicativo que acompanha o proferimento de sentenças declarativas com o propósito de informar. Proposições se tornam, do ponto de vista pragmático, ferramentas para mudar o contexto. Pressuposições podem ser vistas como um retrato momentâneo desse contexto dinâmico.

Esta caracterização dinâmica nos permite repensar de um outro ângulo o papel dos gatilhos pressuposicionais e da caracterização semântico-pragmática das pressuposições, refinando o que já havíamos visto anteriormente. Ao disparar uma pressuposição, esse gatilho introduz uma condição de admissibilidade contextual à sentença de que faz parte. Deixemos isso mais concreto, retomando o caso da clivagem. Semanticamente, uma sentença como 'Foi o Pedro que tirou 10 na prova' pressupõe que alguém tenha tirado 10 na prova. Podemos pensar nessa pressuposição como restringindo os contextos conversacionais nos quais essa sentença pode ser usada assertivamente. A sentença clivada só será admitida se os mundos do conjunto contexto forem, todos eles, mundos em que a pressuposição é verdadeira. Posto de maneira sucinta e explícita: o conjunto contextual deve acarretar a pressuposição. Note que isso faz sentido, na medida em que tanto o contexto quanto a pressuposição foram modelados como proposições, ou seja, conjuntos de mundos possíveis, e acarretamento como a relação de subconjunto entre proposições. Destaquemos, pois, estas considerações semântico-pragmáticas, as quais têm na noção de pressuposição seu elemento central:

(104)   Seja C um conjunto contextual e S uma sentença contendo um gatilho pressuposicional que dispara a pressuposição p. O uso assertivo de S só será conversacionalmente adequado se, no momento do proferimento de S, C acarretar p ($C \subseteq p$).

Asserção e pressuposição se vinculam, assim, a uma semântica de mundos possíveis em um modelo pragmático dinâmico.

Recomendações de leitura

A semântica de mundos possíveis tem origem na lógica modal. Para uma introdução acessível e voltada a linguistas, ver Gamut (1991), capítulo 2 do volume 2. Para um panorama com viés mais filosófico a respeito da própria noção de mundo possível, consultar Menzel (2017). O leitor talvez se in-

Possibilidades e significado **109**

teresse em saber o que os filósofos dizem sobre mundos impossíveis. Para tanto, ver Berto & Jago (2018).

Sobre o quadrado das oposições, ver Horn (1989), capítulo 4. Sobre os operadores sentenciais da lógica proposicional, ver Gamut (1991), capítulo 2 do volume 1. Sobre o contraste entre esse operadores lógicos e os conectivos *e*, *ou* e *se* das línguas naturais, ver Grice (1975, 1978) e Gamut (1991), capítulo 6 do volume 1.

Para boas introduções ao estudo das pressuposições, ver Levinson (1983, 2007), capítulo 4, Beaver (2001) e Beaver & Geurts (2014). Para uma apresentação do tema a partir de uma perspectiva lógico-semântica, ver Gamut (1991), seção 5.5 do volume 1.

Exercícios

1. Tomando U como conjunto universo, e sendo A, B e C os conjuntos abaixo, diga quais são os conjuntos em (a)-(j).

$U = \{0, 1, 2, 3, 4, 5, 6, 7, 8, 9, 10\}$
$A = \{3, 4, 5, 6, 7\}$
$B = \{5, 7, 9\}$
$C = \{8, 9\}$

   (a) $A \cap B$ (f) $B \cap U$
   (b) $B \cup C$ (g) $A \cap (B \cup C)$
   (c) $A \cap C$ (h) $(A \cap B) \cup C$
   (d) $\sim A$ (i) $A \cup (B \cap C)$
   (e) $A \cap \sim B$ (j) $(A \cup B) \cap C$

2. Sejam S_1, S_2, S_3, S_4 quatro sentenças quaisquer e p_1, p_2, p_3, p_4 as proposições expressas por elas. Seja $W = \{w_1, w_2, w_3, w_4, w_5, w_6\}$ o conjunto dos mundos possíveis. Considerando os dados abaixo, responda as questões (a)-(g).

$p_1 = \{w_1, w_2, w_3\}$ $p_2 = \{w_1, w_5\}$
$p_3 = \{w_2, w_3, w_4\}$ $p_4 = \{w_1, w_3, w_5\}$

   (a) Qual o valor de verdade de S_2 no mundo w_3? E no mundo w_5?

   (b) Qual proposição (ou proposições) p_2 acarreta?

   (c) Qual proposição (ou proposições) acarreta(m) p_4?

(d) Quais proposições são contraditórias entre si? Quais são contrárias entre si?

(e) Qual seria a proposição correspondente a uma sentença S_5 formada pela coordenação de S_1 e S_2 (ou seja $S_5 = [S_1$ e $S_2])$?

(f) Qual seria a proposição correspondente a uma sentença S_6 formada pela disjunção de S_1 e S_2 (ou seja $S_6 = [S_1$ ou $S_2])$, assumindo que o *ou* seja inclusivo? Sua resposta mudaria se o *ou* fosse exclusivo?

(g) Qual seria a proposição correspondente à negação de S_4?

3. Seja S a sentença *está chovendo forte* e p_S a proposição expressa por ela.

(a) Dê um exemplo de sentença cuja proposição acarrete p_S

(b) Dê um exemplo de sentença cuja proposição seja acarretada por p_S

(c) Dê um exemplo de sentença cuja proposição seja consistente com p_S

(d) Dê um exemplo de sentença cuja proposição seja contrária a p_S

(e) Dê um exemplo de sentença cuja proposição seja contraditória a p_S

4. Considere as sentenças S_1 e S_2 a seguir e suas respectivas proposições, p_1 e p_2, como representadas no diagrama logo abaixo:

[$_{S_1}$ está chovendo]
[$_{S_2}$ está ventando]

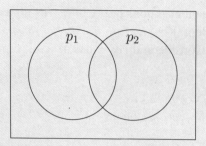

Marque no diagrama as áreas correspondentes às proposições expressas pelas seguintes sentenças:

(a) Está chovendo e não está ventando.

(b) Está ventando e não está chovendo.

(c) Não está chovendo e não está ventando.

5. Considerando o quadrado das oposições, suponha que a proposição expressa pela sentença *nem toda criança chora* ocupe o vértice O. Neste caso, quais seriam as sentenças correspondentes às proposições dos vértices (A), (E) e (I)?

6. Justifique as seguintes afirmações:

(a) Se p é uma necessidade e q uma contingência, então p e q são consistentes.

(b) Para quaisquer proposições p e q, se p é uma contradição, então p e q não são consistentes.

(c) Para quaisquer proposições p e q, se p acarreta q, então p e $\sim q$ não inconsistentes.

7. Considere a sentença *Pedro conseguiu consertar o chuveiro* e diga qual sua relação semântica (acarretamento/pressuposição) com as sentenças em (a) e (b) a seguir, justificando suas respostas:

(a) Pedro consertou o chuveiro.

(b) Pedro tentou consertar o chuveiro.

4 Compondo o significado I: saturação

A partir deste capítulo, vamos olhar para a composição do significado no nível subsentencial. Buscaremos compreender como os significados das palavras se combinam para formar os significados de constituintes sintáticos maiores e que correspondem às partes em que uma sentença se estrutura. Iniciaremos analisando como os significados de sujeitos nominais e predicados verbais se juntam, e em seguida como verbos e seus objetos formam, do ponto de vista semântico, certos predicados verbais.

A ideia geral é que a sintaxe fornece ao componente interpretativo uma estrutura de constituintes formada a partir de itens lexicais (as palavras) que se agrupam de acordo com as regras gramaticais de uma língua. A mais inclusiva de todas estas estruturas são as próprias sentenças, às quais queremos associar condições de verdade ou proposições, que, como já sabemos, são o que sentenças declarativas significam.

4.1 Extensões

Dada uma sentença declarativa S qualquer, seu significado corresponde às suas condições de verdade. Tais condições nos dizem como o mundo deve ser para que a sentença seja verdadeira. Elas nos informam em que condições o valor de verdade será V(erdadeiro) e em que que condições ele será F(also). Deixando de lado, por enquanto, o caso das pressuposições e a possibilidade de uma sentença não ser nem verdadeira nem falsa, queremos que nossa teoria semântica nos entregue algo como o seguinte:

(1) S é verdadeira se, e somente se, p.

A letra S representa uma sentença, um objeto linguístico construído pela sintaxe a partir de palavras. S pertence ao que se chama de linguagem objeto, a língua natural que estamos investigando. Neste livro, a linguagem objeto será o português. A

114 Semântica

letra p está aqui a nos lembrar de proposições e representa uma descrição de fatos do mundo. Precisamos também de uma linguagem para representar esses fatos. É o que se chama de metalinguagem, a linguagem usada para explicitar a semântica da linguagem objeto. Usaremos de início o próprio português, suplementando-o com um certo linguajar técnico à medida que avançarmos, a fim de evitarmos certas vaguezas e ambiguidades, típicas da línguas naturais. Essas tecnicalidades nos auxiliarão ainda na explicitação do próprio processo composicional, como veremos mais adiante. Vejamos um exemplo. Se S for a sentença 'Pedro é brasileiro', teremos:

(2) S é verdadeira se, e somente se, Pedro é brasileiro.

E, se nossa linguagem objeto fosse o inglês e nossa sentença a contraparte inglesa de S, teríamos:

(3)   'Pedro is Brazilian' é verdadeira se, e somente se, Pedro é brasileiro.

Antes de prosseguir, vamos introduzir um pouco de terminologia e notação típicas da área e às quais iremos aderir no restante deste livro. Em primeiro lugar, uma simples mudança: em vez de nos referirmos aos valores de verdade das sentenças como V e F, usaremos os algarismos 1 e 0, para verdadeiro e falso, respectivamente. Não há nada profundo nisso. É uma simples convenção e, como tal, é arbitrária. 1 e 0 são apenas dois objetos abstratos distintos entre si que se convencionou usar como representantes dos valores de verdade. Em segundo lugar, uma mera conveniência: abreviaremos a expressão 'se, e somente se' por 'sse'. Em terceiro lugar, um pouco de jargão técnico: iremos nos referir ao valor de verdade de uma sentença como sua EXTENSÃO OU DENOTAÇÃO. Já havíamos nos referido a eles, via Frege, como a referência de uma sentença. Mas o termo 'referência' vem carregado de conotações e outros usos informais, sendo conveniente usar um termo mais distante do universo semântico. Os termos 'extensão' e 'denotação' são intercambiáveis, mas, neste livro, daremos preferência ao primeiro e buscaremos ser consistentes nesta escolha. Como no caso da referência fregeana, 'extensão' é um termo que se aplica a qualquer tipo de expressão linguística. Falaremos, ainda neste capítulo, da extensão de nomes, verbos e predicados. Por fim, a adoção de uma notação onipresente na semântica formal: o uso de colchetes duplos – $[\![\ ]\!]$ – para representar a extensão de um termo linguístico qualquer. Assim, no caso de uma sentença S, teremos $[\![S]\!]$ para representar sua extensão, que, neste caso é um valor de verdade, 0 (falso) ou 1 (verdadeiro). Pondo tudo isso junto, (4) e (5) se equivalem:

(4) S é verdadeira se, e somente se, p

(5) $[\![S]\!] = 1$ sse p

Estamos quase prontos para prosseguir com nossa nova roupagem técnica. Falta apenas trazermos os mundos possíveis de volta. O valor de verdade de uma sentença varia de mundo para mundo, e uma sentença verdadeira no mundo real pode não o ser em outros mundos possíveis. Para captar essa dependência, vamos relativizar as extensões a mundos possíveis w, acrescentando um índice superscrito aos colchetes duplos: $[\![S]\!]^w$ representa a extensão de S no mundo w. Teremos, então, a seguinte equivalência:

(6) S é verdadeira em um mundo w se, e somente se, p

(7) $[\![S]\!]^w = 1$ sse p

Como se vê, é uma notação compacta e que nos será bastante conveniente. Fica sempre subentendido que o que vai dentro dos colchetes duplos é um objeto sintático, e que w é um mundo possível pertencente ao universo W. Eis um exemplo:

(8) $[\![\,'Pedro\ trabalha'\,]\!]^w = 1$ sse Pedro trabalhar em w.

Note que (8) representa o significado da sentença através da identificação (condicional) de sua extensão. No capítulo anterior, modelamos o significado sentencial como uma proposição, o conjunto de mundos possíveis em que a sentença é verdadeira, ou seja, os mundos em que sua extensão é igual a 1. Nos termos que acabamos de ver, essa relação entre a extensão de uma sentença S e a proposição p_S que ela expressa pode ser posta como em (9) e (10):

(9) $p_S = \{w \mid [\![S]\!]^w = 1\}$

(10) $[\![S]\!]^w = 1$ sse $w \in p_S$

Em um jargão técnico, diz-se que p_S é a INTENSÃO, com s mesmo, de S. Desta forma, temos, para sentenças declarativas, que sua intensão é uma proposição, um conjunto de mundos possíveis, enquanto sua extensão é um valor de verdade.

Observando condições de verdade como as representadas em (8), notamos que, em si, não há nelas nada de muito revelador ou surpreendente. Isso é, de certo modo, esperado, já que estamos usando o português como linguagem objeto e metalinguagem. Sem essa coincidência, as coisas mudam um pouco:

(11) $[\![\,'Pedro\ was\ born\ in\ the\ US'\,]\!]^w = 1$ sse Pedro tiver nascido nos EU em w.

Mas o que tornará nossa empreitada desafiadora não é tanto o mero pareamento de sentenças com suas condições de verdade, mas sim a busca por princípios semânticos que explicitem como tais condições são derivadas a partir dos valores semânticos dos constituintes que compõem as sentenças. Almejamos uma semântica composicional, e é rumo a ela que partiremos já a partir da próxima seção.

4.2 Sujeitos e predicados

Comecemos, então, a analisar a composição do significado sentencial. Neste capítulo, olharemos para orações simples da forma sujeito-predicado, como são os exemplos a seguir:

(12) Pedro trabalha.

(13) Pedro ama Maria.

Em ambos os casos, temos um sujeito nominal e um predicado verbal. No jargão sintático, falamos de sintagmas nominais e sintagmas verbais, geralmente rotulados de NP e VP, respectivamente (do inglês *noun phrase* e *verb phrase*). Rotulando a sentença de S, chegamos às seguintes representações sintáticas, nas quais os colchetes delimitam os constituintes em questão:

(14) [$_S$ [$_{NP}$ Pedro] [$_{VP}$ trabalha]]

(15) [$_S$ [$_{NP}$ Pedro] [$_{VP}$ ama Maria]]

Em ambos os casos, os NPs são formados por um único elemento, no caso um nome próprio, que rotularemos de N. É o que acontece também com o VP em (14), formado exclusivamente por um verbo V. Já em (15), VP se ramifica em dois subconstituintes, um verbo V e um outro sintagma nominal NP, também formado apenas por um nome N. Tudo isso pode ser compactamente representado na notação de colchetes:

(16) [$_S$ [$_{NP}$ [$_N$ Pedro]] [$_{VP}$ [$_V$ trabalha]]]

(17) [$_S$ [$_{NP}$ [$_N$ Pedro]] [$_{VP}$ [$_V$ ama] [$_{NP}$ [$_N$ Maria]]]]

Às vezes, será conveniente representar essas estruturas na forma de diagramas de árvores, como os mostrados a seguir, o que tende a facilitar a visualização das estruturas hierárquicas em questão:

(18)
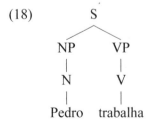

(19)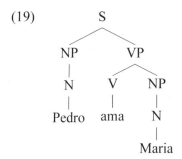

Nossa tarefa é interpretar essas estruturas, começando com as palavras, percorrendo os galhos, até chegarmos à raiz da árvore. Se estivermos no caminho correto, obteremos, neste último nível, condições de verdade intuitivamente adequadas para a sentença interpretada. Começaremos por (18), deixando (19) para a próxima seção.

Temos dois itens lexicais para interpretar em (18): 'Pedro' e 'trabalha'. Em relação ao nome próprio, assumiremos que sua contribuição semântica é o indivíduo portador do nome. Tecnicamente, dizemos que nomes próprios têm indivíduos como extensão:

(20) $[\![Pedro]\!]^w$ = o indivíduo Pedro (em carne e osso)

Ou, simplesmente:

(21) $[\![Pedro]\!]^w$ = Pedro

Algumas observações preliminares: do lado esquerdo da igualdade, entre os colchetes duplos, está representada uma palavra, um objeto linguístico. Do lado direito, está representado um indivíduo, um ente não linguístico, portanto. Trata-se da conexão entre linguagem e mundo a que estamos aludindo desde o capítulo 2. Note que o índice w, que representa um mundo possível, não aparece do lado direito da igualdade. Com isso, indicamos que a extensão de um nome próprio não varia de mundo para mundo e nem depende de nenhum atributo que o indivíduo Pedro tenha no mundo real ou qualquer outro mundo de que estejamos falando. O nome denotará sempre o mesmo indivíduo, seja ele alto, baixo, careca, brasileiro, etc. É como se, para os nomes próprios, o significado se esgotasse na própria extensão, como vimos no capítulo 2. Nomes próprios são meros rótulos que uma, digamos, cerimônia de batismo prega diretamente em um indivíduo, sem a mediação de qualquer tipo de condição sobre ele. Isso fica mais claro quando contrastamos nomes próprios com outros tipos de expressões nominais como, por exemplo, 'o primeiro homem a pisar na Lua', que também têm indivíduos como extensões. Falaremos destas expressões em detalhe no próximo capítulo, mas apenas a título de contraste, e retomando considerações que já fizemos no capítulo 2, eis o que teremos nestes casos:

118 Semântica

(22) $[\![$o primeiro homem a pisar na Lua$]\!]^w$ = o indivíduo x, tal que x tenha sido o primeiro homem a pisar na Lua em w.

Note a presença do índice w do lado direito da igualdade, como parte das condições para se chegar à referência. Isso indica que a referência do sintagma nominal varia de mundo para mundo, a depender de certos fatos históricos. É esse tipo de dependência da referência em relação a certos atributos que estamos assumindo estar ausente no caso dos nomes próprios. Obviamente, o portador do nome próprio terá toda uma biografia. O que estamos assumindo com (21) é que os fatos biográficos de Pedro não entram na composição semântica das condições de verdade das sentenças de que o nome faz parte. Outros nomes próprios serão tratados da mesma forma:

(23) $[\![$Maria$]\!]^w$ = Maria

Há um fator complicador nesta análise, o qual iremos apenas mencionar, mas que passaremos a ignorar logo em seguida a fim de facilitar a apresentação. Há, no mundo real e em muitos outros mundos possíveis, mais de uma pessoa chamada Maria, e o que está em (23) não parece levar isso em conta. É verdade. Podemos, porém, tratar esse caso, que, aliás, se aplica a uma imensa quantidade de nomes próprios, como um mero caso de homonímia ou ambiguidade lexical. A ideia é que o léxico do português tem uma série de nomes próprios pronunciados da mesma forma, mas que têm por extensão indivíduos distintos. Se quisermos, podemos acrescentar índices numéricos (não pronunciados) à nossa notação a fim de diferenciar os nomes e seus portadores:

(24) a. $[\![$Maria$_1]\!]^w$ = Maria$_1$
      b. $[\![$Maria$_2]\!]^w$ = Maria$_2$

Como não ganharemos nada de muito interessante com isso, assumiremos de agora em diante que sempre que usarmos um nome próprio fica implícita essa potencial ambiguidade. Ou, se você preferir, assuma que só exista um indivíduo com o nome em questão.

Seguindo adiante, passemos ao verbo intransitivo 'trabalhar', que faz as vezes de predicado na estrutura que estamos analisando. Trata-se de um predicado que se aplica a indivíduos e queremos que isso fique representado no processo interpretativo. Mas não queremos mencionar indivíduos particulares. Quem sabe o significado desse verbo não saberá quem são nem quantos são os indivíduos que trabalham no mundo. Em vez de ter indivíduos como extensão, vamos capturar a natureza predicativa dos verbos intransitivos assumindo que suas extensões são conjuntos de indivíduos, aos quais pertencerão apenas aqueles que satisfizerem certas condições, independentemente de suas identidades particulares. Vamos representar por D_w o conjunto de todos os indivíduos existentes em w. Eis a proposta em termos formais:

(25) $[\![trabalha]\!]^w = \{x \in D_w \mid x \text{ trabalha em } w\}$

Note que a extensão não faz menção a indivíduos específicos (Pedro, Maria, ...). Note também que ela variará de mundo para mundo, a depender de quem são as pessoas que trabalham em w. Saber quem são ou quantas são essas pessoas envolve conhecimento de mundo e extrapola o que esperamos da contribuição semântica destes verbos. Por fim, (25) deixa claro que se trata de um subconjunto de D_w. Isso se aplicará a todos os verbos intransitivos:

(26) $[\![estuda]\!]^w = \{x \in D_w \mid x \text{ estuda em } w\}$

Frequentemente, omitiremos essa informação sobre o domínio para simplificar as representações, mas continuaremos a assumi-la tacitamente. Para não deixar dúvidas sobre a natureza dos elementos destes conjuntos, usaremos, exclusiva e sistematicamente, as letras x, y e z para indicarmos indivíduos. Ficamos, desta forma, com a seguinte representação para a extensão do verbo 'trabalhar':

(27) $[\![trabalha]\!]^w = \{x \mid x \text{ trabalha em } w\}$

Vale a pena notar que a escolha da variável x é arbitrária. Podemos igualmente escolher y, z ou qualquer outra. Em termos matemáticos, (27) e (28), por exemplo, representam o mesmíssimo conjunto, formado única e exclusivamente pelos indivíduos que trabalham em w:

(28) $[\![trabalha]\!]^w = \{y \mid y \text{ trabalha em } w\}$

Feitas essas propostas para os itens lexicais de nossa sentença, passemos às estruturas sintáticas em que estão inseridos. De volta a (18), vemos que tanto o NP quanto o VP correspondem a constituintes não ramificados, ou seja, com um único subconstituinte. Vamos assumir que, nestes casos, a extensão é passada adiante sem modificações:

(29) $[\![NP]\!]^w = [\![N]\!]^w = [\![Pedro]\!]^w$

(30) $[\![VP]\!]^w = [\![V]\!]^w = [\![trabalha]\!]^w$

Generalizando:

(31)   **Regra de constituintes não ramificados**
Seja X um constituinte não ramificado, cujo único sub-constituinte seja Y. Então, para qualquer mundo w, $[\![X]\!]^w = [\![Y]\!]^w$.

120 Semântica

Aplicando esta regra duas vezes no caso do NP 'Pedro' e duas vezes no caso do VP 'trabalha', obtemos, com o auxílio das extensões das palavras que havíamos visto anteriormente, as extensões do NP sujeito e do VP predicado de nossa sentença:

(32) $[\![NP]\!]^w = $ Pedro

(33) $[\![VP]\!]^w = \{x \mid x \text{ trabalha em } w\}$

Precisamos, agora, combinar essas extensões para chegarmos às condições de verdade de nossa sentença S. A intuição parece clara: S será verdadeira se a extensão do NP sujeito pertencer à extensão do VP predicado:

(34) $[\![S]\!]^w = 1$ sse $[\![NP]\!]^w \in [\![VP]\!]^w$

Efetuando as devidas substituições, chegamos a:

(35) $[\![S]\!]^w = 1$ sse Pedro $\in \{x \mid x \text{ trabalha em } w\}$

E, dado que Pedro é um indivíduo e que apenas os indivíduos que trabalham pertencem ao conjunto em questão, temos que:

(36) $[\![S]\!]^w = 1$ sse Pedro trabalha em w

Essas são exatamente as condições que queríamos derivar. E, se quisermos isolar p_S, a proposição expressa por S, teremos:

(37) $p_S = \{w \mid \text{Pedro trabalha em } w\}$

Generalizando e formalizando o que acabamos de ver:

(38) **Regra Sujeito-Predicado**
Seja S uma sentença declarativa cujo sujeito NP tem por extensão um indivíduo e cujo predicado VP tem por extensão um conjunto de indivíduos. Então, para qualquer mundo w, $[\![S]\!]^w = 1$ sse $[\![NP]\!]^w \in [\![VP]\!]^w$.

Chegamos assim às condições de verdade almejadas de forma composicional, ou seja, a partir dos itens lexicais e da estrutura sintática da sentença. Note que o fizemos manipulando as extensões das partes envolvidas. Dizemos tratar-se de uma construção extensional. Esse caráter extensional marcará as construções que analisaremos neste e nos dois próximos capítulos. Estaremos, assim, analisando um fragmento extensional do português. Mais adiante, nos capítulos 7 e 8, quando olharmos para construções temporais e modais, precisaremos rever a extensionalidade de nosso fragmento.

Compondo o significado I **121**

A análise da predicação verbal que acabamos de formalizar se estende a casos envolvendo o verbo 'ser' em que o papel de predicador principal da sentença cabe a substantivos comuns e adjetivos:

(39)   Pedro é médico.

(40)   Pedro é brasileiro.

Como os verbos intransitivos, assumimos que esses substantivos e adjetivos têm por extensão conjuntos de indivíduos:

(41) $[\![\text{médico}]\!]^w = \{x \mid x \text{ é médico em } w\}$

(42) $[\![\text{brasileiro}]\!]^w = \{x \mid x \text{ é brasileiro em } w\}$

Já o verbo 'ser' funciona apenas como uma ligação entre sujeito e predicado, algo exigido pela sintaxe do português, que não permite, ao menos em orações principais, que um predicado não verbal se combine diretamente com o sujeito da sentença. Sequências como 'Pedro médico' ou 'Pedro brasileiro' não são sentenças gramaticalmente bem formadas em português. Vamos assumir que, nesses casos, o verbo 'ser' é semanticamente vácuo, ou seja, não contribui para as condições de verdade da sentença de que faz parte. Dessa forma, temos para os exemplos anteriores:

(43) $[\![\text{é médico}]\!]^w = [\![\text{médico}]\!]^w$

(44) $[\![\text{é brasileiro}]\!]^w = [\![\text{brasileiro}]\!]^w$

Com isso, chegaremos às condições de verdade no nível sentencial:

(45) $[\![\text{Pedro é médico}]\!]^w = 1 \text{ sse } [\![\text{Pedro}]\!]^w \in [\![\text{médico}]\!]^w$

(46) $[\![\text{Pedro é brasileiro}]\!]^w = 1 \text{ sse } [\![\text{Pedro}]\!]^w \in [\![\text{brasileiro}]\!]^w$

Ao desprezar o verbo 'ser' nestas derivações semânticas, perdemos as informações temporais que ele carrega como desinências verbais. Mas, por agora, quando ainda estamos deixando questões temporais de lado, isso não nos trará prejuízos. Mais adiante, quando falarmos sobre tempo verbal no capítulo 8, estaremos aptos a reavaliar essa questão.

Antes de concluir esta seção, voltemos brevemente aos nomes próprios, como 'Maria', e a sentenças simples que os contêm, como 'Maria trabalha'. Pondo uma eventual ambiguidade de lado, imagine que 'Maria' seja o nome de uma certa pessoa que conhecemos. Ela existe no mundo real. Existirá também em muitos outros mundos possíveis e em todos eles estará em jogo a mesma pessoa. Haverá, porém, mundos em que Maria não existe. Mundos, por exemplo, em que seus pais decidiram não ter filhos nem filhas. Nestes mundos, o nome não terá extensão. Sendo assim, só faz sentido falar da extensão do nome no subconjunto dos mundos pos-

122 Semântica

síveis em que Maria existe. Para o restante dos mundos, essa extensão não estará definida:

(47) $[\![Maria]\!]^w$ = Maria, se Maria existe em w; e *indefinida* se Maria não existe em w.

Sendo a extensão do nome indefinida, não haverá como compô-la semanticamente com a extensão de um predicado verbal em mundos em que Maria não existe. Dessa forma, uma sentença como 'Maria trabalha' só receberá um valor de verdade (verdadeiro ou falso) nos mundos em que Maria existe:

(48) $[\![Maria\ trabalha]\!]^w$ =

      1, se Maria existe em w e Maria trabalha em w.

      0, se Maria existe em w e Maria não trabalha em w

      indefinida, se Maria não existe em w

Retomando a terminologia do capítulo 3, nomes próprios funcionam como gatilhos pressuposicionais, impondo uma pré-condição para que a sentença tenha um valor de verdade. Para facilitar a apresentação, vamos ignorar essa pressuposição embutida nos nomes próprios, assumindo que os portadores dos nomes existam em todos os mundos possíveis. Trata-se, claro, de uma simplificação com propósitos pedagógicos. O leitor, porém, deve estar ciente desse fator complicador e dos efeitos que ele tem na composição semântica.

4.3   Verbos e seus objetos

Passemos ao caso de verbos transitivos, como 'amar', em sentenças da forma SVO (sujeito, verbo, objeto), que analisamos anteriormente da seguinte forma:

(49) $[_S\ NP_1\ [_{VP}\ V\ NP_2\ ]\ ]$

Retomando um exemplo:

(50) $[_S\ [_{NP}\ [_N\ Pedro\ ]\ ]\ [_{VP}\ [_V\ ama\ ]\ [_{NP}\ [_N\ Maria\ ]\ ]\ ]\ ]$

A novidade em relação ao que discutimos na seção anterior é o predicado verbal (VP), que, agora, se desmembra em dois constituintes: o verbo transitivo V e o objeto direto NP. Ignorando momentaneamente essa estrutura interna de VP, sua extensão será do mesmo tipo da extensão dos VPs intransitivos:

(51) $[\![ama\ Maria]\!]^w = \{x \mid x$ ama Maria em $w\}$

Como nos casos anteriores, temos como extensão do sintagma verbal um conjunto de indivíduos. A combinação semântica deste VP com o NP sujeito se dá de maneira análoga ao que vimos para os casos intransitivos. A sentença será verdadeira, se Pedro, a extensão do NP sujeito, pertencer ao conjunto em questão:

(52) $[\![\text{Pedro ama Maria}]\!]^w = 1$ sse $[\![\text{Pedro}]\!]^w \in [\![\text{ama Maria}]\!]^w$

(53) $[\![\text{Pedro ama Maria}]\!]^w = 1$ sse Pedro ama Maria em w

Valemo-nos mais uma vez da Regra Sujeito-Predicado da seção anterior e chegamos ao que queríamos. Para completar a análise, tornando-a estritamente composicional, precisamos olhar para a contribuição do verbo transitivo e sua combinação com seu objeto NP na derivação semântica de VP.

Intuitivamente, verbos transitivos expressam uma relação entre indivíduos. Diferentemente dos intransitivos, que expressam propriedades que se aplicam a um indivíduo, relações transitivas como a expressa pelo verbo 'amar' se aplicam a pares de indivíduos. Queremos que esses pares sejam ordenados, já que x amar y não é o mesmo que y amar x. Precisamos distinguir entre quem ama e quem é amado. Matematicamente, um par ordenado é representado por colchetes angulados, como em $\langle x, y \rangle$. Neste caso, se x for distinto de y, $\langle x, y \rangle$ será distinto de $\langle y, x \rangle$. Distinguimos, nestes casos, entre primeiro e segundo membros de um par ordenado. Em teoria dos conjuntos, uma relação é um conjunto de pares ordenados. Podemos, assim, modelar matematicamente a extensão de um verbo transitivo como uma relação entre indivíduos:

(54) $[\![\text{ama}]\!]^w = \{\langle x, y \rangle \mid y \text{ ama } x \text{ em } w\}$

Neste caso, x, o primeiro membro do par, representa o ser amado, enquanto y, o segundo membro do par, representa o ser que ama. Trazendo Pedro e Maria de volta, temos o seguinte:

(55) $\langle \text{Maria}, \text{Pedro} \rangle \in [\![\text{ama}]\!]^w$ sse Pedro ama Maria em w

Parecemos estar no caminho certo. A questão que nos resta é como obter a extensão de VP a partir das extensões de V e do NP objeto. Listemos o que já temos:

(56) $[_{\text{VP}} [_{\text{V}} \text{ ama }] [_{\text{NP}} [_{\text{N}} \text{ Maria }]]]$

(57) $[\![\text{V}]\!]^w = \{\langle x, y \rangle \mid y \text{ ama } x \text{ em } w\}$

(58) $[\![\text{NP}]\!]^w = [\![\text{N}]\!]^w = \text{Maria}$

(59) $[\![\text{VP}]\!]^w = \{y \mid y \text{ ama Maria em } w\}$

Precisamos, portanto, de uma regra que forme um conjunto C, como em (59), a partir de um indivíduo i, como em (58), e uma relação R, como em (57). Informal-

124 Semântica

mente, queremos que C tenha como elementos indivíduos que formem pares com i que pertençam a R. Com isso em mente, considere a seguinte regra composicional:

(60) **Regra Verbo-Objeto**

Seja VP um sintagma verbal formado por um verbo transitivo V e um sintagma nominal NP. Então, para qualquer mundo w,

$$[\![VP]\!]^w = \{y \mid \langle [\![NP]\!]^w, y \rangle \in [\![V]\!]^w\}$$

Essa regra nos dá uma receita explícita e formal para obter o que queríamos: a extensão de um sintagma verbal (um conjunto de indivíduos) a partir da extensão de um verbo transitivo (uma relação entre indivíduos) e a extensão de seu objeto (um indivíduo). Vamos aplicá-la ao VP em (56):

(61) $\quad [\![ama\ Maria]\!]^w = \{y \mid \langle [\![Maria]\!]^w, y \rangle \in [\![ama]\!]^w\}$

Como um par $\langle [\![Maria]\!]^w, y \rangle$ pertencerá a $[\![ama]\!]^w$ se, e somente se, y amar $[\![Maria]\!]^w$ em w, e como $[\![Maria]\!]^w = $ Maria, teremos:

(62) $\quad [\![ama\ Maria]\!]^w = \{y \mid y\ ama\ Maria\ em\ w\}$

Isso é exatamente o que queríamos derivar. Juntas, portanto, as regras Verbo-Objeto e Sujeito-Predicado permitem que a extensão de um verbo se combine com as extensões de seus argumentos (objetos e sujeitos), formando sentenças. No caso de um verbo transitivo, passamos, no nível das extensões, de uma relação (V) para um conjunto (VP), e, depois, de um conjunto (VP) para um valor de verdade (S). Esse processo é chamado de SATURAÇÃO. Diz-se que tanto o verbo quanto o sintagma verbal são expressões insaturadas, que necessitam de argumentos (indivíduos, no caso). Já a sentença é uma expressão saturada. No caso dos verbos transitivos, a saturação ocorreu em duas etapas, em harmonia com a estrutura sintática em questão. Já no caso dos verbos intransitivos, que, sozinhos, constituíam os sintagmas verbais, a saturação se dá um uma única etapa, já que tais verbos possuem apenas um argumento, o sujeito da sentença.

Ilustramos a seguir, passo a passo, a composição semântica envolvida na interpretação das sentenças com verbos intransitivos e transitivos. Antes, sumarizamos o pareamento sintático-semântico correspondente às regras composicionais que implementamos:

(63) **Sintaxe**   **Semântica**

$[_X\ Y\ ] \qquad\qquad [\![X]\!]^w = [\![Y]\!]^w$

$[_{VP}\ V\ NP\ ] \qquad [\![VP]\!]^w = \{y \mid \langle [\![NP]\!]^w, y \rangle \in [\![V]\!]^w\}$

$[_S\ NP\ VP\ ] \qquad [\![S]\!]^w = 1$ sse $[\![NP]\!]^w \in [\![VP]\!]^w$

(64) Pedro trabalha

$[_S\ [_{NP}\ [_N\ Pedro\ ]\ ]\ [_{VP}\ [_V\ trabalha\ ]\ ]\ ]$

a. $[\![VP]\!]^w = [\![V]\!]^w$
$= [\![trabalha]\!]^w$
$= \{x \mid x \text{ trabalha em } w\}$

b. $[\![NP]\!]^w = [\![N]\!]^w$
$= [\![Pedro]\!]^w$
$= \text{Pedro}$

c. $[\![S]\!]^w = 1 \text{ sse } [\![NP]\!]^w \in [\![VP]\!]^w$
$= 1 \text{ sse Pedro} \in \{x \mid x \text{ trabalha em } w\}$
$= 1 \text{ sse Pedro trabalha em } w$

(65)   Pedro ama Maria

[$_S$ [$_{NP_1}$ [$_{N_1}$ Pedro]] [$_{VP}$ [$_V$ ama] [$_{NP_2}$ [$_{N_2}$ Maria]]]]

a. $[\![V]\!]^w = [\![ama]\!]^w$
$= \{\langle x, y\rangle \mid y \text{ ama } x \text{ em } w\}$

b. $[\![NP_2]\!]^w = [\![N_2]\!]^w$
$= [\![Maria]\!]^w$
$= \text{Maria}$

c. $[\![VP]\!]^w = \{y \mid \langle [\![NP]\!]^w, y\rangle \in [\![V]\!]^w\}$
$= \{y \mid \langle [\![Maria]\!]^w, y\rangle \in [\![ama]\!]^w\}$
$= \{y \mid \langle Maria, y\rangle \in \{\langle x, y\rangle \mid y \text{ ama } x \text{ em } w\} \}$
$= \{y \mid y \text{ ama Maria em } w\}$

d. $[\![NP_1]\!]^w = [\![N_1]\!]^w$
$= [\![Pedro]\!]^w$
$= \text{Pedro}$

e. $[\![S]\!]^w = 1 \text{ sse } [\![NP_1]\!]^w \in [\![VP]\!]^w$
$= 1 \text{ sse Pedro} \in \{y \mid y \text{ ama Maria em } w\}$
$= 1 \text{ sse Pedro ama Maria em } w$

É um processo um pouco tedioso, mas que o iniciante deve percorrer ao menos uma vez para certificar que entendeu a análise e o formalismo empregados. Com a prática, começamos a visualizar, mentalmente e sem dificuldades, vários dos passos envolvidos nas derivações.

O que acabamos de ver para verbos transitivos diretos, como 'amar', se aplica também a verbos transitivos indiretos, como 'gostar', que exige a presença da preposição 'de':

(66)   Pedro gosta de Maria.

(67)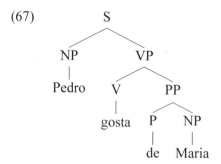

Em termos sintáticos, PP é um sintagma preposicional, cujo núcleo é uma preposição P. Note que, nestes casos, a preposição não tem valor semântico, sendo apenas uma exigência formal da sintaxe do português. Teremos, portanto, uma derivação análoga à que vimos para o VP nucleado pelo verbo 'amar':

(68) $[\![\text{gosta}]\!]^w = \{\langle x, y \rangle \mid y \text{ gosta de } x \text{ em } w\}$
$[\![\text{de Maria}]\!]^w = [\![\text{Maria}]\!]^w = \text{Maria}$
$[\![\text{gosta de Maria}]\!]^w = \{y \mid y \text{ gosta de Maria em } w\}$

Tecnicamente, precisamos apenas de um pequeno ajuste na regra que formulamos em (60) e que explicitava a combinação das extensões de verbos transitivos com seus objetos. Tal como está, a regra faz menção específica a NPs objetos. Tudo o que precisamos é trocar 'NP' por 'NP ou PP' em sua formulação.

Por fim, o que acabamos de ver para verbos transitivos se aplica também a predicados relacionais de outras categorias gramaticais, como nomes e adjetivos:

(69) Pedro é **pai** de Oscar.

(70)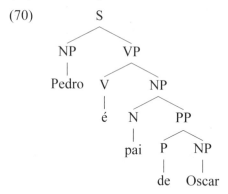

(71) Maria está **orgulhosa** de Oscar.

(72)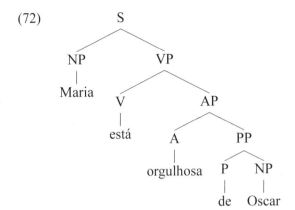

Os predicados destacados nesses exemplos expressam relações entre indivíduos, as quais representamos a seguir:

(73) $[\![\text{pai}]\!]^w = \{\langle x, y \rangle \mid y \text{ é pai de } x \text{ em } w\}$

(74) $[\![\text{orgulhosa}]\!]^w = \{\langle x, y \rangle \mid y \text{ está orgulhosa de } x \text{ em } w\}$

Nestes casos também, as preposições que seguem os predicados, assim como os verbos de ligação 'ser' e 'estar', são itens semanticamente vácuos, o que resulta em uma interpretação dos VPs correspondentes completamente análoga àquelas dos VPs com verbos transitivos:

(75) $[\![\text{é pai de Oscar}]\!]^w = [\![\text{pai de Oscar}]\!]^w =$
$\{y \mid y \text{ é pai de Oscar em } w\}$

(76) $[\![\text{está orgulhosa de Maria}]\!]^w = [\![\text{orgulhosa de Maria}]\!]^w$
$\{y \mid y \text{ está orgulhosa de Maria em } w\}$

Mais uma vez, precisamos apenas de um ajuste técnico em nossa regra (60), que analisa semanticamente os VPs. Queremos agora que ela interprete também predicados nominais e adjetivais, ou seja, predicados cujos núcleos são nomes e adjetivos. Vamos renomeá-la, chamando-a de regra núcleo-complemento, e reformulá-la sem referência a categorias gramaticais específicas:

(77) **Regra Núcleo-Complemento**
Seja WP um sintagma formado por um núcleo W e um complemento ZP. Então, para qualquer mundo w, $[\![\text{WP}]\!]^w = \{y \mid \langle [\![\text{ZP}]\!]^w, y \rangle \in [\![\text{W}]\!]^w\}$

4.4 Operando sobre predicados

O sistema interpretativo extensional que começamos a desenvolver neste capítulo admite dois tipos básicos ou primitivos de extensão: indivíduos e valores de ver-

128 **Semântica**

dade. Além destes, vimos outros dois, correspondentes a objetos abstratos tomados da teoria dos conjuntos: conjuntos e relações envolvendo indivíduos. Nesta seção, colocaremos a teoria dos conjuntos mais uma vez a nosso serviço, associando algumas expressões a certas operações sobre conjuntos.

No capítulo 3, olhamos para a negação e a conjunção 'e' operando no nível sentencial, formando orações complexas a partir de orações mais simples:

(78)   Não está chovendo.

(79)   Está chovendo e está ventando.

No contexto daquele capítulo, em que modelamos o significado sentencial como conjuntos de mundos possíveis, vimos que era possível formalizar a contribuição semântica da negação e da conjunção aditiva como operações sobre esses conjuntos. A negação contribui com a operação de complementação, que toma um conjunto e retorna seu complemento, o conjunto formado pelos elementos que não pertencem ao conjunto original. A conjunção aditiva contribui com a operação de interseção, tomando dois conjuntos e retornando um outro formado apenas pelos elementos que pertenciam a ambos os conjuntos originais. Desta forma, em (78) passávamos de mundos em que estava chovendo para mundos em que não estava chovendo. E em (79), passávamos de mundos em que estava chovendo (com ou sem vento) e mundos em que estava ventando (com ou sem chuva) para mundos em que estava chovendo e ventando. Operávamos assim no nível proposicional.

As línguas naturais costumam ser bastante flexíveis em relação ao tipo de constituinte sobre o qual a negação e a conjunção aditiva incidem. Em particular, essas expressões combinam-se com sintagmas verbais como os que analisamos na seção anterior, formados por verbos intransitivos e transitivos:

(80)   a.   Pedro não trabalha.
       b.   Pedro estuda e trabalha.

(81)   a.   Pedro não ama Maria.
       b.   Pedro ama Maria e odeia João.

Olhando para sintagmas verbais como conjuntos de indivíduos, como fizemos na seção anterior, e para a negação e a conjunção como operadores sobre conjuntos, como fizemos no capítulo 3, podemos transpor para o domínio individual a análise que acabamos de recapitular e que antes se aplicava ao domínio dos mundos possíveis. Dessa forma, a flexibilidade da negação e da conjunção é resultado direto de suas interpretações: são operadores que se aplicam sobre conjuntos, não importando o tipo de elementos que os constituem. É digno de nota que essa proposta não apela a ambiguidades ou polissemias, postulando, ao contrário, uma análise monossêmica para a negação e a conjunção, respeitando a estrutura superficial das sentenças. Tudo isso casa bem com a abrangência translinguística com que essa flexibilidade se manifesta. O que estamos vendo para o português também é visto em inglês, francês e muitas outras línguas.

Representando a complementação por $\sim$ e a interseção por $\cap$, teremos o seguinte:

(82) $[\![\text{não}]\!]^w = \sim$

(83) $[\![\text{e}]\!]^w = \cap$

Para os exemplos que vimos mais acima teremos:

(84) a. $[\![\text{não trabalha}]\!]^w = \sim[\![\text{trabalha}]\!]^w$.
              $= \{x \mid x \text{ não trabalha em } w\}$
        b. $[\![\text{estuda e trabalha}]\!]^w = [\![\text{estuda}]\!]^w \cap [\![\text{trabalha}]\!]^w$
              $= \{x \mid x \text{ estuda e } x \text{ trabalha em } w\}$

(85) a. $[\![\text{não ama Maria}]\!]^w = \sim[\![\text{ama Maria}]\!]^w$
              $= \{y \mid y \text{ não ama Maria em } w\}$
        b. $[\![\text{ama Maria e odeia João}]\!]^w = [\![\text{ama Maria}]\!]^w \cap [\![\text{odeia João}]\!]^w$
              $= \{y \mid y \text{ ama Maria e } y \text{ odeia João em } w\}$

A interpretação semântica de todos esses exemplos se reduz a um único processo: a aplicação de uma operação a conjuntos. A única diferença é que a complementação é uma operação unária, aplicando-se, portanto, a um único conjunto, enquanto a interseção é uma operação binária, aplicando-se a dois conjuntos. Tudo isso pode ser captado através de uma única regra composicional:

(86) **Operação conjuntística**
        Seja X um constituinte ramificado, sendo a extensão de um de seus sub-consituintes uma operação sobre conjuntos e a dos demais conjuntos de um certo domínio. Então, a extensão de X é a aplicação da operação ao(s) conjunto(s).

Esta regra vem juntar-se às outras que já formulamos na composição semântica dos exemplos que listamos anteriormente. Como exemplo, considere as derivações mostradas a seguir.

(87) [$_S$ Pedro não ama Maria]
        $[\![\text{Maria}]\!]^w = \text{Maria}$ [Léxico]
        $[\![\text{ama}]\!]^w = \{\langle x, y \rangle \mid y \text{ ama } x \text{ em } w\}$ [Léxico]
        $[\![\text{ama Maria}]\!]^w = \{y \mid y \text{ ama Maria em } w\}$ [Regra VO]
        $[\![\text{não}]\!]^w = \sim$ [Léxico]
        $[\![\text{não ama Maria}]\!]^w = \sim \{y \mid y \text{ ama Maria em } w\}$ [OpConj]

$$= \{y \mid y \text{ não ama Maria em } w\} \qquad \text{[definição de } \sim]$$

$$[\![\text{Pedro}]\!]^w = \text{Pedro} \qquad \text{[Léxico]}$$

$$[\![S]\!]^w = 1 \text{ sse Pedro} \in \{y \mid y \text{ não ama Maria em } w\} \qquad \text{[Regra SujPred]}$$

$$[\![S]\!]^w = 1 \text{ sse Pedro não ama Maria} \qquad \text{[teoria dos conj.]}$$

(88) [$_S$ Maria estuda e trabalha]

$$[\![\text{Maria}]\!]^w = \text{Maria} \qquad \text{[Léxico]}$$

$$[\![\text{estuda}]\!]^w = \{x \mid x \text{ estuda em } w\} \qquad \text{[Léxico]}$$

$$[\![\text{trabalha}]\!]^w = \{x \mid x \text{ trabalha em } w\} \qquad \text{[Léxico]}$$

$$[\![\text{e}]\!]^w = \cap \qquad \text{[Léxico]}$$

$$[\![\text{estuda e trabalha}]\!]^w =$$

$$= \{x \mid x \text{ estuda em } w\} \cap \{x \mid x \text{ trabalha em } w\} \qquad \text{[OpConj]}$$

$$= \{x \mid x \text{ estuda e } x \text{ trabalha em } w\} \qquad \text{[definição de } \cap]$$

$$[\![S]\!]^w = 1 \text{ sse Maria} \in \{x \mid x \text{ estuda e } x \text{ trabalha em } w\} \qquad \text{[Regra SujPred]}$$

$$[\![S]\!]^w = 1 \text{ sse Maria estuda e Maria trabalha} \qquad \text{[teoria dos conj.]}$$

Terminamos, assim, nossa primeira incursão na composição do significado através de um sistema interpretativo extensional em que condições de verdade são obtidas no nível sentencial a partir da extensão das palavras que compõem a sentença e de regras composicionais que explicitam como obter a extensão de um constituinte sintático a partir da extensão de seus subconstituintes. O fragmento do português que analisamos é ainda bastante modesto e será expandido nos próximos capítulos. Acreditamos, porém, que o que acabamos de ver já dê uma boa amostra dos métodos e ferramentas analíticas da semântica formal.

Recomendações de leitura

A ideia de composição semântica via saturação aparece na obra de Gottlob Frege, associada às noções de função e argumento. O leitor interessado pode consultar os capítulos 5, 6 e 11 em Frege (2009), uma coletânea com os principais textos de Frege traduzidos para o português por Paulo Alcoforado, ainda que não sejam leituras fáceis. Introduções à semântica formal mais próximas ao espírito fregeano são Ferreira (2019) e Heim & Kratzer (1998). Nas partes deste capítulo nas quais usamos conjuntos de indivíduos para modelar as extensões de predicados, essas obras usam funções que tomam indivíduos como argumentos.

Para outras introduções cujos conteúdos se superpõem ao que vimos neste capítulo e veremos nos próximos, algumas das quais utilizando formalizações alternativas, ver Cann (1993), Larson & Segal (1995), Chierchia & McConnell-Ginet (2000), Chierchia (2003), de Swart (2003) e Jacobson (2014).

Compondo o significado I 131

Exercícios

1. Considere um mundo possível w^*, tal que:

   [Maria]$^{w^*}$ = m [mordeu]$^{w^*}$ = $\{\langle p, a \rangle, \langle m, d \rangle, \langle m, e \rangle\}$

   [Pedro]$^{w^*}$ = p [comprou]$^{w^*}$ = $\{\langle a, p \rangle, \langle d, m \rangle, \langle e, m \rangle\}$

   [cachorro]$^{w^*}$ = $\{a, c, d\}$ [bravo]$^{w^*}$ = $\{c, d, e, f\}$

   Com base nesses fatos, diga se as afirmações a seguir são verdadeiras ou falsas em relação a w^*:

   (a) Mais de um cachorro mordeu a Maria.
   (b) A Maria não comprou nenhum cachorro bravo.
   (c) O cachorro que mordeu Pedro é bravo.
   (d) O cachorro que mordeu Pedro não mordeu Maria.
   (e) Todo cachorro bravo que Maria comprou mordeu Pedro.

2. Considere a sentença S a seguir:

   (S) Pedro é filho de João e neto de José

   Proponha extensões para os nomes relacionais *filho* e *neto*. Em seguida, calcule, passo a passo, as condições de verdade de S.

3. Proponha uma extensão para o VP 'se ama' que ocorre em sentenças como 'Pedro se ama'. Qual a relação entre essa extensão e a extensão do verbo transitivo 'ama'?

4. Derive, passo a passo, as condições de verdade da sentença 'Pedro ama e odeia Maria'.

5. Considere a sentença S 'Pedro não estuda e trabalha' e as duas estruturas sintáticas a seguir:

   (a) [$_S$ Pedro [[não estuda] e [trabalha]]]
   (b) [$_S$ Pedro [não [estuda e trabalha]]]

   Calcule, passo a passo, as condições de verdade de (a) e de (b). Em seguida, diga se alguma delas (ou ambas) condizem com suas intuições a respeito do significado de S.

6. Ainda tendo por base as estruturas (a) e (b) do exercício anterior, responda, justificando: existem mundos em que apenas (a) é verdadeira? Existem mundos em que apenas (b) é verdadeira? Existem mundos em que ambas são verdadeiras? Existem mundos em que ambas são falsas? O que suas respostas revelam a respeito da relação de acarretamento e consistência (discutidas no capítulo 3) entre (a) e (b)?

5 Compondo o significado II: descrição e modificação

No capítulo anterior, analisamos semanticamente a combinação de predicados e seus argumentos. Neste capítulo, vamos estender nosso sistema composicional a argumentos mais complexos, formados com o auxílio de artigos definidos singulares ('o homem', 'a mulher'). Alargaremos também nosso estoque de predicados, considerando casos em que eles se formam na sintaxe, através da modificação por adjetivos ('homem honesto') e orações relativas ('homem que Maria ama').

5.1 Descrições definidas singulares

Descrições definidas são expressões formadas por um artigo definido seguido de uma expressão nominal, normalmente um sintagma nucleado por um substantivo comum, acompanhado ou não de numerais, adjetivos ou outros modificadores. Descrições definidas singulares, aquelas de que nos ocuparemos neste capítulo, são descrições em que os artigos em questão estão flexionados no singular:

(1) a. O primeiro homem a pisar na lua
    b. A primeira mulher a presidir o Brasil

Já encontramos essas descrições no capítulo 2. Lá, vimos que, intuitivamente, tal como os nomes próprios, estas descrições são usadas para nos referirmos a indivíduos. Nos exemplos que acabamos de ver, Neil Armstrong e Dilma Rousseff são os referentes. Daremos respaldo a essa intuição, assumindo, como também fizemos com os nomes próprios, que as descrições definidas singulares têm indivíduos como extensões. Entretanto, como mencionamos brevemente no capítulo anterior, e diferentemente dos nomes próprios, as extensões das descrições definidas variam de mundo para mundo, a depender dos fatos relevantes. O caráter descritivo destas expressões se manifesta justamente como condições que um indivíduo deve satisfazer para que seja a extensão da expressão. Em nosso formalismo, em que extensões são

134 Semântica

relativizadas a mundos possíveis, isso fica evidente com a variável w aparecendo dos dois lados da igualdade em identidades como a seguinte:

(2) ⟦a primeira mulher a presidir o Brasil⟧^{w} = a pessoa x, tal que x foi a primeira mulher a presidir o Brasil em w.

No mundo real, este em que vivemos, essa pessoa é Dilma Rousseff. Tivesse o curso de nossa história sido outro, essa pessoa poderia ser outra. Por exemplo, se Marina Silva tivesse derrotado Dilma Rousseff nas eleições de que participaram, a extensão da descrição definida seria Marina Silva, e não Dilma Rousseff. O que caracteriza o significado de uma descrição definida, aquilo que nosso conhecimento semântico isolado nos dá, são as condições expressas em (2), e não a identidade da pessoa em questão. Tal identidade demanda, como já afirmamos em capítulos anteriores, conhecimento de mundo. Esse conhecimento é expresso, por exemplo, em identidades como as seguintes, em que w_0 representa o mundo real e w_5 um mundo possível em que Marina Silva se tornou a primeira presidente do Brasil (o índice 5 é uma escolha totalmente arbitrária):

(3) a. ⟦a primeira mulher a presidir o Brasil⟧^{w_0} = Dilma Rouseff
     b. ⟦a primeira mulher a presidir o Brasil⟧^{w_5} = Marina Silva

O mesmo não se dá com os nomes próprios, em que a extensão não varia de mundo para mundo:

(4) a. ⟦Dilma Rousseff⟧^{w} = Dilma Rousseff
     b. ⟦Marina Silva⟧^{w} = Marina Silva

Assumindo que o mundo w_5 do exemplo anterior seja, assim como w_0, um mundo em que tanto Dilma Rousseff quanto Marina Silva existam, teremos:

(5) a. ⟦Dilma Rousseff⟧^{w_0} = Dilma Rousseff
     b. ⟦Dilma Rousseff⟧^{w_5} = Dilma Rousseff

(6) a. ⟦Marina Silva⟧^{w_0} = Marina Silva
     b. ⟦Marina Silva⟧^{w_5} = Marina Silva

Expressões como os nomes próprios, cujas extensões não variam de mundo para mundo, foram chamadas pelo filósofo americano Saul Kripke de DESIGNADORES RÍGIDOS. A rigidez dos nomes próprios não é algo incontroverso ou unanimemente aceito, seja por linguistas, seja por filósofos. O próprio Frege, a quem já fizemos referência anteriormente como um dos patronos da semântica formal, não endossava tal análise, considerando nomes próprios como descrições definidas disfarçadas. Não voltaremos aos pormenores desta controvérsia, mas remetemos o leitor à discussão e referências do capítulo 2.

Passemos, agora, à analise composicional das descrições definidas singulares. Sintaticamente, é costume chamar os artigos definidos de determinantes (Ds) e as descrições correspondentes de sintagmas determinantes (DPs). DPs são formados pela combinação de determinantes com sintagmas nominais (NPs):

(7)   [$_{\text{DP}}$ D NP]

Tendo feito essas considerações sintáticas mínimas, voltemos ao tratamento semântico das descrições definidas, estruturadas como em (7). A intuição é que ao passarmos de NPs para DPs, passamos de conjuntos de indivíduos para indivíduos. Assim, enquanto NPs como 'professor' ou 'cachorro bravo' remetem a conjuntos de indivíduos, DPs como 'o professor' ou 'o cachorro bravo' remetem a indivíduos pertencentes àqueles conjuntos. Analisemos um exemplo:

(8)   [$_{\text{DP}}$ [$_{\text{D}}$ o] [$_{\text{NP}}$ marido da Maria]]

(9) $[\![\text{NP}]\!]^w = \{x \mid x$ é marido da Maria em $w\}$

(10) $[\![\text{DP}]\!]^w = $ o indivíduo x, tal que x é marido da Maria em w

(11) $[\![\text{DP}]\!]^w = $ o indivíduo x, tal que $x \in [\![\text{NP}]\!]^w$

Note que o artigo definido singular traz embutida a noção de unicidade. O DP de nosso exemplo implica que Maria tem um único marido. Se tiver mais de um, temos que usar o artigo plural com o qual o NP concordará: 'os maridos da Maria'. Vamos explicitar essa unicidade, à qual voltaremos logo adiante:

(12) $[\![\text{DP}]\!]^w = $ o único x, tal que $x \in [\![\text{NP}]\!]^w$

A partir destas considerações, podemos formular explicitamente uma regra composicional para a interpretação de DPs nucleados por um D e complementados por um NP:

(13)   **Regra das Descrições Definidas (versão preliminar)**
       Seja DP um sintagma formado por um artigo definido D seguido de um sintagma nominal NP. Então, para qualquer mundo w, $[\![\text{DP}]\!]^w = $ o único indivíduo x, tal que $x \in [\![\text{NP}]\!]^w$.

Note que esta regra, apesar de composicional, não faz menção à extensão do artigo definido. De fato, atribuímos ao artigo definido o papel semântico de transformar um conjunto de indivíduos em um indivíduo que lhe pertence, mas não atribuímos ao artigo, ele mesmo, nenhuma extensão. Veremos uma maneira de fazer isso no próximo capítulo, quando investigaremos outros determinantes e estaremos em uma posição analítica mais privilegiada. Fiquemos, momentaneamente, com (13).

De volta à unicidade que detectamos acima a respeito da contribuição semântica do artigo definido singular, notemos que quando esta unicidade não é observada, o uso da descrição definida se torna anômalo ou infeliz. Se Maria é solteira, ou se vive em um regime de poligamia, o uso da expressão 'o marido da Maria' é inadequado e sentenças como (14) soarão estranhas:

(14)   O marido da Maria é brasileiro.

O leitor há de se lembrar que, no capítulo 3, nas seções dedicadas ao fenômeno da pressuposição, elencamos o artigo definido como um gatilho que disparava uma pressuposição existencial. Como estamos vendo agora, tal pressuposição não é meramente existencial, mas de unicidade: (14) não pressupõe apenas que Maria tenha marido, mas que tenha um, e somente um, marido. Como já sabemos daquele capítulo, pressuposições são compartilhadas por sentenças afirmativas e suas contrapartes negativas. E, de fato, (15) soa tão inadequada quanto (14) em situações em que Maria não é casada ou em que tem mais de um marido:

(15)   O marido da Maria não é brasileiro.

Ainda em nossa discussão anterior sobre as pressuposições, analisamos a possibilidade de caracterizá-las semanticamente como uma pré-condição para que uma sentença seja verdadeira ou falsa. Situações em que a pressuposição não é satisfeita são situações em que a sentença não é verdadeira nem falsa. Retomando essas considerações no âmbito das descrições definidas e da análise composicional que acabamos de implementar, podemos integrá-las, pensando em pré-condições impostas pelo artigo definido D para que o sintagma determinante DP tenha por extensão um indivíduo:

(16)   Para qualquer mundo w, $[\![$o marido da Maria$]\!]^w$ só será definida se houver um único indivíduo x que seja marido de Maria em w. Nestes casos, $[\![$o marido da Maria$]\!]^w = x$.

Generalizando, chegamos a uma versão mais refinada da regra composicional das descrições definidas:

(17)   **Regra das Descrições Definidas**
Seja DP um sintagma formado por um artigo definido D seguido de um sintagma nominal NP. Então, para qualquer mundo w, $[\![DP]\!]^w$ só será definida se houver um único indivíduo x pertencente a $[\![NP]\!]^w$. Nestes casos, $[\![DP]\!]^w = x$.

Se assumirmos que sentenças contendo constituintes sem uma extensão definida também não têm uma extensão (um valor de verdade), chegamos a uma implementação rudimentar da projeção de pressuposições no nível subsentencial:

(18) $[\![$O marido da Maria é brasileiro$]\!]^w =$

1, se Maria tiver um único marido em w e este marido for brasileiro em w.

0, se Maria tiver um único marido em w e este marido não for brasileiro em w.

indefinida, se Maria não tiver um único marido em w.

Antes de encerrar a seção, uma observação de caráter pragmático. Frequentemente, o cômputo da unicidade pressuposta pelas descrições definidas deverá ser relativizado ao contexto de fala. Raramente, essa pressuposição requer unicidade em sentido absoluto, ou seja, a de que, no mundo inteiro, só possa existir um único indivíduo que satisfaça a descrição introduzida pelo sintagma nominal em questão. Ao me dirigir a pessoas que acabam de entrar em meu escritório, costumo pedir que fechem *a* porta ou que deixem *a* porta aberta, no que sou prontamente atendido, sem necessidade de especificar que se trata da porta pela qual acabaram de passar. Há, de fato, muitas portas no mundo, mas isso não impede que usemos uma descrição definida singular para nos referirmos a apenas uma delas. O que há de especial nessa porta é que se trata de uma porta cuja presença é contextualmente saliente. Neste caso, é o contexto extralinguístico que torna um objeto saliente e destacado de outros de mesmo tipo. Em outros casos, é o contexto linguístico que se encarrega disso, como na sequência abaixo:

(19)   Tem um carro e uma moto estacionados em frente à minha casa. A moto está bloqueando o carro.

Também há muitos carros e muitas motos no mundo. Mas, neste contexto, o carro e a moto a que a segunda oração se refere são o carro e a moto que estão estacionados em frente à minha casa, ambos mencionados na primeira oração. A unicidade de que trata a regra das descrições em (18) deve, portanto, extrapolar o escopo sentencial a fim de englobar aspectos do contexto linguístico e extralinguístico. Considerações deste tipo, porém, não são exclusivas das descrições definidas e da unicidade que pressupõem. Caracterizam também expressões como 'ninguém' e 'todo mundo', que, apesar de seu caráter universal, muito raramente fazem menção a todas as pessoas do mundo. Como no caso das descrições definidas, seu uso leva em conta restrições pragmáticas e indivíduos contextualmente salientes. No que segue, deixaremos implícita essa dependência contextual.

138 **Semântica**

5.1.1 Nomes próprios com artigos

Nomes próprios, ao menos em certos dialetos do português, também podem assumir a forma de uma descrição definida com um artigo precedendo o nome: 'o Pedro', 'a Maria'. A peculiaridade destes usos é que o artigo definido é semanticamente vácuo. Seu uso, inclusive, é opcional. Com semanticamente vácuo, queremos dizer apenas que a presença ou ausência do artigo não resulta em diferenças nas condições de verdade das sentenças ou nas proposições que elas expressam. Isso, porém, não implica ausência de nuances interpretativas de caráter pragmático ou sociolinguístico. Por exemplo, para alguns falantes que aceitam ambas as variantes, a ausência do artigo confere um ar de formalidade ou expressa pouca intimidade do falante com o referente do nome. Essas nuances, porém, podem variar de dialeto para dialeto. Essas considerações, entretanto, fogem do alcance de nossa análise semântica estritamente vericondicional.

Uma maneira de lidar semanticamente com essa opcionalidade do artigo definido antecedendo nomes próprios é postular uma ambiguidade. Além dos artigos definidos semanticamente ativos que vimos na seção anterior, haveria artigos homófonos semanticamente vácuos, funcionando como uma espécie de expletivo:

(20)

$$
\begin{array}{c}
\text{DP} \\
\diagup \diagdown \\
\text{D} \quad \text{NP} \\
| \qquad | \\
\text{o}_{exp} \quad \text{Pedro}
\end{array}
$$

(21) $[\![\text{DP}]\!]^w = [\![\text{NP}]\!]^w = \text{Pedro}$

Uma alternativa para evitar essa ambiguidade é tratar o nome próprio como um predicado. Neste caso, a extensão seria um conjunto unitário, sendo seu único elemento o portador do nome:

(22) $[\![\text{Pedro}]\!]^w = \{x \mid x = \text{Pedro}\}$

Como o único indivíduo idêntico a Pedro é o próprio Pedro, esse conjunto terá Pedro e mais ninguém como elemento. Sendo a extensão do NP um conjunto, podemos nos valer da extensão do artigo definido que vimos na seção anterior e que seleciona o único indivíduo que satisfaz a descrição imposta pelo NP:

(23)

$$
\begin{array}{c}
\text{DP} \\
\diagup \diagdown \\
\text{D} \quad \text{NP} \\
| \qquad | \\
\text{o} \quad \text{Pedro}
\end{array}
$$

(24) $[\![\text{o Pedro}]\!]^w$ = o único x tal que x = Pedro
                                = Pedro

Já para a variante sem artigo, precisaremos postular uma versão foneticamente nula ou oculta de D, que representaremos por $\emptyset$, um determinante que não é pronunciado, mas que é interpretado, sendo sinônimo de 'o' (ou 'a'):

(25)
```
        DP
       /\
      D  NP
      |   |
      ∅  Pedro
```

(26) $[\![\emptyset]\!]^w = [\![\text{o}]\!]^w$
        $[\![\emptyset \text{ Pedro}]\!]^w$ = o único x tal que x = Pedro
                                = Pedro

Como se vê, ambas as alternativas exigem alguma complicação sintático-semântica em relação ao que tínhamos antes para os nomes próprios e não é óbvio por qual devemos optar. Manteremo-nos neutros em relação a elas, assumindo apenas que um nome próprio pertence sempre a um DP e que sua extensão é sempre o mesmo indivíduo em todos os mundos possíveis em que o nome se refere a alguém.

Sendo assim, expressões como 'Pedro', 'o Pedro' e 'o marido da Maria' são, sintaticamente, DPs, e semanticamente expressões com extensões individuais. Pequenos ajustes serão necessários nas regras composicionais que formulamos no capítulo anterior envolvendo sujeitos e objetos verbais, que foram tratados como NPs, mas que, a partir de agora, serão DPs. Deixamos esses pequenos ajustes a cargo do leitor.

5.2 Modificação adjetival

Sintagmas nominais expressam propriedades que, no nível extensional, estamos tratando como conjuntos de indivíduos. Em alguns casos, esses sintagmas nominais são formados apenas por um substantivo comum, em outras pelo substantivo modificado por adjetivos e expressões de outras categorias gramaticais. Nesta seção, vamos analisar semanticamente a combinação de substantivos comuns com adjetivos na formação de sintagmas nominais, como nos exemplos abaixo:

(27)   a.   [$_{NP}$ bola]
        b.   [$_{NP}$ bola oval]
        c.   [$_{NP}$ bola oval colorida]

140 Semântica

Intuitivamente, esses adjetivos têm o papel de qualificar o constituinte com o qual combinam. Bolas ovais são tipos de bolas. Bolas ovais coloridas são tipos de bolas ovais. Como se vê, essa qualificação é recursiva, podendo um NP que já contém um adjetivo ser modificado por um outro adjetivo, formando um outro NP. Em harmonia com esta recursão sintático-semântica, iremos assumir uma estruturação binária para os NPs com adjetivos, de acordo com a qual adjetivos combinam, um de cada vez, com sintagmas nominais já formados, resultando em outros sintagmas nominais:

(28)   NP
      ⁀
    NP   AP

É o que os sintaticistas chamam de estrutura de adjunção, em que a categoria sintática de um constituinte é a mesma categoria de um de seus subconstituintes. No caso acima, um sintagma adjetival (AP) aparece adjungido a um sintagma nominal (NP), formando um outro sintagma nominal (NP). Os exemplos em (27) terão, portanto, as estruturas em (29):

(29)   a. $[_{NP} [_{NP} \text{bola}] [_{AP} \text{oval}]]$
       b. $[_{NP} [_{NP} \text{bola oval}] [_{AP} \text{colorida}]]$

Sintagmas adjetivais, assim como sintagmas nominais, podem desempenhar, isoladamente, uma função predicativa, como em sentenças com verbo de ligação do tipo que analisamos no capítulo anterior:

(30)   a.   A bola é oval.
       b.   A bola é colorida.

Manteremos esse caráter predicativo na análise semântica das estruturas em (29), atribuindo aos adjetivos extensões semelhantes às dos substantivos comuns, ou seja, conjuntos de indivíduos:

(31)   a. $[\![\text{oval}]\!]^w = \{x \mid x \text{ é oval em } w\}$
       b. $[\![\text{colorida}]\!]^w = \{x \mid x \text{ é colorida em } w\}$

(32) $[\![\text{bola}]\!]^w = \{x \mid x \text{ é uma bola em } w\}$

Em construções como as em (29), essas extensões se combinam intersectivamente:

(33) $[\![\text{bola oval}]\!]^w = [\![\text{bola}]\!]^w \cap [\![\text{oval}]\!]^w$
       $= \{x \mid x \text{ é uma bola e } x \text{ é oval em } w\}$

(34) $[\![\text{bola oval colorida}]\!]^w = [\![\text{bola oval}]\!]^w \cap [\![\text{colorida}]\!]^w$
       $= \{x \mid x \text{ é uma bola, } x \text{ é oval e } x \text{ é colorida em } w\}$

Generalizando essas considerações para outros NPs e APs, chegamos à seguinte regra interpretativa:

(35) **Modificação Adjetival**
Seja NP um sintagma nominal formado por um outro sintagma nominal NP' e por um sintagma adjetival AP. Então, $[\![NP]\!]^w = [\![NP']\!]^w \cap [\![AP]\!]^w$.

Integrando esse aspecto da semântica nominal com o que vimos sobre os artigos definidos na seção anterior, teremos, no nível dos DPs, a seguinte estrutura:

(36) $[_{DP}$ D $[_{NP}$ NP AP]]

(37) $[_{DP}$ a $[_{NP}$ $[_{NP}$ bola] $[_{AP}$ oval]]]

Em uma primeira camada, ocorre a modificação adjetival e, em uma segunda, a determinação pelo artigo definido. Em termos de análise sintática, isso significa que, em uma sequência do tipo [D NP AP], NP e AP formam um constituinte sintático, excluindo D, que só entra na estrutura posteriormente à modificação de NP por AP. Já D e NP não formam, sozinhos, um constituinte sintático que exclui AP. A análise que assumimos para 'a bola oval' é, como já visto, (38), e não (39), que marcamos a seguir com um $*$, indicativo de uma violação gramatical:

(38) [a [bola oval]]

(39) *[[a bola] oval]

Nosso sistema semântico está talhado para a interpretação de (38). As extensões do nome e do adjetivo são conjuntos que se combinam intersectivamente pela regra de modificação adjetival, resultando em um novo conjunto como extensão do NP resultante. A regra das descrições definidas da seção anterior se incumbe de extrair o elemento pertencente à extensão do NP, conferindo ao DP resultante uma extensão individual: o único indivíduo pertencente à extensão do NP.

Essa composição semântica não seria possível com a estrutura em (39). Ao combinarmos as extensões do artigo e do substantivo, obteremos um indivíduo, incompatibilizando a composição com o adjetivo via modificação. Seria necessária uma outra regra que efetuasse essa composição. Talvez seja possível formalizar uma análise semântica alternativa que interprete (39) adequadamente. Mas há um respaldo empírico para a estrutura em (38), que vem da interação entre a modificação adjetival que acabamos de ver e a unicidade embutida na contribuição do artigo definido que discutimos na seção anterior. Considere os exemplos a seguir, prestando atenção nos termos destacados:

(40) Havia duas bolas sobre a mesa, uma oval e uma esférica. Pedro pegou **a bola oval**.

142 **Semântica**

Neste exemplo, o uso do artigo definido singular na segunda sentença é perfeitamente adequado. Apesar de a primeira sentença mencionar duas bolas, está explícito que apenas uma delas era oval. Satisfaz-se, assim, a condição de unicidade, se assumirmos que o complemento do artigo é o sintagma nominal 'bola oval', que tem como extensão o conjunto das bolas ovais. Se o artigo combinasse diretamente com o NP 'bola', a unicidade seria computada em relação à extensão deste NP e o resultado deveria ser uma falha pressuposicional, tornando a sequência anômala. Não é, como vimos, nossa intuição. Isso fica ainda mais evidente, quando cotejamos o exemplo anterior com o seguinte:

(41) #Havia duas bolas sobre a mesa, uma oval e uma esférica. Pedro pegou **a bola**.

Neste caso, não há dúvidas que o artigo se combinou com o NP 'bola'. Como previsto, o uso do artigo é inadequado. A situação só muda de figura se a primeira sentença mencionar apenas uma bola:

(42) Havia uma bola sobre a mesa. Pedro pegou **a bola**.

Como se vê, decisões sintáticas sempre têm consequências semânticas em um sistema interpretativo composicional.

5.2.1 Modificação, restrição e contexto

Voltemos à regra de modificação adjetival da seção anterior. A interpretação intersectiva explicitada por essa regra dá aos adjetivos um papel restritivo. A extensão do NP resultante será sempre um subconjunto da extensão do NP original:

(43) **Modificação restritiva**
$[\![\, [_{\text{NP}} \, \text{NP}' \, \text{AP}] \,]\!]^{w} \subseteq [\![\text{NP}']\!]^{w}$

(44) **Modificação intersectiva**
$[\![\, [_{\text{NP}} \, \text{NP}' \, \text{AP}] \,]\!]^{w} = [\![\text{NP}']\!]^{w} \cap [\![\text{AP}]\!]^{w}$

Se isso parece adequado aos casos que vimos acima, bem como a casos envolvendo muitos outros adjetivos, há adjetivos que não evidenciam esse comportamento semântico. Por exemplo, seria um diamante falso um diamante? Muitos julgam que não. E seria um suposto criminoso necessariamente um criminoso? Claramente, não. Para esses casos, a modificação não é intersectiva nem restritiva.

Há também casos de modificação restritiva que, ao menos à primeira vista, não parece intersectiva. Uma formiga grande é, com certeza, uma formiga, mas seria essa formiga um animal grande ou um ser grande? Para termos uma noção melhor do que está em jogo, consideremos a seguinte extensão para o adjetivo 'grande':

(45) $[\![grande]\!]^{w} = \{x \mid x \text{ é grande em } w\}$

Eis, então, o que a regra de modificação adjetival nos forneceria para o NP 'formiga grande':

(46) $[\![formiga\ grande]\!]^{w} = [\![formiga]\!]^{w} \cap [\![grande]\!]^{w}$
        $= \{x \mid x \text{ é uma formiga e } x \text{ é grande em } w\}$

A primeira questão que precisamos esclarecer é como exatamente interpretar o critério em (45). Qual o tamanho de x para que x seja considerado grande e pertença ao conjunto em (45)? Essa decisão pode ter consequências notáveis. Considere, por exemplo, o contraste entre os argumentos a seguir:

(47)   Isto é uma bola oval.
        Toda bola é um objeto.
        Logo, isto é um objeto oval.

(48)   Isto é uma formiga grande.
        Toda formiga é um animal.
        ?? Logo, isto é um animal grande.

Em (48), a conclusão segue logicamente das premissas. O argumento é válido. Isso é previsto pela semântica intersectiva que atribuímos à modificação adjetival. Vamos chamar de x a coisa, para usarmos um termo bem neutro, a que o pronome 'isto' se refere. Pela primeira premissa, x pertence tanto à extensão do substantivo 'bola' quanto à extensão do adjetivo 'oval'. Pela segunda premissa, se x pertence à extensão do substantivo 'bola', x também pertence à extensão do substantivo 'objeto'. Segue das duas premissas que x pertence tanto à extensão do substantivo 'objeto' quanto à extensão do adjetivo 'oval', que é justamente o que diz a conclusão.

A despeito de sua semelhança formal com (47), o argumento em (48) não parece válido, o que representamos com os pontos de interrogação precedendo a conclusão. Mesmo que as premissas sejam verdadeiras, é possível que a conclusão seja falsa. Mesmo formigas consideradas grandes ainda possuem dimensões reduzidas quando comparadas aos animais em geral. São bem menores, por exemplo, que o menor dos cachorros, dos homens ou dos elefantes.

O adjetivo 'grande' parece ser sensível a uma classe de comparação e o substantivo que ele modifica tem um papel na fixação dessa classe. Grosso modo, formigas grandes são formigas cujo tamanho supera a média de tamanho das formigas. Animais grandes são animais cujo tamanho supera a média do tamanho dos animais, ou talvez dos animais mais comuns, o que mostra que o contexto extralinguístico também é relevante no estabelecimento da classe de comparação. Uma cobra de um metro de comprimento pode ser grande para uma pessoa que vive na cidade, mas pequena para alguém que vive em florestas tropicais, acostumadas a jiboias e sucuris de vários metros de comprimento. O contexto extralinguístico, aliás, é vital em casos em que o adjetivo não vem acompanhado de um substantivo, como em sentenças do tipo 'X é grande'.

Se embutirmos essa dependência contextual na própria semântica de adjetivos como 'grande' (outros exemplos são 'alto' e 'rico'), é possível manter uma análise intersectiva para esses adjetivos. O adjetivo 'grande', por exemplo, teria como extensão o conjunto das coisas (seres, objetos, etc.) cujo tamanho supera um padrão determinado pelo contexto de fala. Dessa forma, uma formiga grande seria um ser que é uma formiga e cujo tamanho supera o padrão contextual, que, nesse caso, é a média do tamanho das formigas, ou alguma versão mais elaborada disso.

Um outro caso importante que nossa regra interpretativa não abarca é o da modificação adjetival que não opera no nível individual. Nesses casos, a modificação não nos remete a um atributo do indivíduo em si, mas de alguma atividade relacionada a ele. Por exemplo, um novo amigo não é, necessariamente, um amigo de idade pouco avançada. O adjetivo, no caso, qualifica o tempo da amizade, não o do amigo. Da mesma forma, uma bela cantora pode não ter feições consideradas bonitas. O adjetivo neste caso qualifica seu canto, não sua aparência física. E um habilidoso médico que opere e cozinhe pode ser um cirurgião de talento, mas um cozinheiro desastrado. Novamente, as qualificações não se aplicam diretamente ao indivíduo, mas ao seu desempenho enquanto praticante de um tipo de atividade ou profissão. A princípio, caberia também para esses casos uma análise contextual, e até intersectiva, se pensarmos em adjetivos como 'novo', 'belo' e 'habilidoso' como dependentes de contexto, o que, de fato, parece ser o caso, como evidenciam expressões como 'novo, em termos de amizade', 'bela, enquanto cantora' ou 'habilidoso como cirurgião'. Seriam, assim, como o adjetivo 'grande' com que começamos essa discussão. Um fato interessante a respeito desses adjetivos é que eles aparecem naturalmente em posição pré-nominal: novo amigo, bela cantora, habilidoso cirurgião. E esse uso parece guardar certa relação com esse aspecto avaliativo que transcende a caracterização puramente física do indivíduo em questão. Isso é particularmente notável quando as posições pré e pós nominal são possíveis: um professor grande é apenas um professor com um corpo de dimensões elevadas. Já um grande professor é um profissional de destaque. Não é mais sobre seu corpo, mas sobre sua didática, que a qualificação adjetival incide. Da mesma forma, um funcionário alto é alguém com altura corporal elevada, enquanto um alto funcionário é alguém que ocupa um cargo no topo da hierarquia de uma instituição.

Sobre essa sensibilidade sintática, note que adjetivos que não admitem facilmente uma interpretação que vai além do estritamente físico ou sensorial resistem à posição pre-nominal: compare 'bola oval' com 'oval bola', 'flor azul' com 'azul flor' ou 'homem gordo' com 'gordo homem'. Em todos esses casos, a anteposição do adjetivo resulta em agramaticalidade. Mas há também casos intermediários como o do adjetivo 'bonito' que, ao menos aos meus ouvidos, soa menos natural do que 'belo': 'bonita cantora' não soa agramatical, mas um pouco formal. E, neste caso, a beleza se refere à pessoa e não ao canto. E há ainda sutilezas interpretativas adicionais: um belo jantar pode nos remeter a uma refeição marcada sobretudo pela qualidade da comida, ao passo que um bonito jantar parece envolver algo mais. Mas, neste ponto, as distinções já começam a ficar um tanto abstratas e difíceis de caracterizar. Não perseguiremos aqui este intrigante tópico (tópico intrigante?), em que aspectos lexicais, sintáticos, semânticos e pragmáticos interagem e desafiam uma análise que seja ao mesmo tempo abrangente e formal. O leitor interessado encontrará algumas referências bibliográficas nas recomendações de leitura ao final do capítulo.

5.3 Relativização

Um outro recurso linguístico para qualificar propriedades expressas por substantivos comuns, exercendo uma função modificadora semelhante à dos adjetivos, são as orações relativas:

(49)   a.   A bola oval está rolando.
       b.   A bola que é oval está rolando.

O papel restritivo desempenhado pelo adjetivo no primeiro exemplo é desempenhado pela oração relativa no segundo, sem alteração evidente de significado. São por isso chamadas de orações relativas adjetivas restritivas pelas gramáticas tradicionais. Orações relativas se tornam particularmente úteis na expressão de propriedades muito específicas ou peculiares, para as quais a existência de um item lexical parece implausível:

(50)   A bola que a neta da Maria chutou está rolando.

Não há em português, ou em nenhuma outra língua natural de que se tem notícia, uma palavra, seja ela um substantivo, um adjetivo ou um verbo, que expresse o que a oração relativa nesse exemplo expressa. O mesmo se pode dizer de muitos outros exemplos. Seria simplesmente absurdo e inútil pensar em estender nosso vocabulário de modo a abarcar tudo o que se pode expressar no nível sintático. Orações relativas nos fornecem um estoque ilimitado de expressões construídas na sintaxe e utilizáveis na qualificação de sintagmas nominais. Seja em casos simples como em (49), seja em casos mais complexos como em (50), o papel de modificador restritivo destas orações nos leva a considerar para elas uma análise semântica semelhante à dos adjetivos:

(51) $[\![\text{que é oval}]\!]^w = \{x \mid x \text{ é oval em } w\}$

(52) $[\![\text{que a neta da Maria chutou}]\!]^w = \{x \mid \text{a neta da Maria chutou } x \text{ em } w\}$

146 **Semântica**

Como no caso dos adjetivos, as extensões das orações relativas serão conjuntos de indivíduos. Também como nos casos de adjetivos e sintagmas adjetivais, a modificação de um sintagma nominal por uma oração relativa se dará pela regra de modificação adjetival formulada na seção anterior. Precisamos apenas reformulá-la minimamente, já que aquela versão fazia menção específica a sintagmas adjetivais. Vamos chamar essa nova versão de Modificação Predicativa, estendendo seu alcance a orações relativas, que representaremos por RelP:

(53) **Modificação Predicativa**
Seja NP um sintagma nominal formado por um outro sintagma nominal NP$'$ e um sintagma adjetival AP ou oração relativa RelP. Então, $[\![NP]\!]^w = [\![NP']\!]^w \cap [\![AP/RelP]\!]^w$.

Aplicando-a a um exemplo simples, temos:

(54) $[\![\text{bola que é oval}]\!]^w = [\![\text{bola}]\!]^w \cap [\![\text{que é oval}]\!]^w$
$= \{x \mid x \text{ é uma bola e } x \text{ é oval em } w\}$

Sintaticamente, vamos assumir que as orações relativas se adjungem aos NPs que modificam, exatamente como assumimos para os APs. A estrutura implícita nos exemplos anteriores é a seguinte:

(55) $[_{\text{NP}} [_{\text{NP}} \cdots] [_{\text{RelP}} \cdots]]$

A partir do nível do NP resultante da modificação, tudo procede como antes. A questão que precisamos resolver diz respeito à estrutura interna das orações relativas e à composição de seu significado. Do ponto de vista sintático, há bastante controvérsia a esse respeito e diferentes quadros teóricos têm postulado análises um tanto distintas, ao menos superficialmente. Na linhagem da gramática gerativa chamada de transformacional, as orações relativas são formadas a partir de um pronome relativo que se desloca de sua posição canônica na sentença (sujeito, objeto, etc.) para o início da oração relativa, onde é pronunciado. Esse movimento deixa para trás um vestígio coindexado com o pronome e que não é pronunciado. Superficialmente, as orações relativas terão uma lacuna interna na posição relativizada. Segue uma representação esquemática dessa derivação sintática:

(56) que Pedro leu
$[_{\text{RelP}} \text{que}_i [_{\text{S}} \text{Pedro leu } t_i]]$

Nessa representação, o vestígio é representado por t (do inglês, *trace*). Esse vestígio, que não é pronunciado, ocupa a posição de objeto direto verbal, que é a posição relativizada neste exemplo. O pronome relativo 'que' se deslocou desta posição, aparecendo superficialmente no início da oração. A relação entre o pronome e seu vestígio é codificada pelo índice i, que marca tanto o pronome quanto seu vestígio.

Em casos envolvendo posições relativizadas que são complementos de preposições, estas preposições são movidas junto com o pronome relativo:

(57) a. livro [de que Pedro mais gosta]
      b. pessoa [com quem Pedro está conversando]

Trata-se de uma exigência sintática do português que não está presente na sintaxe do inglês, por exemplo:

(58) person who Pedro is   talking   to
      pessoa quem Pedro está conversando com
      'pessoa com quem Pedro está conversando'

Mesmo no português brasileiro falado informalmente, essas construções relativas com preposições têm sido substituídas por outras em que a preposição é omitida, como em (59a), ou deixada em sua posição original, mas seguida de um pronome pessoal, como em (59b):

(59) a. pessoa [que Pedro está conversando]
      b. pessoa [que Pedro está conversando com ela]

Não nos ocuparemos aqui com essas complexidades sintáticas, restringindo nossa atenção aos casos sem preposição.

A análise transformacional delineada via movimento e vestígio que apresentamos mais acima traz à tona uma semelhança com a representação da extensão das orações relativas que estamos usando que vale a pena salientar e que servirá de inspiração para o que falaremos em seguida sobre sua interpretação. Vejamos:

(60) **Sintaxe:**   [que$_i$ [Pedro leu t_i]]
      Semântica: $\{x \mid$ Pedro leu x em $w\}$

Note o paralelismo entre o pronome relativo no início da estrutura e a primeira ocorrência da variável x, e também entre o vestígio e a segunda ocorrência da variável após o verbo 'ler'. Em teoria dos conjuntos, representações de conjuntos da forma $\{v \mid \phi[v]\}$, em que v é uma variável qualquer e $\phi[v]$ representa uma fórmula contendo v, são chamadas de ABSTRAÇÃO CONJUNTÍSTICA, ou simplesmente ABSTRAÇÃO. O paralelismo que estamos notando se dá, portanto, entre a relativização sintática e a abstração semântica. Do lado sintático, para se formar uma oração relativa a partir de uma oração com um pronome relativo, move-se o pronome para o início da oração e insere-se um vestígio em seu lugar de origem. Do lado semân-

148 **Semântica**

tico, para se representar um conjunto a partir de uma fórmula com uma variável v, prefixa-se $v|$ à fórmula e coloca-se chaves ao redor.

Por mais intuitivo que seja esse paralelismo entre relativização e abstração, não se trata ainda de uma análise semântica composicional. Qual seria a extensão de um vestígio? Parece ser um indivíduo, mas qual? Qual seria a extensão do constituinte sentencial sem o pronome relativo? E qual seria a extensão do próprio pronome relativo? E o papel da coindexação expressa pelo índice i? São muitas perguntas, todas elas cruciais na elaboração de uma implementação composicional do processo sintático da relativização. Finalizaremos esta seção deixando essa implementação em aberto. Ela requer uma sofisticação do aparato técnico que acreditamos estar um pouco além do que é preciso ter em uma obra de caráter tão introdutório como esta. O leitor que tiver apreciado as considerações feitas nesta seção já estará bem servido neste nível. Aos interessados em ir além, apresentaremos uma implementação formal na próxima seção, além de listarmos algumas alternativas e extensões nas recomendações de leitura ao final do capítulo.

5.3.1 Implementação formal

Retomemos um exemplo de oração relativa e sua interpretação:

(61) [que$_i$ [Pedro viu t_i]]

(62) $[\![(61)]\!]^w = \{x \mid$ Pedro viu x em $w\}$

Sintaticamente, a oração relativa envolve uma vinculação à distância entre o vestígio e o pronome relativo. A marca formal desta vinculação é o índice anotado em ambos. A chave para uma implementação formal da composição semântica das orações relativas é justamente dar um papel ativo ao índice, ou às expressões indexadas, e tornar as regras composicionais sensíveis à presença desses índices. Isso criará uma espécie de memória, capaz de preservar a informação obtida no momento da interpretação do vestígio indexado até o momento em que o pronome relativo coindexado com esse vestígio entra na derivação, no processo de abstração conjuntística que vimos anteriormente nesta seção e que está representado em (62).

Para concretizar essas ideias, tomaremos o domínio D, o conjunto de todos os indivíduos, e o transformaremos em uma sequência s indexada. Essa sequência é uma lista ordenada em que cada elemento pode ser acessado via um índice que corresponde à sua posição na lista. Vejamos um exemplo simplificado. Imagine que o domínio em questão tenha apenas quatro elementos, Alan, Pedro, Carla e Maria, e que formemos uma lista com esses elementos nesta ordem. Teríamos, assim, a seguinte sequência:

(63) $s = [\text{Alan}_1, \text{Pedro}_2, \text{Carla}_3, \text{Maria}_4]$

Note que anotamos os elementos com seus respectivos índices. Dessa forma, podemos selecionar um membro qualquer da lista, chamando-o por seu índice:

(64) $s[1]$ = Alan, $s[3]$ = Carla, etc.

Podemos, também, pensar em operações que editam uma sequência, apagando, acrescentando ou substituindo itens em determinadas posições. Para os nossos propósitos, será importante uma operação de modificação que afeta uma posição específica da lista. Vamos representá-la por $s[n/x]$. Essa notação representa uma sequência exatamente como s, mas com o indivíduo x inserido na posição n. Eis alguns exemplos, tomando como base a sequência em (63):

(65)   a. s = [Alan, Pedro, Carla, Maria]
       b. $s[1/Maria]$ = [Maria, Pedro, Carla, Maria]
       c. $s[4/Alan]$ = [Alan, Pedro, Carla, Alan]

Esse aparato formal bastante simples bastará para a aplicação semântica que temos em mente. Sua integração com o processo interpretativo composicional se dará através da relativização das extensões a uma sequência s construída a partir do domínio D: $[\![\ ]\!]^{w,s}$. Vestígios indexados terão extensões sensíveis a s. A ideia é que a extensão de um vestígio com índice n seja o indivíduo que ocupa a posição n em s:

(66)   **Interpretação dos vestígios**
       Seja t um vestígio. Para qualquer índice n, sequência s e mundo w,
       $[\![t_n]\!]^{w,s} = s[n]$

Como veremos logo a seguir, a identidade do indivíduo associado ao índice não será relevante, já que esse índice será manipulado e modificado quando a derivação semântica chegar ao pronome relativo também marcado com ele. Para que o índice seja passado adiante no processo de composição, assumiremos que as regras de saturação, predicação e modificação que vimos no capítulo 5 e nas seções anteriores do presente capítulo não interferem em s. Retornando ao exemplo com que iniciamos esta seção, teremos:

(67) $[\![\text{Pedro viu } t_1]\!]^{w,s} = 1$ sse Pedro viu $s[1]$ em w

Isso vale para qualquer sequência s. Note que, nesse exemplo, a extensão do constituinte sintático depende de $s[1]$. Se $s[1]$ for Alan, a extensão de (67) será 1 sse Pedro viu Alan. Se for Maria, porém, ela será 1 sse Pedro viu Maria, e assim por diante. Note, agora, a seguinte generalização. Se x é um indivíduo qualquer e n um índice, então:

(68) $[\![t_n]\!]^{w,s[n/x]} = x$

150 **Semântica**

A razão é simples. A extensão do vestígio é o indivíduo que ocupa a posição n na sequência $s[n/x]$ e pela própria definição da operação de substituição, o indivíduo que ocupa a enésima posição em $s[n/x]$ é x, não importando quem seja esse indivíduo. De volta a (67), isso nos leva ao seguinte:

(69) $[\![\text{Pedro viu } t_1]\!]^{w,s[1/x]} = 1$ sse Pedro viu $s[1/x]$ em w
$= 1$ sse Pedro viu x em w

Chegamos ao momento crucial em que o pronome relativo coindexado com o vestígio entrará em cena. É neste instante que se dá o processo de abstração conjuntística, conferindo à oração relativa o papel de predicado e sendo sua extensão um conjunto de indivíduos:

(70)   **Relativização**
Seja *que* um pronome relativo e S uma sentença. Para qualquer mundo w, sequência s e índice n, $[\![\text{que}_n \text{ S}]\!]^{w,s} = \{x \mid [\![S]\!]^{w,s[n/x]} = 1\}$

Aplicando essa nova regra a nosso exemplo, teremos:

(71) $[\![\text{que}_1 \text{ Pedro viu } t_1]\!]^{w,s} = \{x \mid [\![\text{ Pedro viu } t_1]\!]^{w,s[n/x]} = 1\}$

E dado o que já tínhamos em (69):

(72) $[\![\text{que}_1 \text{ Pedro viu } t_1]\!]^{w,s} = \{x \mid \text{ Pedro viu } x \text{ em } w\}$

Isso é exatamente o que queríamos. Note que a extensão da oração relativa não depende mais de s. Isso está adequado, já que a interpretação de uma oração relativa como (72) não depende de informação sobre quem Pedro viu ou sobre qualquer outro aspecto de sua identidade. O papel de uma sequência se dá no interior da oração relativa, durante o processo de sua composição semântica, desde o vestígio até o constituinte sentencial ao qual o pronome relativo deslocado se junta. O processo de relativização 'gasta' a sequência na operação de abstração conjuntística que o caracteriza semanticamente, liberando a extensão de qualquer dependência em relação à sequência.

Recomendações de leitura

Para discussões abrangentes e acessíveis sobre as descrições definidas e os nomes próprios, ver Abbott (2010) e Elbourne (2013). Para saber mais sobre a semântica dos pronomes, ver Büring (2005). Para um excelente panorama sobre diversos aspectos da interpretação e uso das descrições definidas e indefinidas, ver Heim (1991).

Sobre modificação adjetival (e adverbial), ver Morzycki (2016). Sobre o significado dos adjetivos graduáveis, ver Murphy (2010), capítulo 11, e, para um tratamento formal, ver Kennedy (1997) e as referências lá citadas. Sobre as orações relativas do português brasileiro, ver Tarallo (1990). Para introduções mais formais à sintaxe dessas orações, ver Carnie (2013), Haegeman (1994) e Mioto et al. (2013).

Exercícios

1. Considere um mundo possível w^*, tal que:

   $[\![\text{Maria}]\!]^{w^*} = m$ $\qquad$ $[\![\text{mordeu}]\!]^{w^*} = \{\langle p, a\rangle, \langle m, d\rangle, \langle m, e\rangle\}$
   $[\![\text{Pedro}]\!]^{w^*} = p$ $\qquad$ $[\![\text{comprou}]\!]^{w^*} = \{\langle a, p\rangle, \langle d, m\rangle, \langle e, m\rangle\}$
   $[\![\text{cachorro}]\!]^{w^*} = \{a, c, d\}$ $\quad$ $[\![\text{bravo}]\!]^{w^*} = \{c, d, e, f\}$

   Com base nesses fatos, responda quais seriam as extensões em w^* dos constituintes sintáticos abaixo:

   (a) mordeu Maria

   (b) que Maria comprou

   (c) comprou Pedro

   (d) cachorro bravo que mordeu Maria

   (e) O cachorro que mordeu Pedro

   (f) O cachorro que mordeu Pedro não mordeu Maria

   (g) Todo cachorro bravo que Maria comprou mordeu Pedro

2. Ainda com base nos dados do exercício anterior, qual o valor de $[\![\text{o cachorro bravo}]\!]^{w^*}$? E de $[\![\text{o cachorro bravo mordeu Maria}]\!]^{w^*}$?

3. Aplicando a regra de *operação conjuntística* do capítulo 4, determine:

   (a) $[\![\text{oval e colorida}]\!]^w$

   (b) $[\![\text{que a Maria ama e que o Pedro odeia}]\!]^w$

4. É possível aplicar a regra de *operação conjuntística* a casos de coordenação de descrições definidas como 'o livro e a bola'? Por quê? E a casos de coordenação de nomes próprios como 'Pedro e Maria'?

5. De acordo com nossas regras composicionais, todas as expressões a seguir são sinônimas. Explique.

   (a) bola oval colorida $\qquad$ (c) bola oval e colorida
   (b) bola colorida oval $\qquad$ (d) bola colorida e oval

6 Compondo o significado III: quantificação

Os argumentos verbais de que tratamos nos dois capítulos anteriores, nomes próprios e descrições definidas, eram expressões que tinham indivíduos como extensões. Neste capítulo, vamos analisar um grupo de expressões que, já em um nível intuitivo, diferem daquelas por não parecerem apontar para um indivíduo específico, mas sim a elementos, partes ou frações de grupos de indivíduos. Exemplos típicos são sintagmas introduzidos por 'todo', 'nenhum' e 'um', como nas sentenças a seguir:

(1)   a.   Todo bebê chora.
      b.   Nenhum bebê está dormindo.
      c.   Um bebê acordou.

Além desses, há sintagmas introduzidos por numerais, que, quando antepostos a um nome, sozinhos ou modificados por expressões como 'mais de', 'pelo menos' ou 'exatamente', também têm um papel semelhante:

(2)   a.   Quatro alunos tiraram 10 na prova.
      b.   Mais de três alunos estão dormindo na sala.
      c.   Exatamente dois alunos desistiram do curso.

Há também expressões vagas de quantidade, como 'alguns', 'muitos' e 'poucos':

(3)   a.   Alguns convidados estão atrasados.
      b.   Muitos convidados foram embora.
      c.   Poucos convidados chegaram na hora.

Por fim, expressões que evocam proporções como 'a maioria dos' ou 'dois terços dos':

(4)   a.   A maioria dos brasileiros trabalha.
      b.   Dois terços dos brasileiros moram em cidades.

154 Semântica

Do ponto de vista sintático, todas essas expressões se combinam com um sintagma nominal, formando um constituinte que aparece em posição argumental, a qual, nos casos acima, era a posição de sujeito. Nesse aspecto, não diferem em nada das descrições definidas do capítulo anterior, que analisamos como DPs formados por um determinante (D) seguido de um NP. Manteremos essa análise, tomando todas as expressões que destacamos nos exemplos em (1)-(4) como membros da categoria D, como representado e exemplificado em (5) e (6):

(5)   a.   [DP D NP]
      b.   [DP [D todo] [NP bebê]]

(6)   [S [DP todo bebê] [VP chora]]

Em termos arbóreos:

(7)

```
                S
             /     \
           DP       VP
          /  \       |
         D    NP    chora
         |    |
       todo  bebê
```

No caso das expressões complexas, como 'mais de três' ou 'a maioria dos', deixaremos de lado sua composição interna, tomando-as, para os propósitos deste capítulo, como sendo um único item D:

(8)   a.   [DP [D mais de 3] [NP alunos]]
      b.   [DP [D a maioria dos] [NP brasileiros]]

Note ainda que os determinantes costumam concordar em número (e em gênero) com os NPs que os complementam. Vamos assumir que esse é um fenômeno puramente sintático, e que não afeta a extensão desses NPs. O mesmo vale para a concordância sujeito-verbo que os exemplos acima também evidenciam. Dessa forma, a única diferença semanticamente relevante em pares de exemplos como (9) é a natureza do determinante:

(9)   a.   [D Mais de uma] pessoa entrou na sala.
      b.   [D Pelo menos quatro] pessoas entraram na sala.

Tendo apresentado os objetos de análise de que nos ocuparemos neste capítulo, e tendo feito essas considerações sintáticas preliminares, podemos passar para a análise semântica desses objetos, frequentemente chamados de DETERMINANTES QUANTIFICADORES.

6.1 Determinantes quantificadores

Vamos, inicialmente, simplificar a estrutura sintática de nossos exemplos, para nos concentrar no papel do determinante e sua relação com o restante dos elementos sentenciais. Em um nível mais básico, todos os exemplos que listamos anteriormente possuem três partes: um determinante, um sintagma nominal e um sintagma verbal. Neste começo, vamos representar essa estrutura tripartite de forma achatada, sem nos ocupar da estrutura interna dos DPs, NPs e VPs. Na próxima seção, retomaremos a composição sintático-semântica dessas sentenças de forma mais realista. Eis, então, o que temos no momento:

(10) [$_S$ D NP VP]

Comecemos com um exemplo que dará o tom da análise de todos os demais:

(11) Todo brasileiro trabalha.
      [$_S$ [$_D$ todo] [$_{NP}$ brasileiro] [$_{VP}$ trabalha]]

Já sabemos, dos capítulos anteriores, as extensões de NP e VP. São conjuntos de indivíduos:

(12) a. $[\![\text{brasileiro}]\!]^w = \{x \mid x \text{ é brasileiro em } w\}$
      b. $[\![\text{trabalha}]\!]^w = \{x \mid x \text{ trabalha em } w\}$

Vamos representar esses dois conjuntos por B_w e T_w, respectivamente. B_w é o conjunto de todos os brasileiros em w e T_w é o conjunto de todos os trabalhadores em w. Para chegarmos à contribuição semântica do determinante 'todo', pensemos nas condições de verdade de (11). Para que essa sentença seja verdadeira, é necessário (e suficiente) que todos os brasileiros trabalhem, ou seja, para todo indivíduo x, se x é brasileiro em w, então x trabalha em w. Ou ainda, que B_w, o conjunto dos brasileiros em w, seja um subconjunto de T_w, o conjunto dos trabalhadores em w. Matematicamente, $B_w \subseteq T_w$. E em termos semânticos:

(13) $[\![\text{Todo brasileiro trabalha}]\!]^w = 1$ sse $[\![\text{brasileiro}]\!]^w \subseteq [\![\text{trabalha}]\!]^w$

Essas condições de verdade podem ser visualizadas em um diagrama como (14), em que D_w representa o conjunto de todos os indivíduos em w:

(14) 'todo' e a relação de subconjunto

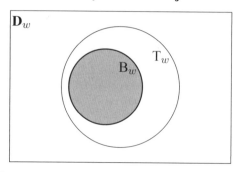

Tendo isso em vista, qual seria a contribuição semântica de 'todo'? A resposta parece clara: a relação de subconjunto $\subseteq$. Essa relação expressa a noção de 'estar contido em' aplicada a conjuntos de indivíduos.

Já sabemos de capítulos anteriores que, do ponto de vista matemático, relações são conjuntos de pares ordenados. Já havíamos nos valido delas ao modelar a extensão de verbos transitivos como 'amar' como relações entre indivíduos. Na ocasião, dissemos que um par de indivíduos $\langle x, y \rangle$ qualquer pertence à relação correspondente à extensão do verbo 'amar' se, e somente se, y ama x. Faremos o mesmo com a extensão de 'todo', com a diferença que, neste caso, estamos lidando com relações entre conjuntos. Adotaremos a prática de representar conjuntos de indivíduos por letras maiúsculas, como X, Y, W e Z. Com isso, chegamos ao seguinte:

(15) $[\![\text{todo}]\!]^w = \{\langle X, Y \rangle \mid X \subseteq Y\}$

Para deixar o paralelo com os verbos transitivos mais óbvio, repetimos abaixo a extensão do verbo 'amar' vista no capítulo 4:

(16) $[\![\text{ama}]\!]^w = \{\langle x, y \rangle \mid y \text{ ama } x\}$

Relações entre indivíduos são chamadas de relações de primeira ordem, por envolver os elementos básicos ou primitivos do domínio em questão, que é o conjunto dos indivíduos. Já relações entre conjuntos são chamadas de relações de segunda ordem, por envolverem objetos construídos a partir dos elementos primitivos. Temos, assim, que a extensão do verbo 'amar' é uma relação de primeira ordem, enquanto a extensão do determinante 'todo' é uma relação de segunda ordem.

No caso dos verbos transitivos, estávamos lidando com estruturas da forma [Suj V Obj] e os argumentos da relação expressa por V, os x e y dos pares em (16), estavam vinculados às extensões do objeto e do sujeito sentenciais. Já no caso dos determinantes, estamos lidando com estruturas da forma [D NP VP] e os argumentos da relação, os X e Y dos pares em (15), estão vinculados às extensões de NP e VP, respectivamente. Em termos de condições de verdade, o paralelismo entre verbos transitivos e determinantes quantificadores que estamos explorando se evidencia em pares como (17) e (18) a seguir:

(17) $[\![\text{Pedro ama Maria}]\!]^w = 1$ sse $\langle [\![\text{Maria}]\!]^w, [\![\text{Pedro}]\!]^w \rangle \in [\![\text{ama}]\!]^w$

(18) $[\![\text{Todo brasileiro trabalha}]\!]^w = 1$ sse $\langle [\![\text{brasileiro}]\!]^w, [\![\text{trabalha}]\!]^w \rangle \in [\![\text{todo}]\!]^w$

Essa análise se generaliza para outros determinantes, como veremos logo a seguir:

(19) $[\![\, [_S \text{ D NP VP }] \,]\!]^w = 1$ sse $\langle [\![\text{NP}]\!]^w, [\![\text{VP}]\!]^w \rangle \in [\![\text{D}]\!]^w$

O perfil analítico será sempre o mesmo. O ponto crucial de variação estará na natureza da relação introduzida pelo determinante. Vejamos um caso:

(20) Nenhum brasileiro trabalha.

Para que esta sentença seja verdadeira, não pode haver nenhum indivíduo que seja, ao mesmo tempo, brasileiro e trabalhador. Em outras palavras, para um mundo w qualquer, B_w, o conjunto dos brasileiros em w, e T_w, o conjunto dos trabalhadores em w, não podem ter elementos em comum. Isso está representado no diagrama a seguir:

(21) **'nenhum' e a intersecção vazia**

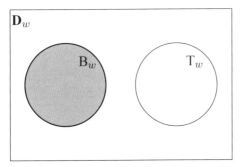

Matematicamente, a interseção de B_w e T_w deve ser o conjunto vazio. Semanticamente, teremos:

(22) $[\![\text{nenhum brasileiro trabalha}]\!]^w = 1$ sse $[\![\text{brasileiro}]\!]^w \cap [\![\text{trabalha}]\!]^w = \emptyset$

Isolando a contribuição de 'nenhum', chegaremos ao seguinte:

(23) $[\![\text{nenhum}]\!]^w = \{\langle X, Y \rangle \mid X \cap Y = \emptyset\}$

Uma outra noção da teoria dos conjuntos que é bastante útil na caracterização da semântica dos determinantes quantificadores é a de CARDINALIDADE. A cardinalidade de um conjunto C, representada por $|C|$ é o número de elementos de C. Por exemplo, conjuntos com apenas dois elementos têm cardinalidade igual a 2. Conjuntos com apenas um elemento, chamados de conjuntos unitários, têm cardinalidade igual a 1. E o conjunto vazio, que não possui elementos, tem cardinalidade igual a 0. De forma geral, se n é o número de elementos de C, então $|C| = n$. Note que, de posse da noção de cardinalidade, podemos representar a extensão de 'nenhum' vista em (23) de uma outra forma:

(24) $[\![\text{nenhum}]\!]^w = \{\langle X, Y \rangle \mid |X \cap Y| = 0\}$

Como acabamos de ver, a cardinalidade do conjunto vazio é igual a zero, o que quer dizer que (23) e (24) nos dizem exatamente a mesma coisa. São, portanto, meras variantes notacionais uma da outra. Vejamos, agora, um exemplo com o determinante plural 'alguns':

(25)   Alguns brasileiros trabalham.

Neste caso, as condições de verdade exigem a existência de ao menos dois indivíduos x, tal que x seja brasileiro e x trabalhe. Em outras palavras, a cardinalidade da interseção entre os conjuntos deve ser maior ou igual a 2:

(26) $[\![\text{Alguns brasileiros trabalham}]\!]^w = 1$ sse $|[\![\text{brasileiros}]\!]^w \cap [\![\text{trabalham}]\!]^w| \geq 2$.

Disso, extraímos a extensão de 'alguns':

(27) $[\![\text{alguns}]\!]^w = \{\langle X, Y \rangle \mid |X \cap Y| \geq 2\}$

Um caso em que a noção de cardinalidade se torna crucial é o de certos determinantes proporcionais, como 'a maioria dos' que, como dissemos na seção anterior, vamos tratar como um único item sintático (semelhante à palavra *most*, do inglês);

(28)   A maioria dos brasileiros trabalha.

Pensemos nas condições de verdade de (28): elas exigem que o número de brasileiros que trabalham seja mais da metade do número total de brasileiros. Uma maneira de representar formalmente essas condições é a seguinte:

(29) $[\![(28)]\!]^w = 1$ sse $|[\![\text{brasileiro}]\!]^w \cap [\![\text{trabalha}]\!]^w| > \frac{1}{2}|[\![\text{brasileiro}]\!]^w|$

Isso nos leva a atribuir a seguinte extensão para 'a maioria dos':

(30) $[\![\text{a maioria dos}]\!]^w = \{\langle X, Y \rangle \mid |X \cap Y| > \frac{1}{2}|X|\}$

Uma outra maneira de expressar as condições de verdade de (28) é dizer que o número de brasileiros que trabalham deve ser maior que o número de brasileiros que não trabalham. Olhando para o diagrama abaixo, isso quer dizer que deve haver mais elementos na parte em cinza do que na parte pontilhada:

(31) **'a maioria dos'**

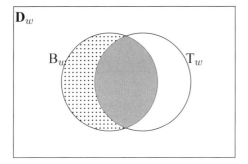

Dizer que que há mais elementos na parte cinza do que na parte pontilhada é o mesmo que dizer que o número de elementos na parte cinza é mais da metade do número de elementos do conjunto B_w. Isso é exatamente o que tínhamos em (29) e que nos levou a (30).

6.1.1 Numerais

Um caso particularmente interessante de determinação é o dos numerais. Vejamos um exemplo:

(32)   Três cadeiras estão quebradas.

O significado de (32) parece claro: a sentença será verdadeira, se o número de cadeiras quebradas for igual a três, e falsa nos demais casos, ou seja, se o número de cadeiras quebradas for maior ou menor que três. Isso nos leva à seguinte extensão para o numeral:

(33) $[\![\text{três}]\!]^w = \{\langle X, Y \rangle \mid |X \cap Y| = 3\}$

Considere, porém, o seguinte cenário: você me diz que está organizando um jantar para 10 convidados, mas que só tem sete cadeiras em casa. Eu te tranquilizo, dizendo para não se preocupar, pois eu tenho três cadeiras na minha garagem. Nós vamos até a garagem e ao abri-la, você, de fato, se tranquiliza, notando que há um conjunto de seis cadeiras à disposição. O ponto a se destacar é o seguinte: seria um tanto esquisito se, ao notar a presença de seis cadeiras na garagem, você me chamasse a atenção, alegando que eu havia mentido sobre o número de cadeiras. Vejamos o que pode estar em jogo. O que eu disse inicialmente a você foi (34):

(34)   Eu tenho três cadeiras na minha garagem.

160 Semântica

A intuição que detectamos é que essa sentença soa perfeitamente adequada no contexto do parágrafo anterior, sendo consistente com a sua descoberta de que o número de cadeiras na garagem era seis. Neste caso, o significado de 'três' parece ter sido o de 'pelo menos três'. Isso explicaria a intuição de que eu não menti, como também não teria mentido se o número de cadeiras na garagem tivesse sido exatamente três. Na verdade, eu só teria mentido se, ao abrir a garagem, víssemos que havia lá menos de três cadeiras.

A situação, porém, seria outra se, após eu ter informado você de que eu tinha cadeiras na minha garagem, você tivesse me perguntado quantas cadeiras havia lá. Nesse novo cenário, responder sua pergunta com (34), levaria à conclusão de que o número de cadeiras que eu tinha na garagem era exatamente três, nem mais nem menos. E, se ao abrir a garagem, você notasse que havia seis, a intuição seria que eu havia mentido ou me equivocado em relação a esse número. O significado de 'três', nesse caso, seria 'exatamente três', o mesmo que propusemos em (33) para nosso exemplo inicial em (32).

Resumindo, vimos duas situações em que uma mesma sentença, (34), contendo o numeral 'três' foi usada. Em uma dessas situações, o significado do numeral foi o de 'pelo menos três', enquanto na outra foi de 'exatamente três'. Vamos cotejar esses dois significados em (35) e (36), a seguir:

(35) $[\![\text{três}_1]\!]^w = \{\langle X, Y \rangle \mid |X \cap Y| \geq 3\}$

(36) $[\![\text{três}_2]\!]^w = \{\langle X, Y \rangle \mid |X \cap Y| = 3\}$

Em (35), temos o sentido de 'pelo menos', e em (36), o de 'exatamente'. Uma possibilidade de análise é postular uma ambiguidade. Numerais seriam ambíguos entre as interpretações 'pelo menos' e 'exatamente', como acabamos de ilustrar para o caso de 'três'.

Uma alternativa seria manter uma semântica monossêmica e suplementá-la com ingredientes pragmáticos que auxiliassem no contraste detectado nas duas situações que discutimos. Poderíamos, por exemplo, reter apenas a extensão correspondente ao sentido de 'pelo menos'. Trata-se da interpretação mais fraca, ou menos exigente, já que 'pelo menos três' deixa em aberto duas possibilidades, 'exatamente três' e 'mais de três'. Esta última é a interpretação evidenciada no primeiro cenário descrito anteriormente:

(37) **A:** Tenho dez convidados, mas apenas sete cadeiras.

B: Não se preocupe. Eu tenho três cadeiras na minha garagem.

Note que neste cenário, a questão relevante não é o número exato de cadeiras que eu tenho em minha garagem, mas sim se há ou não uma quantidade suficiente para satisfazer sua necessidade. Já no segundo cenário, a pergunta sobre quantas cadeiras eu tinha na garagem deixava claro o interesse no número exato. E, justamente nesse cenário, a interpretação evidenciada foi a de 'exatamente três':

(38) **A:** Quantas cadeiras você tem na sua garagem?
      B: Eu tenho três cadeiras na minha garagem.

Se mantivermos apenas o sentido de 'pelo menos' para o numeral, precisamos reforçá-lo pragmaticamente para dar conta de casos como este em (38), no qual a interpretação do numeral 'três' é de 'exatamente três'. Podemos, por exemplo, pensar que, se houvesse quatro ou mais cadeiras na garagem, eu teria informado você a respeito, o que poderia facilmente ser feito usando sentenças com numerais maiores que três. Como eu não fiz isso, optando por uma sentença semanticamente mais fraca, eu sinalizo que as opções mais fortes, como (39), por exemplo, seriam falsas:

(39) Eu tenho quatro cadeiras na minha garagem.

O numeral 'quatro' nessa alternativa também teria o sentido de 'pelo menos quatro'. A inferência esperada seria a seguinte: o falante disse 'três', que significa, estamos assumindo, 'pelo menos três'. Isso quer dizer que ele sabe que o número de cadeiras é pelo menos três. Ao mesmo tempo, ele evitou dizer 'quatro', quando poderia tê-lo feito. Com isso, o falante sinalizou saber que o número de cadeiras não é quatro nem mais de quatro. A única maneira de conciliar essas duas inferências, ou seja, de que o número de cadeiras é pelo menos três , mas não pelo menos quatro, é concluir que esse número é exatamente três.

Falamos, nesse caso, que o falante disse que o número era pelo menos três e implicou que esse número era exatamente três. Vamos parar por aqui nesta breve incursão na pragmática dos numerais. Remetemos o leitor às referências sobre o tema que listamos nas recomendações ao final do capítulo, e que o colocarão a par dos méritos (e deméritos) das duas análises que delineamos acima: a baseada em ambiguidade e a monossêmica suplementada por considerações pragmáticas.

6.1.2 Artigos (in)definidos

A princípio, DPs nucleados pelo artigo indefinido 'um(a)' parecem ter por extensão indivíduos cujas identidades não são reveladas.

(40) A Maria está tendo aulas com um francês.

Este exemplo informa que Maria está tendo aulas com um certo indivíduo i que é francês, mas sobre o qual a sentença não diz mais nada. Pode ser Alan, o francês que mora no prédio dela, pode ser François, o francês que ela conheceu na faculdade, pode ser um outro francês qualquer. De fato, parece caber aqui uma análise que

162 Semântica

atribui ao sintagma indefinido uma extensão individual. Porém, ao compararmos o comportamento semântico de sintagmas indefinidos como o de (40) com o de nomes próprios e descrições definidas que analisamos anteriormente, notamos certas assimetrias que uma análise em termos de extensões individuais não nos permitiria capturar. Compare os seguintes casos:

(41) a. Não é verdade que Maria está tendo aulas com o Alan, mas ela está tendo com o François.

   b. Não é verdade que Maria está tendo aulas com o francês do prédio dela, mas ela está tendo com o francês da faculdade.

(42) a. #Não é verdade que Maria está tendo aulas com um francês, mas ela está tendo com o Alan (que é francês).

   b. #Não é verdade que Maria está tendo aulas com um francês, mas ela está tendo com o francês do prédio dela.

Enquanto os exemplos em (41) são, ambos, consistentes, os exemplos em (42) não são, implicando uma contradição (que marcamos com #). A consistência em (41) se explica pela semântica individual dos nomes próprios e descrições definidas. Não estar tendo aulas com um certo indivíduo é perfeitamente compatível com estar tendo aulas com um outro indivíduo. Sendo assim, a inconsistência em (42) seria inesperada se sintagmas indefinidos também estivessem semanticamente associados a indivíduos. Tal inconsistência, porém, pode ser explicada facilmente se analisarmos o artigo indefinido como um determinante quantificador que introduz uma relação entre conjuntos, tal como postulamos nas seções anteriores para 'todo', 'nenhum' e os numerais. Podemos, por exemplo, tomar os indefinidos singulares como sinônimos do numeral 'um' com seu sentido de 'pelo menos um':

(43) $[\![\text{um}(a)]\!]^w = \{\langle X, Y \rangle \mid |X \cap Y| \geq 1\}$

Dessa forma, tudo o que as condições de verdade de uma sentença como (40) exigem é a existência de um francês com o qual a Maria esteja tendo aulas, o que parece adequado. E, se voltarmos ao contraste entre (41) e (42), teremos uma explicação à mão: de acordo com (43), as primeiras orações dos exemplos em (42) negam que exista alguém que seja francês e que esteja dando aulas a Maria. Isso, claro, está em flagrante contradição com o que dizem as segundas orações dos exemplos. A semântica que demos aos indefinidos em (43) dá a eles um sabor puramente existencial, o que, como acabamos de ver, casa bem com seu comportamento em sentenças negativas, como aquelas em (42).

O tratamento de determinantes como relações entre conjuntos sugere também um tratamento alternativo ao artigo definido singular, que analisamos, no capítulo anterior, como formador de descrições definidas que têm indivíduos como extensão:

(44)   o marido da Maria = o único indivíduo x, tal que Maria está casada com x.

Nossa análise, como apontamos na ocasião, não atribuía uma extensão ao artigo definido, apenas ao sintagma determinante nucleado por ele, como relembramos a seguir:

(45) $[\![\, [_{DP} \text{ o NP}] \,]\!]^{w}$ = o único indivíduo x, tal que $x \in [\![\text{NP}]\!]^{w}$

Inspirados pelo que vimos neste capítulo, podemos remediar essa situação, tratando o artigo definido como tratamos os determinantes quantificadores. A ideia é que 'o' seja um caso particular de 'todo'. Para ver o que está em jogo, compare a interpretação das duas sentenças a seguir:

(46)   Toda criança que estava na festa se divertiu.

(47)   A criança que estava na festa se divertiu.

Analisamos semanticamente o determinante 'todo' como a relação de subconjunto: (46) diz que o conjunto das crianças na festa está contido no conjunto das pessoas que se divertiram. Nada ficamos sabendo sobre o número de crianças. Já as descrições definidas, como o sujeito de (47), receberam uma análise diferente no capítulo anterior: de acordo com (47) havia uma única criança na festa e essa criança se divertiu. Note, porém, que por trás dessa aparente discrepância analítica está uma semelhança que se deixa capturar facilmente nos termos da teoria dos conjuntos: é correto dizer no caso de (47), como o foi no de (46), que o conjunto das crianças na festa estava contido no conjunto das pessoas que se divertiram. O que acontece de especial no caso de (47) é que o conjunto das crianças em questão tem apenas um elemento. Nos termos mais técnicos da seção anterior, trata-se de um conjunto unitário, cuja cardinalidade é igual a 1. Isso nos leva à seguinte representação para as condições de verdade de (47), que cotejamos com as de (46):

(48) $[\![(46)]\!]^{w} = 1$ sse $[\![\text{criança que ...}]\!]^{w} \subseteq [\![\text{se divertiu}]\!]^{w}$

(49) $[\![(47)]\!]^{w} = 1$ sse $|[\![\text{criança que ...}]\!]^{w}| = 1$ & $[\![\text{criança que ...}]\!]^{w} \subseteq [\![\text{se divertiu}]\!]^{w}$

Como se vê, as condições em (49) são como as em (48), mas com o requerimento adicional da unicidade imposto sobre a extensão do complemento do determinante. Isso nos leva à seguinte extensão para o artigo definido, que cotejamos com a de 'todo':

(50) $[\![\text{o}]\!]^{w} = \{\langle X, Y \rangle \mid |X| = 1 \ \& \ X \subseteq Y\}$

(51) $[\![\text{todo}]\!]^{w} = \{\langle X, Y \rangle \mid X \subseteq Y\}$

Poderíamos, ainda, sofisticar a análise, realocando o requerimento de unicidade em uma dimensão pressuposicional do significado, como discutimos no capítulo ante-

164 Semântica

rior. Neste instante, porém, o ponto importante a se observar é a oportunidade que a análise dos determinantes quantificadores nos deu para atribuirmos uma extensão ao artigo definido, isolando sua contribuição semântica e colocando-o em pé de igualdade com os demais elementos do sintagma de que faz parte.

6.2 Propriedades formais dos determinantes

[Um alerta: esta seção é tecnicamente um pouco mais pesada que as demais. Sua leitura pode ser pulada ou deixada para depois, sem prejuízo para a leitura das demais seções do capítulo.]

A formalização do significado dos determinantes como relações entre conjuntos abre a possibilidade de usar as ferramentas da teoria dos conjuntos para explicitar propriedades que caracterizam certos grupos de determinantes. Uma dessas propriedades é a simetria. Note as seguintes equivalências:

(52) a. Alguns atletas são milionários.
      b. Alguns milionários são atletas.

(53) a. Nenhum atleta é milionário.
      b. Nenhum milionário é atleta.

Em ambos os casos, se (a) for verdadeira, (b) também será, e vice-versa. Suas condições de verdade se equivalem e não há como terem valores de verdade discrepantes em uma mesma situação. Dizemos que os determinantes 'alguns' e 'nenhum' são simétricos. Em termos formais, isso quer dizer o seguinte:

(54) **Simetria**
      Um determinante D é simétrico se, e somente se, para qualquer mundo w e quaisquer conjuntos X e Y, $\langle X, Y \rangle \in [\![D]\!]^w$ sse $\langle Y, X \rangle \in [\![D]\!]^w$

Nem todo determinante é simétrico. 'Todo', por exemplo, não é:

(55) a. Todo atleta é milionário.
      b. Todo milionário é atleta.

Como é fácil notar, (a) pode ser verdadeira e (b) falsa, assim como (b) pode ser verdadeira e (a) falsa. A razão para o comportamento distinto entre 'alguns' e 'nenhum' por um lado, e 'todo', por outro, está na natureza das relações que eles expressam. Os dois primeiros impõem requerimentos sobre a interseção de dois conjuntos. Como vimos, 'alguns' exige que ela tenha mais de um elemento, enquanto nenhum exige que ela seja vazia. Como a operação de interseção é, ela mesma, simétrica, ou seja $X \cap Y = Y \cap X$, para quaisquer X e Y, segue, de imediato, a simetria dos dois determinantes. Por outro lado, 'todo' expressa a relação de subconjunto, que, por sua vez, não é simétrica. X ser um subconjunto de Y não implica que Y seja subconjunto de X.

Enxergar os determinantes como relações entre conjuntos também nos permite explicar certos padrões de acarretamento que os distinguem. Veja o argumento a seguir, em que as premissas em (a) e (b) levam à conclusão em (c):

(56)   a.   Nenhum animal tem folhas.
       b.   Mamíferos são animais.
       c.   Logo, nenhum mamífero tem folhas.

Esse argumento pode ser representado formalmente e sua validade atestada pela teoria dos conjuntos:

(57)   a. $|A \cap F| = \varnothing$
       b. $M \subseteq A$
       c.   Logo, $|M \cap F| = \varnothing$

Em (57), representamos o conjunto dos animais por A, o dos mamíferos por M e dos seres que têm folhas por F. O ponto central do argumento é que se a interseção entre A e F for vazia, e M for um subconjunto de A, então a interseção entre M e F será necessariamente vazia. A escolha dos conjuntos foi arbitrária e a validade do argumento não depende dela. Trata-se de uma inferência de cunho lógico e que se aplica a quaisquer conjuntos X, Y e Z: se as premissas forem verdadeiras, a conclusão também será verdadeira. Isso pode ser facilmente percebido com o auxílio de diagramas representando os conjuntos de indivíduos:

(58)   **Se** $Y \cap Z = \varnothing \ \& \ X \subseteq Y$, **então** $X \cap Z = \varnothing$

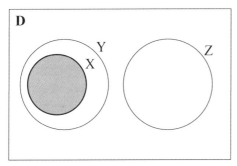

Argumentos análogos a (57) podem ser construídos com o determinante 'todo' no lugar de 'nenhum':

(59)   a.   Todo animal se locomove.
       b.   Mamíferos são animais.
       c.   Logo, todo mamífero se locomove.

(60) a. $A \subseteq L$
b. $M \subseteq A$
c. Logo, $M \subseteq L$

Neste caso, a razão da validade do argumento está na transitividade da relação de subconjunto. Se M é subconjunto de A e A é subconjunto de L, então M é subconjunto de L. E isso vale para quaisquer conjuntos X, Y e Z, como deixa transparente o diagrama a seguir:

(61) **Se $X \subseteq Y$ & $Y \subseteq Z$, então $X \subseteq Z$**

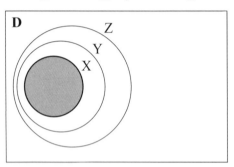

O que se vê em (56) e (59) é uma propriedade conhecida como *acarretamento descendente* (*downward entailment*, em inglês), já que a segunda premissa faz menção a um subconjunto de um conjunto que aparece na primeira premissa. Em (56) e (59), vemos que os determinantes 'nenhum' e 'todo' manifestam essa propriedade de acarretamento descendente em relação a seu complemento NP, que chamaremos de primeiro argumento do determinante:

(62) **Acarretamento descendente (AD) no primeiro argumento**
Um determinante D manifesta AD no primeiro argumento, se, e somente se, para qualquer mundo w e quaisquer conjuntos X, X' e Y, se $\langle X, Y \rangle \in [\![D]\!]^w$ e $X' \subseteq X$, então, $\langle X', Y \rangle \in [\![D]\!]^w$.

Acarretamento descendente pode ser observado também em relação ao segundo argumento de um determinante:

(63) a. Nenhum vencedor do prêmio Nobel é brasileiro.
b. Paulistas são brasileiros.
c. Logo, nenhum vencedor do prêmio Nobel é paulista.

Desta vez, a premissa em (b) diz respeito aos sintagmas verbais que aparecem em (a) e (c). A representação formal do argumento é a seguinte, com as devidas abreviações para os conjuntos:

(64) a. $|V \cap B| = \varnothing$
      b. $P \subseteq B$
      c. Logo, $|V \cap P| = \varnothing$

A definição formal da propriedade é análoga ao que vimos para o caso do primeiro argumento:

(65) **Acarretamento descendente (AD) no segundo argumento**
Um determinante D manifesta AD no segundo argumento, se, e somente se, para qualquer mundo w e quaisquer conjuntos X, Y e Y', se $\langle X, Y \rangle \in [\![D]\!]^w$ e $Y' \subseteq Y$, então, $\langle X, Y' \rangle \in [\![D]\!]^w$.

Como se vê, o determinante 'nenhum' manifesta AD em relação a seus dois argumentos. Já o determinante 'todo', que, como já vimos, manifesta AD em relação a seu primeiro argumento, não a manifesta em relação ao segundo. A inferência a seguir não é válida:

(66) a. Todo vencedor do prêmio Nobel é humano.
      b. Paulistas são humanos.
      c. ~~Logo~~, todo vencedor do prêmio Nobel é paulista.

A razão da não validade do argumento está na natureza da relação de subconjunto, como se vê pela formalização da (pseudo-)inferência em (66):

(67) a. $V \subseteq H$
      b. $P \subseteq H$
      c. ~~Logo~~, $V \subseteq P$

O fato de V e P serem subconjuntos de H não implica que um seja subconjunto do outro, como se vê no diagrama a seguir:

(68) $V \subseteq H \ \& \ P \subseteq H$, mas $V \not\subseteq P$

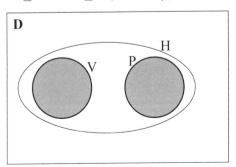

6.2.1 Conservatividade

Simetria e acarretamento descendente são apenas duas entre várias propriedades de determinantes das línguas naturais que são úteis na compreensão de seu comportamento lógico-semântico. Elas permitem agrupá-los em classes cujos padrões de inferência variam. O estudo dessas propriedades formais dos determinantes levou ao seguinte questionamento: será que existem propriedades que se aplicam a todos os determinantes de toda e qualquer língua natural em que se observe esse tipo de categoria gramatical? Em caso afirmativo, estaremos diante de um universal linguístico, ou seja, de um traço característico não deste ou daquele determinante, ou desta ou daquela língua, mas da própria linguagem humana.

A busca por este tipo de universal semântico levou à propriedade conhecida como CONSERVATIVIDADE. Antes de defini-la formalmente, vamos olhar para um padrão linguístico em que ela se deixa observar de maneira relativamente direta. Comecemos considerando as seguintes equivalências, todas elas obviamente válidas:

(69)   Toda criança chora ⇔ Toda criança é uma criança que chora

(70)   Nenhuma criança voa ⇔ Nenhuma criança é uma criança que voa

(71)   Algumas crianças dançam ⇔ Algumas crianças são crianças que dançam

Note que essas três equivalências são da seguinte forma:

(72)   [D NP VP] ⇔ [D NP é um(a) NP que VP]

Em (69), por exemplo, temos o seguinte:

(73)   [$_D$ Toda] [$_{NP}$ criança] [$_{VP}$ chora] ⇔ [$_D$ Toda] [$_{NP}$ criança] é uma [$_{NP}$ criança] que [$_{VP}$ chora]

Dado o que vimos no capítulo anterior sobre orações relativas e seu papel predicativo formalizado via interseção, obtemos:

(74) $[\![\text{é um NP que VP}]\!]^w = [\![\text{NP}]\!]^w \cap [\![\text{VP}]\!]^w$

Com isso em mente, e dada a semântica relacional dos determinantes que introduzimos neste capítulo, a equivalência em (72) se transforma em (75):

(75) $\langle [\![\text{NP}]\!]^w, [\![\text{VP}]\!]^w \rangle \in [\![\text{D}]\!]^w \Leftrightarrow \langle [\![\text{NP}]\!]^w, [\![\text{NP}]\!]^w \cap [\![\text{VP}]\!]^w \rangle \in [\![\text{D}]\!]^w$

O que (75) revela é que, ao trocarmos a extensão de VP ($[\![\text{VP}]\!]^w$) por seu subconjunto que abarca apenas os elementos pertencentes à extensão de NP ($[\![\text{NP}]\!]^w \cap [\![\text{VP}]\!]^w$), nada se perde ou se ganha semanticamente. Dizer que toda criança chora é o mesmo que dizer que toda criança é uma criança que chora, o mesmo valendo para as versões com 'nenhuma' e 'algumas', como visto em (69)-(71). Posto de forma mais geral, parece que as condições de verdade de sentenças da forma 'D NP VP' levam em conta apenas os elementos da extensão de VP que também pertencem à extensão de NP, sendo os demais semanticamente irrelevantes.

Estamos prontos para caracterizar formalmente a propriedade por trás das equivalências acima e o possível universal semântico que ela instancia:

(76) **Conservatividade**
Um determinante D é conservativo se, e somente se, para qualquer mundo w e quaisquer conjuntos X e Y, $\langle X, Y \rangle \in [\![D]\!]^w$ sse $\langle X, X \cap Y \rangle \in [\![D]\!]^w$.

(77) **Universal da conservatividade**
Os determinantes das línguas naturais são conservativos.

É intrigante que uma propriedade tão abstrata pareça caracterizar universalmente os determinantes das línguas naturais. Acabamos de ver que 'todo', 'nenhum' e 'algum' manifestam essa propriedade. Seriam, porém, como eles todos os determinantes de todas as línguas? Aqui está um exemplo do inglês:

(78) Most children cry.
most crianças choram
'A maioria das crianças chora'

Como se vê na equivalência a seguir, 'most' é conservativo:

(79) Most children cry ⇔ Most children are children who cry.
A maioria das crianças chora ⇔ A maioria das crianças são crianças que choram.

Eis, porém, um potencial contraexemplo do próprio português, envolvendo a palavra 'só':

(80) Só crianças choram.

Superficialmente, 'só', ao menos em exemplos como (80), se parece com um típico determinante. Entretanto, se for mesmo um determinante, não será conservativo, falsificando (77). Para saber se (80) é verdadeira, não basta verificar se cada uma das crianças do mundo choram. Precisamos também verficar se há ou não adultos que choram. Isso se confirma pela não equivalência a seguir:

(81) Só crianças choram ⇎ só crianças são crianças que choram.

Note que a primeira sentença é uma contingência que, ao menos no mundo real, é falsa, já que muitos adultos também choram. A segunda sentença, porém, é trivialmente verdadeira: alguém que não seja uma criança não pode ser uma criança que chora.

Entretanto, a ameaça que (81) coloca ao universal da conservatividade é apenas aparente. O comportamento sintático de 'só' vai muito além do padrão pré-nominal em (80). 'Só', na verdade, aparenta ser um item flexível capaz de funcionar como adjunto a uma série de expressões dos mais variados tipos, incluindo pronomes ('só ele'), nomes próprios ('só Pedro'), descrições definidas ('só o menino'), sintagmas adjetivais ('só triste'), preposicionais ('só em Portugal'), dentre outros. Essa flexibilidade não é observada em determinantes típicos, como se pode verificar com 'nenhum' e 'algum', por exemplo. Sendo assim, permanece aberta a possibilidade de que o universal da conservatividade seja empiricamente correto.

6.3 Incrementando a composição

Na seção inicial deste capítulo, simplificamos a estrutura de sentenças contendo determinantes, como 'todo brasileiro trabalha', tomando-as como estruturas tripartites sem ramificações internas:

(82) $[_\text{S}$ D NP VP$]$

Ignoramos, assim, a estruturação interna do sujeito gramatical das sentenças. Do ponto de vista sintático, D e NP se juntam formando um DP, que, por sua vez se combina com o VP, como, aliás, havíamos mencionado no início do capítulo:

(83) $[_\text{S}$ $[_\text{DP}$ D NP$]$ VP$]]$

Nesta seção, vamos retomar esta estrutura, implementando uma análise estritamente composicional, em que DP receberá uma extensão a partir das extensões de D e NP, que já conhecemos das seções anteriores. Com esse intuito, retomemos um dos exemplos que já analisamos nas seções anteriores, listando tudo o que já temos sobre suas partes relevantes:

(84) $[_\text{S}$ $[_\text{DP}$ $[_\text{D}$ Todo$]$ $[_\text{NP}$ brasileiro$]]$ $[_\text{VP}$ trabalha$]]$.

(85) $[\![\text{D}]\!]^w = \{\langle X, Y\rangle \mid X \subseteq Y\}$
$[\![\text{NP}]\!]^w = \{x \mid x \text{ é brasileiro em } w\}$
$[\![\text{VP}]\!]^w = \{x \mid x \text{ trabalha em } w\}$

Qual seria, então, a extensão do DP sujeito? Neste ponto, vale a pena insistir no paralelo que fizemos anteriormente entre determinantes, cujas extensões são relações entre conjuntos, e verbos transitivos, cujas extensões são relações entre indivíduos:

(86) $[_\text{S}$ $[_\text{DP}_{\text{SUJ}}$ Pedro$]$ $[_\text{VP}$ $[_\text{V}$ ama$]$ $[_\text{DP}_{\text{OBJ}}$ Maria$]]]$.

(87) $[\![V]\!]^w = \{\langle x, y \rangle \mid y \text{ ama } x \text{ em } w\}$

$[\![DP_{SUJ}]\!]^w = Pedro$

$[\![DP_{OBJ}]\!]^w = Maria$

Nessa estrutura, o verbo se junta inicialmente com o DP objeto, formando um sintagma verbal, para só então se juntar ao DP sujeito, formando uma sentença. O constituinte intermediário nesse processo é VP. O paralelo, no caso dos determinantes quantificadores, é DP, como se vê ao cotejar as estruturas anteriores. E qual foi a extensão atribuída a VP? Um conjunto de indivíduos:

(88) $[\![\text{ama Maria}]\!]^w = \{x \mid x \text{ ama Maria em } w\}$

Observando (87) e (88), notamos que ao passar de V para VP, passamos de uma relação entre indivíduos para um conjunto de indivíduos. Em um raciocínio análogo, vamos assumir que a extensão de DPs quantificadores seja também um conjunto. Guardando as diferenças com os verbos transitivos, esse conjunto será um conjunto de conjuntos, já que a relação expressa pelo determinante também se dava entre conjuntos. Mas como seria formado esse conjunto? Quais seriam seus elementos?

Lembremos que, no capítulo 5, formulamos uma regra que interpretava predicados formados por um núcleo e seu complemento:

(89) **Regra Núcleo-Complemento na versão do capítulo 5**
Seja WP um sintagma formado por um núcleo W e um complemento ZP. Então, para qualquer mundo w, $[\![WP]\!]^w = \{y \mid \langle [\![ZP]\!]^w, y \rangle \in [\![W]\!]^w\}$

No caso de predicados verbais (VPs) formados por um verbo transitivo (V) e seu objeto direto (DP), (89) resultava em algo como (90):

(90) **Interpretação de [$_{VP}$ V DP] de acordo com (89)**
Seja VP um sintagma verbal formado por um verbo transitivo V e seu complemento DP. Então, para qualquer mundo w, $[\![VP]\!]^w = \{y \mid \langle [\![DP]\!]^w, y \rangle \in [\![V]\!]^w\}$

De maneira completamente análoga, podemos interpretar DPs, usando a mesma regra em (89) e combinando as extensões de um determinante e de um sintagma nominal que lhe serve de complemento. Partindo de (90), trocaremos V por D, VP por DP e y, que representava um indivíduo, por Y, que representa um conjunto de indivíduos:

(91) **Interpretação de [$_{DP}$ D NP] de acordo com (89)**
Seja DP um sintagma determinante formado por um determinante D e um sintagma nominal NP. Então, para qualquer mundo w,
$[\![DP]\!]^w = \{Y \mid \langle [\![NP]\!]^w, Y \rangle \in [\![D]\!]^w\}$

172 Semântica

De acordo com (91), o conjunto correspondente à extensão de NP desempenha o papel do primeiro membro dos pares ordenados da relação expressa por D. O papel do segundo membro dos pares permanece insaturado neste nível. O Y da formalização será preenchido no passo seguinte pela extensão do VP com o qual o DP combinará posteriormente, formando S. A melhor maneira de entender uma regra, porém, é aplicando-a a um exemplo:

(92) $[_{DP} [_{D} \text{ todo}] [_{NP} \text{ brasileiro}]]$
   $\llbracket \text{todo} \rrbracket^{w} = \{\langle X, Y \rangle \mid X \subseteq Y\}$
   $\llbracket \text{brasileiro} \rrbracket^{w} = \{x \mid x \text{ é brasileiro em } w\}$
   $\llbracket \text{todo brasileiro} \rrbracket^{w} = \{Y \mid \llbracket \text{brasileiro} \rrbracket^{w} \subseteq Y\}$

Representando o conjunto dos brasileiros em w por B_{w}, teremos:

(93) $\llbracket \text{todo brasileiro} \rrbracket^{w} = \{Y \mid B_{w} \subseteq Y\}$

Em palavras: a extensão do DP 'todo brasileiro' em um mundo w qualquer é o conjunto formado por todos os conjuntos que contém o conjunto dos brasileiros em w. Por exemplo, no mundo real, o conjunto das pessoas nascidas na América do Sul será um membro da extensão de 'todo brasileiro', já que neste mundo, o Brasil faz parte da América do Sul. Já o conjunto das pessoas que falam inglês não pertencerá a essa extensão, já que nem todo brasileiro fala inglês.

A estreita analogia entre as interpretações de DPs e VPs transitivos permitiu-nos derivá-las de uma só regra. Em ambos os casos, temos uma estrutura do tipo WP (VP ou DP) formada por um núcleo W (V ou D) e um complemento sintagmático ZP (DP ou NP). Nos dois casos, uma relação (a extensão do núcleo W) era convertida em um conjunto (a extensão do sintagma WP). A diferença era o tipo da relação e do conjunto. No caso dos verbos, a relação era entre indivíduos, sendo o conjunto resultante um conjunto de indivíduos. Já no caso dos determinantes, a relação era entre conjuntos, resultando em um conjunto de conjuntos. Em (94), reescrevemos a regra núcleo-complemento em sua forma mais geral, evitando menções a variáveis representando apenas indivíduos ou conjuntos:

(94) **Regra Núcleo-Complemento:**
   Seja WP um sintagma formado por um núcleo W e um complemento ZP. Então, para qualquer mundo w, $\llbracket \text{WP} \rrbracket^{w} = \{\alpha \mid \langle \llbracket \text{ZP} \rrbracket^{w}, \alpha \rangle \in \llbracket \text{W} \rrbracket^{w}\}$

Usamos α como uma variável curinga que pode representar tanto um conjunto de indivíduos, quanto um conjunto de conjuntos de indivíduos.

De volta à sentença 'todo brasileiro trabalha', ela será verdadeira se, e somente se, o conjunto das pessoas que trabalham for um dos conjuntos pertencentes à extensão de 'todo brasileiro'. Esse só será o caso se todo brasileiro trabalhar, que é o resultado que queremos:

(95) $[\![\text{todo brasileiro trabalha}]\!]^w = 1$ sse $[\![\text{trabalha}]\!]^w \in [\![\text{todo brasileiro}]\!]^w$

Em termos mais gerais:

(96) $[\![\ [_S \text{DP VP}] \ ]\!]^w = 1$ sse $[\![\text{VP}]\!]^w \in [\![\text{DP}]\!]^w$

Note que se trata de uma inversão de papéis semânticos em relação ao que tínhamos na regra sujeito-predicado que aplicamos em casos como 'Pedro trabalha', em que a extensão do DP sujeito é um indivíduo:

(97) $[\![\text{Pedro trabalha}]\!]^w = 1$ sse $[\![\text{Pedro}]\!]^w \in [\![\text{trabalha}]\!]^w$

Essa inversão reflete a diferença no tipo das extensões dos sujeitos gramaticais das sentenças: a extensão de um nome próprio é um indivíduo, ao passo que a extensão de um DP quantificador é um conjunto de conjunto de indivíduos. Podemos unificar esses processos de composição semântica no nível sentencial através de uma regra que flexibiliza nossa antiga regra sujeito-predicado. Chamaremos esta nova regra de *Regra da Sentença*:

(98) **Regra da Sentença**
      Seja S uma sentença cujos constituintes imediatos são XP e YP, não necessariamente nessa ordem. Se $[\![\text{YP}]\!]^w$ for um conjunto formado por elementos de um certo tipo, e $[\![\text{XP}]\!]^w$ for um elemento deste tipo, então $[\![\text{S}]\!]^w = 1$ sse $[\![\text{XP}]\!]^w \in [\![\text{YP}]\!]^w$.

No caso de sentenças como 'Pedro trabalha', o sujeito fará o papel de XP e o predicado verbal de YP. Já no caso de 'todo brasileiro trabalha', os papéis se invertem, com o sujeito no papel de YP e o predicado verbal no de XP. Os tipos semânticos a que a regra se refere são indivíduos e conjuntos de indivíduos.

Resumindo, as extensões dos nomes próprios são indivíduos, a extensão de sintagmas verbais são conjuntos de indivíduos, e as extensões de DPs quantificadores são conjuntos de conjuntos de indivíduos. Temos, assim, uma hierarquia de tipos semânticos formadas a partir de um certo domínio, que é o conjunto de todos os indivíduos. Extensões como as dos DPs quantificadores, ou seja, conjuntos de conjuntos, costumam ser chamadas de quantificadores generalizados.

O que ilustramos nesta seção com DPs formados com o determinante 'todo' se aplica igualmente aos demais determinantes que apresentamos nas seções anteriores. A título de ilustração, consideremos o determinante 'nenhum' e o DP 'nenhum brasileiro', formado a partir dele e do NP 'brasileiro':

(99) $[\![\text{nenhum}]\!]^w = \{\langle X, Y \rangle \mid X \cap Y = \varnothing\}$
      $[\![\text{nenhum brasileiro}]\!]^w = \{Y \mid [\![\text{brasileiro}]\!]^w \cap Y = \varnothing\}$

Representando o conjunto dos brasileiros em w por B_w, teremos:

174 Semântica

(100) $[\![\text{nenhum brasileiro}]\!]^w = \{Y \mid B_w \cap Y = \varnothing\}$

Em palavras, trata-se do conjunto a que pertencem todos os conjuntos que não têm nenhum membro que seja brasileiro. Uma sentença da forma 'nenhum brasileiro VP' será verdadeira se, e somente se, nenhum brasileiro pertencer ao conjunto $[\![\text{VP}]\!]^w$. Eis um exemplo:

(101)   Nenhum brasileiro tem mais de 150 anos.

(102) $[\![(101)]\!]^w = 1$ sse
$[\![\text{brasileiro}]\!]^w \cap [\![\text{tem mais de 150 anos}]\!]^w = \varnothing$

Ao menos até a data em que este livro foi escrito, (101) é verdadeira no mundo real, já que não há nenhum indivíduo que seja brasileiro e que tenha mais de 150 anos.

Por fim, a análise de DPs quantificadores que estamos vendo nesta seção também pode ser aplicada a expressões como 'todo mundo','ninguém' e 'alguém', ou 'tudo', 'nada' e 'algo'. Sintaticamente, podemos tratar essas expressões como uma aglutinação dos determinantes 'nenhum', 'todo' e 'algum' com sintagmas nominais bastante gerais como 'ser humano' ou 'objeto'. A título de ilustração, tomemos 'ninguém' e 'nada':

(103)   ninguém = [DP [D nenhum] [NP ser humano]]
nada = [DP [D nenhum] [NP objeto]]

Semanticamente, os NPs 'ser humano' e 'objeto' têm por extensões o conjunto de todas as pessoas e o conjunto de todos os objetos, respectivamente. Representando esses conjuntos por H e O, chegaremos ao seguinte:

(104) $[\![\text{ninguém}]\!]^w = \{X \mid H \cap X = \varnothing\}$

(105) $[\![\text{nada}]\!]^w = \{X \mid O \cap X = \varnothing\}$

Nestes casos, como nos casos dos DPs que analisamos anteriormente, as extensões são conjuntos de conjuntos de indivíduos.

6.4 DPs e forma lógica

Na seção anterior, vimos como se dá a composição semântica de DPs quantificadores através da regra núcleo-complemento. Vimos também como esses DPs se combinam com predicados verbais na derivação das condições de verdade de sentenças declarativas. Para tanto, valemo-nos da regra da sentença, que associava predicação sintática com a relação de pertinência da teoria dos conjuntos:

(106) $[\![\,[_S \text{DP VP}]\,]\!]^w = 1$ sse $[\![\text{VP}]\!]^w \in [\![\text{DP}]\!]^w$

Encontraremos um problema, porém, se tentarmos analisar sentenças com DPs quantificadores em posições sintáticas que não a de sujeito. Considere (107), por exemplo, com o DP 'alguns livros' na posição de objeto direto:

(107)   [$_S$ Pedro [$_{VP}$ [$_V$ comprou] [$_{DP}$ alguns livros]]]

O problema aparece ao tentarmos compor as extensões de V e do DP objeto para formarmos a extensão de VP:

(108)   a. $[\![V]\!]^w = \{\langle x, y \rangle \mid y$ comprou x em $w\}$
         b. $[\![DP]\!]^w = \{Y \mid |L_w \cap Y| \geq 2\}$ $[L_w$ é o conjunto dos livros em $w]$
         c. $[\![VP]\!]^w = ???$

Neste ponto, nenhuma das regras composicionais que temos nos servirá. Se tentarmos usar a regra núcleo-complemento, notaremos uma incompatibilidade entre os tipos semânticos de V e de DP. A relação expressa pelo verbo é entre indivíduos, mas a extensão do DP não é um indivíduo, mas um conjunto de conjuntos de indivíduos. Tampouco poderemos aplicar a regra da sentença. Não queremos derivar condições de verdade no nível de VP. E mesmo que quiséssemos, haveria novamente uma incompatibilidade de tipos, já que temos um conjunto de pares ordenados do lado verbal e um conjunto de conjuntos do lado do objeto direto, o que não é esperado pela regra da sentença.

Diante deste impasse composicional, poderíamos criar uma nova regra semântica que lidasse exclusivamente com VPs formados por um verbo transitivo e um DP quantificador. Ficaríamos, assim, com duas regras para estruturas do tipo [$_{VP}$ V DP]. Evitaremos, porém, essa proliferação de regras de caráter muito específico, adotando uma estratégia diferente. Assumiremos que uma operação sintática transforma a estrutura superficial da sentença, deslocando o DP quantificador e deixando um vestígio em sua posição original.

Trata-se de um processo sintático parecido com o que vimos na formação das orações relativas no capítulo anterior. Para elas, assumimos que o pronome relativo se movia para o início da oração e um vestígio não pronunciado era inserido na posição relativizada. Também no caso dos DPs, haverá um deslocamento para o topo da sentença e a inserção do vestígio. Esse deslocamento, porém, se dará em um nível sintático abstrato, sem reflexos fonológicos. Isso quer dizer que o DP será pronunciado na posição que ocupava antes da aplicação da regra. Esse nível sintático abstrato é chamado, na tradição gerativa chomskyiana, de FORMA LÓGICA. Talvez o leitor se recorde da breve alusão que fizemos ao nível da forma lógica no capítulo 3, quando falamos da negação sentencial. O modelo gramatical que se deve ter em mente pode ser esquematizado como um Y invertido:

(109)　**Arquitetura da gramática**

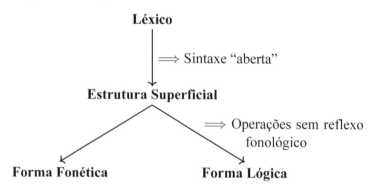

A operação de movimento de DPs quantificadores no nível da forma lógica é conhecida como ALÇAMENTO DE QUANTIFICADOR (AQ). Esquematizamos, a seguir, AQ e sua aplicação em um exemplo concreto:

(110)　**Estrutura superficial** $\xrightarrow{AQ}$ **Forma Lógica**

[$_S$ Suj [$_{VP}$ V DP]] $\xrightarrow{AQ}$ [$_{S'}$ DP$_i$ [$_S$ Suj [$_{VP}$ V t$_i$]]

(111)　[$_S$ Pedro [$_{VP}$ comprou [$_{DP}$ alguns livros]] $\xrightarrow{AQ}$
[$_{S'}$ [$_{DP}$ alguns livros] [$_S$ Pedro [$_{VP}$ comprou t$_i$]]

Em termos arbóreos, o resultado da aplicação de AQ em (111) é o seguinte:

(112)

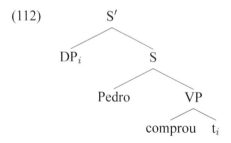

O efeito semântico do movimento sintático é exatamente o mesmo que vimos no caso das orações relativas, ou seja, a formação de um predicado derivado cuja extensão é um conjunto de indivíduos:

(113)　$[\![\text{Pedro comprou t}_i]\!]^w = \{x \mid \text{Pedro comprou } x \text{ em } w\}$

O vestígio funciona como uma variável e o movimento é interpretado como uma abstração conjuntística. O resultado é o conjunto das coisas que Pedro comprou. A interpretação do DP deslocado não se altera:

(114)　$[\![\text{alguns livros}]\!]^w = \{Y \mid |L_w \cap Y| \geq 2\}$

Temos, agora, tudo o que precisamos para interpretar S′, a estrutura sintática resultante da aplicação de AQ. Basta aplicarmos a regra de predicação:

(115) $[\![S']\!]^w = 1$ sse $[\![S]\!]^w \in [\![DP]\!]^w$

É o mesmo tipo de composição que havíamos visto antes com DPs na função de sujeito se combinando com VPs de função de predicado.

(116) $[\![S']\!]^w = 1$ sse $|L_w \cap \{x \mid \text{Pedro comprou } x \text{ em } w\}| \geq 2$

Em palavras, S′ será verdadeira se, e somente se, o conjuntos de livros comprados por Pedro tiver dois ou mais elementos. De forma ainda mais direta: S′ será verdadeira se, e somente se, Pedro tiver comprado dois ou mais livros. Esse é justamente o resultado que queríamos derivar.

Como no caso das orações relativas, iremos nos esquivar de uma análise semântica rigorosa do vestígio e da composição interna da oração que o contém. Iremos nos contentar com a ideia que já expusemos informalmente: movimento sintático resulta na formação de um predicado derivado cuja extensão é um conjunto de indivíduos. Novamente, remeteremos o leitor interessado à literatura pertinente nas recomendações ao final do capítulo.

6.5 Escopo

Considere novamente a estrutura resultante da aplicação de AQ a um DP quantificador:

(117) $[_{S'} [_{DP} \text{ alguns livros}] [_S \text{ Pedro } [_{VP} \text{ comprou } t_i]]]$

Nessa estrutura, o DP quantificador se combina com o constituinte rotulado de S. Dizemos que S é o escopo do DP. De maneira mais geral, teremos sempre o seguinte esqueleto estrutural, em que Q representa um sintagma quantificador qualquer e $\mathcal{E}$ o seu escopo:

(118) $[_{\Sigma} Q \, \mathcal{E}]$

O termo 'escopo' é usado também para certos operadores sentenciais, como a negação. Em uma sentença como (119), o escopo da negação é o sintagma verbal da oração subordinada:

(119) Pedro disse que Maria não estava em casa.

Já em (120), o escopo a negação é o sintagma verbal da oração principal:

(120) Pedro não disse que Maria estava em casa.

178 Semântica

O resultado são interpretações diferentes. É possível, por exemplo, que (120) seja verdadeira, mas (119) falsa.

Quando DPs quantificadores e a negação coocorrem em uma oração simples, seus escopos se relacionam:

(121)   [$_S$ Alguns alunos [não [tiraram 10 na prova]]]

Neste caso, o escopo do DP é mais abrangente que o da negação. Dizemos que o DP tem escopo sobre a negação, ou que a negação tem escopo sob o DP. A interpretação resultante é a de que existem dois ou mais alunos que não tiraram 10 na prova. Justamente por ter escopo sob o DP, o efeito da negação não incide sobre ele. Por isso, (121) é consistente com (122), podendo ambas ser simultaneamente verdadeiras:

(122)   Alguns alunos tiraram 10 na prova.

Para que se inverta o escopo da negação em relação ao DP é preciso recorrer a uma construção mais verbosa:

(123)   Não é verdade que alguns alunos tiraram 10 na prova.

Note ainda o contraste com casos em que o sujeito da oração é um nome próprio:

(124)   Pedro não tirou 10 na prova.

(125)   Pedro tirou 10 na prova.

(126)   Não é verdade que Pedro tirou 10 na prova.

Nesse caso, (124) e (125) se contradizem e não podem ser simultaneamente verdadeiras. Além disso, (124) e (126) são sinônimas, contrastando com o que vimos no caso da interação entre DPs quantificadores e negação.

Quando um DP quantificador aparece na posição de objeto direto, seu escopo é determinado no nível da forma lógica, após a aplicação da regra de alçamento de quantificador (AQ) que introduzimos na seção anterior. Em um exemplo como (127), o escopo do DP abrange todo o conteúdo sentencial, como se pode ver em (128), sua forma lógica:

(127)   [$_S$ O professor reprovou alguns alunos]

(128)   [$_{S'}$ [$_{DP}$ alguns alunos]$_i$ [$_S$ o professor reprovou t$_i$]]

Havendo negação, o DP 'alguns alunos', mesmo não precedendo superficialmente essa negação, terá escopo sobre ela:

(129)   O professor não reprovou alguns alunos.

A interpretação é que existem alguns alunos que não foram reprovados pelo professor. Essa interpretação resulta da forma lógica em (130):

(130) $[_{S'}$ $[_{DP}$ alguns alunos$]_i$ $[_S$ o professor não reprovou t_i $]]$

Novamente, se quisermos que a negação tenha escopo sobre o DP, precisaremos de uma estrutura mais complexa:

(131)   Não é verdade que o professor reprovou alguns alunos.

Nem todos os DPs quantificadores, porém, se comportam desta forma. Considere, por exemplo, a sentença a seguir em que aparece um DP da forma 'todos os NPs' na posição de objeto:

(132)   O professor não reprovou todos os alunos.

Após aplicarmos AQ, obteremos a seguinte forma lógica:

(133) $[$ todos os alunos$_1$ $[$ o professor não reprovou t_i $]]$

Neste caso, estaríamos atribuindo a (132) uma interpretação de acordo com a qual todos os alunos teriam a propriedade de não ter sido reprovados pelo professor. Ou seja, a interpretação de que nenhum aluno foi reprovado pelo professor. Esta, porém, não é uma interpretação que (132) parece ter.

A interpretação mais saliente (talvez a única) que (132) tem é aquela segundo a qual nem todos os alunos foram reprovados pelo professor. Para chegarmos a essa interpretação, precisamos de uma forma lógica em que a negação ocupe uma posição estruturalmente mais alta que a do DP quantificador, tendo assim escopo sobre esse DP. Isso está esquematizado em (134):

(134) $[$ não $[$ todos os alunos$_1$ $[$ o professor reprovou t_i $]]]$

Como se vê, será preciso manipular a estrutura superficial da sentença de modo a deixar a negação em posição mais alta que o DP, com o restante da sentença a seguir. Deixaremos em aberto os detalhes da implementação desta transformação sintática.

O que o leitor deve notar é que a estrutura em (134) é interpretável e que o resultado são as condições de verdade que atribuímos intuitivamente a (132). Listamos a seguir os passos relevantes da derivação. Assumiremos aqui que 'todos os' seja um determinante com o mesmo significado de 'todo' e que o NP 'alunos' seja seu complemento:

(135) $[_{S''}$ não $[_{S'}$ todos os alunos$_1$ $[_S$ o professor reprovou t_i $]]]$

> $[\![S]\!]^w = \{x \mid$ o professor reprovou x em $w\}$
> $[\![$alunos$]\!]^w = A_w = \{x \mid x$ é aluno em $w\}$

180 Semântica

$$\llbracket\text{todos os}\rrbracket^w = \{\langle X, Y\rangle \mid X \subseteq Y\}$$
$$\llbracket\text{todos os alunos}\rrbracket^w = \{Y \mid A_w \subseteq Y\}$$
$$\llbracket S'\rrbracket^w = 1 \text{ sse } A_w \subseteq \{x \mid \text{o professor reprovou } x \text{ em } w\}$$
$$\llbracket S''\rrbracket^w = 1 \text{ sse } \llbracket S'\rrbracket^w = 0$$
$$\llbracket S''\rrbracket^w = 1 \text{ sse } A_w \nsubseteq \{x \mid \text{o professor reprovou } x \text{ em } w\}$$

Em palavras, o conjunto dos alunos não pode estar contido no conjunto dos reprovados pelo professor. De forma mais direta: nem todos os alunos foram reprovados pelo professor. Note que assumimos para a negação o que apresentamos no capítulo 3 sobre complementação proposicional. A negação sentencial age invertendo o valor de verdade do constituinte com o qual ela combina:

(136) $\llbracket\text{NEG S}\rrbracket^w = 1 \text{ sse } \llbracket S\rrbracket^w = 0$

Derivamos assim as condições de verdade adequadas para a sentença (132). Esse exemplo evidencia um caso em que a negação tem escopo sobre um DP quantificador.

Fica em aberto a questão de por que certos DPs em posição de objeto ('alguns alunos', por exemplo) têm escopo sobre a negação pré-verbal, enquanto outros ('todos os alunos', por exemplo) têm escopo sob essa mesma negação. Será que se trata de variação idiossincrática, a ser identificada caso a caso? Ou será algo previsível a partir do significado dos determinantes? Essa é uma questão controversa e que permanece aberta nos estudos sobre a interface sintaxe-semântica. Indicaremos algumas leituras a esse respeito ao final do capítulo.

Por fim, queremos discutir alguns casos em que mais de um DP quantificador aparece em uma mesma oração, prestando atenção nas relações de escopo que essa coocorrência evidencia. Consideremos o exemplo a seguir:

(137)   Todos os professores reprovaram um aluno.

Para que essa sentença seja verdadeira, para cada professor x deve haver um aluno que foi reprovado por x. Os alunos em questão podem ser os mesmos ou não. A interpretação parece vaga a esse respeito. Contraste, agora, (137) com (138):

(138)   Um aluno foi reprovado por todos os professores.

Nesse caso, deve haver um certo aluno que foi reprovado por todos os professores. Diferentemente de (137), (138) não parece admitir uma interpretação em que os alunos reprovados variam de professor para professor. Traduzindo este contraste em termos de escopo, temos que em (137), o DP 'todos os professores' tem escopo sobre o DP 'um aluno', enquanto em (138), a situação se inverte, com 'um aluno' tendo escopo sobre 'todo professor'. Em ambos os casos, a ordem dos DPs na estrutura superficial das sentenças se reflete na ordenação dos escopos. Veja mais um exemplo que confirma essa impressão:

(139)   Um professor reprovou todos os alunos.

Neste caso também, o sujeito gramatical tem escopo mais amplo. (139) diz que um certo professor reprovou sua classe inteira. A sentença não parece admitir a interpretação com escopo invertido, de acordo com a qual alunos diferentes podem ter sido reprovados por professores diferentes.

Para derivar as formas lógicas destes exemplos com dois DPs, aplicamos a operação de alçamento de quantificador duas vezes, uma para cada DP, começando pelo objeto direto:

(140)   **Todos os professores reprovaram um aluno.**

$[_S$ $[_{DP_1}$ Todos os professores] reprovaram $[_{DP_2}$ um aluno]] $\xrightarrow{AQ}$

$[_{S'}$ $[_{DP_2}$ um aluno] $[_S$ $[_{DP_1}$ Todos os professores] reprovaram t_2]] $\xrightarrow{AQ}$

$[_{S''}$ $[_{DP_1}$ Todos os professores] $[_{S'}$ $[_{DP_2}$ um aluno] $[_S$ t_1 reprovaram t_2]]]

(141)   **Um professor reprovou todos os alunos.**

$[_S$ $[_{DP_1}$ Um professor] reprovou $[_{DP_2}$ todos os alunos]] $\xrightarrow{AQ}$

$[_{S'}$ $[_{DP_2}$ todos os alunos] $[_S$ $[_{DP_1}$ um professor] reprovou t_2]] $\xrightarrow{AQ}$

$[_{S''}$ $[_{DP_1}$ Um professor] $[_{S'}$ $[_{DP_2}$ todos os alunos] $[_S$ t_1 reprovou t_2]]]

Nestes casos, a primeira aplicação de AQ resulta em uma estrutura derivada, a qual, no passo seguinte, se tornará o escopo do DP a ser movido pela segunda aplicação de AQ. Como exemplo, considere o último estágio da derivação em (141), em que o DP 'um professor' se desloca para o topo da estrutura. Seu escopo será S'. A interpretação de S' será o conjunto em (142), obtido via abstração:

(142) $[_{S'}$ $[_{DP_2}$ todos os alunos] $[_S$ t_1 reprovou t_2]]

$[\![S']\!]^w = \{x \mid x$ reprovou todos os alunos em $w\}$

Ao se combinar com o DP 'um professor', o resultado será a exigência de que exista um certo professor que seja membro deste conjunto, ou seja, um certo professor que tenha reprovado todos os seus alunos. Deixamos ao leitor os cálculos composicionais referentes aos demais passos das derivações esquematizadas em (140) e (141).

Contrastando com o que acabamos de ver, há exemplos de sentenças com dois DPs quantificadores que evidenciam uma inversão de escopo:

(143)   Uma senha será fornecida a todos os clientes que estiverem na fila.

182 Semântica

Neste caso, a interpretação mais natural é a de que cada cliente receberá uma senha diferente. Sendo assim, o DP 'todos os clientes que estiverem na fila' terá escopo sobre o DP 'uma senha', ainda que este último o preceda na estrutura superficial da sentença:

(144) $[_{S''}$ $[_{DP_1}$ Todos os clientes que ...] $[_{S'}$ $[_{DP_2}$ uma senha] $[_S$ t_2 será fornecida a t_1]]]

Inversões de escopo como esta costumam ser difíceis de atestar em português, evidenciando uma forte preferência por uma isomorfia entre estrutura superficial e forma lógica no que diz respeito ao escopo de DPs.

Já em línguas como o inglês, inversões de escopo são atestadas mais facilmente. Sentenças simples como (145) admitem duas interpretações, com o DP sujeito podendo ter escopo sobre ou sob o DP objeto, como mostrado em (146):

(145)   Some student read every book
        algum aluno   leu   todo livro

(146)   a. $[_{S''}$ $[_{DP_1}$ some student] $[_{S'}$ $[_{DP_2}$ every book] $[_S$ t_1 read t_2]]]
        b. $[_{S''}$ $[_{DP_2}$ every book] $[_{S'}$ $[_{DP_1}$ some student] $[_S$ t_1 read t_2]]]

De acordo com a primeira interpretação, existe um certo aluno que leu todos os livros. Já na segunda interpretação, para todo livro x, existe um aluno que leu x. Neste caso, não é necessário haver alguém que tenha lido a totalidade dos livros. Esse tipo de ambiguidade, em que uma mesma estrutura superficial pode ser mapeada em duas formas lógicas distintas, é chamada de AMBIGUIDADE DE ESCOPO.

Como vimos, inversão e ambiguidade de escopo são fenômenos que variam a depender dos tipos de DPs envolvidos, do tipo de estrutura e da língua em questão. Entender essas variações e desenvolver uma teoria que as suporte é mais uma questão complexa e que permanece em aberto.

Recomendações de leitura

Para uma excelente introdução à quantificação nas línguas naturais, ver Szabolcsi (2010). A regra de alçamento de quantificadores que discutimos neste capítulo foi proposta por Robert May (ver May (1977, 1985)). Boas introduções podem ser encontradas em Carnie (2013) e Haegeman (1994). Para uma discussão de vários tópicos ligados à sintaxe e à semântica dos DPs quantificadores na linhagem chomskyana, ver Hornstein (1994). Para uma teoria em que o movimento dos DPs quantificadores é sensível à sua natureza, ver Beghelli & Stowell (1997). Sobre numerais e DPs cardinais, ver Geurts (2006), Geurts & Nouwen (2007) e Krifka (1999).

Para uma apresentação da quantificação a partir de uma perspectiva lógica, ver Gamut (1991), capítulo 3 do volume 1. Para uma discussão tecnicamente mais sofisticada sobre os determinantes, os sintagmas quantificadores e o universal da conservatividade, ver Barwise & Cooper (1981), um clássico da literatura semântica. Uma introdução acessível é Gamut (1991), capítulo 7 do volume 2.

Exercícios

1. Assuma que a expressão 'nem todo' que aparece na sentença (S) seja um determinante.

   (S) Nem todo brasileiro fuma.

   Usando a notação da teoria dos conjuntos, represente a extensão de 'nem todo'.

2. Imagine que o português possuísse um determinante *toneg*, tal que:

   $[\![toneg]\!]^w = \{\langle X, Y \rangle \mid \sim X \subseteq Y\}$ ($\sim X$ é o complemento de X)

   Descreva, em palavras, as condições de verdade da sentença a seguir:

   (S) Toneg brasileiro fuma.

3. Imagine que o português possuísse um determinante *alneg*, tal que:

   $[\![alneg]\!]^w = \{\langle X, Y \rangle \mid X \subseteq \sim Y\}$

   Mostre que, nesse caso, as sentenças (S_1) e (S_2) abaixo seriam sinônimas:

   (S_1) Alneg brasileiro fuma.
   (S_2) Nenhum brasileiro fuma.

4. Assuma que a expressão 'mais de 3 mas menos de 7', que aparece em exemplos como (S) a seguir, seja um determinante.

   (S) Mais de 3 mas menos de 7 alunos trabalham.

   Utilizando a notação da teoria dos conjuntos, proponha uma extensão para essa expressão que permita derivar corretamente as condições de verdade de (S).

5. Utilizando a notação da teoria dos conjuntos e o que já foi visto em capítulos anteriores sobre a conjunção 'e', represente as condições de verdade das sentenças a seguir e mostre que, em todos os pares, a sentença em (a) acarreta a sentença em (b):

(i) a. Todo menino chora e grita.
b. Todo menino chora e todo menino grita

(ii) a. Alguns meninos choram e gritam.
b. Alguns meninos choram e alguns meninos gritam

(iii) a. Nenhum menino chora e nenhum menino grita.
b. Nenhum menino chora e grita.

6. Ainda sobre os pares de sentenças do exercício anterior, diga, para cada um deles, se (b) acarreta (a) ou não, justificando sua resposta.

7. Considere a sentença a seguir a responda as perguntas em (a)-(c):

(S) Tem um soldado postado na frente de todos os prédios da cidade.

(a) Quais são os sintagmas quantificadores presentes na sentença?

(b) Qual a relação de escopo entre eles?

(c) Dê uma paráfrase para a sentença que deixe clara a interpretação dos sintagmas quantificadores, bem como a relação de escopo entre eles.

7 Para além do real: modalidade

Na composição do significado sentencial que exploramos nos últimos três capítulos, estivemos operando extensionalmente. Assumimos que expressões linguísticas têm extensões e que essas extensões funcionam como valores semânticos manipulados por regras composicionais. Através dessas regras, as extensões de constituintes sintáticos são obtidas das extensões de seus subconstituintes imediatos. Procedendo assim, interpretamos uma série de construções gramaticais, incluindo predicação, modificação e quantificação expressas através de verbos, substantivos, adjetivos, orações relativas e determinantes. Os resultados finais eram sempre condições de verdade relativizadas a mundos possíveis, o que nos dava as proposições expressas pelas sentenças, que é como modelamos o significado sentencial.

Sentenças, elas mesmas, podem ser parte de outras sentenças. No nível extensional, no qual as extensões são valores de verdade, a contribuição semântica de tais sentenças deve se dar através desses valores. Vimos isso quando lidamos com a negação e algumas conjunções e suas tabelas de verdade. Para a conjunção aditiva 'e', por exemplo, chegamos ao seguinte:

(1) $[\![\, [_S\ S_1\ e\ S_2]\ ]\!]^w = 1$ sse $[\![S_1]\!]^w = 1$ e $[\![S_2]\!]^w = 1$

Trata-se de uma análise verifuncional, em que o valor de verdade de uma sentença formada através do conectivo 'e' é função exclusiva dos valores de verdade das sentenças conectadas: se ambas forem verdadeiras, a sentença resultante será verdadeira; se ao menos uma for falsa, a sentença será falsa. Vimos algo na mesma linha para a disjunção e a negação sentenciais.

Chegamos a redescrever esse tratamento verifuncional no nível proposicional, o que nos proporcionou a vantagem semântica de isolar a contribuição dos conectivos, tratando-os como operações sobre conjuntos. A conjunção 'e', por exemplo, foi interpretada como a operação de intersecção entre proposições:

(2) $p_S = p_{S_1} \cap p_{S_2}$

186 **Semântica**

As sentenças conectadas contribuem, como se vê, com suas proposições, que nada mais são que conjuntos de mundos possíveis. Entretanto, esse tratamento proposicional foi uma espécie de luxo interpretativo a que nos demos direito, já que, como vimos e acabamos de rever, um tratamento puramente extensional era perfeitamente adequado para a derivação das condições de verdade.

Há construções sintáticas, porém, para as quais um tratamento verifuncional não é adequado. Para ficarmos ainda no terreno dos conectivos sentenciais, contraste o que vimos sobre o 'e', com o exemplo a seguir contendo a conjunção 'porque':

(3)   Pedro pediu demissão porque o chefe dele era racista.

Essa conjunção expressa um nexo causal. Imagine, por exemplo, que Pedro trabalhasse em uma empresa, que tivesse descoberto que seu chefe era racista, e que isso o tivesse levado a pedir demissão do emprego. Nesse caso, (3) seria verdadeira. Imagine, adicionalmente, que esse chefe do Pedro tivesse 70 anos e que Pedro apreciasse a experiência de pessoas mais velhas. Considere, agora, a sentença a seguir:

(4)   Pedro pediu demissão porque o chefe dele tinha 70 anos.

Nesse cenário que acabamos de descrever, (4) seria falsa. A demissão de Pedro não teve nada a ver com a idade de seu chefe. Temos, pois, duas sentenças – (3) e (4)– formadas pelo mesmo conectivo e cujas partes são, em ambos os casos, verdadeiras no mundo que estamos considerando. Ainda assim, uma das sentenças é verdadeira e a outra falsa. Ao contrário da conjunção 'e', 'porque' não é um conectivo verifuncional. Para acessar a verdade ou falsidade de uma sentença formada por esse conectivo, não basta conhecer os valores de verdade das sentenças conectadas. Posto de outra forma, e como acabamos de ver, a substituição de uma parte por outra com a mesma extensão no mundo em questão pode levar a uma mudança no valor de verdade da oração principal. Isso não acontece no caso de 'e':

(5)   a.   Pedro pediu demissão e seu chefe tinha 70 anos.
        b.   Pedro pediu demissão e seu chefe era racista.

Se o chefe de Pedro era racista e tinha mais de 70 anos, então ambas as sentenças em (5) serão verdadeiras nestas circunstâncias.

Essa substituição de termos com a mesma extensão sem afetar a verdade do todo ('salva veritate', na expressão latina usada com certa frequência) também pode ser atestada em orações simples e suas partes subsentenciais. Se João for o chefe do Pedro, então, se João tiver 70 anos, o chefe do Pedro também terá 70 anos. E, se João for racista, o chefe do Pedro também será racista. Tudo isso é consequência do tratamento extensional que demos à predicação em orações simples:

(6) $[\![\text{João tem 70 anos}]\!]^{w} = 1$ sse $[\![\text{João}]\!]^{w} \in [\![\text{tem 70 anos}]\!]^{w}$

(7) $[\![\text{o chefe do Pedro tem 70 anos}]\!]^w = 1$ sse
       $[\![\text{o chefe do Pedro}]\!]^w \in [\![\text{tem 70 anos}]\!]^w$

Tome agora um mundo possível w^* qualquer em que João é o chefe do Pedro:

(8) $[\![\text{João}]\!]^{w^*} = [\![\text{o chefe do Pedro}]\!]^{w^*}$

Segue de (8) e das condições em (6) e (7) que:

(9) $[\![\text{João tem 70 anos}]\!]^{w^*} = [\![\text{o chefe do Pedro tem 70 anos}]\!]^{w^*}$

Neste capítulo, vamos analisar algumas construções para as quais o tratamento puramente extensional dos capítulos anteriores não será suficiente. Deixaremos de lado o 'porque' causal que vimos mais acima, em função da enorme complexidade e controvérsia envolvendo a noção de causalidade, da qual se têm ocupado filósofos, físicos e lógicos por séculos. Olharemos para outras construções que, apesar de seus próprios mistérios e dificuldades, fornecem uma entrada mais acessível ao estudo semântico da INTENSIONALIDADE. O que caracteriza o tipo de intensionalidade que investigaremos são construções linguísticas contendo constituintes sentenciais cuja contribuição para a verdade do todo não se dá por seu valor de verdade, mas pela proposição que expressam. Nessas construções, uma oração encaixada não se apresenta apenas como verdadeira ou falsa, remetendo-nos assim para além do meramente real.

Olharemos para dois tipos de construções: subordinações introduzidas por verbos de atitude mental, como 'saber' e 'acreditar', e complementos infinitivos de verbos como 'poder' e 'ter que'. Eis alguns exemplos:

(10)   a.   Pedro acredita que a Terra é quadrada.
       b.   João sabe que a Terra é redonda.

(11)   a.   Meu aluguel pode ser pago pela internet.
       b.   Neste presídio, os detentos têm que permanecer nas celas durante a noite.

Como já se pode notar, certas orações são apresentadas como expressão de conhecimento, de crenças, como possibilidades ou ainda como obrigações. Veremos como abordá-las semanticamente, expandindo, mas não abandonando, tudo o que já vimos nos capítulos anteriores. Falaremos de possibilidades e necessidades relacionadas a conjuntos de mundos possíveis que podem ou não incluir o mundo real, entrando assim no terreno da MODALIDADE.

7.1 Verbos de atitude proposicional

Comecemos com o exemplo em (12):

(12)   Pedro sabe que a Terra é redonda.

Essa sentença diz respeito ao conhecimento de Pedro sobre o mundo em que vive. A Terra é redonda e Pedro sabe disso. Exceção feita a seres oniscientes, que tudo sabem, seres humanos normais ignoram muito sobre este mundo em que vivemos. Por exemplo, a Terra é achatada nos polos, mas Pedro pode não saber disso. Nesse caso, (13) seria falsa:

(13)   Pedro sabe que a Terra á achatada nos polos.

Como se nota, a verdade de uma sentença S não nos serve no cômputo da verdade ou falsidade de sentenças da forma 'X sabe que S'. Dado o que acabamos de dizer sobre Pedro e seu conhecimento sobre nosso planeta, (12) é verdadeira, mas (13) é falsa, ainda que tenhamos o mesmo sujeito nas orações principais e o mesmo valor de verdade no mundo real para ambas as orações subordinadas.

No cerne da questão está o verbo 'saber' e seu complemento sentencial introduzido pela conjunção 'que'. Saber diz respeito a conhecimento e conhecimento diz respeito a proposições. Que a terra é redonda e que ela é achatada nos pólos são duas proposições diferentes, ambas verdadeiras no mundo real. Sendo duas proposições diferentes, alguém pode estar ciente da verdade de uma, ao mesmo tempo que ignora a verdade de outra. Contraste isso com o caso a seguir:

(14)   a.   Pedro sabe que Portugal colonizou o Brasil.
        b.   Pedro não sabe que o Brasil foi colonizado por Portugal.

Neste caso, as duas orações subordinadas compartilham não apenas o mesmo valor de verdade no mundo real, mas o mesmo conteúdo proposicional: são paráfrases uma da outra. Não há como estar ciente da verdade de uma sem estar ciente da verdade da outra. Daí soarem contraditórias ou, quando muito, de atribuírem a Pedro um estado mental irracional.

Nesta seção, vamos explorar a ideia de que 'saber que' é uma atitude mental proposicional, uma relação entre indivíduos e proposições. Semanticamente, diremos que o verbo 'saber', quando complementado por uma oração declarativa, expressa essa relação de conhecimento. O sujeito da oração principal contribui com o indivíduo e a oração introduzida pela conjunção 'que' (chamada, tecnicamente, de complementizador) com a proposição.

Como caracterizar essa relação? É neste ponto que a semântica de mundos possíveis adotada neste livro entra em cena e se mostra iluminadora. Voltemos à esfericidade da Terra:

(15) [$_S$ A Terra é redonda]
(16) $p_S = \{w \mid \text{a Terra é redonda em } w\}$

Essa sentença S é verdadeira no mundo real (w_0), o que significa que este mundo pertence a p_S:

(17) $w_0 \in p_S$

A ideia que vamos explorar é que o conhecimento de um indivíduo é uma espécie de autolocalização em W, o universo contendo todos os mundos possíveis e que representa o espaço de todas as possibilidades lógicas. Como já vimos em capítulos anteriores, o mundo real é apenas uma dessas infinitas possibilidades. Se eu sei que uma sentença declarativa S é verdadeira, eu sei que o mundo real, este que eu e você habitamos, está na região delimitada pela proposição expressa por S.

(18) **Proposição verdadeira no mundo real**

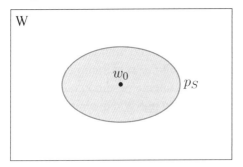

E se eu não sei se S é verdadeira ou falsa, eu não sei que região de W eu habito: se dentro ou fora dos limites de p_S. Adquirir conhecimento corresponde a restringir essa região. Se eu também sei que a Terra é achatada nos polos, eu estou mais bem informado sobre minha localização no espaço modal:

(19) [$_{S'}$ A terra é achatada nos polos]
(20) $p_{S'} = \{w \mid \text{a terra é achatada nos pólos em } w\}$
(21) **Duas proposições verdadeiras no mundo real**

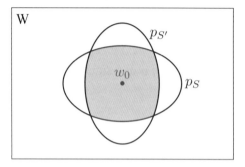

Minha localização se tornou mais precisa, mas ainda é parcial. Há muitas coisas que eu ignoro. E não se trata apenas de respeitável conhecimento científico a que muitos aspiram. Eu ignoro não apenas a idade exata da Terra, mas também a que horas do dia Pedro Álvares Cabral chegou ao Brasil, se o número de grãos de areia na praia de Cobacabana é par ou ímpar, ou quantos fios de cabelo existem em minha cabeça no momento em que eu digito esta sentença. Quando falamos de conhecimento e espaço modal, falamos sempre em regiões e não em pontos. Se eu fosse onisciente, e não ignorasse absolutamente nada sobre o mundo em que vivo, eu saberia exatamente a que ponto do espaço modal o mundo real corresponde, ou seja, que ponto específico deste espaço eu habito. No extremo oposto, se eu nada soubesse sobre este mundo, eu estaria absolutamente perdido no espaço das possibilidades. Meu conhecimento seria representado por W e qualquer um dos mundos possíveis poderia ser, para mim, o mundo que eu habito.

De volta ao diagrama em (21), nem todos os mundos pertencentes à região demarcada são compatíveis com o que eu sei. Há, ali, mundos em que Brasília é a capital do Brasil, mas há também mundos em que a capital brasileira é outra cidade. Mas eu sei que a capital do Brasil é Brasília, como sei uma série de outros fatos que não estão ali representados e que restringem a área correspondente ao meu conhecimento.

Quando falamos do conhecimento de alguém, estamos caracterizando seu estado EPISTÊMICO. Podemos representar o conhecimento de um indivíduo como um conjunto de proposições. E podemos representar esse seu estado epistêmico como a interseção de todas essas proposições, ou seja, o conjunto de mundos em que todas elas são verdadeiras. O mundo real será um desses mundos, mas não o único. Vamos nos referir ao conjunto de mundos compatíveis com o que um indivíduo sabe como suas ALTERNATIVAS EPISTÊMICAS. Levando em conta apenas o que esse indivíduo sabe, qualquer uma dessas alternativas poderia ser o mundo em que ele vive. Seu conhecimento não é suficiente para apontar, dentre elas, qual é o seu mundo:

(22) **Alternativas epistêmicas de um habitante de w_0 ciente da veracidade de $p_1, p_2, ..., p_n$**

Para além do real 191

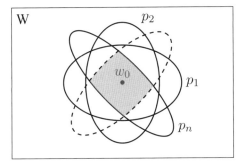

Uma pequena complicação: o que eu sei neste mundo poderia ser diferente. Essa possibilidade vem à tona em considerações contrafactuais como 'se eu não soubesse que a Terra é redonda, ...' ou 'se eu soubesse quantas estrelas há no universo, ...' Sendo assim, da mesma forma em que há mundos possíveis em que meu peso e altura diferem do meu peso e altura reais, há mundos possíveis em que meu conhecimento difere do meu conhecimento no mundo real. Nos termos que estamos adotando, o estado epistêmico de um indivíduo pode variar de mundo para mundo. Por isso, ao falar rigorosamente sobre alternativas epistêmicas, deve-se sempre explicitar a que indivíduo e a que mundo estamos nos referindo. Como é costume, quando não especificarmos este mundo, fica subentendido que estamos falando do conhecimento de um indivíduo no mundo real. De forma geral, iremos representar as alternativas epistêmicas de um indivíduo x em um mundo w por $\text{EPIS}_{x,w}$.

Realcemos, agora, algo importante que decorre do que acabamos de ver e que nos levará diretamente à semântica do verbo 'saber'. Olhando para o diagrama em (22), note que todas as proposições p que x sabe serem verdadeiras contêm a área sombreada, a qual demarca as alternativas epistêmicas de x. Expressar o conhecimento de um indivíduo x em um mundo w a respeito de uma proposição p qualquer é situar suas alternativas epistêmicas no interior desta proposição:

(23) x **sabe que** p **é verdadeira no mundo** w **que ele habita**

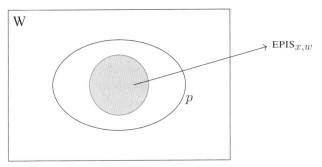

O que este diagrama mostra é que todos os mundos compatíveis com o que x sabe em w são mundos em que p é verdadeira ($w \in p$). Isso quer dizer que x sabe que p é verdadeira ou simplesmente que x sabe que p.

Já em relação a proposições que um indivíduo ignora se são verdadeiras ou falsas, a relação será de superposição parcial:

(24) x **não sabe se q é verdadeira no mundo w que ele habita**

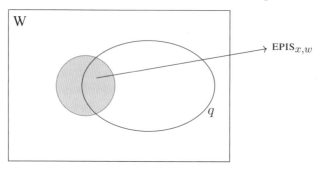

Nem todos os mundos compatíveis com o que x sabe são mundos em que q é verdadeira. Há, dentre suas alternativas epistêmicas, mundos que pertencem a q e mundos que não pertencem a q, indicando a ignorância de x a esse respeito.

Por fim, haverá proposições que x sabe não corresponder aos fatos:

(25) x **sabe que r não é verdadeira no mundo w que ele habita**

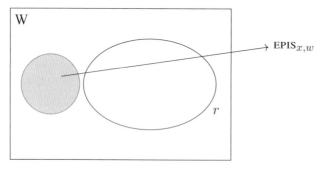

Não há, nesse caso, mundos compatíveis com o que x sabe nos quais r é verdadeira. Daí termos conjuntos disjuntos no diagrama correspondente.

O que acabamos de ver nos dá todos os ingredientes de que precisamos para representarmos formalmente as condições de verdade de sentenças com o verbo 'saber' seguido de um complemento sentencial:

(26) $[\![X \text{ sabe que } S]\!]^w = 1$ sse $\text{EPIS}_{x,w} \subseteq p_S$

Nessa representação, x é o referente do sujeito X e p_S a proposição expressa pela sentença S. Resta-nos ver como chegar a esse resultado composicionalmente.

De início, vamos atribuir ao complementizador 'que' o papel de trazer para o nível extensional a proposição expressa pela oração subordinada:

(27) $[\![\text{que S}]\!]^w = p_S = \{w' \mid [\![\text{S}]\!]^{w'} = 1\}$

Em palavras: a extensão do constituinte 'que S' que servirá de complemento ao verbo é a proposição (intensão) da oração subordinada S.

Vamos rotular esse constituinte sentencial introduzido pelo 'que' de S'. Teremos, então, para o sintagma verbal VP nucleado pelo verbo 'saber', uma estrutura do seguinte tipo:

(28) $[_{\text{VP}}\text{ V S}']$

Trata-se de uma estrutura núcleo-complemento semelhante às que vimos com verbos transitivos, como 'amar'. A diferença é que ao invés de o objeto verbal ser um sintagma determinante DP, temos, agora, um objeto sentencial S'. Já em relação aos sujeitos desses VPs, não haverá diferença: teremos DPs em ambos os casos.

Essa diferença sintática em relação aos complementos tomados pelos verbos 'amar' e 'saber' se reflete em uma diferença semântica. Se 'amar' tinha por extensão uma relação entre indivíduos, 'saber' terá por extensão uma relação entre uma proposição e um indivíduo. Em harmonia com o que já vimos nesta seção, teremos:

(29) $[\![\text{sabe}]\!]^w = \{\langle p, x\rangle \mid \text{EPIS}_{x,w} \subseteq p\}$

Sendo assim, podemos aplicar nossa antiga regra núcleo-complemento dos capítulos anteriores para obter a extensão do sintagma verbal:

(30) **Regra Núcleo-Complemento**
      Seja WP um sintagma formado por um núcleo W e um complemento ZP. Então, para qualquer mundo w, $[\![\text{WP}]\!]^w = \{x \mid \langle [\![\text{ZP}]\!]^w, x\rangle \in [\![\text{W}]\!]^w\}$

(31) $[\![\text{sabe que S}]\!]^w = \{x \mid \langle [\![\text{que S}]\!]^w, x\rangle \in [\![\text{sabe}]\!]^w\}$
      $\qquad = \{x \mid \text{EPIS}_{x,w} \subseteq \{w' \mid [\![\text{S}]\!]^{w'} = 1\}\}$

Aplicando a um exemplo:

(32) $[\![\text{sabe que a Terra é redonda}]\!]^w =$
      $\{x \mid \text{EPIS}_{x,w} \subseteq \{w' \mid \text{a Terra é redonda em } w'\}\}$

Essa extensão de VP é um conjunto de indivíduos: o conjunto dos indivíduos que sabem que a Terra é redonda. Para completar a derivação, basta combinar esta extensão com o extensão do DP sujeito. Para isso, já temos o que precisamos: a regra de predicação dos capítulos anteriores.

(33) $[\![$Pedro sabe que a Terra é redonda$]\!]^w = 1$ sse
      $\text{EPIS}_{\text{Pedro},w} \subseteq \{w' \mid \text{a Terra é redonda em } w'\}$

Como se pode ver, são as condições que desejávamos obter. O único aspecto semântico do verbo 'saber' que não está captado em (33) e na análise composicional anterior é a pressuposição factiva que discutimos no capítulo 3. O verbo 'saber' é um gatilho que dispara a pressuposição de que seu complemento é verdadeiro. De acordo com a caracterização semântica da pressuposição que vimos no capítulo 3, uma sentença só terá um valor de verdade em um mundo w se suas pressuposições são satisfeitas em w. Para o caso em questão, a sentença 'Pedro sabe que a Terra é redonda' só terá um valor de verdade em mundos em que a Terra é redonda. Nos demais mundos, sua extensão não é definida.

Podemos nos valer do formalismo que acabamos de empregar para representar esse conteúdo semântico:

(34) $[\![\ [_S X \text{ sabe que } S_1]\ ]\!]^w$ só será 0 ou 1 se $w \in p_{S_1}$. Satisfeita esta condição, $[\![S]\!]^w = 1$ se $\text{EPIS}_{X,w} \subseteq p_{S_1}$ e $[\![S]\!]^w = 0$ se $\text{EPIS}_{X,w} \nsubseteq p_{S_1}$.

Sendo assim, e lembrando que pressuposições são compartilhadas entre uma sentença e sua negação, nem (35a) nem (35b) terão um valor de verdade no mundo real, por exemplo:

(35) a. Pedro sabe que a Terra é quadrada.
      b. Pedro não sabe que a Terra é quadrada.

Neste aspecto, o verbo 'saber' difere do verbo 'acreditar':

(36) Pedro acredita que a Terra é quadrada.

Diferentemente dos casos com 'saber', exemplos como (36) nada nos dizem sobre a verdade ou falsidade da oração subordinada no mundo real. Que a Terra é quadrada é uma crença de Pedro. Crenças podem ou não corresponder à realidade. A sentença em (36) expressa uma crença de um indivíduo que sabemos estar equivocada no mundo real. Resguardada essa diferença clara entre saber e acreditar, podemos aplicar às crenças tudo o que vimos para o conhecimento.

Crenças também podem ser vistas como uma atitude mental que relaciona um indivíduo e uma proposição. Sentenças como (36) nos remetem ao estado doxástico de Pedro no mundo real. O adjetivo 'doxástico', de raiz grega, diz respeito a crenças. Vamos nos referir ao conjunto dos mundos compatíveis com as crenças de um indivíduo x habitando w como as ALTERNATIVAS DOXÁSTICAS de x em w, ou, simplesmente, $\text{DOX}_{x,w}$. Dadas as crenças de um indivíduo, qualquer uma dessas alternativas poderia ser, para esse indivíduo, o mundo em que ele se encontra. Como no caso das alternativas epistêmicas, estamos lidando com uma pluralidade de mundos. Apenas no caso de indivíduos que tenham opinião formada sobre absolutamente tudo, essas alternativas se reduziriam a um conjunto unitário. Basta não termos opinião sobre um único aspecto do mundo em que vivemos, mesmo o mais irrelevante deles, para termos ao menos dois mundos pertencentes a essas alternativas. Indivíduos que só acreditem em proposições verdadeiras terão o mundo que habitam entre suas alternativas doxásticas. Basta, porém, uma única crença falsa para que esse mundo esteja fora das alternativas:

(37) **Crença verdadeira em uma proposição p**

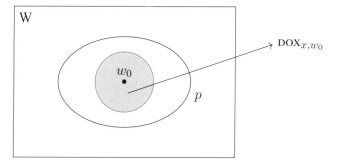

(38) **Crença equivocada em uma proposição p**

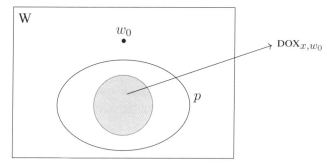

Cabem aqui também as demais observações que fizemos no caso do conhecimento. Expressar a crença de um indivíduo x em w a respeito de uma proposição p é situar suas alternativas doxásticas no interior desta proposição:

(39) x **acredita que p é verdadeira no mundo w que ele habita**

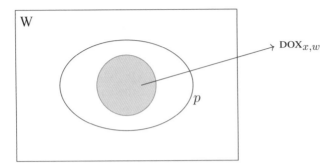

Todos os mundos compatíveis com o que x acredita em w são mundos em que p é verdadeira. Já em relação a proposições sobre as quais o indivíduo não tem opinião formada, teremos superposição parcial:

(40) x **não tem opinião se q é ou não verdadeira no mundo w que ele habita**

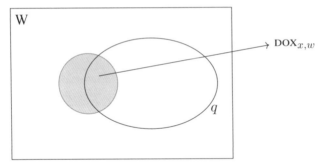

Neste caso, nem todos os mundos compatíveis com o que x acredita são mundos em que q é verdadeira. Há, dentre suas alternativas doxásticas, mundos que pertencem a q e mundos que não pertencem a q, indicando a falta de convicção de x a esse respeito. Haverá ainda as proposições que x acredita não corresponderem aos fatos:

(41) x **acredita que r não é verdadeira no mundo w que ele habita**

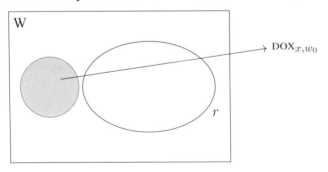

A disjunção entre os conjuntos indica que não há, nesse caso, mundos compatíveis com o que x acredita nos quais r é verdadeira.

Se, no caso do conhecimento, ignorância total correspondia a tomar W, o universo das possibilidades, como as alternativas epistêmicas, no caso das crenças, W modela as alternativas doxásticas de um agnóstico radical, que não tem opinião formada sobre nada. Para ele, qualquer mundo possível poderia ser o mundo em que ele está.

De volta à semântica, a extensão do verbo 'acreditar' é uma pequena modificação da que vimos para 'saber':

(42) $[\![\text{acredita}]\!]^w = \{\langle p, x \rangle \mid \text{DOX}_{x,w} \subseteq p\}$

(43) $[\![\text{Pedro acredita que a Terra é quadrada}]\!]^w = 1$ sse
$\text{DOX}_{\text{Pedro},w} \subseteq \{w' \mid \text{a T. é quadrada em } w'\}$

Os detalhes da derivação, absolutamente análogos aos que já vimos com 'saber', ficarão como exercício para o leitor.

A análise que acabamos de ver para as atitudes expressas pelos verbos 'saber' e 'acreditar' podem ser estendidas a outras atitude mentais. É o caso, por exemplo, de desejos e sua expressão através do verbo 'querer':

(44) Pedro quer que não haja guerras na Terra.

Assim como falamos dos estados epistêmico e doxástico de um indivíduo x em um mundo w, podemos falar de seu estado bulético. Esse adjetivo, também de raiz grega, diz respeito a desejos. Por analogia ao que já vimos, teríamos para (44) que, em todos os mundos w compatíveis com os desejos do Pedro no mundo real, não há guerras na Terra em w. Infelizmente, sabemos que há guerras na Terra e que, portanto, o mundo real não é compatível com as ALTERNATIVAS BULÉTICAS de Pedro nesse mundo. Representando essas alternativas por $\text{BUL}_{\text{Pedro},w_0}$, e a proposição expressa pela oração subordinada em (44) por p, teríamos:

(45) **Desejo não realizado**

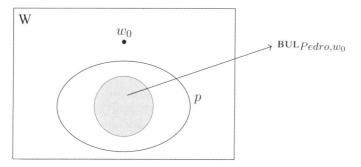

O fato de BUL$_{Pedro,w_0}$ estar contida em p indica que Pedro deseja p. O fato de w_0 não pertencer nem a BUL$_{Pedro,w_0}$ nem a p indica que p é falsa no mundo real, ou seja, p é um desejo não realizado de Pedro. Os demais detalhes semânticos são inteiramente análogos aos que vimos para 'acreditar'. A análise parece promissora, mas é importante alertar o leitor que há questões peculiares aos desejos quando comparados ao conhecimento e às crenças de um indivíduo, que exigem complicações analíticas que não abordaremos aqui. Daremos uma pequena amostra delas nos exercícios ao final do capítulo.

7.1.1 O problema da onisciência lógica

Antes de prosseguir, vamos falar sobre um conhecido e notável problema a respeito da caracterização de atitudes mentais, como conhecimento e crença, através de mundos possíveis e de proposições da forma como acabamos de fazer. Imagine que um indivíduo x em w_0 acredite (ou saiba) que uma proposição p qualquer seja verdadeira. Como vimos, suas alternativas doxásticas (ou epistêmicas) são um subconjunto de p. Imagine, agora, que p acarrete q, uma outra proposição. Neste caso, todos os mundos em que p é verdadeira são mundos em que q é verdadeira, ou seja, p é um subconjunto de q. Mas a relação de subconjunto é transitiva, ou seja, se DOX/EPIS$_{x,w_0}$ é subconjunto de p e p é subconjunto de q, então, DOX/EPIS$_{x,w_0}$ é um subconjunto de q:

(46) **Atitudes e acarretamento**

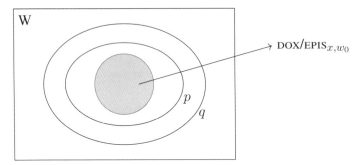

A consequência imediata disso é que se um indivíduo sabe (ou acredita em) uma proposição, ele também saberá (ou acreditará em) tudo que ela acarreta, ou seja, todas as suas consequências lógicas. Isso vale tanto para sofisticados e bem treinados matemáticos e lógicos, quanto para o mais singelo dos mortais.

A questão se coloca de forma mais dramática com proposições que são necessariamente verdadeiras. Todas elas, no quadro teórico que adotamos, são equivalentes a W, o conjunto de todos os mundos possíveis, como vimos no capítulo 3. Entram nessa categoria todos os teoremas das lógicas clássicas e da aritmética, por exemplo, dos mais simples aos mais complexos e impenetráveis para a maioria de nós. Sendo essa proposições equivalentes a W, as alternativas epistêmicas ou doxásticas de todo e qualquer indivíduo estarão contidas nelas, o que nos leva à consequência inevitável de que todos nós sabemos e acreditamos que elas são verdadeiras. Isso pode fazer bem ao ego, mas é difícil de aceitar sobriamente. Note, aliás, que há proposições matemáticas sobre as quais os matemáticos ainda se debruçam e que nem mesmo os intelectualmente superdotados conseguiram provar se são verdadeiras ou falsas. Um desses casos é conhecido como *Conjectura de Goldbach* e diz que todo número par maior que dois pode ser expresso como a soma de dois números primos. Aos que deixaram no passado o que aprenderam no ensino fundamental, números primos são números divisíveis apenas por 1 e por eles mesmos. São primos, portanto, 2, 5, 7, 11, etc. Eis alguns casos que instanciam a Conjectura de Goldbach: 4 = 2+2, 12 = 5+7, 18 = 7+11, 24 = 11+13. Até hoje, não se sabe de nenhum contra-exemplo, mas ninguém foi capaz de chegar a uma prova geral e o estatuto de mera conjectura permanece. Mas de um fato sabemos: ou a conjectura é verdadeira ou ela não é verdadeira. E sendo uma proposição matemática, se ela for verdadeira, ela será necessariamente verdadeira, ou seja, verdadeira em todos os mundos possíveis. E se ela for falsa, sua negação será necessariamente verdadeira. Isso nos leva à conclusão intrigante, porém inevitável em nosso quadro teórico, de que ao menos uma das sentenças abaixo é verdadeira, mesmo sendo Pedro possuidor apenas da mais elementar aritmética:

(47)   Pedro sabe/acredita que a Conjectura de Goldbach é verdadeira.

(48)   Pedro sabe/acredita que a Conjectura de Goldbach não é verdadeira.

O problema que acabamos de apresentar é conhecido nos círculos filosóficos como problema da onisciência lógica. Ele ataca de frente a modelagem de proposições, estados epistêmicos e estados doxásticos como meros conjuntos de mundos possíveis, a qual, como vimos, acaba por atribuir a todos nós conhecimento pleno de todas as verdades lógico-matemáticas. A postura de alguns filósofos e de vários semanticistas tem sido cautelosa a esse respeito: reconhecem o problema, e, se não enxergam uma solução óbvia para ele, continuam valendo-se deste quadro teórico em função de suas várias virtudes. De fato, como veremos nas seções a seguir, são várias as vantagens que a adoção de mundos possíveis e proposições baseadas neles trazem para uma série de questões relacionadas à modalidade, dentro e fora da linguística, e que muito contribuíram e continuam contribuindo para avanços nessas áreas.

7.1.2 Ambiguidades de dicto/de re

A semântica das construções com verbos de atitude nos levou para além do sistema extensional dos capítulos anteriores. Em uma sentença da forma 'X sabe/acredita que S', não é o valor de verdade de S que entra no cômputo das condições de verdade, mas a proposição que ela expressa. Como vimos, S ser verdadeira ou falsa no mundo real não é o que está em jogo (ainda que no caso de 'saber' isso seja pressuposto). O que está em jogo é o valor de verdade de S nos mundos compatíveis com o conhecimento ou com as crenças de X: a proposição expressa por S deve ser verdadeira em todos esses mundos epistemica ou doxasticamente determinados.

Essa não extensionalidade embutida na interpretação da oração subordinada também se revela no valor semântico de seus constituintes. Imagine, por exemplo, que João seja o melhor amigo de Maria, e que ela o considere uma pessoa exemplar. Mal sabe ela, porém, que João é um assassino frio e calculista, que tem aterrorizado a cidade ultimamente. Seu último crime foi o assassinato do prefeito, que estampou a manchete de todos os jornais da cidade. Entretanto, ninguém na cidade conhece a identidade do criminoso, incluindo Maria, que jamais imaginaria que seu amigo João seria capaz de algo tão bárbaro e condenável. Com esse cenário em mente, considere as duas sentenças a seguir:

(49) Maria acredita que seu melhor amigo é uma pessoa exemplar.

(50) Maria acredita que o assassino do prefeito é uma pessoa exemplar.

Claramente, (49) é verdadeira e (50) falsa, ainda que o melhor amigo da Maria e o assassino do prefeito sejam a mesma pessoa, João. O fato elementar por trás desse contraste é que Maria não acredita que seu melhor amigo seja o assassino do prefeito. Mais que isso, se perguntada a respeito, ela negaria veementemente que isso seja verdade. Nas alternativas doxásticas de Maria, seu melhor amigo é uma pessoa exemplar e não o assassino do prefeito. Sendo assim, as proposições expressas pelas orações subordinadas nos dois exemplos acima guardam relações distintas com as alternativas doxásticas de Maria:

(51) **As crenças da Maria**

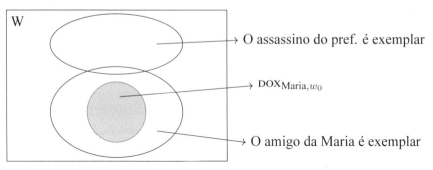

Como se vê, apenas a proposição de que seu seu melhor amigo é exemplar contém as alternativas doxásticas de Maria. Por isso, (49) é verdadeira, mas (50) falsa. As extensões dos constituintes das orações subordinadas, assim como a da própria oração, serão avaliadas nos mundos compatíveis com as crenças da Maria, não no mundo real. Isso fica claro quando explicitamos as condições para que (49) e (50) sejam verdadeiras no mundo real (w_0):

(52) $[\![(49)]\!]^{w_0} = 1$ sse em todos os mundos w' compatíveis com as crenças da Maria em w_0, o melhor amigo da Maria em w' é uma pessoa exemplar em w'.

(53) $[\![(50)]\!]^{w_0} = 1$ sse em todos os mundos w' compatíveis com as crenças da Maria em w_0, o assassino do prefeito em w' é uma pessoa exemplar em w'.

Note que a identidade do amigo ou do assassino no mundo real é irrelevante. O que entra nas condições é quem a Maria acredita que seja seu melhor amigo e quem ela acredita que tenha assassinado o prefeito.

Há casos, porém, que revelam uma certa flexibilidade das línguas naturais a respeito da interpretação de orações subordinadas a verbos de atitude mental. Considere, por exemplo, a seguinte a sentença a respeito dos desejos de Maria:

(54) Maria quer casar com um bombeiro.

Essa sentença descreve adequadamente dois tipos distintos de situação:

(55) **Situação 1:** Maria nunca conheceu um bombeiro na vida, mas está convicta que, por serem altruístas, eles são companheiros perfeitos e gostaria de se casar com um.

(56) **Situação 2:** Maria conheceu um bombeiro por quem se apaixonou e gostaria de se casar com ele. Ela sequer sabe que se trata de um bombeiro, profissão, aliás, que ela considera perigosa e ruim para um marido.

Intuitivamente, (54) seria verdadeira em ambas as situações. Se procedermos como fizemos anteriormente com os exemplos em (49) e (50), teremos o seguinte:

(57) $[\![(54)]\!]^{w_0} = 1$ sse em todos os mundos w' compatíveis com os desejos da Maria em w_0, existe um bombeiro em w' com o qual ela se casa em w'.

Essa interpretação, porém, contempla apenas a situação 1, descrita em (55). De acordo com ela, na passagem da oração principal para a subordinada, deslocamonos do mundo real para mundos em que a Maria se casa com um bombeiro. Mas e quanto à situação 2, descrita em (56), na qual (54) também seria verdadeira? Para esta situação, (57) não nos serve. Maria não deseja um marido bombeiro. As condições de verdade que almejamos seriam algo como o descrito a seguir:

202 **Semântica**

(58) $[\![(54)]\!]^{w_0} = 1$ sse existe um indivíduo x, tal que x é bombeiro em w_0, e em todos os mundos w' compatíveis com os desejos da Maria em w_0, ela se casa com x em w'.

Essa interpretação diz respeito a um indivíduo específico que, no mundo real, é um bombeiro. Maria quer casar com esse indivíduo. Nada, porém, se diz sobre a profissão dele nos mundos dos desejos da Maria. De acordo com a situação descrita em (56), inferimos inclusive que ela não acredita que ele é um bombeiro e nem desejaria que fosse. Interpretações como esta são chamadas de DE RE ('sobre a coisa', em latim). A coisa, no caso, é o indivíduo a que as condições de verdade em (58) fazem menção. Já a interpretação anterior, representada pelas condições de verdade em (57), é chamada de DE DICTO ('sobre o que se diz', em latim). A ideia por trás da terminologia é que o conteúdo da oração subordinada expressa, tal como dito, o conteúdo da atitude (o desejo, no caso) do sujeito da oração principal (Maria). Se Maria expressasse verbalmente seu desejo, ela diria algo como "eu quero me casar com um bombeiro".

Outras atitudes, como conhecimento e crença, também dão margem a este tipo de ambiguidade. Eis um exemplo com o verbo 'acreditar':

(59)   Pedro acredita que o pai da Maria é rico.

Há duas interpretações possíveis. Considere, primeiramente, a seguinte situação:

(60)   **Situação 1:** Pedro e Maria são colegas de faculdade. Ele sempre vê a Maria dirigindo carro importado, usando roupas caras e fica imaginando como deve ser bom ter um pai rico.

Essa situação está associada à interpretação *de dicto*, que é a interpretação mais natural para (59).

(61) $[\![(59)]\!]^{w_0} = 1$ sse em todos os mundos w' compatíveis com as crenças de Pedro em w_0, o pai da Maria em w' é rico em w'.

Note que a identidade do pai da Maria pode variar nas alternativas doxásticas de Pedro, já que Pedro não faz ideia de quem seja esse pai. Há, porém, uma outra interpretação, que corresponde à situação descrita à seguir:

(62)   **Situação 2:** João e Pedro são colegas de trabalho. Pedro sempre vê João dirigindo carro importado e usando roupas caras. Ele não sabe, mas João já é pai e tem uma filha chamada Maria.

Essa situação está associada à interpretação *de re*, que é uma interpretação um pouco menos saliente para (59):

(63) $[[(59)]]^{w_0} = 1$ sse o indivíduo x, que é o pai da Maria em w_0, é tal que em todos os mundos w' compatíveis com as crenças de Pedro em w_0, x é rico em w'.

Note que, neste caso, é a identidade do pai da Maria no mundo real que é relevante. É esse indivíduo que Pedro acredita ser rico, mas ele não precisa ser pai da Maria nas alternativas doxásticas de Pedro. Quem sabe que o indivíduo é o pai da Maria é o falante que profere a sentença e não Pedro, o referente do sujeito da oração principal.

A derivação das interpretações *de re* não é trivial. De certa forma, parte da oração subordinada parece ser interpretada como se não pertencesse a ela, mas à oração principal. No caso que acabamos de discutir, por exemplo, a descrição definida na posição de sujeito da oração subordinada foi avaliada semanticamente no mundo real, enquanto o restante da oração foi avaliado nos mundos compatíveis com as crenças de Pedro, o sujeito da oração principal.

Esquematizamos a seguir dois caminhos para a obtenção das condições de verdade apresentadas anteriormente. O primeiro apela ao tipo de movimento sintático que vimos no capítulo anterior, quando introduzimos a regra de alçamento de quantificadores. Essa regra operava no nível da forma lógica, deslocando um sintagma determinante para o topo de uma oração e deixando um vestígio coindexado em sua posição original, tudo isso sem reflexos fonológicos. Se aplicarmos essa operação de movimento ao DP 'o pai da Maria' de nosso exemplo anterior, chegaremos à seguinte estrutura:

(64) $[_{S'}$ $[_{DP}$ o pai da Maria$]_1$ $[_S$ Pedro acredita que $[$ t_1 é rico $]]]$

Tomando o mundo real como parâmetro de avaliação, o constituinte S será interpretado como um predicado, caracterizando os indivíduos que Pedro acredita serem ricos:

(65) $[[S]]^{w_0} = \{x \mid$ Pedro acredita em w_0 que x é rico$\}$

Já o DP deslocado, 'o pai da Maria', combinará semanticamente com (65) via predicação, resultando nas seguintes condições de verdade no mundo real:

(66) $[[S']]^{w_0} = 1$ sse $[[$o pai da Maria$]]^{w_0} \in [[S]]^{w_0}$

Como se pode notar, temos o que queríamos: a descrição definida será interpretada em relação ao mundo real. Com isso, será sua extensão x neste mundo que entrará no cômputo da proposição expressa pela oração subordinada. Esse indivíduo x, o pai da Maria no mundo real, deverá ser rico em todos os mundos compatíveis com as crenças de Pedro.

204 Semântica

Uma outra possibilidade é manter a descrição definida na oração subordinada, mas admitir uma mudança de parâmetro de avaliação para DPs em sentenças que complementam verbos de atitude:

(67)   [$_S$ Pedro acredita [que [$_{DP}$ o pai da Maria] é rico]]]

(68) $[\![$que o pai da Maria é rico$]\!]^{w_0} = \{w \mid$ o pai da Maria em $\boldsymbol{w_0}$ é rico em $\boldsymbol{w}\}$

Note os mundos que destacamos na representação da interpretação da oração subordinada. A descrição do DP sujeito é avaliada em w_0, o mundo real, diferente do mundo em que o predicado 'ser rico', é avaliado. Com isso, apenas a extensão de DP em w_0 entra na composição da interpretação proposicional da oração subordinada, que é o que queríamos.

Seja qual for a estratégia adotada, é difícil optar por uma delas em termos metodológicos. A primeira complica a sintaxe, fazendo uso de operações de movimento sem reflexos fonológicos e que, ao contrário dos casos de alçamento de quantificador vistos no capítulo anterior, retira um DP de sua oração para interpretá-lo à distância, no topo de uma outra oração. O benefício é que com esse expediente sintático não precisamos complicar a semântica, valendo-nos do aparato que já tínhamos para os casos de predicação mais simples. Já a segunda estratégia preserva a estrutura superficial da sentença, mantendo uma derivação sintática mais enxuta. Essa simplicidade, porém, requer uma complicação no componente semântico, interferindo na composicionalidade ao permitir que um DP pertencente a uma construção subordinada se comporte semanticamente como se pertencesse à oração principal.

Como se essas complicações não bastassem, casos semelhantes, mas envolvendo nomes próprios em vez de descrições definidas, acrescentam ainda mais mistérios ao juntar em uma mesma interpretação ingredientes *de dicto* e *de re*. Considere o seguinte cenário, que adaptamos da versão originalmente apresentada pelo filósofo W. V Quine: estamos na época da guerra fria. Rafael vê à distância um homem em atitude suspeita numa praia deserta e conclui que se trata de um espião. O homem em questão é Bernardo Orticoto. Mais tarde, na igreja do bairro, Rafael ouve um homem pregando e o toma como um líder comunitário respeitável, e portanto alguém que jamais seria um espião. Ele não sabe, mas aquele é o mesmo homem que ele viu mais cedo na praia, Bernardo Orticoto. Eis o mistério: as sentenças abaixo podem, ambas, ser verdadeiras simultaneamente, sem que isso implique na atribuição de crenças inconsistentes a Rafael!

(69)   Rafael acha que Bernardo é um espião.

(70)   Rafael acha que Bernardo não é um espião.

De partida, há a questão de que a extensão de nomes próprios não varia de mundo para mundo, tornando ineficaz a mera aplicação das possibilidades que vimos anteriormente em conexão com as ambiguidades *de dicto-de re*. O que temos nestes novos casos parece ser uma mistura de *de dicto* com *de re* em uma mesma interpretação: ao ver o indivíduo Bernardo andando na praia, Rafael formou uma crença sobre ele, mesmo sem saber exatamente de quem se tratava: a crença de que o homem que ele viu andando na praia era um espião. E ao ver o mesmo indivíduo Bernardo pregando na igreja, Rafael formou uma segunda crença sobre ele, também sem saber exatamente de quem se tratava: a crença de que o homem que ele viu na igreja era um respeitável cidadão (não um espião).

A questão semântica intrigante é que um nome próprio pertencente à oração que complementa um verbo de atitude proposicional parece poder ser substituído por uma descrição definida correspondendo à maneira como o agente identificou o indivíduo portador do nome:

(71)   Rafael acha que Bernardo é um espião. $\implies$
       Rafael acha que [o homem andando na praia] é um espião.

(72)   Rafael acha que Bernardo não é um espião. $\implies$
       Rafael acha que [o homem pregando na igreja] não é um espião.

Desnecessário dizer que implementar esse esquema interpretativo composicionalmente está longe de ser uma questão trivial. Indicaremos algumas leituras relevantes ao final do capítulo.

7.2   Verbos transitivos intensionais

O que vimos nas seções anteriores pode ser resumido da seguinte forma: verbos como 'acreditar' e 'saber' expressam atitudes proposicionais. Eles expressam relações entre proposições e indivíduos. Semanticamente, a oração subordinada contribui com a proposição e o sujeito da oração principal com o indivíduo participantes dessa relação. A natureza da relação é codificada na entrada lexical dos verbos.

Outros verbos que aparentam expressar atitudes mentais e que convidam a uma análise nos termos que vimos são 'querer', 'lamentar', 'necessitar' e 'esperar', seja no sentido de ter esperança, seja no sentido de ter expectativa. A ideia é que todos eles, a exemplo de 'saber' e 'acreditar', merecem ser chamados de verbos de atitude proposicional, expressando diferentes atitudes que um indivíduo pode ter perante uma proposição: conhecimento, crença, desejo, lamento, necessidade, esperança ou expectativa. O quadro teórico da semântica de mundos possíveis abre um leque de possibilidades de analise e muito tem sido feito nesse domínio e sob essa orientação teórica. Abre-se também a possibilidade de estender o tipo de análise que estamos discutindo para construções não oracionais, como o uso transitivo de alguns desses verbos:

206 **Semântica**

(73) Maria acredita em Deus.

(74) João quer um celular novo.

(75) Pedro precisa de uma secretária

Tomemos (75) como exemplo, comparando com outras construções transitivas:

(76) João namora uma secretária.

Notemos uma assimetria semântica encoberta pela semelhança sintática. Se (76) é verdadeira, então existe uma certa pessoa que é secretária e que Pedro namora. Podemos não saber quem é essa pessoa, mas se tivermos acesso aos fatos, podemos encontrá-la. Por outro lado, (75) pode ser verdadeira, mesmo que não exista nenhuma pessoa específica de que se possa dizer: o Pedro precisa dessa pessoa. O que a sentença veicula é algo como Pedro precisa ser secretariado, ou, talvez, Pedro precisa ter uma secretária. Esses aspectos semânticos convidam a uma análise proposicional baseada em mundos possíveis, na linha do que vimos para 'acreditar' ou 'saber'. Ao invés de alternativas doxásticas ou epistêmicas, que nos remetiam a mundos compatíveis com as crenças ou conhecimento de alguém, podemos nos deslocar para mundos em que as necessidades que um indivíduo x têm no mundo w são, todas elas, satisfeitas. Com isso, podemos pensar em uma interpretação para (75) nos seguintes termos:

(77) $[\![$Pedro precisa de uma secretária$]\!]^{w_0} = 1$ sse em todos os mundos w em que as necessidades de Pedro em w_0 são satisfeitas, Pedro tem uma secretária em w.

Note uma virtude desta análise: não se afirma a existência de uma certa secretária x no mundo real, tal que Pedro precisa especificamente de x. Ao contrário, as condições em (77) permitem que a secretária em questão varie de mundo para mundo. Isso captura corretamente o caráter não específico da necessidade de Pedro a que fizemos menção anteriormente. Há, claro, muitos detalhes a serem preenchidos. Qual seria a contribuição do DP objeto 'uma secretária'? De onde vem o conceito representado pelo verbo 'ter' usado em (77)? Note, a respeito disso, que esse verbo deverá ser entendido de maneira bastante vaga, de modo a permitir a interpretação correta para casos como os seguintes:

(78) a. João precisa de um táxi.
  b. João precisa de um médico.

Seria o verbo 'precisar' o mesmo verbo nas duas sentenças a seguir?

(79) a. João precisa que o governo pague seu salário.
  b. João precisa do governo.

São perguntas relevantes e que precisam ser discutidas antes que possamos afirmar que temos uma análise concreta em termos de mundos possíveis. Não almejamos aqui apresentar tal análise. O que quisemos com essa breve seção foi apenas dar ao leitor uma ideia do quão frutífero ou inspirador o quadro teórico dos mundos possíveis pode ser na análise semântica de expressões linguísticas que remetem a certas atitudes mentais tão caracterizadoras da psicologia humana.

7.3 Verbos modais

Nesta seção, vamos olhar para verbos conhecidos como auxiliares modais, às vezes chamados simplesmente de MODAIS. Esses verbos (e suas contrapartes em outras línguas) constituem, talvez, o caso de maior sucesso na aplicação linguística do quadro teórico baseado em mundos possíveis. Sua análise semântica nesses termos se deve, sobretudo, ao trabalho pioneiro da linguista Angelika Kratzer, iniciado nos anos 70 do século passado. Esse trabalho se estendeu às décadas seguintes, chegou aos dias de hoje e ainda desperta interesse e lança desafios mesmo às mais sofisticadas análises. Comecemos com alguns exemplos:

(80)   João **pode** estar em casa. A luz do quarto dele está acesa.

(81)   Pedro **tem que** se alistar nas forças armadas. Ele completa 18 anos este ano.

(82)   Você **deve** pegar um taxi até o aeroporto. É a opção com melhor custo-benefício nesta hora do dia.

Em todos esses casos, os verbos em destaque modalizam o conteúdo do restante das orações de que fazem parte:

(83)   É possível que João esteja em casa.

(84)   É necessário que Pedro se aliste nas forças armadas.

(85)   É recomendável que você pegue um táxi até o aeroporto.

Por modalização, entenda-se o fato de que, em nenhum desses casos, esse conteúdo sobre o qual o sentido dos predicados modais incide é apresentado como verdadeiro. Note que todas as sentenças acima podem ser verdadeiras sem que as partes que excluem as expressões modalizadoras o sejam. Em outras palavras, a verdade de (80)-(85) não nos informa sobre o valor de verdade de (86)-(88) a seguir:

(86)   João está em casa.

(87)   Pedro vai se alistar nas forças armadas.

(88)   Você vai pegar um táxi até o aeroporto.

208 **Semântica**

A análise de (80)-(82), ou de (83)-(85), requer um deslocamento modal, de modo que o valor de verdade de (86)-(88) não seja avaliado (apenas) no mundo real. É nesse sentido que evocaremos o aparato da semântica de mundos possíveis. Antes, porém, alguns pontos importantes e que nortearão as análises a seguir.

O primeiro ponto diz respeito à sintaxe das orações com verbos modais e que se manifesta em uma diferença clara entre (80)-(82), por um lado, e (83)-(85), por outro. Nessas últimas, os predicados da oração principal não têm sujeito e seus complementos são sentenciais. Isso deixa clara a natureza proposicional do argumento sobre o qual os predicados operam semanticamente. Já em (80)-(82), os verbos modais se posicionam entre o sujeito e um predicado infinitivo. Assumiremos, porém, que essa posição pré-verbal do sujeito é apenas um requerimento superficial da sintaxe do português. Semanticamente, esses sujeitos se conectam com o verbo infinitivo em uma estrutura argumental como a das orações não modalizadas em (86)-(88). Para (80)-(82), teremos:

(89) [pode [João estar em casa]]

(90) [tem que [Pedro se alistar nas forças armadas]]

(91) [deve [você pegar um taxi até o aeroporto]]

Assumiremos, portanto, que a forma lógica de orações com verbos modais é do tipo [V_{modal} XP], em que XP é um constituinte que engloba todo o restante da oração. É essa forma lógica que fornece a entrada para a interpretação semântica e é sobre ela que trabalharemos. O paralelismo semântico entre (80)-(82) e (83)-(85) fica acompanhado, portanto, de um paralelismo estrutural. Notemos, aliás, que o caráter proposicional do complemento desses verbos fica claro com exemplos envolvendo construções impessoais que não demandam sujeitos gramaticais.

(92) Pode/deve/tem que estar chovendo.

(93) Pode/deve/tem que ter mais de dez pessoas na sala.

Feitas essas considerações sintáticas, passemos à semântica dos verbos modais. A ideia central é que eles funcionam como operadores proposicionais que efetuam um deslocamento modal. Em (89), por exemplo, deslocamo-nos para os mundos compatíveis com as evidências que o falante tem. Em (90), deslocamo-nos para mundos em que as leis militares brasileiras são obedecidas. E em (91), deslocamo-nos para mundos em que você atinge sua meta de chegar ao aeroporto. Como já antecipamos, e como vimos nos casos dos verbos de atitude que analisamos em seções anteriores, a proposição que serve de complemento aos verbos modais será avaliada em mundos que extrapolam o real. Note, porém, uma diferença importante, que ilustramos com o par de exemplos a seguir:

(94) João **deve** permanecer no país este mês. Caso contrário, estará violando sua liberdade condicional.

(95) João **deve** permanecer no país este mês. Ele não tem nenhum show marcado no exterior.

Temos o mesmo verbo modal nos dois casos. Entretanto, as interpretações são distintas. No caso de (94), devemos nos deslocar para mundos em que as leis são respeitadas, enquanto no de (95), devemos nos deslocar para mundos compatíveis com as evidências de que o falante dispõe. Em (94), 'dever' significa algo como 'é obrigatório que', enquanto em (95), o mesmo verbo significa algo como 'é provável que'. No primeiro caso, falamos de uma interpretação ou leitura DEÔNTICA, no segundo, de uma interpretação ou leitura EPISTÊMICA. O termo 'deôntico' remete a obrigações e permissões relativas a algum tipo de prescrição legal ou moral. É o tipo de modalidade que encontramos em textos religiosos, moralistas e também nas gramáticas tradicionais, que nos informam como falar corretamente nosso idioma, tendo a norma culta como ideal. Já o termo epistêmico, que encontramos anteriormente com os verbos de atitude, remete ao conhecimento de um indivíduo. É a modalidade que encontramos em textos investigativos e na literatura policial: 'o culpado deve ser fulano'.

O verbo 'dever', como evidenciado em (94) e (95) é flexível em relação a essas interpretações. Essa flexibilidade vai além: como vimos em (82), um dos exemplos com que começamos esta seção, este verbo também pode expressar necessidade em relação a uma meta. É o que se chama de interpretação TELEOLÓGICA, termo de origem grega relacionado a finalidades ('telos' significa fim, em grego). Essa interpretação costuma ser realçada pela anteposição de orações adverbiais finais introduzidas pela conjunção 'para': 'para chegar ao aeroporto, você deve pegar um táxi'. Flexibilidade semelhante se nota com os outros verbos modais, 'poder' e 'ter que':

(96) a. Você não pode estacionar nesta vaga. Ela é reservada a idosos.
b. Pedro pode estar em uma reunião. Ele não está atendendo o celular.

(97) a. Você tem que pegar um táxi. O aeroporto fica longe e o transporte público não funciona neste horário.
b. O criminoso tem que estar no prédio. As câmeras de segurança não registraram ninguém saindo nas últimas horas.

Em (96), vemos usos do verbo 'poder' com sentido deôntico em (96a) e epistêmico em (96b). Em (97), o verbo 'ter que' tem sentido teleológico em (97a) e epistêmico em (97b). E esses são apenas alguns dos sabores modais que esses verbos podem expressar. Dentre outros, temos ainda a expressão de potencialidades vinculadas a

210 Semântica

certas peculiaridades ou circunstâncias de uma localidade, como (98), por exemplo, ou de habilidades ou capacidades físicas de um indivíduo, como em (99):

(98) Pode-se cultivar café nessa área. O solo é fértil, o clima é ameno, etc.

(99) Carlos pode levantar um carro com os braços. Ele é incrivelmente forte.

Essa flexibilidade distingue verbos modais dos verbos de atitude proposicional, como 'acreditar', 'saber' e 'querer', em que os mundos para os quais nos deslocamos são determinados lexicalmente. Além disso, essa flexibilidade é comum a várias línguas (ainda que haja variação intra e trans-linguística a esse respeito) e não parece uma boa ideia analisar os fatos acima como um caso de mera ambiguidade lexical, como a de palavras como 'manga' ou 'banco', que discutimos no capítulo 1. Seria uma incrível coincidência que muitas línguas, inclusive línguas não aparentadas entre si, manifestassem a mesma semelhança de formas para veicular diferentes tipos de significado.

A ideia que vamos implementar é que essa flexibilidade na expressão de diversos sabores modais é reflexo de uma dependência contextual embutida na semântica dos verbos modais. Trata-se de algo como o que observamos com pronomes pessoas de terceira pessoa, como 'ele' e 'ela'. Esses pronomes se referem a indivíduos, mas essa referência varia com o contexto de fala. Se estamos falando sobre Pedro, o pronome vai se referir a Pedro. Se estamos falando sobre João, o pronome vai se referir a João, e assim por diante.

Para um verbo modal, vamos dizer que sua interpretação é sensível a uma RELAÇÃO DE ACESSIBILIDADE e que a natureza desta relação é determinada pelo contexto de fala. Se estivermos falando de leis, teremos uma relação deôntica; se estivermos falando de evidências, teremos uma relação epistêmica; e assim por diante. Em termos já um pouco mais formais, quando aplicada a um certo contexto c, uma relação de acessibilidade fornece um conjunto de mundos possíveis:

(100) $\text{DEON}_c = \{ w \mid \text{as leis em } c \text{ são obedecidas em } w \}$

(101) $\text{EPIS}_c = \{ w \mid w \text{ é compatível com as evidências disponíveis ao falante em } c \}$

DEON nos remete a mundos deonticamente ideais, em que todas as leis em questão são obedecidas. Já EPIS remete a mundos cujos fatos correspondem às evidências disponíveis ao falante. Outras relações remeterão a outros mundos possíveis. O papel semântico das relações de acessibilidade é especificar o tipo de modalidade expressa por um verbo modal em um determinado contexto de fala. Indicaremos a natureza da relação com uma marcação subscrita ao verbo: $\text{pode}_{\text{DEON}}$ indica que a modalidade em questão é a deôntica; $\text{pode}_{\text{EPIS}}$ que é a epistêmica, e assim por diante. Verbos modais associados a relações de acessibilidade funcionarão como operadores proposicionais.

Comecemos com dois exemplos com interpretação deôntica, referentes às regras de conduta em uma certa penitenciária:

(102)   Os prisioneiros podem voltar para as celas às 20hs.
         "**Em alguns mundos** w compatíveis com as leis, os prisioneiros voltam pra cela às 20hs."

(103)   Os prisioneiros têm que voltar para as celas às 20hs.
         "**Em todos os mundos** w compatíveis com as leis, os prisioneiros voltam pra cela às 20hs.

Note os termos em destaque na representação das condições de verdade. Deonticamente, o verbo 'poder' expressa permissão. Modelamos essa noção através de uma quantificação existencial sobre mundos possíveis ('em alguns mundos ...'). A relação de acessibilidade nos fornece os mundos deonticamente ideais. O verbo modal nos informa que em alguns desses mundos, os presos voltam para suas celas às 20 horas. Já o verbo 'ter que' expressa obrigação. Modelamos essa noção deôntica através de uma quantificação universal sobre mundos possíveis ('em todos os mundos ...'). Novamente, a relação de acessibilidade nos leva aos mundos deonticamente ideais. Só que agora, todos esses mundos são mundos em que os presos retornam às celas às 20hs.

A diferença entre 'poder' e 'ter que' diz respeito ao que se chama de FORÇA MODAL. 'ter que' é mais forte que 'poder'. Diferentemente do sabor modal, que é dependente do contexto, a força é inerente ao verbo, ou seja, é parte integrante de seu significado lexical. Ao passarmos do domínio deôntico para o epistêmico, por exemplo, essa diferença na força modal expressa pelos verbos se mantém:

(104)   O criminoso ainda pode estar no prédio.
         '**Em alguns mundos** w compatíveis com as evidências disponíveis, o criminoso ainda está no prédio.'

(105)   O criminoso ainda tem que estar no prédio.
         '**Em todos os mundos** w compatíveis com as evidências disponíveis, o criminoso ainda está no prédio.'

Nesses casos, 'poder' expressa mera possibilidade perante as evidências, ao passo que 'ter que' é mais forte, expressando necessidade perante as mesmas evidências. Já o verbo 'dever' expressa uma força intermediária:

(106)   O criminoso ainda deve estar no prédio.

Intuitivamente, (106) é mais forte que (104) e mais fraca que (105), remetendo à noção de probabilidade: dadas as evidências, é mais provável que o criminoso esteja dentro do que fora do prédio. As evidências, neste caso, são menos conclusivas que

212 **Semântica**

em (105). Essa assimetria também se revela em outros sabores modais, como o teleológico:

(107) Para ir até o aeroporto, você deve pegar um táxi.

(108) Para ir até o aeroporto, você tem que pegar um táxi.

(107) soa como uma recomendação: ir de táxi é mais satisfatório do que não ir de táxi. Já (108) soa mais categórica: se você tem a intenção de chegar ao aeroporto, é necessário pegar um taxi.

Verbos modais como 'poder' são chamados de modais de possibilidade, justamente pela natureza da força que expressam. Na mesma linha, modais como 'ter que' são chamados de modais de necessidade. Já modais como 'dever' são mais controversos, seja na terminologia, seja na caracterização precisa de sua força. Tornou-se relativamente comum chamá-los de modais de necessidade fraca. Sendo de necessidade, são mais fortes que os de mera possibilidade. Sendo fracos têm uma força aquém daquela dos de necessidade plena ou forte.

Passando à formalização da composição semântica nas orações com verbos modais, o papel de operadores modais desses verbos pode ser representado via quantificação sobre mundos possíveis restringida por relações de acessibilidade R fornecidas pelo contexto. Vamos representar genericamente o conjunto dos mundos tornados acessíveis a partir de um mundo w em um contexto de fala c por $R_{c,w}$ e o complemento sintático do verbo por φ:

(109) $[\![\text{pode}_R\ \varphi]\!]^w = 1$ sse
em alguns mundos w' pertencentes a $R_{c,w}$, $[\![\varphi]\!]^{w'} = 1$

(110) $[\![\text{tem que}_R\ \varphi]\!]^w = 1$ sse
em todos os mundos w' pertencentes a $R_{c,w}$, $[\![\varphi]\!]^{w'} = 1$

A ação de deslocamento modal efetuada pelos verbos fica evidente quando notamos que a verdade de seus complementos φ está sendo avaliada em relação a mundos w', e não em relação ao mundo w, que é o mundo no qual estamos avaliando a verdade da construção modal inteira.

Uma outra maneira de representar as condições de verdade das estruturas modais com 'poder' e 'ter que' é a seguinte:

(111) $[\![\text{poder}_R\ \varphi]\!]^w = 1$ sse $R_{c,w} \cap p_\varphi \neq \varnothing$

(112) $[\![\text{ter que}_R\ \varphi]\!]^w = 1$ sse $R_{c,w} \subseteq p_\varphi$

(111) e (112) dizem a mesma coisa que (109) e (110), respectivamente. Dizer, como em (111), que a interseção entre $R_{c,w}$ e p_φ não é vazia é o mesmo que dizer que existem mundos pertencentes a $R_{c,w}$ em que p_φ é verdadeira. E dizer, como em (112), que $R_{c,w}$ está contida em p_φ é o mesmo que dizer que p_φ é verdadeira em em todos

os mundos pertencentes a $R_{c,w}$. Note ainda que a contribuição do complemento dos verbos modais se dá através das proposições que eles expressam, e não por seus valores de verdade em w. Apliquemos tudo isso a um par de exemplos interpretados epistemicamente:

(113)   O criminoso pode estar no prédio.
        [$_S$ pode [$_\varphi$ o criminoso estar no prédio]]
        $[\![S]\!]^{w_0} = 1$ sse
        em alguns mundos w' pertencentes a EPIS_{c,w_0},
                    o criminoso ainda está no prédio em w'

(114)   O criminoso tem que estar no prédio.
        [$_S$ tem que [$_\varphi$ o criminoso estar no prédio]]
        $[\![S]\!]^{w_0} = 1$ sse
        em todos os mundos w' pertencentes a EPIS_{c,w_0},
                    o criminoso ainda está no prédio em w'

Enfatizamos mais uma vez a passagem de w_0, o mundo real e em relação ao qual a verdade do constituinte inteiro está sendo avaliada, para w', um dos mundos em relação aos quais a verdade do complemento φ está sendo avaliada. Esse é, na essência, o papel de um operador modal.

Recomendações de leitura

Para uma apresentação informal das ideias e motivações da semântica intensional, ver Gamut (1991), capítulo 1 do volume 2. Para uma introdução mais extensa, ver Von Fintel & Heim (2011), que inclui um capítulo dedicado às sentenças condicionais, tópico complexo e importante que não cobrimos neste capítulo. Sobre a semântica dos verbos de atitude proposicional, ver Grano (2021).

Os trabalhos clássicos sobre modalidade e verbos modais de Angelika Kratzer são Kratzer (1981, 1991). Para uma excelente introdução às ideias de Kratzer e à modalidade no âmbito das línguas naturais, ver Portner (2009). Para uma apresentação com um viés mais descritivo e tipológico, ver Palmer (2001).

214 **Semântica**

Exercícios

1. Proponha uma entrada lexical para o verbo 'querer' nos moldes do que vimos neste capítulo para os verbos 'saber' e 'acreditar'.

2. Com base na entrada lexical proposta no exercício anterior, calcule, passo a passo, as condições de verdade da sentença 'Pedro quer que João trabalhe'.

3. Compare os dois diálogos entre A e B a seguir e descreva em palavras o estado epistêmico do Pedro correspondente à resposta de B em cada caso. Em seguida, represente estes estados através de diagramas:

   (i) **A:** O Pedro já sabe que a Maria está grávida?
   B: Não.

   (ii) **A:** O Pedro já sabe se a Maria está grávida?
   B: Sim.

4. Considere sentenças como 'Pedro acredita ser um gênio' ou 'Pedro quer ser um rei'. Essas sentenças trazem uma dificuldade ao aparato formal usado neste capítulo para interpretar sentenças com os verbos 'acreditar' e 'querer'. Qual é essa dificuldade? Proponha uma maneira de eliminá-la ou reduzi-la.

5. Observe as duas inferências a seguir:

   (a) Pedro acredita que a cabeça da Maria vai parar de doer. Então, Pedro acredita que a cabeça da Maria está doendo.

   (b) Pedro acredita que vai morrer dormindo. Então, Pedro acredita que vai morrer.

   Você acha que essas inferências são válidas ou não? O que a entrada lexical de 'acreditar' deste capítulo prevê?

6. Observe, agora, estas duas outras inferências:

   (a) Pedro quer que a cabeça da Maria pare de doer. Então, Pedro quer que a cabeça da Maria esteja doendo.

   (b) Pedro quer morrer dormindo. Então, Pedro quer morrer.

Você acha que essas inferências são válidas ou não? O que a entrada lexical para 'querer' que você propôs no primeiro exercício prevê?

7. Compare o sentido das duas sentenças a seguir:

(S_1) Maria não acredita que fará calor no final de semana.

(S_2) Maria acredita que não fará calor no final de semana.

Valendo-se da entrada lexical do verbo 'acreditar' vista neste capítulo, calcule as condições de verdade de S_1 e de S_2. Há alguma diferença entre elas? Qual valor de verdade elas postulam no caso de Maria não ter opinião formada sobre as temperaturas do final de semana? O que a sua intuição diz a respeito? Discuta.

8. Forneça as interpretações *de dicto* e *de re* atribuíveis à sentença 'João acredita que o marido da Maria é solteiro.' Qual delas atribui crenças contraditórias ao João? Descreva um cenário que torne a interpretação *de re* verdadeira.

9. Considere as expressões 'é necessário que' e 'é possível que'. Trace paralelos entre elas e os modais 'poder' e 'ter que' em termos de forças e de sabores modais.

10. Compare as sentenças (a)-(c) a seguir:

(a) Você não pode participar da festa da empresa.

(b) Você pode não participar da festa da empresa.

(c) Você não tem que participar da festa da empresa.

Quais delas são sinônimas? O que elas expressam em termos modais? Considere, agora, a sentença (d):

(d) Você não pode não participar da festa da empresa.

O que (d) expressa? Como você expressaria o seu sentido usando o modal 'ter que'?

11. Na última seção deste capítulo, parafraseamos a interpretação deôntica da sentença 'Os prisioneiros têm que voltar para as celas às 20hs' da seguinte forma: em todos os mundos *w* compatíveis com as leis, os prisioneiros voltam pra cela às 20hs. Prisioneiros, entretanto, são

indivíduos que (presume-se) cometeram infrações. Sendo assim, não deveria haver prisioneiros em mundos compatíveis com as leis! Como você resolveria esse dilema?

12. Hans é um amigo alemão que está no Brasil. Imagine que eu saiba que ele está no país há exatos seis meses e que não tem visto de permanência, mas que eu não saiba quanto tempo a lei permite que um estrangeiro fique no país sem visto. Antes de verificar essa informação para ele, eu o alerto com a sentença a seguir:

(S) Você pode ter que deixar o Brasil.

Essa sentença contém dois verbos modais. Quais os sabores modais atrelados a cada um deles? Quais as condições de verdade de (S) quando usada no contexto acima.

8 Para além do agora: temporalidade

Um dos traços mais notáveis das línguas humanas é a possibilidade que elas nos dão de expressar as coisas não apenas como elas são, mas também como eram ou serão. Podemos falar não apenas do que está acontecendo enquanto se fala, mas também do que já aconteceu ou ainda acontecerá. Se os recursos modais que investigamos no capítulo anterior nos permitiam deslocarmo-nos para além do meramente real, os recursos temporais que analisaremos neste capítulo nos permitem extrapolar o agora, deslocando-nos para o passado ou para o futuro, sejam eles próximos ou distantes. Em português, a principal manifestação da temporalidade se dá nos tempos verbais, que serão nosso objeto de estudo:

(1) a. João mora na China.
     b. João morou na China.
     c. João morará na China.

(2) a. Pedro está escrevendo um livro.
     b. Pedro escreveu um livro.
     c. Pedro escreverá um livro.

Presente, pretérito e futuro nos permitem transitar na linha do tempo, expressando como o mundo foi, é e será. Mas há mais no domínio linguístico da temporalidade. Podemos falar de um acontecimento passado como terminado ou como ainda em curso em um dado momento:

(3) a. Pedro escreveu seu primeiro livro no ano em que Maria o conheceu.
     b. Pedro estava escrevendo um livro quando Maria o conheceu.

Ou ainda usarmos um certo instante do passado como referência e, a partir dele, movermo-nos ainda mais para trás na linha do tempo:

(4) Quando Maria o conheceu, Pedro já tinha escrito seu primeiro livro.

218 **Semântica**

Pretérito perfeito, imperfeito e mais-que-perfeito nos permitem expressar um mesmo acontecimento a partir de diferentes perspectivas. É o que se chama de aspecto verbal e que também analisaremos nas seções seguintes.

Se, ao invés de retrospectivos, quisermos adotar uma atitude prospectiva em relação ao tempo, temos o futuro:

(5)   a.   Pedro se mudará para a China em duas semanas.

         b.   Quando o vi pela última vez, Pedro me disse que se mudaria para a China em duas semanas.

Futuro do presente e do pretérito nos permitem mover adiante no tempo, a partir de uma certa referência, que pode ser o momento de fala ou algum momento do passado. E se o deslocamento temporal não nos bastar, podemos combiná-lo com o deslocamento modal que já estudamos. Modalidade e temporalidade podem se manifestar juntas, constituindo um poderoso recurso de afastamento do nosso aqui e agora:

(6)   a.   Talvez Pedro estivesse doente naquele dia.

         b.   Pedro deveria ter consultado um médico.

Tempos subjuntivos e infinitivos se juntam às formas indicativas trazendo recursos adicionais para falarmos sobre possibilidades passadas e futuras.

Antes de encerrar esta apresentação, nunca é demais lembrar que o tempo verbal é apenas uma das manifestações da temporalidade nas línguas. Advérbios ('ontem', 'amanhã'), substantivos ('passado', 'futuro'), adjetivos ('anterior', 'posterior'), preposições ('desde', 'após'), e até afixos ('ex-') contribuem para a vastidão de um terreno do qual exploraremos apenas uma pequena fração.

8.1 Tempos e tempos

Usamos o tempo verbal para falar do tempo. Usamos o pretérito para falar de acontecimentos pretéritos, o presente para falar do presente e o futuro para falar do futuro. A palavra tempo, e outras relacionadas a ela, são ambíguas. Podem remeter tanto a uma forma linguística quanto a um conceito extralinguístico. Línguas como o inglês são mais generosas e distinguem entre 'tense' e 'time', forma e conteúdo temporais. O português é mais econômico nesse aspecto. Poderíamos falar de tempo linguístico e tempo conceitual, mas, na maior parte do tempo (!), deixaremos que o contexto se encarregue de elucidar em que sentido estamos empregando a palavra.

Se o tempo verbal é uma expressão linguística, o que é o tempo conceitual? Trata-se de uma pergunta misteriosa que assombrou intelectuais das mais variadas estirpes, incluindo filósofos, lógicos, psicólogos e teólogos. É conhecido o dilema expresso por Santo Agostinho: 'o que é, por conseguinte, o tempo? Se ninguém me perguntar, eu sei; se o quiser explicar a quem me fizer a pergunta, já não sei'. Essa é, de fato, daquelas perguntas que nos deixam desnorteados. Não temos a pretensão e nem a intenção de respondê-la neste livro. Assumiremos simplesmente que o tempo existe, e que falamos dele quando empregamos um tempo verbal qualquer. Será a partir desta pressuposição que nossas análises semânticas serão concebidas. Para torná-las mais explícitas, dentro do espírito formal que estamos adotando, vamos partir de um domínio que nos servirá de base. Junto ao domínio D dos indivíduos e o domínio W dos mundos possíveis, postularemos um domínio T dos intervalos de tempo. Esses domínios constituem nossa ontologia, aquilo que assumimos existir, ou, nos termos do linguista Emmon Bach, aquilo que falamos como se existisse. Junto com os valores de verdade – $\{0, 1\}$ – D, W e T formam a base sobre a qual nossa semântica se constrói com seus sentidos (intensões) e referências (extensões).

Sobre o domínio T, vamos assumir que ele se estrutura como uma linha contínua que não tem início nem fim. Nessa estrutura linear, ou linha do tempo, situam-se os elementos de T. São os INTERVALOS DE TEMPO, que correspondem a porções contínuas dessa linha:

(7) T e um intervalo t

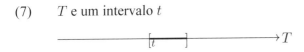

Definiremos duas relações entre intervalos: anterioridade, ou precedência, ($<$) e inclusão ($\subset$), ilustradas a seguir:

(8)   *Precedência* ($t_1 < t_2$)

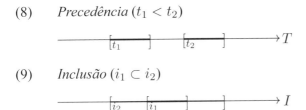

(9)   *Inclusão* ($i_1 \subset i_2$)

Intervalos mínimos, sem duração, correspondem a pontos na linha do tempo, os quais chamaremos de MOMENTOS. Vamos nos referir ao intervalo correspondente à duração do proferimento de uma sentença como o MOMENTO DE FALA. Ainda que, rigorosamente falando, qualquer proferimento perdure por alguns instantes, é comum tomá-lo como um todo indivisível e instantâneo. Representaremos intervalos de tempo pela letra t, acompanhada ou não de superscritos: t, t', t'', etc. Um momento de fala será representado por t_0. Não se trata, claro, de um ponto fixo na linha do tempo. Ao contrário, a cada proferimento corresponde um momento de

220 **Semântica**

fala. Proferimentos feitos em momentos distintos constituirão momentos de fala distintos.

8.2 Sobre a sintaxe do tempo

Do ponto de vista morfológico, os tempos verbais do português se manifestam como sufixos ou desinências gramaticais que dão a um radical verbal marcas de tempo, modo, número e pessoa. Como nosso interesse estará na marcação de tempo, vamos ignorar esses outros aspectos e nos referir às desinências verbais simplesmente como marcações de tempo. Do ponto de vista sintático, assumiremos que essas desinências estão hospedadas em um núcleo T que projeta constituintes TP (do inglês, 'tense phrase'). Esse núcleo T se combina com sintagmas verbais (VPs) que contêm um verbo e todos os seus argumentos:

(10) João ama Maria.
      [$_{TP}$ PRES [$_{VP}$ João amar Maria]]

(11) João amou/amava Maria.
      [$_{TP}$ PRET [$_{VP}$ João amar Maria]]

(12) João amará Maria.
      [$_{TP}$ FUT [$_{VP}$ João amar Maria]]

Ignore, por enquanto, a distinção entre os pretéritos perfeito, imperfeito e mais-que-perfeito. Falaremos dela mais adiante. Para tornar as representações mais legíveis, vamos usar a forma infinitiva para representar predicados verbais desprovidos de especificação temporal, como já se vê nos exemplos acima. Poderíamos, para o verbo 'amar', por exemplo, usar algo como 'am-', deixando mais claro que trata-se apenas da raiz verbal, mas isso tornaria as representações um pouco truncadas.

Para a interface sintaxe-semântica, as representações acima nos bastam e serão elas o *input* estrutural que alimentará o componente interpretativo do qual começaremos a falar na próxima seção. Já do ponto de vista morfossintático, vamos assumir que regras gramaticais do português são responsáveis pela junção do radical verbal com a desinência de tempo e a anteposição do sujeito a esse complexo verbal, resultando em algo como a estrutura a seguir:

(13) [$_{TP}$ Sujeito T+V [$_{VP}$ t_{suj} t_V ...]]

Marcamos as posições originais do sujeito e do verbo com vestígios t_{suj} e t_V, respectivamente. É essa estrutura sintaticamente transformada que alimentará o componente fonológico, resultando na pronúncia do sujeito seguido de V+T, ou seja, do radical verbal acrescido de suas desinências, constituindo uma palavra completa.

8.3 Operadores temporais

Intuitivamente, o papel dos tempos verbais é localizar situações descritas pelo sintagma verbal na linha do tempo. Em orações principais, que têm o momento de fala como referência, eles localizarão essas situações como anteriores, posteriores ou concomitantes ao momento de fala. Para implementar essas intuições, vamos relativizar extensões em geral, e os valores de verdade em particular, a intervalos de tempo, exatamente como já fazemos com mundos possíveis: $[\![\ ]\!]^{w,t}$. Um verbo como 'amar', por exemplo, receberá a seguinte análise:

(14) $[\![amar]\!]^{w,t} = \{\langle x, y \rangle \mid y \text{ ama } x \text{ no mundo } w \text{ no tempo } t\}$

Note a presença de t do lado direito da igualdade, indicando que a extensão deste verbo varia a depender da escolha de t. Pessoas que se amam hoje, podem não ter se amado no passado ou deixar de se amar no futuro. Já para nomes próprios como 'João' e 'Maria', vamos simplificar e assumir que suas extensões não variam no tempo:

(15) $[\![João]\!]^{w,t} = João$
$[\![Maria]\!]^{w,t} = Maria$

Ao combinarmos o verbo 'amar' com seus argumentos, o resultado será um sintagma verbal ainda sem flexão temporal e que terá por extensão um valor de verdade:

(16) $[\![João \text{ amar } Maria]\!]^{w,t} = 1$ *sse* João ama Maria no mundo w no tempo t

Passemos, agora, aos tempos verbais, que são o foco deste capítulo. Assim como os verbos modais do capítulo anterior, tempos verbais serão tratados como operadores. Ao invés de operadores modais, que manipulam o parâmetro w, teremos operadores temporais, que manipulam o parâmetro t. Eis, a seguir, uma primeira proposta para a semântica dos tempos pretérito, futuro e presente:

(17) $[\![\text{PRET } \phi]\!]^{w,t} = 1$ *sse* existe um intervalo t' anterior a t, tal que $[\![\phi]\!]^{w,t'} = 1$

(18) $[\![\text{FUT } \phi]\!]^{w,t} = 1$ *sse* existe um intervalo t' posterior a t : tal que $[\![\phi]\!]^{w,t'} = 1$

(19) $[\![\text{PRES } \phi]\!]^{w,t} = 1$ *sse* $[\![\phi]\!]^{w,t} = 1$

Note a mudança de t para t', com $t' \neq t$, nas definições do pretérito e do futuro. É a formalização do deslocamento temporal de que falamos informalmente até aqui. Note ainda que o tempo presente é temporalmente vácuo, apenas passando adiante o parâmetro interpretativo t. Note, por fim, que nenhum dos tempos verbais manipula o parâmetro w. De fato, não é papel dos tempos verbais deslocar-nos para outros mundos possíveis. Sendo assim, e por estarmos lidando com questões exclusivamente temporais neste capítulo, omitiremos, por simplicidade, o parâmetro w, usando $[\![\ ]\!]^t$ ao invés de $[\![\ ]\!]^{w,t}$. Trata-se, porém, de mera conveniência notacional, ficando sempre subentendida a relativização das extensões a w. Vejamos um exemplo de oração simples:

(20)   Pedro morou na China.
   [$_{TP}$ PRET [$_{VP}$ Pedro morar na China]]

Notemos mais uma vez que VP, por já conter o verbo e todos os seus argumentos terá por extensão um valor de verdade que varia com o tempo. Para qualquer intervalo t':

(21) $[\![VP]\!]^{t'} = 1$ sse Pedro mora na China em t'

Passando ao tempo verbal e à interpretação de TP, teremos, de acordo com (17) e (21), o seguinte:

(22) $[\![TP]\!]^t = 1$ sse existe um intervalo t' anterior a t, tal que $[\![VP]\!]^{t'} = 1$
   $[\![TP]\!]^t = 1$ sse existe um intervalo t' anterior a t, tal que Pedro mora na China em t'

Note que não há menção ao momento de fala nestas condições de verdade. O papel semântico que demos aos três tempos verbais foi apenas o de deslocamento relativo na linha do tempo. O pretérito, por exemplo, introduz apenas uma relação de anterioridade, sem impor nenhum intervalo específico a partir do qual essa anterioridade deve ser computada.

Para incorporar o momento de fala à análise, vamos assumir que sempre que uma sentença S for proferida, seu valor de verdade será computado em relação ao intervalo desse proferimento, ou seja, ao momento de fala (t_0). Sendo assim, tomando t_0 como referência temporal, e deixando subentendido w_0, o mundo real e em relação ao qual a oração é interpretada, teremos o seguinte para TP em (21):

(23) $[\![TP]\!]^{t_0} = 1$ sse existe um intervalo t' anterior a t_0, tal que $[\![VP]\!]^{t'} = 1$
   $[\![TP]\!]^{t_0} = 1$ sse existe um intervalo t' anterior a t_0, tal que Pedro mora na China em t'

A sentença será verdadeira (em relação ao momento de seu proferimento) se, e somente se, Pedro tiver morado na China em algum intervalo de tempo anterior a esse momento de fala. Por quanto tempo ele morou naquele país, ou mesmo se ele mora lá no momento de fala, não sabemos. (23) é silenciosa a esse respeito.

8.3.1 Modificação temporal

A ideia de deslocamento temporal que acabamos de implementar e aplicar à semântica dos tempos verbais pode ser usada também com outras expressões do domínio temporal. A título de ilustração, analisamos a seguir adjuntos adverbiais da forma 'em X' em que X nomeia algum intervalo de tempo, como 'em 1999' ou 'no ano em que o Brasil foi descoberto pelos portugueses'. Sintaticamente, vamos tratar essas expressões como sintagmas preposicionais (PPs) adjungidos a VP:

(24) Pedro morou na China em 1999.
[TP PRET [VP [VP Pedro morar na China] [PP em 1999]]]

(25)

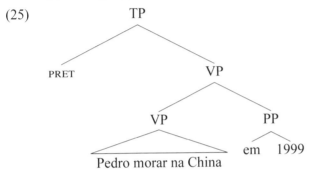

Semanticamente, vamos tratar esses PPs fazendo uso do parâmetro interpretativo temporal:

(26) $[\![\text{VP em 1999}]\!]^{t'} = 1$ sse $[\![\text{VP}]\!]^{t'} = 1$ e $t' \subseteq 1999$
$[\![\text{Pedro morar na China em 1999}]\!]^{t'} = 1$ sse Pedro mora na China em t' e $t' \subseteq 1999$

Note que o papel do PP foi o de restringir o parâmetro t, limitando seus valores a intervalos contidos no ano de 1999. Integrando o tempo verbal e o momento de fala, teremos:

(27) $[\![\text{Pedro morou na China em 1999}]\!]^{t_0} = 1$ sse
existe um intervalo t' anterior a t_0, tal que Pedro mora na China em t' e $t' \subseteq 1999$

Como se vê, para que a sentença seja verdadeira quando proferida, é necessário que Pedro tenha morado na China durante pelo menos uma parte do ano de 1999. Isso, porém, não é suficiente. De acordo com (27), o ano de 1999 deve ser anterior ao momento de fala, o que parece razoável. O papel do tempo em orações principais é justamente o de localizar situações ou acontecimentos em relação ao momento de fala. A esse respeito, veja o que acontece quando substituímos o tempo pretérito pelo tempo futuro neste exemplo:

224 Semântica

(28)   Pedro morará na China em 1999.

(29) $[\![(28)]\!]^{t_0} = 1$ sse
existe um intervalo t posterior a t_0, tal que Pedro mora na China em t e $t \subseteq$ 1999

Do ponto de vista estritamente semântico, não há nada incoerente com essas condições de verdade. A estranheza que você provavelmente notou vem do fato de o ano de 1999 já ter passado, ou seja, de 1999 ser anterior ao momento em que esta sentença foi digitada e, portanto, ao momento em que você a está lendo. Nada de estranho seria notado se a mesma sentença fosse proferida em algum momento anterior ao ano de 1999. Como já dissemos, o momento de fala, t_0, não é um ponto pre-fixado na linha do tempo, mas varia de proferimento para proferimento. A posterioridade mencionada em (29) é relativa ao momento em que a sentença é proferida, exatamente como queremos que seja em orações principais.

Podemos assumir que a estranheza de que estamos falando seja fruto de uma anomalia semântico-pragmática, fruto de uma exigência de que 'nomes' de intervalos de tempo, como '1999' ou '2150', quando estiverem sob o escopo de um tempo verbal pretérito ou futuro, devam sempre ter como extensões intervalos anteriores ou posteriores ao momento de proferimento da sentença. Sendo assim, tanto (28) quanto (30) a seguir serão pragmaticamente anômalas quando proferidas entre os anos de 1999 e 2150, por exemplo.

(30)   Pedro morou na China em 2150.

(31) $[\![$Pedro morou na China em 2150$]\!]^{t_0} = 1$ sse
existe um intervalo t' anterior a t_0, tal que Pedro mora na China em t' e $t' \subseteq$ 2150

Como se pode ver das condições de verdade associadas às sentenças, do ponto de vista estritamente semântico, tanto (28) quanto (30) serão falsas nestas circunstâncias. Como veremos nas próximas seções, a relação entre a semântica dos tempos verbais e o momento de fala é ainda mais complexa do que o que acabamos de ver, o que nos levará a algumas revisões importantes.

8.4   Tempo subordinado

Considere a sentença a seguir, em que uma oração relativa com tempo presente está subordinada a uma oração principal com tempo pretérito:

(32)   Pedro namorou a pessoa que está casada com o João.

Intuitivamente, a interpretação temporal é clara: o acontecimento da oração principal precede o momento de fala, enquanto o da oração subordinada é concomintante a esse momento. Pedro namorou a pessoa no passado e a pessoa está casada com João no presente. Um dos cenários que torna essa sentença verdadeira situa o namoro bem antes do casamento. Infelizmente, o sistema interpretativo das seções anteriores não nos entrega esse resultado. Muito pelo contrário. Como está, nosso sistema prevê um presente relativo para a oração subordinada, indicando simultaneidade em relação ao tempo da oração principal, e não em relação ao momento de fala! Vejamos:

(33) [TP PRET [VP João namorar [DP a pessoa [RelP que PRES está casada com o João]]]]

O ponto a se notar a respeito desta estrutura é que o tempo presente está dentro do complemento sintático do tempo pretérito:

(34)

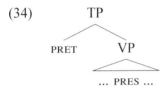

Semanticamente, a interpretação dos tempos verbais proposta anteriormente dá a eles um caráter relativo. Reveja as interpretações de PRET e PRES:

(35) $[\![\text{PRET } \phi]\!]^t = 1$ sse existe um intervalo t' anterior a t, tal que $[\![\phi]\!]^{t'} = 1$
(36) $[\![\text{PRES } \phi]\!]^t = 1$ sse $[\![\phi]\!]^t = 1$

O pretérito desloca o parâmetro de avaliação t, seja ele qual for, para trás na linha do tempo, resultando em um novo parâmetro t' anterior ao primeiro. Já o presente é temporalmente vácuo e preserva o parâmetro local de avaliação. Sendo assim, e feitas as devidas computações semânticas, chegaremos às seguintes condições de verdade para (32)

(37) $[\![\text{Pedro namorou a pessoa que está casada com o João}]\!]^{t_0} = 1$ sse
existe um intervalo t' anterior a t_0, tal que Pedro namorou em **t′** a pessoa que está casada com João em **t′**

Note os intervalos destacados em negrito. São idênticos! Isso quer dizer que namoro e casamento a que as orações se referem se superpõem temporalmente, ambos localizados em algum intervalo anterior ao momento de fala. Claramente, isso não condiz com nossas intuições. Em relação ao pretérito da oração principal, está tudo certo. Ele localiza o namoro de Pedro em um intervalo anterior ao do momento

226 Semântica

de fala. Mas algo está errado com o presente subordinado da oração relativa. O problema, porém, não é exclusivo do presente. Considere, por exemplo, o caso a seguir com uma sentença que contém dois tempos pretéritos:

(38) Pedro namorou uma pessoa que se pós-graduou na China.

Intuitivamente, as condições de verdade desta sentença exigem que tanto o namoro quanto a pós-graduação tenham ocorrido no passado, mas não impõem uma ordem temporal entre esses eventos. (38) será verdadeira se o namoro tiver terminado anos antes do início da pós-graduação. (38) será também verdadeira se o namoro tiver começado após o término da pós-graduação. Cada uma dessas interpretações pode ser realçada pela presença de expressões adverbiais temporais que especificam os intervalos referentes aos tempos das orações principal e subordinada:

(39) a. Em 1980, Pedro namorou uma pessoa que se pós-graduou na China em 1995.
      b. Em 1995, Pedro namorou uma pessoa que se pós-graduou na China em 1980.

Outros exemplos confirmam essa dupla possibilidade para casos de um pretérito subordinado a outro pretérito:

(40) a. Em sua infância, Pedro estudou com uma menina que se tornou diretora de uma multinacional.
      b. Já com mais de 90 anos, Pedro encontrou uma pessoa que fez o ensino fundamental na mesma turma que ele.

Como se vê, em todos os casos temos dois tempos pretéritos. Nos exemplos em (a), o acontecimento da oração principal é anterior ao da oração relativa. No exemplos em (b), é o acontecimento da oração relativa que é anterior ao da oração principal. Já em (38), a ausência de adjuntos temporais nos deixava sem saber a ordenação temporal entre os eventos descritos nas duas orações.

Como está, nosso sistema só prevê interpretações em que o acontecimento da oração subordinada precede o da oração principal. Para (38), por exemplo, derivaremos condições de verdade de acordo com as quais a pós-graduação tem que ter ocorrido antes do namoro. Vejamos o porquê:

(41) [$_{TP}$ PRET [$_{VP}$ João namorar [$_{DP}$ uma pessoa [$_{RelP}$ que PRET se pós-graduar na China]]]]

Nesta estrutura, temos um pretérito subordinado a outro. O pretérito da oração principal mudará o parâmetro de avaliação de t_0, o momento de fala, para t', um intervalo que o precede. O da oração relativa mudará t', o parâmetro local de avaliação, para t'', anterior a t'. Esse será o intervalo de tempo em relação ao qual o predicado da oração relativa será interpretado. Como antecipamos, as condições de verdade resultantes são intuitivamente inadequadas, já que excluem a possibilidade de o acontecimento da oração subordinada suceder temporalmente o acontecimento da oração principal.

Uma possível solução para esses problemas é dar aos tempos verbais um caráter indexical, ou seja, ancorá-los semanticamente no momento de fala e não no tempo local de avaliação. Teríamos, assim, as seguintes interpretações:

(42) $[\![\text{PRES } \phi]\!]^t = 1$ *sse* $[\![\phi]\!]^{t_0} = 1$

(43) $[\![\text{PRET } \phi]\!]^t = 1$ *sse* existe um intervalo t' anterior a t_0, tal que $[\![\phi]\!]^{t'} = 1$

(44) $[\![\text{FUT } \phi]\!]^t = 1$ *sse* existe um intervalo t' posterior a t_0, tal que $[\![\phi]\!]^{t'} = 1$

O efeito desta ancoragem no momento de fala é que tempos subordinados passam a se comportar como se estivessem na oração principal e fora do escopo de qualquer outro operador temporal. As novas condições de verdade de nossos exemplos problemáticos passam a ser as seguintes:

(45) $[\![\text{Pedro namorou a pessoa que está casada com o João}]\!]^{t_0} = 1$ sse
existe um intervalo t' anterior a t_0, tal que Pedro namorou em **t′** uma pessoa que está casada com João em **t₀**.

(46) $[\![\text{Pedro namorou uma pessoa que se pós-graduou na China}]\!]^{t_0} = 1$ sse
existe um intervalo t' anterior a t_0, tal que Pedro namorou em **t′** uma pessoa que sem pós-graduou na China em um intervalo **t″** anterior a t_0.

Como de pode notar, essas são as interpretações que queríamos. Ao ancorar a interpretação de todos os tempos verbais diretamente no momento de fala, eliminamos qualquer dependência temporal direta entre eles.

Tempos ancorados no momento de fala costumam ser chamados de tempos absolutos. Tempos ancorados no parâmetro local de avaliação costumam ser chamados de tempos relativos. O que acabamos de fazer foi reanalisar o presente, o pretérito e o futuro do português como tempos absolutos. A relatividade ou não dos tempos verbais é um ponto de variação translinguística. Compare, por exemplo, o que acabamos de ver sobre um tempo presente subordinado a um tempo pretérito em português com um exemplo paralelo do japonês:

(47) Kodomo-no koro, Joseph-wa [ryokoo-o aisu-ru zyosei]-ni at-ta
de-criança tempo, Joseph [viajar ama mulher] encontrou
'Na infância, Joseph encontrou uma mulher que adorava viajar.'
[Ogihara & Sharvit 2012]

228 **Semântica**

A oração subordinada, colocada entre colchetes, contém um verbo no presente. Já o verbo da oração principal, que aparece ao final da sentença, está no pretérito. Como se vê pela tradução, o acontecimento da oração subordinada é interpretado como sendo concomitante ao da oração principal. Isso quer dizer que o presente do japonês é um tempo relativo, contrastando semanticamente com o presente absoluto do português.

O panorama, porém, é ainda mais complicado. As variações atestadas neste domínio não se dão apenas entre línguas, mas também entre tempos de uma mesma língua. Considere, novamente, um exemplo do português envolvendo um pretérito subordinado:

(48)   No início do ano que vem, o diretor dará um bônus a todos os funcionários que atingiram a meta anual de vendas.

Imagine essa sentença anunciada aos funcionários de uma empresa no início do ano como estímulo às vendas durante aquele ano. O que vemos em (48) é um pretérito subordinado a um futuro. Este futuro localiza o acontecimento da oração principal (a entrega do bônus) em um intervalo posterior ao momento de fala. Já o acontecimento da oração relativa (atingir a meta) é localizado no passado deste futuro. O contexto, inclusive, deixa claro que se trata de um acontecimento posterior ao momento de fala. A conclusão é que o pretérito neste exemplo é um tempo relativo, ancorado no tempo da oração principal, e não no momento de fala:

(49)   [$_{TP}$ FUT o diretor dar um bônus a todos os funcionários [$_{RelP}$ que PRET atingir a meta]]

(50) $\llbracket(49)\rrbracket^{t_0} = 1$ sse existe um intervalo t' posterior a t_0, o diretor dará em t' um bônus aos funcionários que em t'' anterior a t' atingirem a meta.

Anteriormente, havíamos visto evidência para tratar o pretérito do português como um tempo absoluto, ancorado no momento de fala. Agora, estamos vendo evidência para tratá-lo como um tempo relativo, ancorado no intervalo local de avaliação. O mais plausível neste cenário é flexibilizar a interpretação do pretérito, deixando-o livre para ancorar-se ou no momento de fala ou no intervalo local de avaliação.

Já o futuro, quando subordinado, não parece admitir o mesmo tipo de flexibilidade que o pretérito:

(51)   Pedro se casou com uma médica que fará pós-graduação nos EUA.

Neste caso, a única interpretação possível é a que localiza a pós-graduação a que a oração relativa se refere após o momento de fala, e não apenas após o casamento referido na oração principal. A posterioridade introduzida pelo futuro subordinado não é relativa. Este tempo faz jus ao nome que lhe é dado nas gramáticas tradicionais: futuro do presente. De fato, se quisermos uma interpretação de futuro relativo em casos como (51), precisamos usar o chamado futuro do pretérito. Vejamos um exemplo em que esse uso soa natural:

(52) Pedro estudou no ensino fundamental com uma menina que se tornaria presidente de uma grande empresa.

Temos, neste caso, como já tínhamos no caso anterior, um futuro subordinado a um pretérito. Agora, porém, o futuro é relativo ao intervalo introduzido pelo pretérito. Trata-se, portanto, de um futuro relativo. Novamente, a nomenclatura tradicional é transparente: futuro do pretérito.

Comparando os dois casos, vemos que os dois tempos futuros têm em comum a relação de posterioridade, diferindo na referência em relação à qual essa posterioridade é calculada. Com o futuro do presente é o momento de fala, com o futuro do pretérito é algum intervalo no passado. Ao invés de dois tempos futuros distintos, podemos reinterpretar a terminologia tradicional como a combinação morfológica de dois tempos, ambos envolvendo o mesmo futuro:

(53) a. *futuro do presente*: [PRES [FUT ... V ...]]
      b. *futuro do pretérito*: [PRET [FUT ... V ...]]

Em ambos os casos, o futuro seria um tempo relativo e imediatamente dominado por um tempo absoluto (presente ou pretérito). Com isso em mente, considere os dois exemplos a seguir:

(54) Acabei de encontrar a Maria e ela está grávida de nove meses. De acordo com o médico, **o filho dela nascerá em uma semana.**

(55) Encontrei a Maria pela última vez dois meses atrás e ela estava grávida de nove meses. De acordo com o médico, **o filho dela nasceria em uma semana.**

As orações destacadas nesses dois exemplos diferem exclusivamente quanto à oposição entre futuro do presente e futuro do pretérito. De acordo com a proposta em (53), teríamos as seguintes estruturas e interpretações (simplificadas) para (54) e (55):

(56) [$_{TP}$ PRES [FUT o filho nascer em uma semana]]
      $[\![TP]\!]^{t_0} = 1$ sse existe t' posterior a t_0, tal que o filho da Maria nasce em t'

(57) [$_{TP}$ PRET [FUT o filho nascer em uma semana]]
      $[\![TP]\!]^{t_0} = 1$ sse existe t' anterior a t_0, tal que o filho da Maria nasce em um intervalo t'' posterior a t'.

230 Semântica

Essas condições de verdade parecem capturar as semelhanças e diferenças entre os perfis temporais dos dois exemplos, dando suporte à ideia de decomposição dos dois tempos futuros do português, ambos baseados em um operador FUT relativo.

Há apenas um detalhe que escapa dessa análise. De acordo com (57), o acontecimento descrito por VP, o nascimento da criança, deve suceder temporalmente um certo intervalo anterior ao momento de fala. No contexto apresentado em (55), esse intervalo correspondia ao momento do meu último encontro com Maria, que se deu dois meses antes do momento de fala. Isso significa que, a princípio, o acontecimento descrito por um verbo no futuro do pretérito pode se localizar antes, durante ou depois do momento de fala. Isso, porém, não parece intuitivamente correto. O futuro do pretérito parece implicar que o acontecimento em questão é anterior ao momento de fala. Em (57), podemos dizer que isso se deve não à semântica do tempo futuro, mas às expressões adverbiais que auxiliavam na ordenação temporal dos acontecimentos narrados. Se voltarmos, porém, ao exemplo em (52), veremos a mesma coisa. Nele, tudo o que a interpretação do futuro subordinado exige é que o acontecimento descrito pela oração relativa seja posterior ao acontecimento descrito pela oração principal, ou seja, que a pessoa se torne presidente após o ensino fundamental. Entretanto, (57) parece implicar que a menina já se tornou presidente antes do momento de fala. Se essa implicação for um acarretamento, ou seja, uma consequência lógica atribuível à semântica do tempo futuro, precisaremos refinar a relatividade que conferimos ao futuro do pretérito. Pode ser, porém, que essa inferência não seja inerente ao futuro do pretérito e que estejamos apenas diante de um viés interpretativo fruto de alguma especificidade do contexto.

Evidência para a manutenção da relatividade do futuro do pretérito vem de casos em que ele marca o complemento oracional de verbos como 'dizer':

(58)   Encontrei a Maria pela última vez há exatos sete dias. Na ocasião, ela me disse que ...

    a.   ... o filho dela nasceria em dois dias.
    b.   ... o filho dela nasceria em uma semana.
    c.   ... o filho dela nasceria em dez dias.

Todas as continuações são possíveis e mostram que o acontecimento descrito pelo verbo no futuro do pretérito é compatível com anterioridade, concomitância ou posterioridade em relação ao momento de fala. Parece-nos, pois, que a melhor opção analítica é deixar esse tempo verbal vago em relação à ordenação temporal entre o acontecimento e o momento de fala, mantendo-o ancorado apenas no intervalo local de avaliação.

8.5 Negação e dependência contextual

O tratamento dado aos tempos pretéritos e futuros nas seções anteriores confere a eles o papel semântico de quantificadores existenciais temporais: 'existe um intervalo de tempo t', tal que ...'. Sintagmas quantificadores, como vimos no capítulo 6 ao estudarmos os determinantes, dão margem a interações de escopo quando coocorrem com outros elementos quantificadores ou com uma negação presente na mesma oração. Nesta seção, vamos olhar para a interação entre tempos verbais e negação, o que nos levará a repensar e refinar sua interpretação. Nosso ponto de partida é um exemplo adaptado de um famoso e influente artigo de 1973 da linguista Barbara Partee:

(59)   Eu não desliguei o fogão.

O contexto é o seguinte: você acaba de sair de casa e está indo para o trabalho, quando se dá conta de ter deixado o fogão ligado. Você, então, exclama (59) para si mesmo. Temos, neste exemplo, a co-ocorrência da negação e do pretérito em uma mesma oração. Nosso sistema fornece duas interpretações para (59), a depender da relação de escopo entre a negação e o tempo verbal:

(60)   **Interpretação 1:** negação tem escopo sobre o tempo
        [NEG [PRET [eu desligar o fogão]]
        É falso que existe um intervalo t' anterior ao momento de fala, tal que eu desligo o fogão em t'.

(61)   **Interpretação 2:** tempo tem escopo sobre a negação
        [PRET [NEG [eu desligar o fogão]]
        existe um intervalo t' anterior ao momento de fala, tal que é falso que eu desligo o fogão em t'.

Refletindo sobre essas interpretações por um instante, notaremos um problema: a primeira delas é muito forte (eu nunca na vida desliguei o fogão) e a segunda é muito fraca (em algum momento da vida eu não desliguei o fogão). Nenhuma das duas, como descritas, capturam o sentido do exemplo, o qual, intuitivamente, diz respeito ao que aconteceu logo antes da minha saída de casa naquela manhã. Precisamos incorporar uma restrição contextual à interpretação do pretérito:

(62)   Eu não desliguei o fogão $\equiv$
        É falso que existe um intervalo t' anterior ao momento de fala e **contextualmente saliente**, tal que eu desligo o fogão em t'.

A ideia é que a quantificação introduzida pelos operadores temporais seja contextualmente restrita. Isso tornaria possível, como indicado em (62), atribuir ao exemplo

232 Semântica

acima uma interpretação em que a negação tem escopo sobre o tempo. Assumindo que o contexto de proferimento tenha tornado saliente o intervalo correspondente aos minutos anteriores à minha saída de casa, o que a sentença nega é que eu tenha desligado o fogão nesse intervalo, nada dizendo sobre outros intervalos. Note que esse tipo de restrição contextual é corriqueira no domínio nominal:

(63)   Um grupo de amigos foi a um restaurante. Ninguém consumiu bebida alcoólica.

Na segunda oração, 'ninguém' tem sua interpretação restrita aos membros do grupo de amigos mencionados anteriormente. Não se está dizendo que nenhuma pessoa no mundo, ou no próprio restaurante, tenha consumido bebida alcoólica. Temos um caso típico de restrição contextual. Aliás, o mesmo exemplo ilustra novamente a dependência contextual relacionada ao pretérito. Intuitivamente, o consumo a que se refere a segunda oração diz respeito ao intervalo de tempo em que o grupo de amigos esteve no restaurante, deixando totalmente em aberto se eles beberam ou não em outras ocasiões no passado. Ilustramos abaixo casos semelhantes de dependência contextual, mas com outros tempos verbais:

(64)   A: Você fará alguma coisa especial neste final de semana?
       B: Eu irei ao cinema.

(65)   A: O que você estava fazendo ontem à meia-noite?
       B: Eu estava assistindo televisão.

Consideraremos, a partir de agora, que todos os usos dos tempos verbais estão contextualmente restritos e que essa restrição afeta as condições de verdade das sentenças de que fazem parte.

8.6   Tempo e aspecto

Nas análises que apresentamos anteriormente, tratamos o pretérito como se houvesse apenas um em português. Ignoramos a tradicional distinção entre pretéritos perfeito, imperfeito e mais-que-perfeito. Esta seção vem preencher essa lacuna, além de refinar alguns outros aspectos da semântica verbal temporal do português (e de outras línguas). Aspecto, aliás, não é só força de expressão. Em termos teóricos, as distinções que acabamos de mencionar pertencem ao domínio chamado de aspectual. Associaremos às formas verbais duas noções: TEMPO e ASPECTO. Ambas se juntam ao tipo de situação que o radical verbal expressa para completar os ingredientes temporais presentes nas formas verbais. Veremos como isso se dá nas duas subseções a seguir.

8.6.1 (Im)perfectividade

Considere os seguintes exemplos:

(66)   Ontem, eu escrevi um poema.

(67)   À meia-noite de ontem, eu escrevia um poema.

Intuitivamente, o pretérito perfeito do primeiro exemplo localiza o acontecimento descrito pelo sintagma verbal no interior de um intervalo de tempo que antecede o momento de fala ('ontem'). A interpretação resultante é a de uma ação completa no passado. Já o pretérito imperfeito do segundo exemplo faz o inverso: um intervalo anterior ao momento de fala ('meia-noite') está incluído no intervalo correspondente ao acontecimento em questão (a escrita do poema). O resultado é uma interpretação de ação em curso em um dado momento.

Podemos olhar para ambos os casos como uma combinação de duas relações temporais: precedência e inclusão. Vamos atribuir cada uma delas a uma categoria gramatical. Precedência temporal, como já vínhamos assumindo, tem sua origem em TP, a projeção sintática cujo núcleo T hospeda PRET. Para a inclusão temporal, postularemos uma outra categoria, chamada de aspecto gramatical e que representaremos por AspP. Seu núcleo Asp hospedará dois operadores: PERFECTIVO, que abreviaremos por PFV, e IMPERFECTIVO, que abreviaremos por IMP. Juntos com V(P), AspP e TP dão origem ao seguinte esqueleto oracional:

(68)

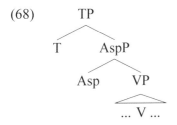

A ideia é que diferentes formas verbais correspondem a diferentes combinações de V com Asp e T. Em (66), por exemplo, o pretérito perfeito veicula a combinação tempo-aspectual de pretérito e perfectivo. Em (67), o pretérito imperfeito veicula a combinação de pretérito e imperfectivo:

(69)   Eu escrevi um poema.
       [$_{TP}$ PRET [$_{AspP}$ PFV [$_{VP}$ eu escrever um poema]]]

(70)   Eu escrevia um poema.
       [$_{TP}$ PRET [$_{AspP}$ IMP [$_{VP}$ eu escrever um poema]]]

Notemos, de passagem, que no português brasileiro falado informalmente, o uso do pretérito imperfeito sintético, como o ilustrado pela forma 'escrevia' tem se tornado cada vez mais raro como expressão de uma ação em curso. A forma mais comum nesses casos é a perífrase verbal formada pelo verbo auxiliar 'estava' seguindo do verbo principal no gerúndio:

(71)   À meia-noite de ontem, eu estava escrevendo um poema.

Vamos assumir que ambas as formas são a realização morfo-fonológica da mesma estrutura sintático-semântica vista em (70), ou seja uma combinação do verbo com aspecto imperfectivo e tempo pretérito. Note, por fim, que o pretérito imperfeito sintético continua frequente na expressão de hábitos ('Na minha adolescência, eu escrevia poemas'). Não discutiremos, porém, a interpretação habitual neste capítulo.

De volta à interpretação da oposição entre perfectivo e imperfectivo em exemplos como aqueles com que iniciamos esta seção, o que queremos nas condições de verdade é uma combinação das relações de precedência e inclusão temporal. Podemos ver essa combinação como um deslocamento em duas etapas. No caso do pretérito perfeito, temos o seguinte: partindo de um intervalo t (normalmente o momento de fala), deslocamo-nos primeiramente para um intervalo t' que o precede. Em seguida, deslocamo-nos para um intervalo t'', incluído em t'. É esse intervalo t'' que corresponde à duração do acontecimento descrito pelo sintagma verbal:

(72) $t' < t$ e $t'' \subset t'$

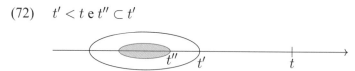

Para o uso de uma sentença como (73), t corresponderia ao momento de fala, t' a ontem, e t'' à escrita do poema.

(73)   Ontem, eu escrevi um poema.

Um roteiro análogo pode ser montado para o pretérito imperfeito. Deslocamo-nos primeiramente de um intervalo t para um outro intervalo t' anterior a ele. Em seguida, deslocamo-nos para um intervalo t'' que inclui t':

(74) $t' < t$ e $t'' \supseteq t'$

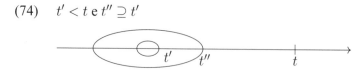

Para o uso de uma sentença como (75), t corresponderia ao momento de fala, t' à meia-noite de ontem, e t'' à escrita do poema.

(75)   À meia-noite de ontem, eu estava escrevendo um poema.

Há, porém, um inconveniente no diagrama em (74). Nele, a escrita do poema precede completamente o momento de fala t. Entretanto, o pretérito imperfeito não parece acarretar que o acontecimento descrito pelo sintagma verbal tenha terminado antes do momento de fala. Isso fica evidente na consistência tanto de (76) quanto de (77) a seguir:

(76) À meia noite de ontem, Pedro estava escrevendo seu primeiro poema. E ele ainda está.

(77) À meia noite de ontem, Pedro estava escrevendo seu primeiro poema. E ele já terminou.

Continuando a assumir que t corresponde ao momento de fala, t' à meia-noite de ontem, e t'' à escrita do poema, teríamos, para (76), o diagrama em (78), e, para (77), o diagrama em (79), com as áreas sombreadas marcando a escrita do poema:

(78)

(79)

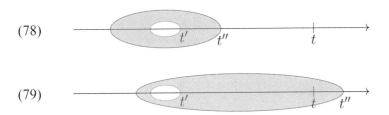

Talvez uma maneira mais perspícua e geral de representarmos a combinação do tempo pretérito com o aspecto imperfectivo seja a seguinte:

(80) $t' < t$ e $t'' \supseteq t'$

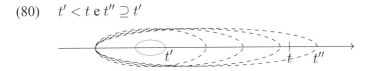

Com as elipses pontilhadas, buscamos ressaltar que t'' inclui t', mas pode ou não incluir t. De fato, dizer que t' precede t e que t'' inclui t', deixa em aberto a relação entre t'' e t.

Eis, então, um resumo informal do que acabamos de ver, tendo em mente o esqueleto frasal em (68), que repetimos a seguir por conveniência:

(81)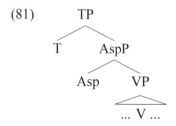

O sintagma verbal, VP, nos fornece a descrição de uma situação. Asp(ecto) relaciona o tempo da situação com um intervalo de referência, normalmente tornado saliente pelo contexto. T(empo) relaciona esse intervalo de referência com o momento de fala. Já formalizamos as contribuições semânticas de V(P) e T. Resta-nos, agora, explicitar a contribuição dos núcleos aspectuais. Trataremos ambos – PERFECTIVO e IMPERFECTIVO – como operadores temporais que introduzem a relação de inclusão:

(82) $[\![\text{PFV } \phi]\!]^t = 1$ sse existe $t' \subset t$, tal que $[\![\phi]\!]^{t'} = 1$

(83) $[\![\text{IMP } \phi]\!]^t = 1$ sse existe $t' \supseteq t$, tal que $[\![\phi]\!]^{t'} = 1$

Aplicando tudo isso a nossos exemplos, deixando de lado apenas as dependências contextuais de que já falamos, teremos:

(84) Eu escrevi um poema.
[$_{TP}$ PRET [$_{AspP}$ PFV [$_{VP}$ eu escrever um poema]]]
$[\![TP]\!]^{t_0} = 1$ sse existe $t < t_0$, e existe $t' \subset t$, tal que eu escrevo um poema em t'.

(85) Eu escrevia (estava escrevendo) um poema.
[$_{TP}$ PRET [$_{AspP}$ IMP [$_{VP}$ eu escrever um poema]]]
$[\![TP]\!]^{t_0} = 1$ sse existe $t < t_0$, e existe $t' \supseteq t$, tal que eu escrevo um poema em t'.

Apesar do caráter técnico e um pouco artificial do linguajar empregado, vê-se que temos condições de verdade explícitas e intuitivamente adequadas, que é, como sempre, o que desejamos.

8.6.2 O aspecto perfeito

Tendo analisado os pretéritos perfeito e imperfeito, passemos ao terceiro tempo verbal pretérito do modo indicativo do português, conhecido tradicionalmente como pretérito mais-que-perfeito. A forma sintética do mais-que-perfeito praticamente desapareceu da língua oral, e, mesmo na escrita, pertence a um registro bastante formal. Confira, por exemplo, o caso a seguir, com atenção na forma do verbo 'sair':

(86) A: Eu liguei pra sua casa às 3hs, mas ninguém atendeu.
      B: Eu saíra pra ir ao banco.

Muito mais coloquial nesse caso é a forma perifrástica, formada pelo verbo auxiliar 'ter' conjugado no pretérito imperfeito seguido do verbo principal no particípio passado. Compare (86) com (87):

(87) A: Eu liguei pra sua casa às 3hs, mas ninguém atendeu.
      B: Eu tinha saído pra ir ao banco.

Em função desta grande discrepância de registro, usaremos apenas a forma perifrástica em nossos exemplos e é a ela que estaremos sempre nos referindo a partir de agora.

Reflitamos sobre o papel temporal do pretérito mais-que-perfeito. A intuição mais evidente sobre exemplos como (87) é que o mais-que-perfeito localiza o acontecimento descrito pelo sintagma verbal (a minha saída) em um intervalo anterior a um outro intervalo (o momento da sua ligação), que, por sua vez, antecede um outro intervalo (o momento de fala). Temos, pois, um pretérito do pretérito. Tendo em vista a espinha oracional TP-AspP-VP que já vimos anteriormente, vamos nos referir ao núcleo aspectual em jogo como PERFEITO, abreviado como PERF. O núcleo temporal T continua sendo PRET. A locução verbal 'tinha saído', que foi usada em (87), estará associada ao seguinte esqueleto oracional:

(88) $[_{\text{TP}}$ PRET $[_{\text{AspP}}$ PERF $[_{\text{VP}}$ ... sair ... $]]]$

Capturaremos a já mencionada intuição de que o pretérito mais-que-perfeito é um pretérito do pretérito, atribuindo a PERF uma semântica semelhante a de um pretérito relativo:

(89) $[\![$PERF $\phi]\!]^t = 1$ sse existe $t' < t$, tal que $[\![\phi]\!]^{t'} = 1$

Aplicando essa interpretação à oração 'eu tinha saído', usada em (87), teremos:

(90) (às três horas,) eu (já) tinha saído.
      $[_{\text{TP}}$ PRET $[_{\text{AspP}}$ PERF $[_{\text{VP}}$ eu sair $]]]$
      $[\![$TP$]\!]^{t_0} = 1$ sse existe $t < t_0$, e existe $t' < t$, tal que eu saio em t'.

Ao separar a interpretação do pretérito mais-que-perfeito em PRET e PERF, tornamos possível a combinação do núcleo aspectual PERF com outros tempos:

(91) A: Eu estou pensando em visitar a Maria amanhã, às 18hs.
      B: A essa hora, ela já **terá saído** para a aula de inglês.

238 **Semântica**

Temos aqui uma combinação de perfeito com futuro do presente. A interpretação é que o momento do acontecimento (a saída) antecede um outro momento (18hs), o qual é posterior ao momento de fala. Essa é exatamente a interpretação esperada, se assumirmos que esse exemplo instancia o PERFEITO no domínio imediato de um FUTURO, o qual, junto com o PRESENTE, responde pelas formas de futuro do presente:

(92)   Maria (já) terá saído.

[$_{TP}$ PRES [FUT [$_{AspP}$ PERF [$_{VP}$ Maria sair]]]]

$[\![TP]\!]^{t_0} = 1$ sse existe $t > t_0$, e existe $t' < t$, tal que Maria sai em t'.

Por fim, vejamos a combinação direta entre PERFEITO e presente:

(93)   A: Não estou conseguindo falar com a Maria!

B: Talvez ela já tenha saído pro trabalho.

Temos, neste caso, um presente perfeito. A interpretação é a de anterioridade em relação ao momento de fala, que é justamente o que esperamos.

(94)   (Talvez,) Maria tenha saído.

[$_{TP}$ PRES [$_{AspP}$ PERF [$_{VP}$ Maria sair]]]

(95) $[\![TP]\!]^{t_0} = 1$ sse existe $t' < t_0$, tal que Maria sai em t'.

O tempo presente é vácuo, mantendo o parâmetro de avaliação no momento de fala. O aspecto perfeito desloca esse momento para trás na linha do tempo, resultando na localização passada do acontecimento (a saída da Maria).

Antes de encerrar, duas observações sobre o presente perfeito em português. Em primeiro lugar, o leitor deve ter notado que usamos o presente do subjuntivo em (93). Não foi por acaso. Diferentemente do que vimos com outros tempos verbais, a combinação do perfeito com o presente do indicativo só tem uma interpretação habitual em português:

(96)   Maria tem saído cedo pro trabalho.

Trata-se de uma idiossincrasia do português, que não é compartilhada por outras línguas que possuem construções semelhantes e que exprimem o valor aspectual do perfeito com perífrases do tipo *ter+particípio*. São assim línguas germânicas, como o inglês e o alemão, e línguas românicas mais próximas do português, como o espanhol e o italiano. Em algum momento de sua história, o presente perfeito indicativo do português se tornou diferente e com uma interpretação divergente daquelas dos demais tempos e modos verbais.

Em segundo lugar, note que a combinação entre presente e perfeito dá origem a uma interpretação bastante semelhante àquela expressa pela combinação entre pretérito e perfectivo. Isso se mostra na comparação entre (94) e uma variação mínima do exemplo, em que se emprega o pretérito perfeito:

(97) a. Talvez, Maria já tenha saído.
     b. Maria já saiu, talvez.

Esses exemplos soam como paráfrases um do outro. Se um deles for verdadeiro, o outro também será. Isso é o que esperamos, dadas as análises que postulamos nesta seção. Ignorando a presença da palavra modalizadora 'talvez', teremos:

(98) (Talvez,) Maria tenha saído.
$[_{TP}$ PRES $[_{AspP}$ PERF $[_{VP}$ Maria sair $]]]$
$[\![TP]\!]^{t_0} = 1$ sse existe $t' < t_0$, tal que Maria sai em t'.

(99) Maria saiu, (talvez).
$[_{TP}$ PRET $[_{AspP}$ PFV $[_{VP}$ Maria sair $]]]$
$[\![TP]\!]^{t_0} = 1$ sse existe $t' < t_0$, e existe $t'' \subset t'$, tal que Maria sai em t''.

De acordo com (99), o intervalo correspondente à saída da Maria deve estar incluído em um intervalo t' que antecede o momento de fala. Disso se infere que a saída da Maria também antecede o momento de fala, que é o que (98) exige. Em outras palavras, se (99) for verdadeira, (98) também será. Por outro lado, se (99) for falsa, não haverá nenhum intervalo anterior ao momento de fala que contenha uma saída da Maria. Sendo assim, não pode haver nenhuma saída da Maria que preceda o momento de fala, o que impossibilita a satisfação das condições de verdade em (98). Em outras palavras, se (99) for falsa, (98) também será. Conclusão: as duas sentenças têm as mesmas condições de verdade.

Línguas que dispõem de ambas as combinações costumam revelar algo parecido, com nuances interpretativas que adicionam outros ingredientes em cima do mesmo perfil temporal e que frequentemente estão relacionados a restrições contextuais ou à presença de expressões adverbiais na oração.

Por fim, um alerta. Tecnicamente, como já vimos, a forma verbal tradicionalmente chamada de pretérito perfeito instancia, na verdade, o aspecto perfectivo. Quem expressa o aspecto perfeito é o pretérito mais-que-perfeito!

Recomendações de leitura

Para uma excelente introdução 'semiformal' à semântica tempo-aspectual, ver Klein (1994). Para estudos com uma orientação mais descritiva e tipológica, ver Comrie (1976, 1985), Bybee et al. (1994) e Dahl (1985). Uma vasta coletânea de textos que cobrem de forma acessível vários aspectos relaciona-

240 **Semântica**

dos às categorias de tempo e aspecto é Binnick (2012). Uma boa coletânea de textos clássicos é Mani et al. (2005). Gamut (1991) (capítulo 2 do volume 2) traz uma breve e acessível introdução à semântica temporal de uma perspectiva lógica.

Sobre a dependência contextual dos tempos verbais, ver Partee (1973), onde se sugere uma série de analogias entre pronomes pessoas e tempos verbais. Essas analogias foram estendidas a casos de tempo subordinado em Kratzer (1998) (ver também Heim (1994)). Ogihara & Sharvit (2012) traz um bom panorama sobre tempos subordinados.

A semântica de certos tempos e aspectos verbais, notadamente o futuro, o imperfectivo e o perfeito, tem sido, já há algumas décadas, objeto de muita controvérsia por parecer misturar elementos temporais e modais, algo que não exploramos neste capítulo. Ver Portner (2009), capítulo 5 para uma ideia do que está em jogo. Para uma perspectiva mais geral sobre os tempos futuros, ver Bochnak (2019). Sobre o imperfectivo e o perfeito, ver Portner (2012).

Sobre alguns aspectos da semântica temporal do português, ver Ilari (1997), Ilari et al. (2016) e várias das referências lá citadas.

Exercícios

1. Considere a sentença a seguir e seu esqueleto oracional simplificado (deixaremos a projeção aspectual de fora):

   (S) O marido da Maria era solteiro em 1980.
   $[_{TP}$ PRET $[_{VP}$ $[_{VP}$ o marido da Maria ser solteiro$]$ $[_{PP}$ em 1980$]]]$

   Calcule as condições de verdade associadas a essa estrutura sintática e avalie o resultado. Se elas não estiverem de acordo com suas intuições, aponte a origem do problema e discuta informalmente possíveis soluções.

2. Forneça o esqueleto oracional (TP, AspP e VP) e calcule as condições de verdade das sentenças 'Pedro está trabalhando' e 'Pedro estará trabalhando'.

3. Considere a seguinte sentença:

   (S)   Pedro estava atravessando a rua.

Mostre que, de acordo com o que vimos neste capítulo, (S) acarreta que Pedro já terminou ou ainda vai terminar de atravessar a rua. Em seguida, levando em conta suas próprias intuições, avalie empiricamente esse resultado. Considere, por exemplo, a relevância de sentenças como (T) para essa discussão:

(T)   Pedro estava atravessando a rua, quando um ônibus o atropelou.

Por fim, procure pensar em possíveis soluções para esse aparente problema [não se preocupe em formalizar essas soluções. Apenas sugira, informalmente, alguma direção de análise].

4. Considere a seguinte sentença, dita por um agente de viagens a um cliente aflito a caminho do aeroporto, mas ainda sem sua passagem em mãos:

(S)   Não se preocupe! Quando você chegar ao aeroporto, **a companhia já terá emitido sua passagem**.

Mostre que, de acordo com o que vimos neste capítulo, as condições de verdade da oração em negrito não impõem nenhuma ordenação temporal entre a emissão da passagem e o momento da conversa entre o agente e o cliente. Em seguida, reflita sobre esse resultado e compare com o que sua intuição lhe diz a respeito. Para ajudar nessa reflexão, leve em conta esse outro exemplo de resposta do agente ao seu cliente nas mesmas circunstâncias:

(T)   Eu não sei se sua passagem já foi emitida ou não, mas eu posso te garantir uma coisa: quando você chegar ao aeroporto, ela já terá sido emitida.

9 Para além do singular: pluralidade e massividade

A distinção morfológica entre singular e plural se manifesta nos domínios nominal e verbal em português e em várias outras línguas naturais: 'menino/meninos', 'o menino/os meninos', 'um menino/dois meninos', 'dormiu/dormiram', 'ama Maria/amam Maria' são apenas alguns exemplos. Essas distinções têm relevância sintática. Encontramos na gramática do português regras de concordância de número entre substantivos, artigos e adjetivos, e entre sujeito e predicados verbais. Mas e a semântica? Intuitivamente, 'menino' e 'meninos' diferem em significado, o mesmo valendo para 'o menino' e 'os meninos'. Qual a distinção interpretativa por trás desta intuição? E seja ela qual for, será que se estende a outros casos em que a noção de pluralidade parece presente, ainda que não haja reflexos morfológicos óbvios, como em conjunções nominais do tipo 'o menino e a menina' ou em nomes que expressam grupos e organizações como 'comitê' ou 'máfia'?

Já a manifestação da pluralidade nos verbos e sintagmas verbais não desperta a mesma intuição de que há algo semanticamente ativo em jogo. Seria a distinção entre 'dormiu' e 'dormiram" mero reflexo de concordância gramatical? Afinal, tanto em 'o menino dormiu' quanto em 'os meninos dormiram', temos um mesmo tipo de ação aplicada a um indivíduo, no primeiro caso, e a um grupo de indivíduos, no segundo. A pluralidade semântica parece estar no sujeito, não no verbo. Mas a predicação plural tem seus caprichos:

(1) As crianças dormiram.
  ⇒ *Cada criança dormiu.*

(2) Os alunos abraçaram o prédio.
  ⇏ *Cada aluno abraçou o prédio*

(3) O comitê tem cinco anos de existência.
  ⇏ *Os membros do comitê têm cinco anos de existência*

No primeiro caso, a pluralidade parece dispensável, sendo relativamente simples parafrasear o conteúdo veiculado sem ela, apelando-se à quantificação nominal singular. Já no segundo, isso não é possível e uma eventual paráfrase sem pluralidade manifesta já não é mais tão óbvia. E, no terceiro caso, em que não havia pluralidade formal no exemplo original, mas apenas a noção de grupo, parafrasear com plural nos leva a algo falso e estranho.

Há ainda outros nomes para os quais a noção de pluralidade ou, ao menos, de não singularidade, se mostra desafiadora. São os chamados nomes massivos. Exemplos típicos são nomes de matéria ou substâncias, como 'farinha', 'ouro', 'água' e 'sangue'. Ainda que manifestável também nestes nomes, a oposição entre singular e plural parece adquirir um outro significado. Compare, por exemplo, o constraste entre (4) e (5), a seguir:

(4)   Você deve usar dois ovos nesta receita.

(5)   Você deve usar duas farinhas nesta receita.

No primeiro caso, temos em 'dois ovos' a ideia de mais de um objeto associado ao substantivo 'ovo'. Já no segundo, a interpretação é a de dois tipos de farinha. Aqui não soa muito natural relacionar a marcação de plural a mais de um objeto. O que exatamente isso quer dizer? E por que motivo, no caso de 'ovo', não é essa a primeira interpretação que vem à mente? A intuição por trás do contraste é que 'ovo' é um nome contável, e 'farinha' um nome massivo ou não contável. Como formalizar essa distinção e como ela afeta a composição semântica? Note, a esse respeito, um contraste interessante, baseado em um exemplo de Godehard Link, pioneiro nos estudos semânticos dos nomes plurais e massivos:

(6)   **O anel de ouro** é novo, mas **o ouro do anel** é velho.

Ainda que o anel seja feito exclusivamente de ouro e que objeto e substância sejam, no contexto, espacialmente indistinguíveis, temos evidência para não identificar seus valores semânticos, sob pena de contradição. A predicação massiva também tem seus caprichos.

Avancemos, então, para além do puramente singular. Nas seções seguintes, investigaremos algumas questões semânticas vinculadas à pluralidade e à massividade, bem como sua relevância na composição do significado de sintagmas nominais e verbais em que se manifestam. Começaremos com a relação entre o significado de expressões nominais (NPs, DPs) plurais, assim como os mecanismos de predicação plural e suas relações com casos de predicação singular. Passaremos, depois, a nomes que expressam coletividades e, em seguida, aos nomes massivos. Veremos como tratar formalmente as questões levantadas nesta introdução de modo a construir um modelo que nos permita explicitar como as interpretações de pluralidade e massividade podem ser obtidas composicionalmente a partir de seus elementos sintáticos. Para simplificar a apresentação e concentrarmo-nos exclusivamente nos temas deste capítulo, vamos omitir das representações sintáticas e semânticas referências a tempo e aspecto gramatical, bem como ao parâmetro temporal que introduzimos no capítulo anterior.

9.1 Átomos e somas

Nos capítulos anteriores, nós interpretamos nomes próprios ('Pedro', 'Maria') e descrições definidas ('a menina', 'o marido da Maria'), como tendo indivíduos como extensões. A ideia que perseguiremos neste capítulo é que as extensões de DPs intuitivamente plurais, sejam eles descrições definidas, como 'os irmãos da Maria', conjunções, como 'Pedro e Maria', ou combinações de ambos, como 'os meninos e as meninas', pertencem ao mesmo domínio semântico das extensões dos DPs singulares. Uma vantagem inicial desta ideia, que já iremos explicitar, é permitir uma interpretação uniforme para uma série de expressões com as quais esses DPs interagem. Verbos, preposições e conjunções aplicam-se igualmente, sem alterações morfossintáticas, a argumentos singulares e plurais:

(7) a. [$_{VP}$ **ver** o menino] - [$_{VP}$ **ver** os meninos]
 b. [$_{PP}$ **com** o menino] - [$_{PP}$ **com** os meninos]
 c. [$_{DP}$ o menino **e** a menina] - [$_{DP}$ os meninos **e** as meninas]

Seria interessante manter uma semântica monossêmica para os itens destacados, o que iria ao encontro da aparente uniformidade na distribuição e nas formas dessas expressões.

Além disso, abstraindo-se a concordância nominal, as formas dos artigos definidos que entram na própria composição destes DPs têm sua raiz preservada, tornando atrativa a possibilidade de uma interpretação unificada:

(8) a. <u>o</u> menino - <u>o</u>s meninos
 b. <u>a</u> menina - <u>a</u>s meninas

De fato, seria metodologicamente interessante reduzir as diferenças interpretativas entre os pares de expressões em (7) e (8) a uma diferença mínima na semântica dos substantivos em questão, sem que isso resultasse na postulação de ambiguidades para verbos, preposições, conjunções e artigos definidos com os quais esses substantivos interagem no singular ou plural.

Para concretizar essa ideia, assumiremos que, além de indivíduos comuns, como Pedro ou Maria, o domínio D dos indivíduos também abarca entidades plurais ou, simplesmente, PLURALIDADES. Essas pluralidades são formadas a partir dos indivíduos comuns e guardam com eles uma RELAÇÃO PARTE/TODO, que representaremos por $\leq_i$ (parte individual):

(9) a. $[\![\text{Pedro}]\!]^w \leq_i [\![\text{Pedro e Maria}]\!]^w$

b. $[\![\text{Pedro}]\!]^w \leq_i [\![\text{os homens}]\!]^w$

Pluralidades são comumente chamadas de SOMAS MEREOLÓGICAS e representadas pelo símbolo ⊕ ladeado por suas partes:

(10) a. $[\![\text{Pedro}]\!]^w = p$
 b. $[\![\text{Maria}]\!]^w = m$
 c. $[\![\text{Pedro e Maria}]\!]^w = p \oplus m$

Da mesma forma, em um contexto em que os únicos meninos em questão fossem Alan (a), Breno (b) e Carlos (c), teríamos:

(11) $[\![\text{os meninos}]\!]^w = a \oplus b \oplus c$

Indivíduos comuns, como eu, você leitor, Alan, Bruno ou Maria são chamados de atômicos. São os indivíduos a partir dos quais se formam todas as pluralidades. São as partes mínimas de D que compõem as somas mereológicas.

O que temos, então, para todo e qualquer mundo possível w, é um domínio D_w estruturado em átomos e somas que se relacionam por $\leq_i$. O resultado é um tipo de estrutura matemática chamada de SEMIRRETICULADO (*semilattice*, em inglês). A representação gráfica de um semirreticulado como os que estamos propondo faz lembrar uma treliça com pontos interconectados por linhas entrecruzadas:

(12) *Semirreticulado* **com os elementos representados por** •

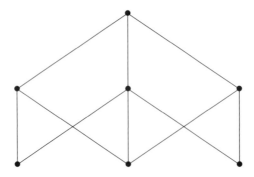

A ideia é que os pontos representam os elementos do domínio e as linhas a relação parte/todo. A razão para o prefixo 'semi', no caso de D_w, é que temos apenas a metade superior de um reticulado completo, com os átomos na base e as linhas ascendentes representando a relação parte/todo. Segue um outro exemplo com quatro átomos a, b, c e d, cada um deles representando um indivíduo:

(13) D_w **como um semirreticulado**

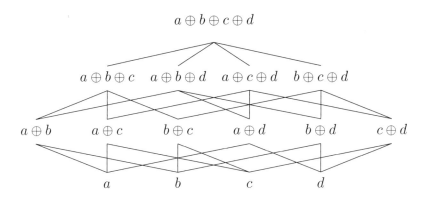

Se tomarmos um elemento qualquer, $a \oplus d$, por exemplo, veremos que suas partes mínimas são a e d. Ao mesmo tempo, se percorrermos, de baixo para cima, as linhas que se originam em $a \oplus d$, veremos que ele é parte de $a \oplus b \oplus d$, $a \oplus c \oplus d$ e $a \oplus b \oplus c \oplus d$. Este último é chamado de elemento SUPREMO, já que tem todos os demais elementos como parte.

Antes de começarmos a análise dos dados linguísticos, passemos por algumas breves minúcias formais. Tecnicamente, a soma mereológica $\oplus$ é uma operação binária que se aplica a dois indivíduos x e y para formar um outro indivíduo $x \oplus y$. Essa operação é simétrica, ou seja, $x \oplus y = y \oplus x$, para quaisquer x e y. É também associativa, o que significa que $(x \oplus y) \oplus z = x \oplus (y \oplus z)$, para quaisquer x, y e z. Por ser associativa, podemos ignorar os parênteses e representar uma soma formada a partir de vários indivíduos $x_1, x_2, ..., x_n$ por $x_1 \oplus x_2 \oplus ... \oplus x_n$ como, aliás, fizemos nos diagramas que já apresentamos. A operação de soma apresenta ainda uma outra propriedade, chamada de idempotência, o que quer dizer simplesmente que $x \oplus x = x$, para qualquer x. Deve-se notar também o elo que une a operação de soma e a relação parte/todo:

(14) Para quaisquer x e y, $x \oplus y = y$ sse $x \leq_i y$

Juntar através de $\oplus$ um elemento com outro que já é parte dele resulta no próprio elemento. Da mesma forma, se a junção de dois elementos resulta em um deles, então esses elementos estão na relação parte/todo. Por exemplo, se tomarmos a pluralidade formada por Alan e Bruno ($a \oplus b$) e juntarmos Bruno (b) a ela, continuaremos com $a \oplus b$, já que nenhuma parte nova foi acrescentada.

Como se pode notar pelo símbolo que a representa, a relação $\leq_i$ é uma relação reflexiva: $x \leq_i x$, para qualquer x. Se quisermos nos referir apenas às partes de x estritamente menores que x, usamos $<_i$, a versão irreflexiva de $\leq_i$. Por fim, diremos que a relação $\leq_i$ ordena parcialmente o domínio D_w, o conjunto de todos os

248 Semântica

indivíduos (atômicos ou não) em w. A ordem é parcial, pois nem todos os elementos estarão ordenados entre si. No diagrama em (13), por exemplo, nota-se que a não é parte de b ($a \not\leq_i b$), assim como $b \oplus c$ não é parte de $c \oplus d$ ($b \oplus c \not\leq_i c \oplus d$). No primeiro caso, os elementos não têm partes comuns, e, no segundo, a superposição não é total.

Feitas a apresentação e as considerações formais acima, passemos à semântica nominal, tendo como pano de fundo os novos domínios D_w contendo todos os indivíduos atômicos e somas mereológicas em um mundo w qualquer.

9.2 NPs plurais

Comecemos com os nomes comuns e a marcação de número (singular e plural), que representaremos da seguinte forma:

(15) a. N
       N- SG

b. N
       N- PL

Do ponto de vista sintático, nomes (Ns) singulares e plurais se formam a partir de um radical nominal (N-) acrescido de morfemas de número (SG ou PL). Semanticamente, a proposta de fundo é que as extensões de N-, N-SG e N-PL serão, todas elas, subconjuntos de D_w, qualquer que seja w. Implementaremos duas opções, deixando em aberto a possibilidade de que línguas diferentes possam instanciar diferentes semânticas nominais.

Na primeira opção, a extensão do radical só contém indivíduos atômicos. Por exemplo, em um mundo w em que haja apenas três cachorros (c_1, c_2 e c_3), teríamos:

(16) $[\![\text{cachorr-}]\!]^w = \{c_1, c_2, c_3\}$

Neste caso, o singular seria semanticamente vácuo, deixando intacta a extensão do radical:

(17) a. $[\![\text{N- SG}]\!]^w = [\![\text{N-}]\!]^w$
       b. $[\![\text{cachorro}]\!]^w = [\![\text{cachorr-}]\!]^w = \{c_1, c_2, c_3\}$

Já a marcação de plural teria um papel semântico ativo. Para representá-lo sucintamente, aqui vai um pouco de terminologia e notação técnicas: dado um conjunto C qualquer, representamos por $^*C$ o conjunto formado pelos elementos de C mais todas as somas mereológicas obtidas desses elementos originais. Esse novo conjunto $^*C$ é chamado de fechamento de C por $\oplus$. A ideia de fechamento por uma operação é que, se dois elementos x e y quaisquer pertencem a um conjunto fechado $^*C$, então a aplicação da operação a esses elementos ($x \oplus y$) também pertence a $^*C$. Em nosso exemplo, teríamos:

(18)   a. $[\![\text{cachorr-}]\!]^w = \{c_1, c_2, c_3\}$
       b. $*[\![\text{cachorr-}]\!]^w = \{c_1, c_2, c_3, c_1 \oplus c_2, c_1 \oplus c_3, c_2 \oplus c_3, c_1 \oplus c_2 \oplus c_3\}$

Voltando ao plural, seu papel será o de efetuar o fechamento da extensão do radical nominal e, em seguida, retirar os elementos atômicos:

(19) $[\![\text{N- PL}]\!]^w = *[\![\text{N-}]\!]^w - [\![\text{N-}]\!]^w$

Aplicando a nosso exemplo a partir do que já temos em (18), chegaremos ao seguinte resultado:

(20) $[\![\text{cachorros}]\!]^w = \{c_1 \oplus c_2, c_1 \oplus c_3, c_2 \oplus c_3, c_1 \oplus c_2 \oplus c_3\}$

Como se vê, a extensão do nome plural é o fechamento da extensão do radical nominal menos os átomos, que já pertenciam à extensão original.

Essa opção analítica, que trata o morfema de singular como semanticamente vácuo e o de plural como semanticamente ativo, pode ser interessante para línguas como o português, em que não se tem marcação visível de singular, apenas de plural.

Uma segunda opção é assumir que os radicais nominais, ainda desprovidos de flexão de número, são semanticamente neutros, com átomos e somas em suas extensões. Por exemplo, em um mundo w em que haja apenas três cachorros (c_1, c_2 e c_3), teríamos:

(21) $[\![\text{cachorr-}]\!]^w = \{c_1, c_2, c_3, c_1 \oplus c_2, c_1 \oplus c_3, c_2 \oplus c_3, c_1 \oplus c_2 \oplus c_3\}$

De acordo com essa opção, o papel da marcação de número é selecionar, dentre os elementos da extensão do radical, ou os átomos, no caso do singular, ou as somas, no caso do plural. Para simplificar nossas representações, vamos tomar emprestada da teoria dos conjuntos a noção de cardinalidade e estender sua aplicação a indivíduos de um domínio estruturado, como D_w. Lembre-se, de capítulos anteriores, que a cardinalidade de um conjunto C, representada por $|C|$ é o número de elementos de C. No contexto das pluralidades, diremos que um indivíduo atômico x tem cardinalidade igual a 1 ($|x| = 1$), já que possui apenas uma parte atômica, ao passo que somas mereológicas não triviais têm cardinalidade maior que 1 ($|x| > 1$), já que possuem mais de uma parte atômica. Por exemplo, em (21), $|c_1| = 1$, enquanto $|c_1 \oplus c_2| = 2$ e $|c_1 \oplus c_2 \oplus c_3| = 3$. Sendo assim, em geral, teremos:

(22) $[\![\text{N- SG}]\!]^w = \{x \mid x \in [\![\text{N-}]\!]^w \ \& \ |x| = 1\}$

(23) $[\![\text{N- PL}]\!]^w = \{x \mid x \in [\![\text{N-}]\!]^w \ \& \ |x| > 1\}$

Aplicando ao exemplo em (21):

(24) $[\![\text{cachorro}]\!]^w = \{c_1, c_2, c_3\}$

(25) $[\![\text{cachorros}]\!]^w = \{c_1 \oplus c_2, c_1 \oplus c_3, c_2 \oplus c_3, c_1 \oplus c_2 \oplus c_3\}$

Essa opção analítica parece interessante para certas línguas que manifestam o que se chama de *número geral*, como Bayso, falada na Etiópia (exemplos retirados de Corbett 2000):

(26) lúban foofe
leão vi
'Eu vi leão (pode ter sido um ou mais de um)'

(27) lúban-titi foofe
leão-SG vi
'Eu vi um leão'

(28) lúban-jool foofe
leão-PL vi
'Eu vi (muitos) leões'

Como se vê, tanto o singular quanto o plural são expressos por sufixos nominais aplicados a uma mesma base, que, quando desacompanhada deles, expressa neutralidade para número.

Antes de encerrar essa discussão sobre a pluralidade nominal e sua variação translinguística, é importante estar ciente de que há línguas cujos sistemas de número gramatical vão além da distinção singular/plural, codificando outras cardinalidades. Eis o exemplo de uma língua chamada Alto Sorábio e falada na Alemanha (exemplo também retirado de Corbett 2000):

(29) a. hród
'castelo'
b. hrodaj
'dois castelos'
c. hrody
'castelos'

(30) a. $[\![\text{hród}]\!]^w = \{x \mid x \in [\![\text{N-}]\!]^w \ \& \ |x| = 1\}$
b. $[\![\text{hrodaj}]\!]^w = \{x \mid x \in [\![\text{N-}]\!]^w \ \& \ |x| = 2\}$
c. $[\![\text{hrody}]\!]^w = \{x \mid x \in [\![\text{N-}]\!]^w \ \& \ |x| \geq 3\}$

Neste sistema tripartite, as distinções não são apenas entre um e mais de um, mas entre um, dois, e pelo menos três.

Por fim, mesmo em línguas como o português, a relação entre o singular e o plural tem suas complicações. Em todos os sistemas que acabamos de delinear, as formas plurais foram tratadas em oposição às singulares. Em outras palavras, as extensões dos nomes plurais excluíam os indivíduos atômicos que pertenciam às extensões dos nomes singulares, o que parece se justificar diante de casos como (31):

(31)   Eu tenho filhos.

Alguém que use (31) afirmativamente passará a ideia de que tem mais de um filho. Considere, porém, o diálogo a seguir:

(32)   A: Você tem filhos?
        B: Sim, um só.

O diálogo soa natural e a resposta afirmativa de B sugere que o plural na pergunta de A inclui a possiblidade de apenas um filho. Temos, assim, evidência para um tratamento inclusivo da marcação de plural, com a extensão de um nome plural incluindo tanto indivíduos atômicos quanto somas mereológicas. Isso se confirma pelo estranhamento causado pelo exemplo a seguir, o que não deveria acontecer se o plural excluísse a possibilidade de apenas um filho.

(33)   A: Você tem filhos?
        B: ?? Não, um só.

O dilema é como dar conta das intuições a respeito de (32) e (33), que apontam para a inclusividade, sem perder de vista a intuição a respeito de (31), que apontava para a exclusividade do plural. Uma possível saída é acrescentar ingredientes pragmáticos, mais precisamente, implicaturas conversacionais. Em linhas bem gerais, o plural seria inclusivo, o que explicaria (32) e (33). Já sobre (31), a ideia é que o falante poderia ter usado uma forma mais específica (a singular). Se não o fez, é porque sabe que o resultado seria inadequado ou falso. Logo, ele diz com (31) que tem um ou mais filhos, mas implica que tem mais de um. Trata-se, claro, de um rudimento de análise. Remeteremos o leitor a alguns textos relevantes nas recomendações ao final do capítulo.

9.3   DPs plurais

Passemos, agora, dos sintagmas nominais (NPs) aos sintagmas determinantes (DPs). Imaginemos, inicialmente, um mundo em que haja apenas três meninos: Alan, Bruno e Carlos. Dado o que já vimos até aqui, e adotando a primeira das opções analíticas da seção anterior, teremos o seguinte:

(34)   a. $[\![\text{Alan}]\!]^w = a$
        b. $[\![\text{Bruno}]\!]^w = b$
        c. $[\![\text{Carlos}]\!]^w = c$

252 Semântica

(35) a. $[\![\text{menino}]\!]^w = \{a, b, c\}$
   b. $[\![\text{meninos}]\!]^w = \{a \oplus b, a \oplus c, b \oplus c, a \oplus b \oplus c\}$

Resta-nos analisar composicionalmente as extensões de DPs como 'Alan e Bruno' e 'os meninos', os quais, intuitivamente, remetem a pluralidades. Para casos com a conjunção 'e', assumiremos que ela contribui (nos exemplos que nos interessam aqui) com a operação de soma mereológica:

(36) $[\![DP_1 \text{ e } DP_2]\!]^w = [\![DP_1]\!]^w \oplus [\![DP_2]\!]^w$

(37) a. $[\![\text{Alan e Bruno}]\!]^w = a \oplus b$
   b. $[\![\text{Bruno e Carlos}]\!]^w = b \oplus c$
   c. $[\![\text{Alan, Bruno e Carlos}]\!]^w = a \oplus b \oplus c$

Passando aos DPs definidos, queremos que, no contexto que acabamos de ilustrar, o DP 'os meninos' tenha a mesma extensão do DP 'Alan, Bruno e Carlos':

(38) $[\![\text{os meninos}]\!]^w = a \oplus b \oplus c$

Comparando essa extensão do DP 'os meninos', em (38), com a do NP 'meninos', em (35b), notamos que a contribuição do artigo definido plural foi extrair o elemento máximo da extensão do NP. Por elemento máximo de um conjunto C, que representaremos por $max(C)$, entenda-se o elemento de C que tem todos os membros do conjunto como parte. No caso de (35a), esse elemento máximo era $a \oplus b \oplus c$. No geral, teremos o seguinte para DPs definidos plurais:

(39) $[\![[_{DP} \text{ os NPs}]]\!]^w = max([\![\text{NPs}]\!]^w)$

Note, agora, um ponto importante. Nem todo conjunto terá um elemento máximo. É o caso, por exemplo, da extensão do NP singular 'menino', em (35a). Há três indivíduos pertencentes ao conjunto, e nenhum deles é parte de nenhum outro. Nesse caso, a definição de max simplesmente não se aplica. Na verdade, em se tratando da extensão de NPs singulares, que contêm apenas elementos atômicos, max só se aplicará quando a extensão for um conjunto unitário, ou seja, tiver apenas um elemento. Nesse caso, max extrairá esse elemento único. Como ilustração, considere um mundo w em que Maria tem dois filhos, Alan e Bruno, e Joana tem apenas um, Carlos. Neste caso caso, teremos:

(40) a. $[\![\text{filho da Maria}]\!]^w = \{a, b\}$
   b. $[\![\text{filho da Joana}]\!]^w = \{c\}$

(41) a. $[\![\text{o filho da Maria}]\!]^w = max([\![\text{filho da Maria}]\!]^w) = \textit{indefinido}$
   b. $[\![\text{o filho da Joana}]\!]^w = max([\![\text{filho da Joana}]\!]^w) = c$

Como se vê, maximidade se reduz a unicidade quando se trata de NPs singulares. Isso nos permite uma elegante unificação da semântica das descrições definidas singulares e plurais. Ambas envolvem a operação max que acabamos de definir. No caso de DPs plurais, max extrairá o maior elemento na extensão do NP. No caso de DPs singulares, max extrairá o único elemento na extensão do NP, se este existir. Podemos, inclusive, reduzir a diferença semântica entre DPs definidos singulares e plurais à marcação de número no NP, sendo a marcação no artigo mero reflexo da concordância nominal do português, que requer que D e o NP que o complementa compartilhem os mesmos traços morfológicos. Representando por DEF o traço de definitude compartilhado por todas as formas de artigo definido ('o', 'os', 'a', 'as') e por NP sintagmas nominais singulares ou plurais, teremos:

(42) $[\![\, [_{\text{DP}} \text{ DEF NP}] \,]\!]^{w} = max([\![\text{NP}]\!]^{w})$

Eis aí uma das vantagens a que aludimos na apresentação deste capítulo sobre colocarmos em um mesmo domínio semântico as extensões de NPs e DPs singulares e plurais.

9.4 Predicação plural

Tendo analisado a composição e interpretação de DPs plurais, olharemos agora para a combinação destes DPs com predicados verbais que, em português padrão, também são marcados por morfologia de plural. Buscaremos relacionar esses casos de predicação plural com casos de predicação singular com os quais já vínhamos trabalhando em capítulos anteriores.

Comecemos relembrando o que já sabemos desde o capítulo 4 a respeito de predicação singular, em que um predicado cuja extensão é um conjunto de indivíduos se aplica a um argumento (o sujeito das sentenças) cuja extensão é um indivíduo atômico:

(43) Alan dormiu.
      $[_{\text{S}} \, [_{\text{DP}} \text{ Alan}] \, [_{\text{VP}} \text{ dormiu}]]$
      $[\![\text{S}]\!]^{w} = 1$ sse $[\![\text{DP}]\!]^{w} \in [\![\text{VP}]\!]^{w}$
          $= 1$ sse $a \in \{x \mid x \text{ dormiu}\}$

(44) Alan escreveu uma resenha.
      $[_{\text{S}} \, [_{\text{DP}} \text{ Alan}] \, [_{\text{VP}} \text{ escreveu uma resenha}]]$
      $[\![\text{S}]\!]^{w} = 1$ sse $[\![\text{DP}]\!]^{w} \in [\![\text{VP}]\!]^{w}$
          $= 1$ sse $a \in \{x \mid x \text{ escreveu uma resenha}\}$

Com esse tipo de predicação em mente, passemos ao exemplo a seguir:

(45) Os meninos dormiram.

Consideremos um cenário com dois meninos, Alan e Bruno, e duas meninas, Carla e Débora, assumindo que Alan, Bruno e Carla tenham dormido, mas Débora não:

(46) a. $\llbracket \text{os meninos} \rrbracket^w = a \oplus b$
      b. $\llbracket \text{dormir} \rrbracket^w = \{a, b, c\}$

Note que representamos o verbo de forma neutra (no infinitivo), sem sua desinência de número. De acordo com o que vínhamos assumindo, essa era a extensão de VPs e foi o que usamos no exemplo em (43), com predicação singular e a forma 'dormiu'. Entretanto, se quisermos manter nossa regra composicional, que interpreta a combinação entre sujeito e predicado como pertinência de um elemento a um conjunto, algo precisa ser revisto, já que, como se vê em (46), a extensão do sujeito não pertence à extensão do predicado verbal.

A primeira proposta que analisaremos modifica a interpretação do verbo dormir, assumindo que sua extensão, qualquer que seja a desinência número-pessoal, inclui tanto indivíduos atômicos quanto pluralidades. Essas pluralidades seriam formadas exclusivamente a partir dos indivíduos atômicos que satisfazem o predicado. Para o nosso cenário anterior, teríamos:

(47) $\llbracket \text{dormir} \rrbracket^w = \llbracket \text{dormiu} \rrbracket^w = \llbracket \text{dormiram} \rrbracket^w$
      $= \{a, b, c, a \oplus b, b \oplus c, a \oplus c, a \oplus b \oplus c\}$

Como a, b e c eram os únicos indivíduos atômicos que dormiram, a extensão das formas verbais será formada por esses elementos e pelas somas mereológicas formadas a partir deles. Estamos assumindo, portanto, que a desinência número-pessoal é semanticamente vácua e que a extensão do radical verbal é neutra, abarcando tanto átomos quanto somas mereológicas. Isso, por sua vez, implica que, do ponto de vista estritamente semântico, não haveria nenhuma anomalia em relação a sentenças como 'Os meninos dormiu' ou 'O menino dormiram'. O que temos, nestes casos, é uma violação puramente gramatical: ao menos na norma culta do português, sujeito e verbo devem concordar em número e pessoa.

Temos, agora, tudo o que queríamos semanticamente: a extensão de 'os meninos' pertence à extensão de 'dormiram' e derivamos corretamente, via regra sujeito-predicado, que a sentença é verdadeira no cenário em questão. Da mesma forma, derivamos que (48) também será verdadeira, mas (49) não:

(48) Alan e Bruno dormiram.

(49) Alan e Débora dormiram.

O fato a se notar é que, como tanto Alan quanto Bruno estão na extensão do predicado, sua soma também estará. Por outro lado, como Débora não pertence a essa extensão, a soma de Alan e Débora, ou qualquer soma que tenha Débora como parte, também não pertencerá ao conjunto.

Extensões como a que acabamos de propor para 'dormir' são chamadas de cumulativas:

(50) **Cumulatividade:**
Um predicado P é cumulativo *sse* para quaisquer elementos x e y, e mundo w, se $x \in [\![P]\!]^w$ e $y \in [\![P]\!]^w$, então $x \oplus y \in [\![P]\!]^w$

Como se vê, a extensão de um predicado cumulativo scrá sempre fechada pela operação de soma mereológica, no sentido do que vimos na seção anterior. A extensão desses predicados em um mundo w formará, ela mesma, um semirreticulado, extraído do semirreticulado maior, D_w, o domínio de todos os indivíduos de w. No nosso cenário, no qual apenas Alan, Bruno e Carla dormiram, teremos:

(51) $\quad [\![\text{dormiu/dormiram}]\!]^w = $

$$
\begin{array}{c}
a \oplus b \oplus c \\
\diagup \mid \diagdown \\
a \oplus b \quad a \oplus c \quad b \oplus c \\
\diagdown\diagup\diagdown\diagup \\
a \qquad b \qquad c
\end{array}
$$

Cumulatividade é o que está por trás de inferências triviais, como (52):

(52)   Se Alan dormiu e Bruno também dormiu, então Alan e Bruno dormiram.

Resumindo: de acordo com a proposta que estamos considerando, todos os predicados verbais são lexicalmente cumulativos e a desinência número-pessoal não afeta a extensão dos radicais verbais, sendo mero reflexo da concordância entre sujeito e predicado imposta pela gramática do português. Isso estaria em contraste com o que vimos na seção anterior sobre predicados nominais e o papel ativo que conferimos à morfologia de plural.

Uma outra propriedade relevante para a predicação plural e que, de certo modo, vai na direção oposta da cumulatividade é a distributividade:

(53) **Distributividade:**
Um predicado P é distributivo *sse* para quaisquer elementos x e y, e mundo w, se $x \oplus y \in [\![P]\!]^w$, então $x \in [\![P]\!]^w$ e $y \in [\![P]\!]^w$

A inferência, neste caso, procede das somas para as partes que as compõem. Distributividade é a propriedade por trás de argumentos como (54):

256 Semântica

(54)   Se Alan e Bruno dormiram, então Alan dormiu e Bruno dormiu.

E, se Alan e Bruno forem os únicos meninos em questão:

(55)   Se os meninos dormiram, então Alan dormiu e Bruno dormiu.

Nem todos os predicados, porém, são como 'dormir':

(56)   Alan e Bruno deram as mãos.

(57)   *Alan deu as mãos.

O predicado 'dar as mãos' não é distributivo. Ele sequer se aplica a indivíduos atômicos, como se vê pela estranheza de (57). O mesmo vale para o predicado 'formar uma dupla':

(58)   Alan e Carla formam uma bela dupla.

(59)   *Alan forma uma bela dupla.

Mesmo no caso de predicados que, a princípio, podem se aplicar tanto a indivíduos atômicos quanto a pluralidades, a inferência de distributividade nem sempre é válida:

(60)   Os manifestantes abraçaram o prédio da prefeitura.
         ⇏ Pedro, um dos manifestantes, abraçou o prédio da prefeitura.

Aqui, mesmo se a premissa for verdadeira, a conclusão será, muito provavelmente, falsa, já que Pedro terá que ter braços um tanto longos para, sozinhos, envolverem um prédio de dimensões normais. O predicado 'abraçar o prédio' não é distributivo, como também não o são os predicados dos exemplos a seguir:

(61)   Alan e Bruno levantaram o piano.

(62)   Os meninos montaram um quebra-cabeças.

Esses exemplos podem ser verdadeiros em dois tipos de situação. No primeiro deles, os meninos realizaram juntos uma ação. Neste caso, o levantamento do piano e a montagem do quebra-cabeça a que os exemplos se referem foram realizados coletivamente. Sozinhos, talvez eles jamais tivessem conseguido o que conseguiram unindo suas habilidades. Em um cenário assim, (61) e (62) seriam verdadeiras, mas (63) e (64) não:

(63)   Alan (sozinho) levantou o piano e Bruno (sozinho) também levantou o piano.

(64)   Cada um dos meninos montou (sozinho) o quebra-cabeças.

O outro tipo de situação em que os exemplos em (61) e (62) seriam verdadeiros envolve casos em que tanto Alan quanto Bruno realizaram as tarefas individualmente, sem jamais ter havido qualquer tipo de cooperação entre eles. Em cenários assim, tanto (61)-(62) quanto (63)-(64) seriam verdadeiras.

Para dar conta de todos os casos acima, basta assumir que os predicados como 'levantar o piano' e 'montar o quebra-cabeças' são cumulativos, mas não distributivos. Sendo cumulativos, sempre que dois indivíduos x e y pertencerem às extensões dos predicados, a soma $x \oplus y$ também pertencerá. Isso permite que as predicações plurais em (61) e (62) sejam verdadeiras, mesmo não havendo qualquer ação colaborativa entre os indivíduos em questão. Por outro lado, não sendo distributivos, uma soma formada por dois indivíduos x e y pode pertencer às extensões dos predicados, sem que os indivíduos pertençam. Sem informações adicionais, nada se pode concluir a respeito, bloqueando assim as inferências das predicações plurais para as singulares:

(65)   Alan e Bruno levantaram o piano.
        $\not\Rightarrow$ Alan levantou o piano (sozinho) e Bruno também levantou o piano (sozinho)

(66)   Os meninos montaram o quebra-cabeças.
        $\not\Rightarrow$ Cada um deles montou o quebra-cabeças (sozinho)

Tudo o que vimos pode ser conferido em (67)-(70), em que instanciamos os dois tipos de situação descritos acima, ilustrados com o predicado 'levantou o piano':

(67)   **Mundo w_1:** Alan e Bruno levantaram, juntos, o piano. Nenhum deles levantou o piano sozinho. Ninguém mais levantou o piano.
        a. $[\![\text{levantou o piano}]\!]^{w_1} = \{a \oplus b\}$
        b. $[\![\text{Alan e Bruno}]\!]^{w_1} \in [\![\text{levantou o piano}]\!]^{w_1}$
              $[\![\text{Alan}]\!]^{w_1} \notin [\![\text{levantou o piano}]\!]^{w_1}$
              $[\![\text{Bruno}]\!]^{w_1} \notin [\![\text{levantou o piano}]\!]^{w_1}$

(68)   a. $[\![\text{Alan e Bruno levantaram o piano}]\!]^{w_1} = 1$
        b. $[\![\text{Alan levantou o piano}]\!]^{w_1} = 0$
        c. $[\![\text{Bruno levantou o piano}]\!]^{w_1} = 0$

(69)   **Mundo w_2:** Alan levantou sozinho o piano. Bruno também levantou sozinho o piano. Ninguém mais levantou o piano.
        a. $[\![\text{levantou o piano}]\!]^{w_2} = \{a, b, a \oplus b\}$
        b. $[\![\text{Alan e Bruno}]\!]^{w_2} \in [\![\text{levantou o piano}]\!]^{w_2}$
              $[\![\text{Alan}]\!]^{w_2} \in [\![\text{levantou o piano}]\!]^{w_2}$
              $[\![\text{Bruno}]\!]^{w_2} \in [\![\text{levantou o piano}]\!]^{w_2}$

(70)   a. $[\![\text{Alan e Bruno levantaram o piano}]\!]^{w_2} = 1$

258 Semântica

    b. $[\![$Alan levantou o piano$]\!]^{w_2} = 1$

    c. $[\![$Bruno levantou o piano$]\!]^{w_2} = 1$

Nada impede, claro, que haja situações em que tenha havido tanto ações individuais quanto colaborativas:

(71)   **Mundo** w_3**:** Alan levantou sozinho o piano. Bruno também levantou sozinho o o piano. Em outra ocasião, Alan e Bruno levantaram juntos o piano. Ninguém mais levantou o piano.

    a. $[\![$levantou o piano$]\!]^{w_3} = \{a, b, a \oplus b\}$

    b. $[\![$Alan e Bruno$]\!]^{w_3} \in [\![$levantou o piano$]\!]^{w_3}$

            $[\![$Alan$]\!]^{w_3} \in [\![$levantou o piano$]\!]^{w_3}$

            $[\![$Bruno$]\!]^{w_3} \in [\![$levantou o piano$]\!]^{w_3}$

(72)   a. $[\![$Alan e Bruno levantaram o piano$]\!]^{w_3} = 1$

    b. $[\![$Alan levantou o piano$]\!]^{w_3} = 1$

    c. $[\![$Bruno levantou o piano$]\!]^{w_3} = 1$

    As ferramentas que temos em mãos também permitem analisar casos que mesclam cumulatividade com uma distributividade incompleta ou intermediária, em que apenas somas estão envolvidas. Como ilustração, considere um cenário envolvendo pós-graduandos divididos em dois grupos: os mestrandos (Marcos e Natália) e os doutorandos (Danilo e Elsa). Foi feita uma distribuição de verbas em que os mestrandos receberam 10 mil reais (no total) e os doutorandos também receberam 10 mil reais (no total). Note que nesse cenário, não há nenhum pós-graduando que, individualmente, tenha recebido 10 mil reais. Neste caso, sentenças como (73) e (74) são intuitivamente falsas:

(73)   O mestrando Marcos recebeu 10 mil reais.

(74)   A doutoranda Elsa recebeu 10 mil reais.

Por outro lado, as três sentenças a seguir são verdadeiras:

(75)   Os mestrandos receberam 10 mil reais.

(76)   Os doutorandos receberam 10 mil reais.

(77)   Os mestrandos e os doutorandos receberam 10 mil reais.

Todas essas intuições são adequadamente captadas se continuarmos assumindo que predicados verbais são sempre cumulativos, mas nem sempre distributivos. Isso pode ser visto na ilustração a seguir, em que vamos nos referir ao cenário que acabamos de descrever como w_0:

(78)   a. $[\![$os mestrandos$]\!]^{w_0} = m \oplus n$

b. $[\![\text{os doutorandos}]\!]^{w_0} = d \oplus e$

c. $[\![\text{os mestrandos e os doutorandos}]\!]^{w_0} = m \oplus n \oplus d \oplus e$

(79) $[\![\text{receberam 10 mil reais}]\!]^{w_0} = \{m \oplus n, d \oplus e, m \oplus n \oplus d \oplus e\}$

(80) a. $[\![\text{Marcos}]\!]^{w_0} \notin [\![\text{receberam 10 mil reais}]\!]^{w_0}$

$[\![\text{Elsa}]\!]^{w_0} \notin [\![\text{receberam 10 mil reais}]\!]^{w_0}$

b. $[\![\text{os mestrandos}]\!]^{w_0} \in [\![\text{receberam 10 mil reais}]\!]^{w_0}$

$[\![\text{os doutorandos}]\!]^{w_0} \in [\![\text{receberam 10 mil reais}]\!]^{w_0}$

c. $[\![\text{os mestrandos e os doutorandos}]\!]^{w_0} \in [\![\text{receberam 10 mil reais}]\!]^{w_0}$

Menos óbvios e potencialmente preocupantes são os exemplos a seguir, quando avaliados neste mesmo cenário. Usaremos o símbolo % para indicar certa hesitação em julgar as sentenças como verdadeira ou falsa:

(81) %Os pós-graduandos receberam 10 mil.

(82) %Marcos, Natália, Danilo e Elsa receberam 10 mil.

Esses exemplos não são tão prontamente julgados como verdadeiros. Isso é problemático, na medida em que os sujeitos de ambos são coextensivos entre si e com o sujeito plural 'os mestrandos e os doutorandos' visto anteriormente:

(83) $[\![\text{os pós-graduandos}]\!]^{w_0} = [\![\text{Marcos, Natália, Danilo e Elsa}]\!]^{w_0} = [\![\text{os mestran-dos e os doutorandos}]\!]^{w_0} = m \oplus n \oplus d \oplus e$

Sendo assim, (81) e (82) deveriam ter o mesmo valor de verdade que (77), ou seja, todas elas deveriam ser verdadeiras, o que vai de encontro ao contraste detectado. Na raiz do problema, está a coextensionalidade entre os termos plurais em (83). Isso é consequência direta da maneira como estruturamos o domínio dos indivíduos. Lembre-se que a operação de soma mereológica era associativa, o que, no caso em questão, significa que representar as extensões dos DPs como em (84) não faz a menor diferença semântica em relação ao que está em (83):

(84) a. $[\![\text{os mestrandos e os doutorandos}]\!]^{w_0} = ((m \oplus n) \oplus (d \oplus e))$

b. $[\![\text{os pós-graduandos}]\!]^{w_0} = (m \oplus n \oplus d \oplus e)$

c. $[\![\text{Marcos, Natália, Danilo e Elsa}]\!]^{w_0} = m \oplus n \oplus d \oplus e$

As mudanças no grupamento por parênteses podem ser convenientes do ponto de vista notacional, mas não trazem consequência semântica alguma, justamente pela associatividade atribuída a $\oplus$. Podemos abrir mão desta propriedade e reformular a estruturação do domínio dos indivíduos, diferenciando os casos em (84). Seria uma saída puramente semântica para enfrentar o problema em questão. Alternativamente, poderíamos atribuir as discrepâncias nos julgamentos a fatores de ordem pragmática. Pode ser que a maneira como descrevemos o cenário tenha tornado

260 **Semântica**

algumas pluralidades (os mestrandos e os doutorandos, no caso) mais salientes que outras e que isso torne o uso de DPs que mencionem explicitamente essas pluralidades preferível a usos que não as mencionem. Neste caso, os contrastes que detectamos não seriam semânticos. Todas as sentenças seriam verdadeiras. O uso de algumas delas, porém, seria infeliz ou menos adequado no contexto em questão. Esses dois tipos de proposta foram sugeridos na literatura sobre pluralidade. Rememos o leitor interessado a algumas referências nas recomendações de leitura ao final do capítulo. Nas seções seguintes, manteremos nosso sistema como está, sem as complicações que, como acabamos de ver, se fazem necessárias.

9.4.1 Mais sobre cumulatividade

Os casos de predicação plural que apresentamos até aqui envolveram sempre a combinação entre sujeito e predicado. Pluralidade, porém, pode se manifestar em qualquer posição sintática, afetando a interpretação de outros argumentos verbais, como objetos diretos:

(85)   Elsa viu os meninos.

(86)   A professora juntou Alan e Bruno (em um mesmo grupo).

A princípio, tudo o que vimos anteriormente se aplica a esses casos também. Em (85), por exemplo, é possível parafrasear a sentença de modo a eliminar a pluralidade: Elsa viu cada menino. Já em (86), isso não é tão óbvio, não fazendo muito sentido dizer que a professora juntou Alan nem que ela juntou Pedro.

Propriedades como a cumulatividade se manifestam também: se Elsa viu Alan e se Elsa viu Bruno, então Elsa viu Alan e Bruno. E se Alan e Bruno forem os únicos meninos, Elsa viu os meninos. É possível, inclusive, detectar o efeito da cumulatividade em duas posições argumentais simultaneamente:

(87)   Alan e Bruno namoram Débora e Elsa.

(88)   Esses três atletas ganharam 11 medalhas.

De (87) não se infere nenhum tipo de bigamia. A sentença descreve adequadamente uma situação em que Alan namora Débora e Bruno namora Elsa. Já (88) nos informa que três atletas ganharam, entre eles, um total de 11 medalhas, sem nos informar quantas medalhas foram ganhas por cada um deles. Queremos dizer que as relações expressas pelos verbos transitivos 'namorar' e 'ganhar' são cumulativas. Para tanto, precisamos de uma nova noção de cumulatividade, que nos auxilie a análise de exemplos em que um mesmo verbo está associado a dois argumentos plurais. Damos a seguir uma segunda versão desta propriedade, aplicável a relações binárias envolvendo duas posições argumentais:

(89)   **Cumulatividade de relações**
Um relação R é cumulativa *sse* para quaisquer pares $\langle x_1, y_1 \rangle$ e $\langle x_2, y_2 \rangle$, e qualquer mundo w, se $\langle x_1, y_1 \rangle \in [\![R]\!]^w$ e $\langle x_2, y_2 \rangle \in [\![R]\!]^w$, então $\langle x_1 \oplus x_2, y_1 \oplus y_2 \rangle \in [\![R]\!]^w$

A ideia é que verbos como 'namorar' sejam lexicalmente cumulativos. Por exemplo, em uma situação em que Alan esteja namorando Débora, Bruno namorando Elsa e em que não haja outros namoros, teríamos:

(90) $[\![\text{namorar}]\!]^w = \{\langle d, a \rangle, \langle e, b \rangle, \langle d \oplus e, a \oplus b \rangle\}$

Disso, resultam os fatos a seguir:

(91)   a. $\langle [\![\text{Débora}]\!]^w, [\![\text{Alan}]\!]^w \rangle \in [\![\text{namorar}]\!]^w$
        b. $\langle [\![\text{Elsa}]\!]^w, [\![\text{Bruno}]\!]^w \rangle \in [\![\text{namorar}]\!]^w$
        c. $\langle [\![\text{Débora e Elsa}]\!]^w, [\![\text{Alan e Bruno}]\!]^w \rangle \in [\![\text{namorar}]\!]^w$

E, sendo assim, prevemos corretamente que as três sentenças em (92) serão verdadeiras no cenário em questão:

(92)   a.   Alan namora Débora.
        b.   Bruno namora Elsa.
        c.   Alan e Bruno namoram Débora e Elsa.

Há casos, porém, para os quais essa cumulatividade lexical, advinda da extensão do verbo, não basta. Considere o seguinte exemplo:

(93)   Alan e Bruno namoram uma estrangeira.

Imagine o mesmo cenário anterior em que Alan e Bruno namoram Débora e Elsa, respectivamente, e que ambas sejam estrangeiras. Pelo menos para alguns falantes, (93) seria verdadeira nessas condições, ainda que não seja a interpretação mais saliente da sentença. O problema que (93) levanta é que parecemos estar diante de uma interpretação cumulativa, envolvendo simultaneamente os DPs sujeito e objeto, ainda que apenas o DP sujeito seja plural. O DP objeto é um sintagma indefinido singular e, dado o que vimos no capítulo sobre quantificação, as condições de verdade de (93) deveriam ser algo da seguinte forma: existe uma pessoa x, tal que x é estrangeira e Alan e Bruno $(a \oplus b)$ namoram x. Essas condições de verdade, porém, requerem que Alan e Bruno compartilhem a mesma namorada, o que não reflete nossa intuição.

Outros exemplos que levantam o mesmo ponto e que, talvez, soem mais naturais aos ouvidos do leitor são os seguintes:

262 Semântica

(94) Pedro dará uma festa na casa dele amanhã. Os convidados devem levar uma garrafa de vinho. [= uma garrafa por convidado]

(95) Ao final da apresentação, as crianças darão uma flor para as mães. [= cada criança dá uma flor pra cada (sua) mãe]

Nestes casos, também vemos um DP sujeito plural acompanhado de um DP objeto singular. Em ambos, é como se a interpretação desses DPs sujeitos fosse um quantificador universal e não uma pluralidade: todo convidado deve levar uma garrafa de vinho e toda criança dará uma flor para a mãe, respectivamente.

Desses exemplos, surgem indagações: seriam DPs plurais como 'os convidados', 'as crianças' e 'Alan e Bruno' ambíguos? Ou será que há outros tipos de cumulatividade envolvendo verbos transitivos? São questões semânticas importantes e que teorias da pluralidade devem responder. Não as perseguiremos aqui, mas remetemos o leitor a algumas referências no final do capítulo.

9.5 Coletividades

De acordo com o que vimos até aqui, expressões nominais singulares como 'Alan', 'Bruno' ou 'o menino' têm indivíduos atômicos (a, b, c, …) como extensões. Já expressões nominais plurais como 'Alan e Bruno' e 'os meninos' têm como extensões somas mereológicas: entidades derivadas da aplicação de uma operação ($\oplus$) a outras entidades ($a \oplus b$, $b \oplus c$, $a \oplus b \oplus c$, …). O que dizer, então, de expressões como 'o comitê' ou 'a máfia'? Do ponto de vista morfossintático, elas são singulares. Mas e semanticamente?

Vamos nos referir a essas expressões como COLETIVIDADES. Uma possiblidade de análise para essas coletividades é tratá-las como as demais pluralidades, ou seja, como somas. Imagine, por exemplo, que os membros de um certo comitê sejam Alan, Bruno e Carlos:

(96) $\llbracket \text{o comitê} \rrbracket^w = \llbracket \text{os membros do comitê} \rrbracket^w = a \oplus b \oplus c$

Com isso, equacionaríamos predicação plural e predicações coletivas. Como consequência, se Alan, Bruno e Carlos são, de fato os únicos membros do comitê em questão, prevemos que (97) e os dois exemplos em (98) terão o mesmo valor de verdade, o que parece correto:

(97) O comitê se reuniu.

(98) a.   Os membros do comitê se reuniram.
      b.   Alan, Bruno e Carlos se reuniram.

Tal análise, porém, é passível de crítica. Dois comitês, A e B, podem ter os mesmos membros, e ainda assim, serem semanticamente distintos:

(99)   O Comitê A se reúne às quintas-feiras.

(100)   O Comitê B não se reúne às quintas-feiras.

Se Alan, Bruno e Carlos fossem os membros de ambos os comitês, teríamos:

(101) $[\![$O comitê A$]\!]^w = [\![$O comitê B$]\!]^w = a \oplus b \oplus c$

(102)   a. $a \oplus b \oplus c \in [\![$se reúne às quintas-feiras$]\!]^w$
         b. $a \oplus b \oplus c \notin [\![$se reúne às quintas-feiras$]\!]^w$

Como se vê em (102), a identificação de um comitê com seus membros pode levar a uma contradição. Uma alternativa que evitaria esse tipo de contradição é assumir que coletividades são um tipo de indivíduo atômico, e que DPs como 'o comitê' diferem semanticamente de descrições definidas plurais e conjunções de DPs que denotam somas mereológicas:

(103) $[\![$o comitê A$]\!]^w = m_A$
         $[\![$o comitê B$]\!]^w = m_B$
         $[\![$os membros do comitê A$]\!]^w = a \oplus b \oplus c$
         $[\![$os membros do comitê B$]\!]^w = a \oplus b \oplus c$

A intuição é que a identidade de uma coletividade não se confunde com a identidade de seus membros. O que (103) evidencia é que, do ponto de vista estritamente semântico, não há relação entre as extensões das coletividades (m_A e m_B) e os indivíduos que são seus membros (a, b e c).

A ideia que a extensão das coletividades são átomos, e não somas, ganha suporte empírico, quando notamos que elas não são aceitáveis como sujeitos de predicados refratários a indivíduos atômicos, mas perfeitos com somas mereológicas:

(104)   a. ??Pedro se falou por telefone.
         b. ??O comitê se falou por telefone.
         c.   Os membros do comitê se falaram por telefone.

(105)   a. ??Pedro se abraçou.
         b. ??O comitê se abraçou.
         c.   Os membros do comitê se abraçaram.

Note também a não validade de certas inferências da coletividade para seus membros:

(106)   O comitê tem 5 anos de existência $\not\Rightarrow$
         Cada um dos membros do comitê tem 5 anos de existência.

264 Semântica

(107) A copa da árvore está encostando no telhado ⇏
       Cada folha está encostando no telhado.

Note, inclusive, uma semelhança entre predicações singular e coletiva:

(108) Pedro encostou no teto da sala ⇏
       Cada parte do Pedro encostou no teto da sala

Ficamos, assim, com dois tipos de indivíduos atômicos e um tipo de indivíduo plural. Haverá ainda, como veremos na próxima seção, mais entidades povoando esse domínio.

9.6 Contáveis e massivos

Há, em muitas gramáticas tradicionais e descritivas, uma distinção entre NOMES CONTÁVEIS e nomes não contáveis, às vezes chamados de NOMES MASSIVOS. No primeiro grupo, estão substantivos comuns como 'menino', 'cachorro' e 'ovo'. No segundo, substantivos como 'farinha', 'sangue' e 'ouro'. A manifestação linguística mais clara dessa distinção, e que revela o que há por trás da terminologia baseada em contabilidade, vem da combinação de substantivos com numerais. Como exemplo, imagine que, no meio da preparação de um bolo, eu diga (109) à pessoa que está me ajudando com a receita:

(109) Eu deixei dois ovos na mesa. Pegue-os pra mim, por favor.

Tudo muito claro, e a pessoa logo me entrega os dois ovos. Imagine que, em seguida, eu note ter derramado farinha em dois lugares no chão da cozinha. Veja o quão estranho seria dizer algo como (110) ao meu ajudante:

(110) ??Eu derramei duas farinhas no chão. Limpe-as pra mim, por favor.

Ou imagine que meu ajudante perceba, com preocupação, duas manchas de sangue na bancada em que estamos preparando o bolo e me diga:

(111) ??Tem dois sangues na bancada. Você deve ter se cortado!

Nem farinha nem sangue parecem diretamente contáveis. Se quisermos combiná-los com numerais, o mais natural é usar algum tipo de medida ou unidade contável:

(112) Eu derramei dois punhados de farinha no chão.

(113) Tem duas gotas de sangue na bancada.

Esses termos de medida podem ser vagos e informais, como 'punhado' ou 'gota', ou precisos, sendo parte de um sistema de unidades bem estabelecidas:

(114) Eu pus duzentos gramas de farinha na tigela.

(115) Tem dois mililitros de sangue na seringa.

Dependendo do contexto, é possível omitir essas expressões sem maiores consequências interpretativas:

(116) Eu tomei dois cafés e uma água.

Imediatamente, suplementamos o conteúdo com medidores ou recipientes, como xícaras, copos e garrafas, que permitem individuar e, indiretamente, contar as substâncias:

(117) Eu tomei duas xícaras de café e uma garrafa de água.

Em outros casos, a interpretação almejada envolve uma espécie de taxonomia ou classificação:

(118) Essa receita usa duas farinhas: de trigo e de aveia.

Neste caso, o plural remete a diferentes tipos da substância em questão. E há casos para os quais é difícil pensar em reparo contextual. Dirigindo em uma estrada esburacada, podemos dizer (119):

(119) Essa estrada está com vários buracos!

Se estivermos, porém, em uma estrada cheia de poças de lama, seria um tanto esquisito dizer (121):

(120) ??Essa estrada está com várias lamas!

Esta distinção linguística entre nomes contáveis e nomes massivos nos remete a uma distinção extralinguística entre objetos e a matéria que os constituem. Logo no início deste capítulo, usamos o par de exemplos que repetimos a seguir para chamar atenção a esta distinção e seu impacto semântico:

(121) a. O anel de ouro é novo.
       b. O ouro do anel não é novo.

A despeito da semelhança sintática nas duas predicações, deve haver uma diferença semântica entre as extensões dos sujeitos, caso contrário incorreríamos em uma flagrante contradição. Queremos, pois, chegar aos seguinte resultados:

(122) $[\![\text{o anel de ouro}]\!]^w \neq [\![\text{o ouro do anel}]\!]^w$

(123) a. $[\![\text{o anel de ouro é novo}]\!]^w = 1$ sse $[\![\text{o anel de ouro}]\!]^w \in [\![\text{é novo}]\!]^w$
       b. $[\![\text{o ouro do anel não é novo}]\!]^w = 1$ sse $[\![\text{o ouro do anel}]\!]^w \notin [\![\text{é novo}]\!]^w$

A questão que precisamos responder é o que está por trás desta distinção. Se 'anel' tem por extensão um conjunto de objetos e 'o anel' se refere a um desses objetos, qual a extensão do substantivo 'ouro' e de descrições definidas como 'o ouro'? E que característica da extensão dos nomes massivos explica sua resistência à combinação direta com numerais e outras expressões plurais, como 'vários' e 'muitos'?

O matemático e lógico alemão Godehard Link fez uma proposta influente a esse respeito. Segundo ele, há mais em D, o conjunto de todos os indivíduos, do que os átomos e somas mereológicas que discutimos nas seções anteriores. Esse domínio, diz Link, contém um subdomínio constituído por porções de matéria, as quais não se confundem com os objetos que as instanciam. Esse sub-domínio, que chamaremos de D_m, é parcialmente ordenado por uma relação parte/todo ($\leq_m$) e, como D_i, o subdomínio dos objetos que já conhecemos, também forma um semirreticulado. Esse semirreticulado, porém, não é atômico, ou seja, não possui elementos mínimos. As extensões dos nomes massivos são sub-reticulados extraídos desse domínio.

A principal diferença estrutural entre as extensões dos nomes massivos e as extensões dos nomes contáveis, singulares ou plurais, seria justamente a ausência de elementos mínimos. Como buscamos representar no diagrama a seguir, os semirreticulados correspondentes às extensões dos nomes massivos se prolongam indefinidamente para baixo:

(124)   **Semirreticulado massivo**

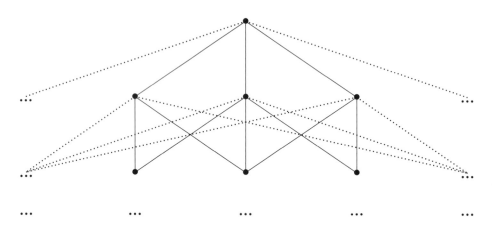

Note que, no sentido ascendente, não há diferença em relação aos semirreticulados atômicos dos nomes contáveis. As extensões são cumulativas e têm um elemento máximo que é único. Isso encontra respaldo na possibilidade de uso do artigo definido com os nomes massivos, sempre indicando totalidade ou maximidade. Podemos, assim, manter a mesma semântica para a definitude que empregamos no caso de DPs singulares e plurais, o que é uma consequência bem-vinda, já que não há diferença na forma do artigo definido:

(125) $[\![\text{a água}]\!]^w = max([\![\text{água}]\!]^w)$

Sobre a cumulatividade, há um paralelismo com a validade de inferências atestadas com os plurais e que discutimos nas seções anteriores. Imagine uma situação de coleta de água para armazenamento, em que a água coletada veio, uma parte, da água da chuva e, outra parte, da água de um poço:

(126) Se a água coletada da chuva já está no reservatório e a água coletada do poço também já está no reservatório, então a água coletada já está no reservatório.

Compare isso com a observação a seguir sobre uma colheita de laranjas:

(127) Se as laranjas colhidas das árvores já estão no armazém e as laranjas colhidas do chão também já estão no armazém, então as laranjas colhidas já estão no armazém.

Essas inferências um tanto triviais são consequência direta da cumulatividade atribuída às extensões de nomes plurais e massivos. Já as diferenças semânticas com que começamos esta seção, e que diziam respeito à resistência dos nomes massivos à pluralização e contagem, podem ser atribuídas à não atomicidade de suas extensões. A ideia, um tanto intuitiva, é que pluralização pressupõe contagem, e contagem pressupõem atomicidade.

É importante notar que a gramática de algumas línguas parece ignorar, em larga medida, a distinção contável/massivo. É o caso da língua Yudja, falada por índios brasileiros que vivem nos estados do Mato Grosso e Pará. Nesta língua, que não possui artigos nem marcação de plural, numerais podem combinar diretamente com qualquer nome, incluindo aqueles tipicamente massivos que discutimos nesta seção. Veja alguns exemplos, retirados de Lima (2014)/Chierchia (2015):

(128) Txabiu ali   eta   awawa
       três   criança areia pegar
       Contexto: (as) crianças pegaram três baldes de areia na praia

(129) Yauda ali   eta   apapa
       dois   criança areia derrubar
       Contexto: (as) crianças deixaram cair um pouco de areia perto da escola e um pouco perto do hospital.

Ainda assim, é possível detectar uma certa sensibilidade à distinção entre contáveis e massivos. Sequências do tipo numeral+substantivo podem significar 'n quanti-

268 **Semântica**

dades de N' se N for massivo, mas não se N for contável: *três mesas*, por exemplo, não pode significar 3 pedaços de mesa, mesmo diante de uma mesa cortada em três partes. Manifestação sutil, mas reveladora.

A sutileza que se vê em Yudja contrasta com a manifestação mais óbvia que se vê, por exemplo, em inglês:

(130) *Manifestação da distinção contável/massivo na gramática do inglês*
  a. Plurais
  dog (cachorro) / *dogs* (cachorros)
  sand (areia) / ??*sands* (areias)
  b. Numerais
  three dogs (três cachorros):ok
  three sands (três areias): não ok
  c. Intensificadores (*many* vs. *much*)
  many dogs (muitos cachorros)
  much sand (muita areia)

No caso de línguas como o inglês, a manifestação é um tanto óbvia. Como veremos na próxima seção, ela aparece, inclusive, em locais em que não seria esperada.

9.6.1 Massivos atômicos

A associação entre massividade e não atomicidade se torna questionável quando olhamos para certos substantivos que, do ponto de vista linguístico, se comportam como não contáveis, mas que nocionalmente são claramente individualizados e atômicos. O exemplo mais conhecido é o do substantivo *furniture*, do inglês, cuja tradução aproximada em português seria 'móvel', 'mobiliário' ou 'mobília'. Sua extensão inclui cadeiras, sofás, camas, mesas, escrivaninhas, etc. A princípio, diante do conceito que parece expressar, e da natureza dos objetos a que se aplica, esperaríamos um nome contável. Entretanto, *furniture* resiste a pluralização e contagem, como um típico nome massivo, como os que vimos anteriormente e que se aplicavam a substâncias e porções de matéria. Não se diz em inglês *furnitures*, ou *three furnitures* para se referir, por exemplo, a um conjunto formado por uma cadeira, uma mesa e um sofá em uma sala. Para tanto, é preciso introduzir um individualizador, como *piece* ('peça') e dizer *(three) pieces of furniture*. Caso contrário, a palavra deve ser usada no singular, como em *the furniture in the room* (algo como 'o mobiliário da sala').

Casos como o de *furniture* levaram o linguista italiano Gennaro Chierchia a propor um tratamento semântico para a distinção contável/massivo diferente do que vimos anteriormente, baseado no trabalho de Godehard Link. A base da proposta de Chierchia é que a extensão de um nome massivo é inerentemente pluralizada:

um sub-reticulado atômico, fechado sob ⊕, e formado por elementos atômicos e suas somas mereológicas. Em uma situação em que houvesse apenas três peças de mobiliário (a, b e c), nós teríamos o seguinte:

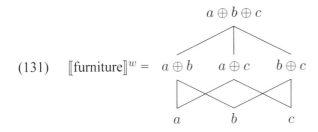

De certo modo, é como se 'furniture' já viesse pluralizado do léxico, ofuscando a distinção entre singular e plural, tão nítida no caso dos nomes contáveis. Compare, por exemplo, no cenário acima, as extensões de 'furniture' com suas contrapartes contáveis, 'piece of furniture' e 'pieces of furniture':

(132) a. $[\![\text{furniture}]\!]^w = \{a, b, c, a \oplus b, b \oplus c, a \oplus c, a \oplus b \oplus c\}$
b. $[\![\text{piece of furniture}]\!]^w = \{a, b, c\}$
c. $[\![\text{pieces of furniture}]\!]^w = \{a \oplus b, b \oplus c, a \oplus c, a \oplus b \oplus c\}$

Chierchia atribui a esse ofuscamento entre singular e plural a impossibilidade de contagem, revelada pela não aceitabilidade da combinação do substantivo *furniture* com numerais. É como se para pluralizar e contar fosse necessário um pano de fundo exclusivamente atômico, que, no caso dos nomes contáveis, corresponde à extensão do nome singular. Por sua vez, essa extensão do nome singular corresponde à extensão da própria raiz dos nomes, a qual fornece sua matriz conceitual.

Chierchia vai além e estende a análise de *furniture* para todos os nomes massivos, incluindo 'água', 'ouro', 'sangue' e outros exemplos típicos. É um passo analítico controverso, já que não é nada óbvio quais seriam os elementos mínimos nestes casos. Para 'água', podemos pensar em moléculas do tipo H_2O, para 'ouro', em átomos. Já para 'sangue', a situação é bem menos clara. De qualquer forma, é preciso ter em mente, como nos lembra o próprio Chierchia, que a distinção contável/massivo é uma distinção linguística, em interface com nosso aparato conceitual e não necessariamente em correspondência estreita com o mundo que a física e outras ciências naturais nos apresentam. Sobre isso, é importante notar que há variação linguística neste domínio, com línguas diferentes tratando nomes conceitualmente muito próximos, ora como contáveis, ora como massivos. Por exemplo, *cappello*, em italiano, é contável, mas *hair*, em inglês, é massivo, ambos muito próximos semanticamente dos substantivos 'cabelo' ou 'pelo', ambos contáveis, em português.

270 Semântica

Não é claro que haja substantivos como 'furniture' em português. Alguns candidatos seriam os já citados 'mobília' ou 'mobiliário'. Entretanto, aos meus ouvidos ao menos, eles soam como nomes de coleções, aplicando-se melhor a grupos de peças de antiquários e museus do que a um simples par formado pela cadeira e pela mesa do meu escritório, por exemplo. Há ainda 'bijuteria', que se refere a itens como brincos, anéis e colares, ou expressões como 'roupa de cama', que se aplica a lençóis, fronhas e cobertores. Nestes casos, porém, os julgamentos são controversos. Julgue você mesmo as combinações a seguir:

(133)   As (duas) bijuterias que a Maria está usando são de plástico, tanto o brinco quanto o colar.

(134)   Comprei duas roupas de cama: um lençol e um edredom.

O exemplo em (133) me soa bastante natural, indicando que, para mim ao menos, 'bijuteria' é um nome contável. Já (134) me soa um pouco estranha. Seria melhor se 'roupas de cama' fosse substituída por 'peças de roupa de cama', indicando comportamento massivo.

De volta à proposta de Chierchia, parte da controvérsia em torno dela, que estende a todos os nomes massivos o tratamento atômico dado a 'furniture', vem de línguas como o Chinês. Em chinês, todos os substantivos comuns são tratados gramaticalmente como massivos. Não há marcação de plural e a combinação com numerais requer sempre a presença do que se chama de classificadores, itens gramaticais que funcionam como individualizadores, semelhantes a palavras como 'unidade' e 'peça', ou medidores, como 'grama' e 'litro', em expressões do tipo 'dez unidades/peças de X' ou 'um litro/grama de Y'. Ainda assim, quando se trata de nomes tipicamente massivos, como 'sangue', não é possível usar os mesmos classificadores usados com nomes tipicamente contáveis, a não ser que o contexto permita inferir um certo tipo de individuação. A palavra *ge* é um desses classificadores, como se vê no exemplo a seguir, retirado de Cheng & Sybesma (1999)/Chierchia (2015):

(135)   a.   *wo diu   le   san **ge** xie
                eu perder Asp três CL sangue
                '*Eu perdi três sangues, após sofrer um corte'
         b.   gei won na   san **ge** xie
                para mim traga três CL sangue
                'Traga-me três sacos de sangue'

O que os exemplos mostram é que o classificador *ge*, que se combina naturalmente com nomes como 'bola' ou 'menino', não se combina naturalmente com o nome 'sangue'. Tal uso, porém, passa a soar natural em um contexto de laborátorio ou enfermaria, em que o sangue é estocado e manipulado em sacos ou frascos. Esse contraste sugere que mesmo entre nomes tratados pela língua como massivos, há uma distinção gramaticalmente relevante entre extensões de nomes que expressam objetos e extensões de nomes que expressam substâncias, lançando dúvida sobre a semelhança com que são tratados na proposta de Chierchia.

O estudo da variação translinguística no domínio contável/massivo e as diferentes manifestações gramaticais dessa distinção são um tópico ativo de pesquisa que continua atraindo a atenção de linguistas de diferentes orientações teóricas. Apontamos nas recomendações a seguir algumas leituras nesta área que darão ao leitor uma ideia destes debates ainda em curso.

Recomendações de leitura

O trabalho pioneiro na semântica dos termos plurais é Link (1983). Ver também a coletânea de artigos do autor em Link (1998). Importantes e influentes trabalhos sobre pluralidade são Lasersohn (1995), Schwarzchild (1996), Landman (2000) e Schein (1993).

Sobre interpretações coletivas e distributivas, ver, além das obras que acabamos de citar, Dowty (1987), Barker (1992), Brisson (1998) e Winter (2001). Sobre os nomes massivos, ver os trabalhos de Godehard Link já citados. Também muito influentes são os trabalhos de Gennaro Chierchia, como os já clássicos Chierchia (1998a) e Chierchia (1998b). Para visões mais recentes do autor sobre o tema, ver Chierchia (2010, 2015).

Sobre a categoria gramatical de número, sua manifestação em diversas línguas e sua relação com as noções semânticas de pluralidade e massividade, ver Corbett (2000), Rothstein (2017) e a coletânea de textos em Cabredo-Hofherr & Doetjes (2021). Sobre a distinção contável/massivo em português brasileiro, com especial atenção aos chamados nomes nus, ver Schmitt & Munn (1999), Pires de Oliveira & Rothstein (2011) e Ferreira (2021).

Exercícios

1. Calcule as condições de verdade de 'Pedro e as meninas chegaram'. Neste cálculo, forneça as extensões de 'Pedro', 'menina', 'as meninas', 'Pedro e as meninas' e 'chegaram'.

2. Considere um mundo $w*$ com apenas 3 pessoas, Alan (a), Bruno (b) e Carla (c), e apenas 4 livros, l_1-l_4. Considere que Alan só tenha lido l_2 ('Ulisses', de James Joyce), que Bruno só tenha lido l_1 e l_3 e que Carla

tenha lido l_1, l_2 e l_4. Assuma que ninguém tenha lido nenhuma outra obra. Com isso em mente, forneça as extensões a seguir:

(a) $[\![\text{Alan e Bruno}]\!]^{w*}$ (b) $[\![\text{os livros}]\!]^{w*}$ (c) $[\![\text{ler Ulisses}]\!]^{w*}$
(d) $[\![\text{Alan e Carla leram Ulisses}]\!]^{w*}$

3. Continue com $w*$ e os fatos do exercício anterior. Suponha ainda que Carla recomendasse a Bruno l_1, l_2 e l_4. Forneça:

(a) $[\![\text{os livros que Carla recomendou a Bruno}]\!]^{w*}$
(b) $[\![\text{os livros que Bruno leu}]\!]^{w*}$
(c) $[\![\text{Bruno leu todos os livros que Carla recomendou a ele}]\!]^{w*}$
(d) $[\![\text{Bruno não leu todos os livros que Carla recomendou a ele}]\!]^{w*}$

Suas respostas para (c) e (d) mudariam se retirássemos a palavra 'todos' e ficássemos apenas com 'os livros que Carla ...'? Discuta.

4. Chegamos a sugerir que DPs coordenados, como $[_{\text{DP}}$ Alan e Bruno] possam ter uma interpretação semelhante à de um DP quantificador, como $[_{\text{DP}}$ todo menino]. Retornando, se preciso, ao capítulo 6, proponha uma extensão para 'Alan e Bruno' nos moldes da extensão de 'todo menino'. Lembre-se: a extensão de DPs quantificadores são conjuntos de conjuntos. Sua reposta, portanto, deverá ser da seguinte forma: $[\![\text{Alan e Bruno}]\!]^{w} = \{ X \mid ... X ...\}$. Teste sua proposta, calculando as condições de verdade de 'Alan e Bruno choram'.

5. O português brasileiro admite que nomes contáveis e massivos sem artigo ocupem a posição de objeto verbal. São os chamados *nomes nus*. Eis alguns exemplos: 'Maria comeu **biscoito**', 'Joana comeu **farinha**'. Pergunta: o sistema semântico deste capítulo consegue interpretar essas sentenças? Em caso afirmativo, calcule, passo a passo, suas condições de verdade. Em caso negativo, diga o porquê. É possível parafrasear essas sentenças usando objetos diretos em que os nomes vêm precedidos de artigo ou algum outro tipo de modificador?

6. Neste capítulo, contrastamos a semântica de coletividades, como 'o comitê' ou 'a máfia' com a de DPs plurais, como 'os meninos'. Considere, agora, DPs singulares formados pelo sufixo '-ada', como 'a mulherada' ou 'a criançada'. Retomando a seção 9.5, analise o comportamento desses DPs ao juntarem-se a VPs como 'se abraçar' ou 'se falar por telefone'. Estariam eles mais próximos das coletividades ou dos definidos plurais?

10 Para além do individual: eventividade

Há, nas gramáticas tradicionais, uma distinção com grande apelo intuitivo entre o sentido de substantivos e o de verbos. A *Gramática da Língua Portuguesa*, de Celso Cunha , define substantivo como "a palavra com que designamos ou nomeamos os seres em geral". Na mesma obra, o autor define verbo como "uma palavra de forma variável que exprime o que se passa, isto é, um acontecimento representado no tempo". Em termos semânticos ainda informais, podemos interpretar estas definições como dizendo que substantivos têm como extensão seres ou indivíduos, ao passo que verbos têm como extensão acontecimentos ou eventos.

A despeito do enorme apelo intuitivo das associações entre substantivos e indivíduos, por um lado, e verbos e eventos, por outro, todo o sistema interpretativo que fomos construindo nos capítulos precedentes passou ao largo desta distinção. As interpretações de substantivos, verbos e sintagmas construídos a partir deles se basearam, todas elas, em indivíduos. Nossa ontologia, ou seja, os primitivos extralinguísticos sobre os quais nossa interpretação estava baseada não incluíam nada parecido com eventos ou acontecimentos.

Façamos uma breve revisão a respeito do que vimos: as extensões de substantivos (nomes) próprios são indivíduos:

(1) $[\![\text{Pedro}]\!]^w = p$ (o indivíduo Pedro)
$[\![\text{Maria}]\!]^w = m$ (o indivíduo Maria)

As extensões de substantivos comuns não relacionais e verbos intransitivos são conjuntos de indivíduos:

(2) $[\![\text{médico}]\!]^w = \{x \mid x \text{ é médico em } w\}$
$[\![\text{dançar}]\!]^w = \{x \mid x \text{ dança em } w\}$

Já a extensão de substantivos relacionais e verbos transitivos são relações entre indivíduos:

274 **Semântica**

(3) $[\![\text{pai}]\!]^w = \{\langle x, y\rangle \mid y \text{ é pai de } x \text{ em } w\}$
$[\![\text{beijar}]\!]^w = \{\langle x, y\rangle \mid y \text{ beija } x \text{ em } w\}$

Em harmonia com estas extensões baseadas em indivíduos, o processo de saturação, que nos levava de verbos e seus argumentos até sentenças, baseava-se justamente em regras composicionais que mapeavam relações e indivíduos em conjuntos, e conjuntos e indivíduos em valores de verdade. Deixando a parte tempo-aspectual de lado, tínhamos o seguinte para um constituinte verbal como 'João beijar Maria':

(4) $[\![\text{beijar}]\!] = \{\langle x, y\rangle \mid y \text{ beija } x \text{ em } w\}$
$[\![\text{Maria}]\!]^w = m$
$[\![\text{beijar Maria}]\!]^w = \{y \mid y \text{ beija Maria em } w\}$
$[\![\text{João}]\!]^w = j$
$[\![\text{João beijar Maria}]\!]^w = 1 \text{ sse João beija Maria em } w$

Como se vê, além de indivíduos, apenas valores de verdade e mundos possíveis entram na computação semântica. Também o processo de modificação adjetival se dava exclusivamente no nível individual. Adjetivos, como substantivos, têm por extensões conjuntos de indivíduos. Para um sintagma nominal, como 'médico suíço', tínhamos:

(5) $[\![\text{suíço}]\!]^w = \{x \mid x \text{ é suíço em } w\}$
$[\![\text{médico}]\!]^w = \{x \mid x \text{ é médico em } w\}$
$[\![\text{médico suíço}]\!]^w = [\![\text{médico}]\!]^w \cap [\![\text{suíço}]\!]^w$

Neste capítulo, aproximaremos nosso sistema interpretativo das gramáticas tradicionais, apresentando uma semântica verbal baseada em eventos, tomados como um tipo especial de entidade elementar, junto a indivíduos, mundos possíveis, intervalos de tempo e valores de verdade. Motivaremos essa aproximação discutindo um problema que a semântica de indivíduos enfrenta com a modificação adverbial. Em seguida, veremos propostas para formalizar a combinação de verbos e seus argumentos nesse novo quadro teórico. Por fim, estenderemos a aplicação da semântica eventiva para algumas construções que, sem menção a eventos, não são facilmente analisáveis.

10.1 Modificação adverbial

Considere os exemplos a seguir, contendo o advérbio de modo 'graciosamente':

(6) Maria dançou graciosamente.

(7) Maria cantou graciosamente.

Note que o advérbio parece qualificar as ações e não Maria. Imagine, por exemplo, que enquanto dançava graciosamente, Maria também cantava, só que desafinadamente. Neste caso, teríamos que Maria dançou graciosamente, mas que Maria não cantou graciosamente. Isso nos apresenta um desafio composicional. No cenário que acabamos de descrever, as sentenças (6) e (7) têm valores de verdade distintos. Entretanto, a única diferença entre elas são os verbos. Imagine, agora, que ninguém além de Maria tenha dançado ou cantado. Se a extensão destes verbos forem conjuntos de indivíduos, ambas serão, neste caso, o conjunto unitário contendo apenas Maria. Sendo assim, como obter extensões distintas (1 e 0) para as sentenças, sendo que seus constituintes têm, um a um, as mesmas extensões? Eis o dilema, em termos mais formais:

(8) $[\![\text{Maria dançou graciosamente}]\!]^{w_0} \neq [\![\text{Maria cantou graciosamente}]\!]^{w_0}$
        $[\![\text{dançou}]\!]^{w_0} = [\![\text{cantou}]\!]^{w_0}$
        $[\![\text{graciosamente}]\!]^{w_0} = ???$

Há também certas relações de acarretamento envolvendo expressões adverbiais que gostaríamos de capturar, já que bastante óbvias do ponto de vista intuitivo:

(9)   a.   Maria dançou graciosamente $\Rightarrow$ Maria dançou
        b.   Maria cantou desafinadamente $\Rightarrow$ Maria cantou

A mesma observação vale para sintagmas preposicionais que exercem o papel de modificadores verbais:

(10)   Pedro cortou o bolo com a faca $\Rightarrow$ Pedro cortou o bolo

Note ainda que esses modificadores não se parecem com argumentos verbais: eles são opcionais e aparecem em número variável:

(11)   a.   Pedro cortou o bolo.
        b.   Pedro cortou o bolo com a faca.
        c.   Pedro cortou o bolo na cozinha.
        d.   Pedro cortou o bolo com a faca na cozinha.

Já argumentos são obrigatórios e únicos:

(12)   a.   *Pedro cortou.
        b.   *Pedro cortou o bolo o pão.

Quando coocorrem em uma mesma oração, os modificadores verbais têm um padrão de acarretamento bastante nítido:

(13)   a.   Pedro cortou o bolo.

276 **Semântica**

b. Pedro cortou o bolo suavemente.
c. Pedro cortou o bolo com a faca.
d. Pedro cortou o bolo suavemente com a faca.

Note que (b) acarreta (a), (c) acarreta (a), (d) acarreta (a), (b) e (c). Note ainda que (b) e (c) juntas não acarretam (d): Pedro pode ter cortado o bolo suavemente, mas com uma espátula, em uma certa ocasião, e com uma faca, mas brutalmente, em uma outra ocasião. Neste caso, (b) seria verdadeira, (c) seria verdadeira, mas (d) falsa. Qualquer que seja a semântica que venhamos a postular para os modificadores verbais e para os verbos e sintagmas verbais que elas modificam, seria interessante se ela pudesse lançar luz sobre esse padrão geral de acarretamento.

10.2 O argumento eventivo

Voltemos ao exemplo já visto na seção anterior sobre a dança graciosa de Maria, repetido em (14), desta vez seguido de uma paráfrase que nos será útil:

(14) Maria dançou graciosamente.
Existe um evento (passado) da Maria dançar que foi gracioso.

A paráfrase afirma a existência um evento ocorrido no passado e o qualifica de duas formas: primeiro, como uma dança da Maria, depois, como gracioso. A ideia que exploraremos nesta seção toma a paráfrase acima de maneira um tanto literal e se apoia sobre a existência de eventos. Eventos estarão entre os primitivos sobre os quais os valores semânticos das expressões linguísticas são construídos. Vêm juntar-se a indivíduos, mundos possíveis, intervalos de tempo e valores de verdade, formando o alicerce de nosso sistema interpretativo. Vamos reservar um domínio a esses eventos, o qual chamaremos de E, representando seus membros genericamente por e.

Antes de prosseguir com os detalhes semânticos, vejamos a estrutura sintática que alimentará o sistema interpretativo. Para uma sentença como (14), teríamos:

(15)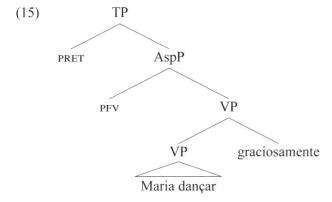

Note que o sujeito aparece internamente a VP, como já havíamos assumido no capítulo sobre temporalidade. Superficialmente, ele aparecerá em posição pré-verbal, junto a TP, mas esse deslocamento não afeta a interpretação. Note também os núcleos temporal e aspectual. Eventos ocorrem no tempo, e são esses núcleos os responsáveis (com a possível ajuda de advérbios temporais) pela localização dos eventos na linha do tempo. Voltaremos a isso mais adiante. Por ora, nosso foco estará em VP. É nesse nível que o verbo se junta a seus argumentos individuais e é nele também que se dá a modificação por advérbios de modo como 'graciosamente'.

Três pontos nos guiarão na interpretação de estruturas oracionais simples, como (15), aproximando-nos mais da intuição tradicional de que verbos expressam acontecimentos no tempo. Os pontos em questão são os seguintes:

(16) **Semântica baseada em eventos**
 a. Sintagmas verbais são predicados de eventos.
 b. Certas expressões adverbiais introduzem modificação eventiva.
 c. Eventos associados aos verbos estão no escopo de um operador existencial.

Começando com o primeiro desses pontos, a ideia é que após um verbo se combinar com seus argumentos individuais, o resultado é um predicado de eventos. Isso quer dizer que a extensão de sintagmas verbais será um conjunto de eventos. Para o exemplo em (15), teríamos:

(17) $[\![\text{Maria dançar}]\!]^w = \{e \mid e \text{ é um evento da Maria dançar em } w\}$

Temos aqui o conjunto de todos os eventos em w que são eventos da Maria dançar. Esse conjunto será restringido intersectivamente pela extensão do advérbio, o que nos leva ao segundo ponto em (16). A ideia é que advérbios de modo expressem propriedades de eventos, tendo extensões que também são conjuntos de eventos:

(18) $[\![\text{graciosamente}]\!]^w = \{e \mid e \text{ é um evento gracioso em } w\}$

278 Semântica

Graciosidade é um atributo que se aplica a eventos de vários tipos: danças, cantos, recitais, são alguns exemplos. Advérbios como os de modo estão para os sintagmas verbais assim como certos adjetivos estão para os sintagmas nominais. Cores, por exemplo, são atributos que se aplicam a objetos: uma folha amarela é um objeto que é, ao mesmo tempo, uma folha e da cor amarela. A modificação adverbial procederá da mesma forma:

(19) $[\![$Maria dançar graciosamente$]\!]^w = [\![$Maria dançar$]\!]^w \cap [\![$graciosamente$]\!]^w = \{e \mid e$ é um evento da Maria dançar em w e e é um evento gracioso em $w\}$

A análise se generaliza para outros sintagmas verbais e outros modificadores:

(20) Pedro cortou o bolo com a faca na cozinha.

(21) $[\![$Pedro cortar o bolo$]\!]^w = \{e \mid e$ é um evento de Pedro cortar o bolo em $w\}$

(22) $[\![$com a faca$]\!]^w = \{e \mid e$ é um evento em que se usa a faca como instrumento em $w\}$

(23) $[\![$na cozinha$]\!]^w = \{e \mid e$ é um evento que acontece na cozinha em $w\}$

O sintagma verbal e cada uma das expressões modificadoras contribuem com conjuntos de eventos. O resultado é a interseção de todos eles e que, no caso de (20), corresponde a uma propriedade mais restrita, que se aplica apenas a eventos do Pedro cortando o bolo, usando como instrumento a faca e espacialmente localizados na cozinha.

Para tornar as representações desses conjuntos mais compactas e explícitas, vamos adotar uma notação oriunda da lógica. Por exemplo, em vez de escrever que e é um evento de Maria dançar, escreveremos DANÇAR(e,m). Da mesma forma, em vez de escrever que e é um evento de Pedro cortar o bolo, escreveremos CORTAR(e,p,b). De forma geral, teremos o predicado em um tipo gráfico especial (versalete, no caso) seguido dos argumentos entre parênteses, separados por vírgula e em minúsculas (normalmente, apenas as iniciais). É uma notação bastante comum em livros de lógica e adotada por muitos semanticistas formais. Trata-se, porém, de uma mera praticidade e que não acrescenta nada teoricamente relevante. Para tornar a notação ainda mais compacta, acrescentaremos o mundo de avaliação como um subscrito:

(24) $[\![$Maria dançar$]\!]^w = \{e \mid$ DANÇAR$_w(e,m)\}$

(25) $[\![$Pedro cortar o bolo$]\!]^w = \{e \mid$ CORTAR$_w(e,p,b)\}$

Podemos estender esta nova notação aos modificadores verbais:

(26) $[\![$graciosamente$]\!]^w = \{e \mid$ GRACIOSO$_w(e)\}$

(27) $[\![$com a faca$]\!]^w = \{e \mid$ COM$_w(e,f)\}$

(28) $[\text{na cozinha}]^w = \{e \mid \text{EM}_w(e,c)\}$

No nível dos sintagmas verbais modificados, teremos:

(29) $[\text{Maria dançar graciosamente}]^w = \{e \mid \text{DANÇAR}_w(e,m) \,\&\, \text{GRACIOSO}_w(e)\}$

(30) $[\text{Pedro cortar o bolo com a faca na cozinha}]^w =$
        $\{e \mid \text{CORTAR}_w(e,p,b) \,\&\, \text{COM}_w(e,f) \,\&\, \text{EM}_w(e,c)\}$

Por fim, retomemos o terceiro ponto da lista em (16). Para chegarmos a condições de verdade a partir do que temos em (29) e (30), precisamos de uma operação responsável por requerer a existência de um evento do tipo descrito pelo sintagma verbal. Em (29), isso resultaria em algo como 'existe em w um evento da Maria dançar' e, em (30), em algo como 'existe em w um evento do Pedro cortar um bolo com a faca na cozinha'. Como veremos mais adiante, caberá à morfologia tempo-aspectual efetuar essa operação existencial, bem como localizar o evento no tempo. Ao final, queremos chegar a condições de verdade do seguinte tipo:

(31) $[\text{T/Asp VP}]^w = 1$ sse existir um evento e, tal que $e \in [\text{VP}]^w \,\&\, \dots$

As reticências serão preenchidas quando falarmos novamente sobre tempo e aspecto. Por ora, vamos deixá-las de lado, prestando atenção apenas na quantificação existencial embutida em (31). Antes de prosseguir, e continuando com nossa intenção de deixar a representação das extensões curtas e claras, vamos importar novamente uma notação da lógica. Usaremos $\exists e[\dots]$ no lugar de 'existe um evento tal que ...'. Isso nos leva ao seguinte:

(32) $[\text{T/Asp VP}]^w = 1$ sse $\exists e\, [\, e \in [\text{VP}]^w \,\&\, \dots]$

O operador $\exists$ é conhecido na lógica de predicados como operador existencial. Os colchetes após o prefixo $\exists e$ delimitam o escopo desse operador. Segue, já nesta nova notação, as condições de verdade do exemplo com que começamos esta seção (ainda sem as especificações tempo-aspectuais):

(33) $[\text{Maria dançou graciosamente}]^w = 1$ sse
        $\exists e\, [\, \text{DANÇAR}_w(e,m) \,\&\, \text{GRACIOSO}_w(e)\,]$

Note que essas condições de verdade são da forma $\exists e\, [\, P(e) \,\&\, Q(e)\,]$, em que P e Q são propriedades atribuídas a um mesmo evento. Compare essas condições com as de um exemplo semelhante, mas sem o advérbio:

(34) $[\text{Maria dançou}]^w = 1$ sse $\exists e\, [\, \text{DANÇAR}_w(e,m)\,]$

Temos, agora, algo da forma $\exists e\, [\, P(e)\,]$. Essas representações deixam claro o que está por trás da intuição banal de que a sentença em (33) acarreta a sentença (34):

280 Semântica

para quaisquer P e Q, se existe um evento que tem as propriedades P e Q, então, obviamente, existe um evento que tem a propriedade P:

(35) $\exists e\,[P(e)\,\&\,Q(e)] \Rightarrow \exists e\,[P(e)]$

O mesmo, claro, vale para Q:

(36) $\exists e\,[P(e)\,\&\,Q(e)] \Rightarrow \exists e\,[Q(e)]$

De forma ainda mais geral:

(37) $\exists e\,[P_1(e)\,\&\,P_2(e)\,\&\,...\,\&\,P_n(e)] \Rightarrow ...$
     a. $\exists e\,[P_1(e)]$
     b. $\exists e\,[P_2(e)]$
     c.   ...
     d. $\exists e\,[P_n(e)]$

Com isso em mente, retomemos outro de nossos exemplos e suas condições de verdade:

(38)   ⟦Pedro cortou o bolo com a faca na cozinha⟧^{w} = 1 sse
$\exists e\,[\,\mathrm{CORTAR}_w(e,p,b)\,\&\,\mathrm{COM}_w(e,f)\,\&\,\mathrm{EM}_w(e,c)]$

Essas condições de verdade são justamente da forma em (37). Esperamos, assim, o padrão de acarretamento em (37a)-(37d). E é exatamente o que temos intuitivamente:

(39)   Pedro cortou o bolo com a faca na cozinha $\Rightarrow$ ...
     a.   Pedro cortou o bolo.
     b.   Pedro cortou o bolo com a faca.
     c.   Pedro cortou o bolo na cozinha.

Note ainda o seguinte:

(40)   Pedro cortou o bolo com a faca e Pedro cortou o bolo na cozinha $\nRightarrow$ Pedro cortou o bolo com a faca na cozinha

O não acarretamento fica mais claro quando especificamos os tempos dos acontecimentos:

(41)   Anteontem, Pedro cortou o bolo com a faca e ontem, Pedro cortou o bolo na cozinha.

Como se vê explicitamente em (41), e implicitamente em (40), as orações coordenadas podem se referir a ocorrências distintas de Pedro cortando o bolo, o que bloqueia o acarretamento. De forma mais geral:

(42) $\exists e\,[P_1(e)]\ \&\ \exists e\,[P_2(e)]\ \&\ ...\ \exists e\,[P_n(e)] \not\Longrightarrow$
$$\exists e\,[P_1(e)\ \&\ P_2(e)\ \&\ ...\ P_n(e)]$$

A interpretação baseada em eventos nos permitiu, como desejávamos, entender a trivialidade dos padrões acima.

10.3 Eventos e seus participantes

Tendo implementado uma semântica eventiva para os sintagmas verbais com e sem modificação, vejamos agora como obter a interpretação desses VPs composicionalmente a partir das extensões do verbo e de seus argumentos. Apresentaremos duas opções. A primeira delas está associada ao filósofo americano Donald Davidson, que introduziu a semântica de eventos em um célebre artigo filosófico da década de 60 do século passado. A segunda opção está associada a outro filósofo americano, Terence Parsons, que estendeu e modificou a análise davidsoniana, sendo, por isso, chamada de neodavidsoniana.

Começando pela versão inspirada diretamente na análise davidsoniana, a ideia central é que verbos de ação têm um argumento eventivo implícito, em adição a seus argumentos tradicionais. Até o início deste capítulo, consideramos verbos como predicados que tomavam argumentos individuais. Um verbo como 'dançar' era um predicado de um argumento e que era saturado quando o sintagma verbal se combinava com seu sujeito. Na versão davidsoniana, 'dançar' será um predicado com dois argumentos: um indivíduo e um evento. Sua extensão será, portanto, uma relação, um conjunto de pares ordenados:

(43) $[\![\text{dançar}]\!]^w = \{\langle x, e\rangle \mid e$ é um evento de x dançar em $w\}$

Ou, na notação que passamos a adotar na seção anterior:

(44) $[\![\text{dançar}]\!]^w = \{\langle x, e\rangle \mid \text{DANÇAR}_w(e,x)\}$

Esse verbo vai combinar-se com seu argumento individual, formando um sintagma verbal:

(45) $[\![\text{Maria dançar}]\!]^w = \{e \mid \text{DANÇAR}_w(e,m)\}$

Como se vê, o resultado é um conjunto de eventos, exatamente como o que assumimos na seção anterior. Verbos, após a combinação com seus argumentos individuais, resultarão sempre em predicados eventivos, sendo suas extensões conjun-

282 Semântica

tos de eventos. Em termos composicionais, a passagem de (44) para (45), se dá pelo mesmo processo de saturação que aplicávamos a estruturas do tipo núcleo-complemento, como no caso de verbos transitivos e seus objetos. A diferença é que, com a introdução dos eventos, os predicados terão sua estrutura argumental aumentada. O verbo 'dançar', por exemplo, que, antes, tinha um único argumento, agora passa a ter dois. Já um verbo transitivo como 'beijar', que, antes, tinha dois argumentos, agora passa a ter três, sendo dois indivíduos e um evento:

(46)   Pedro beijou Maria.

(47) $[\![\text{beijar}]\!]^w = \{\langle x, y, e \rangle \mid e$ é um evento de y beijar x em $w\}$

A saturação se dá passo a passo, à medida em que o verbo se junta a seu objeto e, em seguida, a seu sujeito:

(48) $[\![\text{beijar Maria}]\!]^w = \{\langle y, e \rangle \mid e$ é um evento de y beijar Maria em $w\}$

(49) $[\![\text{Pedro beijar Maria}]\!]^w = \{e \mid e$ é um evento de Pedro beijar Maria em $w\}$

Neste caso, começamos com uma relação ternária, envolvendo três argumentos, um evento e dois indivíduos, passando em seguida a uma relação binária entre um evento e um indivíduo, chegando, por fim, a um conjunto de eventos que corresponde à extensão do sintagma verbal. Se identificarmos conjuntos de indivíduos com relações unárias, podemos encapsular todo o processo em uma única regra composicional, que generaliza a antiga regra núcleo-complemento:

(50)   **Saturação Individual**
        Seja X um constituinte sintático cujos sub-constituintes imediatos são Y e Z. Para qualquer mundo w, se a extensão de Y for uma relação com argumentos a_1, a_2, ..., a_n ($n \geq 2$), e a extensão de Z for um indivíduo, então, a extensão de X será uma relação com $n - 1$ argumentos, definida da seguinte forma:
        $$[\![X]\!]^w = \{\langle a_2, ..., a_{n-1}, a_n \rangle \mid \langle [\![Z]\!]^w, a_2, ..., a_{n-1}, a_n \rangle \in [\![Y]\!]^w\}$$

Note a passagem de uma relação com n argumentos para uma relação com $n - 1$ argumentos. Retomando o que já vimos para o sintagma verbal 'Pedro beijar Maria, teremos:

(51)   VP

        Pedro
                beijar   Maria

(52) $[\![\text{beijar}]\!]^w = \{\langle x, y, e \rangle \mid e$ é um evento de y beijar x em $w\}$

(53) $[\![\text{beijar Maria}]\!]^w = \{\langle y, e \rangle \mid \langle m, y, e \rangle \in [\![\text{beijar}]\!]^w\}$
$[\![\text{beijar Maria}]\!]^w = \{\langle y, e \rangle \mid e \text{ é um evento de } y \text{ beijar Maria em } w\}$

(54) $[\![\text{Pedro beijar Maria}]\!]^w = \{e \mid \langle p, e \rangle \in [\![\text{beijar Maria}]\!]^w\}$
$[\![\text{Pedro beijar Maria}]\!]^w = \{e \mid e \text{ é um evento de Pedro beijar Maria em } w\}$

Começamos com uma relação ternária em (52), passando para uma relação binária em (53) e chegando a uma relação unária (um conjunto de eventos) em (54). Esse conjunto de eventos é exatamente o conjunto que tínhamos em (49). O que fizemos agora foi apenas explicitar o processo composicional, vinculando a saturação progressiva a uma única regra semântica.

Do sintagma verbal em diante, teremos ainda a possibilidade de modificação por sintagmas adverbiais ou preposicionais, voltando ao que já discutimos na seção anterior e que suplementaremos adiante ao integrarmos tempo e aspecto à análise.

10.3.1 Análise neodavidsoniana

Passemos, agora, à análise neodavidsoniana. Ela mantém que sintagmas verbais são predicados eventivos, mas há diferenças em relação à contribuição do verbo e sua combinação com os argumentos individuais. Sobre os verbos, a proposta é que o argumento eventivo seja, de fato, seu único argumento:

(55) a. $[\![\text{dançar}]\!]^w = \{e \mid \text{DANÇAR}_w(e)\}$
      b. $[\![\text{cortar}]\!]^w = \{e \mid \text{CORTAR}_w(e)\}$

Como se pode ver, um verbo como 'dançar' tem por extensão o conjunto de todos os eventos de dança, não importando nem quem dança, nem como, onde ou quando se dança. Da mesma forma, o verbo 'cortar', quando isolado de seu sujeito, de seu objeto e de possíveis modificadores, remete ao conjunto de todos os eventos de corte, sem importar quem cortou, o que foi cortado nem as demais circunstâncias do corte. Chegamos assim a algo no espírito das gramáticas mais tradicionais a que aludimos no início do capítulo. A diferença entre substantivos e verbos se dá agora em um nível elementar: um substantivo como 'médico' remete a indivíduos (seres) que são médicos, enquanto um verbo como 'dançar' remete a eventos (acontecimentos) de dança.

Sobre a combinação do verbo com seus argumentos individuais, a ideia é que tais argumentos se associam ao argumento eventivo através de relações chamadas de PAPÉIS TEMÁTICOS. Essas relações caracterizam, em linhas gerais, o papel desempenhado pelos participantes de um evento. Assim, por exemplo, AGENTE é aquele que inicia voluntariamente uma ação e TEMA é aquilo ou aquele que é afetado diretamente por uma ação:

(56) $[\![\text{Maria dançar}]\!]^w = \{e \mid \text{DANÇAR}_w(e) \;\&\; \text{AGENTE}_w(e, m)\}$

(57) $[\![\text{Pedro cortar o bolo}]\!]^w = \{e \mid \text{CORTAR}_w(e) \& \text{AGENTE}_w(e,m) \& \text{TEMA}_w(e,b)\}$

Fórmulas do tipo AGENTE$_w(e,x)$, em que e é um evento e x um indivíduo, devem ser lidas como 'x é o agente de e em w'. De forma análoga, fórmulas como TEMA$_w(e,x)$ devem ser lidas como 'x é o tema de e em w'. Sendo assim, em (56), temos o conjunto de eventos de dança que tem a Maria como agente. Em (57), temos o conjunto de eventos de cortar que tem Pedro como agente e o bolo como tema. Como se pode notar, a associação do verbo com seus argumentos restringe os conjuntos de eventos associados às ações verbais:

(58) $[\![\text{dançar}]\!]^w = \{e \mid \text{DANÇAR}_w(e)\}$
$[\![\text{Maria dançar}]\!]^w = \{e \mid \text{DANÇAR}_w(e) \& \text{AGENTE}_w(e,m)\}$

(59) $[\![\text{cortar}]\!]^w = \{e \mid \text{CORTAR}_w(e)\}$
$[\![\text{Pedro cortar o bolo}]\!]^w = \{e \mid \text{CORTAR}_w(e) \& \text{AGENTE}_w(e,m) \& \text{TEMA}_w(e,b)\}$

Em (58), começamos com todos os eventos de dança e ficamos apenas com aqueles em que Maria era a dançarina. Já em (59), começamos com todas as ações de cortar e ficamos apenas com aquelas em que Pedro é o cortador e o bolo a coisa cortada.

A implementação composicional da interpretação desses sintagmas verbais não é tão trivial. Se os verbos contribuem apenas com um conjunto de eventos, e se DPs como 'Maria', 'Pedro' e 'o bolo' contribuem com indivíduos, de onde surgem os papéis temáticos? Uma possibilidade é que são partes da estrutura sintática, mas partes ocultas, que não são pronunciadas, ao menos em português. Por exemplo, em vez de (60), teríamos algo como (61):

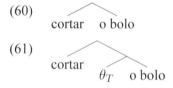

(60)

(61)

Neste caso, θ_T contribui com o papel temático associado ao objeto verbal. O objeto direto propriamente dito fornece o argumento individual da relação, resultando no conjunto de eventos que tem por tema (a coisa afetada pelo evento) o bolo:

(62) $[\![\theta_T]\!]^w = \{\langle e, x \rangle \mid \text{TEMA}_w(e,x)\}$
$[\![\text{o bolo}]\!]^w = b$
$[\![\theta_T \text{ o bolo}]\!]^w = \{e \mid \text{TEMA}_w(e,b)\}$

A composição do verbo com esse objeto temático se dá por interseção, como no caso de adjunção adverbial que vimos na seção anterior. O resultado é o conjunto dos eventos de um bolo sendo cortado, não importando quem o cortou:

(63) $\llbracket \text{cortar o bolo} \rrbracket^{w} = \llbracket \text{cortar} \rrbracket^{w} \cap \llbracket \theta_T \text{ o bolo} \rrbracket^{w}$
$\llbracket \text{cortar o bolo} \rrbracket^{w} = \{e \mid \text{CORTAR}_{w}(e) \ \& \ \text{TEMA}_{w}(e,b)\}$

Outros argumentos seriam introduzidos da mesma forma, o mesmo valendo para os modificadores:

(64) $\llbracket \text{Pedro cortar o bolo com a faca na cozinha} \rrbracket^{w} =$
$\{e \mid \text{CORTAR}_{w}(e) \ \& \ \text{AGENTE}_{w}(e,p) \ \& \ \text{TEMA}_{w}(e,b) \ \& \ \text{INST}_{w}(e,f) \ \& \ \text{LOC}_{w}(e,c)\}$

Neste caso, INST é uma relação entre um evento e algo usado como instrumento na execução do evento. Já LOC introduz o local em que o evento ocorreu.

Por fim, vejamos um outro aspecto importante da semântica neodavidsoniana. Na versão davidsoniana original, a semântica eventiva se limitava a predicados formados por verbos de ação. Na versão neodavidsoniana, todos os verbos - acionais e estativos - têm um argumento eventivo implícito ('dançar', 'beijar', 'amar', 'saber', etc.) e novos papeis temáticos são introduzidos, como, por exemplo, o de experienciador (EXP), aquele que experiencia algum evento ou que está em um determinado estado mental. É o papel temático associado ao sujeito de verbos como 'amar', 'saber' e 'ver'. Às vezes, o termo *evento* é usado para referir-se apenas a ações, sendo o termo *eventualidade* usado para a classe mais ampla de eventos e estados. Costuma-se também usar a letra s (do inglês, *state*) para representar estados, reservando-se o e para as ações:

(65) $\llbracket \text{Pedro amar Maria} \rrbracket^{w} = \{s \mid \text{AMA}_{w}(s) \ \& \ \text{EXP}_{w}(s,p) \ \& \ \text{TEMA}_{w}(s,m)\}$

A composição semântica se dá como no caso dos verbos de ação, com o verbo isolado tendo por extensão um conjunto de estados:

(66) $\llbracket \text{amar} \rrbracket^{w} = \{s \mid \text{AMAR}_{w}(s)\}$

O processo de composição semântica entre os verbos estativos e seus argumentos se dá de maneira inteiramente análoga ao que vimos para os verbos de ação.

10.4 Vozes verbais

A ideia que papeis temáticos relacionam eventos e indivíduos e que essas relações podem ser introduzidas na sintaxe abre uma perspectiva interessante para analisar a categoria gramatical conhecida como VOZ VERBAL e cuja manifestação mais conhecida se dá na oposição entre voz ativa e voz passiva, presente na gramática de várias línguas, incluindo o português:

(67) Pedro beijou Maria.

(68) Maria foi beijada por Pedro.

Em termos morfológicos, a voz passiva se caracteriza pela presença do verbo auxiliar 'ser' seguido do verbo principal no particípio. Em termos sintáticos, o constituinte que era o objeto verbal na voz ativa passa a ser o sujeito sentencial na voz passiva. Já o sujeito da voz ativa passa a ser o que se chama de agente da passiva, normalmente introduzido pela preposição 'por'. Esse agente é opcional, podendo ser omitido sem que isso resulte em agramaticalidade:

(69)   Maria foi beijada.

Do ponto de vista semântico, a oposição entre as vozes ativa e passiva não afeta as condições de verdade:

(70) $[\![\text{Pedro beijou Maria}]\!]^w = [\![\text{Maria foi beijada por Pedro}]\!]^w = 1$ sse
$\exists e \,[\text{BEIJAR}_w(e) \,\&\, \text{AGENTE}_w(e,p) \,\&\, \text{TEMA}_w(e,m)]$

E para os casos de omissão do agente da passiva, temos:

(71) $[\![\text{Maria foi beijada}]\!]^w = 1$ sse $\exists e \,[\text{BEIJAR}_w(e) \,\&\, \text{TEMA}_w(e,m)]$

Pelas representações das condições de verdade em (70) e (71), infere-se facilmente as devidas relações semânticas entre as sentenças:

(72)   a.   Pedro beijou Maria $\Leftrightarrow$ Maria foi beijada por Pedro.
       b.   Pedro beijou Maria $\Rightarrow$ Maria foi beijada
       c.   Maria foi beijada $\not\Rightarrow$ Pedro beijou Maria

A semântica eventiva se tornaria ainda mais virtuosa se conseguíssemos chegar às interpretações das versões ativa e passiva, com ou sem o agente da passiva, a partir de uma única entrada para os verbos principais. Afinal de contas, não queremos perder de vista que tanto em 'beijou' quanto em 'foi beijada' há um elemento comum, que é a raiz do verbo 'beijar'. Veremos logo adiante uma maneira de implementar a interpretação das formas ativa e passiva a partir deste ingrediente comum.

Em alguns quadros teóricos sintáticos, a voz verbal é representada por uma projeção sintática vP, cujo núcleo v é chamado de 'vezinho' (*little v*, em inglês). Esse núcleo hospeda morfemas que carregam a informação sobre a voz do verbo. Já a raiz verbal fica hospedada sob VP, o complemento de vP, como representado a seguir:

(73)

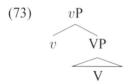

Vamos adotar aqui esse tipo de estrutura sintática cuja interpretação detalharemos nas próximas subseções.

10.4.1 Voz ativa

Comecemos pela voz ativa, para a qual assumiremos um morfema correspondente e que denominaremos simplesmente de ATIVA. A ideia é que esse morfema esteja associado ao papel temático de agente e que, logo acima dele, seja gerado o sujeito verbal, ambos dominados pela projeção vP. Já o objeto direto ficaria alojado sob VP, junto à raiz verbal:

(74)

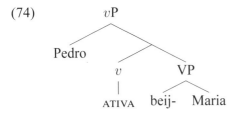

Semanticamente, teremos para VP o conjunto de eventos de beijar cujo tema é a Maria:

(75) $[\![\text{VP}]\!]^w = \{e \mid \text{BEIJAR}_w(e) \,\&\, \text{TEMA}_w(e,m)\}$

Note que não há menção ao agente. Portanto, se tanto Pedro quanto João beijaram Maria, ambos os eventos estarão no conjunto representado em (75). Passando ao morfema de voz, a ideia é que ele contribua introduzindo o papel temático de agente. Para o exemplo em (74), teremos:

(76) $[\![v\ \text{VP}]\!]^w = \{\langle x, e \rangle \mid \text{AGENTE}_w(e,x) \,\&\, \text{BEIJAR}_w(e) \,\&\, \text{TEMA}_w(e,m)\}$

Temos agora um conjunto de pares $\langle x, e \rangle$, em que e é um evento de beijar a Maria e x é o agente desse evento. De forma mais geral, e representando por v_{AT} o v que hospeda o morfema da voz ativa, teremos:

(77)   **Agentização**:
$[\![v_{\text{AT}}\ \text{VP}]\!]^w = \{\langle x, e \rangle \mid \text{AGENTE}_w(e,x) \,\&\, e \in [\![\text{VP}]\!]^w\}$

Como último passo na interpretação de vP, integramos o sujeito verbal via saturação individual. Para a extensão do vP em (74), teremos:

(78) $[\![v\text{P}]\!]^w = \{e \mid \text{AGENTE}_w(e,p) \,\&\, \text{BEIJAR}_w(e) \,\&\, \text{TEMA}_w(e,m)\}$

Isso é exatamente o que queríamos: o conjunto de eventos de beijar que têm Maria como tema e Pedro como agente.

10.4.2 Voz passiva

Vejamos, agora, a voz passiva. Vamos abstrair dos detalhes morfo-fonológicos da construção, representando-a, no nível sintático, por um morfema de voz hospedado em v e uma raiz verbal sob VP:

(79)

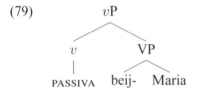

Caberá ao componente morfofonológico da gramática fundir raiz e morfema de voz, resultando, no caso do português, em formas como 'ser beijado(a)'. Caberá ao componente sintático deslocar o DP complemento de V para a posição pré-verbal de sujeito sentencial, como em 'Maria ser beijada'. Essa, aliás, é uma das características da passivização em português: o DP que na voz ativa se apresenta como objeto verbal aparece, na voz passiva, como sujeito sentencial que desencadeia a concordância verbal. Como nosso foco está na semântica e o deslocamento e concordância sintáticas não afetam a interpretação nos casos que estamos analisando, vamos nos ater à estrutura em (79).

Note, em (79), a ausência do DP associado ao papel de agente. Semanticamente, é como se a voz passiva absorvesse esse papel, deixando-o indeterminado. De uma sentença como 'Maria foi beijada', inferimos apenas a existência de um agente x qualquer que beijou Maria. Embutiremos na contribuição do morfema de voz passiva essa absorção e indeterminação do papel de agente na interpretação de vP. Para a estrutura em (79), teremos:

(80) $[\![v\ \text{VP}]\!]^w = \{e \mid \exists x\ [\text{AGENTE}_w(e,x)\ \&\ \text{BEIJAR}_w(e)\ \&\ \text{TEMA}_w(e,m)]\}$

Trata-se do conjunto de eventos de que têm um agente (não importa qual), que são eventos de beijar e que têm a Maria como tema. De forma geral, teremos a seguinte caracterização semântica do processo de passivização, com v_{PASS} representando o v que hospeda o morfema de voz passiva:

(81) **Passivização**:
 $[\![v_{\text{PASS}}\ \text{VP}]\!]^w = \{e \mid \exists x\ [\text{AGENTE}_w(e,x)\ \&\ e \in [\![\text{VP}]\!]^w]\}$

Note a presença do papel de agente. Neste caso, porém, o indivíduo que exerce este papel está representado pela variável x, que por sua vez, está vinculada à quantificação existencial $\exists x$. É nisso que consiste a absorção e indeterminação a que nos referimos anteriormente.

A presença dessa quantificação existencial tem relevância na distinção entre a voz passiva e um outro tipo de construção parecida, mas com perfil morfológico distinto:

(82)   a.   Esse vaso foi quebrado.
      b.   Esse vaso quebrou.

Em ambos os casos, temos a descrição da quebra de um certo vaso sem que nada seja dito sobre a identidade de um possível agente que o tenha quebrado. Há um contraste, porém, entre os exemplos, que se revela mais nitidamente quando acrescentamos modificadores adverbiais relacionados a agentividade:

(83)   a.   O vaso foi quebrado propositalmente.
      b.   ??O vaso quebrou propositalmente.
(84)   a.   ??O vaso foi quebrado espontaneamente.
      b.   O vaso quebrou espontaneamente.

O advérbio 'propositalmente' pressupõe a ação de um agente e atribui a ele a intenção de executar essa ação. Já o advérbio 'espontaneamente' tem um sentido oposto e pressupõe a ausência de agentividade, atribuindo causas naturais a um acontecimento. Na mesma linha, considere o contraste a seguir, envolvendo orações adverbiais de finalidade, que podem ser entendidas como qualificando as intenções de um agente:

(85)   a.   O navio foi afundado para recolher o dinheiro do seguro.
      b.   ??O navio afundou para recolher o dinheiro do seguro.

Podemos pensar em um princípio de análise que capture os contrastes em (83)-(85) a partir da presença de v nos exemplos em (a) versus sua ausência nos exemplos em (b), como ilustrado a seguir:

(86) $[\![\text{o vaso foi quebrado}]\!]^{w} = 1$ sse
      $\exists e\ \exists x\ [\text{AGENTE}_{w}(e,x)\ \&\ \text{QUEBRAR}_{w}(e)\ \&\ \text{TEMA}_{w}(e,v)]$

(87) $[\![\text{o vaso quebrou}]\!]^{w} = 1$ sse $\exists e\ [\text{QUEBRAR}_{w}(e)\ \&\ \text{TEMA}_{w}(e,v)]$

A ideia é que orações adverbiais finais e advérbios como 'propositalmente' necessitam da presença de um v que introduza o papel de agente, ao passo que 'espontaneamente' rejeita esse tipo de v. Trata-se, claro, de um rudimento de análise, cujos detalhes precisam ser preenchidos, mas que evidencia o potencial que a semântica de eventos tem na elucidação de questões relacionadas a vozes verbais.

Por fim, vejamos como tratar os exemplos com a presença de um agente da passiva, como em 'Maria ser beijada por Pedro', aos quais atribuiremos a estrutura a seguir:

(88)

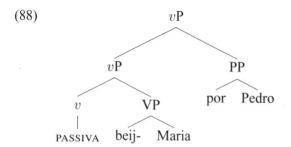

A ideia é tratar constituintes da forma 'por X' da mesma maneira como tratamos outros modificadores adverbiais que qualificam eventos:

(89) $[\![\text{por Pedro}]\!]^w = \{e \mid \text{AGENTE}_w(e,p)\}$

Temos aqui o conjunto dos eventos que têm Pedro como agente. A combinação com o restante da estrutura se dá da forma usual, via modificação eventiva:

(90) $[\![v\text{P PP}]\!]^w = \{e \mid e \in [\![v\text{P}]\!]^w \ \& \ e \in [\![\text{PP}]\!]^w\} =$
$\{e \mid \exists x \ [\text{AGENTE}_w(e,x) \ \& \ \text{BEIJAR}_w(e) \ \& \ \text{TEMA}_w(e,m)] \ \& \ \text{AGENTE}_w(e,p)\}$

Trata-se do conjunto de eventos que tem um agente, que são eventos de beijar e que têm a Maria como tema, sendo que o agente é Pedro. Em outras palavras, trata-se do conjunto de eventos de beijar a Maria cujo agente é Pedro:

(91) $[\![v\text{P PP}]\!]^w = \{e \mid \text{BEIJAR}_w(e) \ \& \ \text{TEMA}_w(e,m) \ \& \ \text{AGENTE}_w(e,p)\}$

Essa é a mesma extensão do vP 'Pedro beijar Maria', que já havíamos analisado anteriormente em conexão com a voz ativa. É um resultado bem-vindo, já que 'Pedro beijar Maria' e 'Maria ser beijada por Pedro' são, intuitivamente, expressões sinônimas.

10.4.3 Outras vozes: causativos e incoativos

Considere a seguinte sentença:

(92)   Maria abriu a porta.

A princípio, temos apenas mais um caso de voz ativa com um evento de abrir cujo tema é a porta e o agente é Maria. Considere, agora, uma pequena modificação deste exemplo com a presença da expressão adverbial 'de novo', que indica repetição:

(93)   Maria abriu a porta de novo.

O ponto a se notar é que este exemplo admite duas interpretações que podem ser explicitadas como em (94) e (95):

(94) Maria fez a porta abrir, sendo que essa porta já tinha estado aberta anteriormente.

(95) Maria fez a porta abrir, sendo que ela já tinha feito isso anteriormente.

Na primeira interpretação, a porta já tinha estado aberta e depois fechada. Não sabemos como ela fechou, nem se foi Maria quem a tinha aberto ou fechado anteriormente. O que a sentença nos informa é que a porta já tinha estado aberta e que, depois, Maria a deixou assim novamente. Já no segundo caso, Maria já tinha aberto a porta uma vez e, depois, ela fez isso novamente. Neste caso, por duas vezes, Maria agiu abrindo a porta.

Uma possibilidade de explicação para essa dupla interpretação é olhar para esses fatos como produto de uma ambiguidade estrutural relacionada à posição sintática da expressão 'de novo':

(96)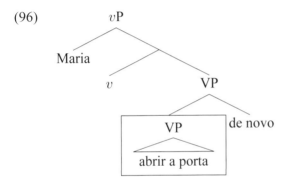

(97)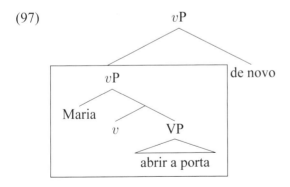

Na primeira estrutura, temos adjunção adverbial no nível de VP e, na segunda, no nível de vP. A ideia é que, como o sujeito e o papel temático de agente só entram na derivação com v, apenas na segunda estrutura haveria a implicação de que Maria já tinha agido uma vez abrindo a porta.

Outra expressão com comportamento semelhante é 'quase', como se vê pelo exemplo a seguir com suas duas interpretações em (99) e (100):

(98) Maria quase fechou a porta.

(99) Maria fez algo que resultou na porta estar quase fechada.

(100) Maria quase fez algo que teria resultado na porta estar fechada.

No primeiro caso, Maria empurrou a porta até ela ficar praticamente fechada, restando um pequeno vão de abertura. No segundo caso, Maria pensou em fechar a porta, esteve prestes a ir na direção da porta, mas desistiu no último instante. Podemos associar essas duas possibilidades às estruturas a seguir:

(101)

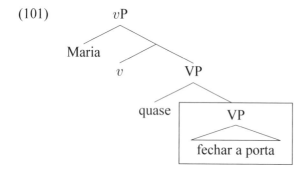

(102)

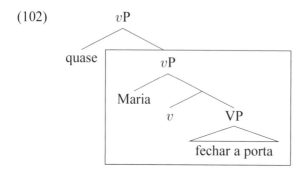

Não iremos aqui formalizar a interpretação de expressões como 'de novo' e 'quase', indicando apenas uma forma de começar a explicar as intuições a respeito da interação entre essas expressões e verbos como 'abrir' e 'fechar'. Para tanto, vamos assumir que sintagmas verbais como 'Maria abrir (fechar) a porta' introduzem não um, mas dois eventos, e que esses eventos se relacionam por causalidade. A ideia é que x *abrir* y equivale a algo como x agiu e, como resultado, y está aberto(a). Pode-se pensar em um evento e, cujo agente é x, e um estado resultante s de estar aberto(a), cujo tema é y e que foi causado por e:

(103) $[\![\text{Maria abrir a porta}]\!]^w = 1$ sse
 $\exists e \ [\ \text{AGENTE}_w(e,m) \ \& \ \exists s \ [\ \text{ABERTA}_w(s) \ \& \ \text{TEMA}_w(s,p) \ \& \ \text{CAUSA}_w(e,s) \ ]\ ]$

Nesta representação, $\text{CAUSA}_w(e,s)$ deve ser interpretado como uma relação de causa direta entre um evento dinâmico e e um estado s, implicando que s resultou imediatamente de e, o que quer dizer que s não se verificava no inicio de e, mas somente ao seu final.

Em termos composicionais, a partir de uma estrutura como (104), podemos atribuir a v uma dupla função: introduzir a relação de causa e o papel temático de agente causador, como mostrado em (105), em que denominamos esse v de v_{CAUSE}.

(104)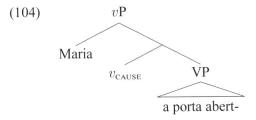

(105) **Causativização**:
 $[\![v_{\text{CAUSE}} \ \text{VP}]\!]^w = \{\langle x, e \rangle \mid \text{AGENTE}_w(e,x) \ \& \ \exists s \ [\ \text{CAUSA}_w(e,s) \ \& \ s \in [\![\text{VP}]\!]^w\ ]\}$

Para o caso do VP em (104), teremos:

(106) $[\![\text{a porta abert-}]\!]^w = \{s \mid \text{ABERTA}_w(s) \ \& \ \text{TEMA}_w(s,p)\ \}$
 $[\![v_{\text{CAUSE}} \ \text{VP}]\!]^w =$
 $\{\langle x, e \rangle \mid \text{AGENTE}_w(e,x) \ \& \ \exists s \ [\ \text{CAUSA}_w(e,s) \ \& \ \text{ABERTA}_w(s) \ \& \ \text{TEMA}_w(s,p)]\}$

Como se vê, VP é um predicado de estados. Sua extensão contém os estados da porta estar aberta. Após sua combinação com v_{CAUSE}, temos uma relação entre um indivíduo e um evento, atribuindo ao indivíduo o papel de agente do evento que causa o estado expresso por VP. O restante da derivação semântica se dá via saturação:

(107) $[\![\text{Maria}]\!]^w = m$
 $[\![v\text{P}]\!]^w = \{e \mid \text{AGENTE}_w(e,m) \ \& \ \exists s \ [\text{CAUSA}_w(e,s) \ \& \ \text{ABERTA}_w(s) \ \& \ \text{TEMA}_w(s,p)]\}$

É interessante notar que a motivação para o tipo de decomposição bieventiva que acabamos de ver para estruturas verbais causativas parece estender-se a casos em que não se tem um agente causador expresso. Considere, por exemplo, (108), prestando atenção no processo de modificação introduzido pelo adjunto adverbial de duração 'por cinco minutos':

(108) O céu escureceu por cinco minutos.

Neste caso, a modificação adverbial afeta a duração do estado resultante (o céu escuro) e não a do evento de escurecer. Atente ainda para o fato de que o sujeito deste exemplo não é um agente causador, iniciando uma ação que afeta um objeto temático. Ao contrário, trata-se de um sujeito que parece afetado, tendo sua aparência alterada no curso do evento. Temos, na verdade, um predicado de mudança de estado, indicando a passagem de claro para escuro. Predicados assim são chamados de INCOATIVOS. Um outro exemplo, ainda que menos saliente, é o seguinte:

(109)   A piscina esvaziou por duas horas.

Neste caso, o que se deve notar é a possibilidade de o adjunto adverbial medir a duração do estado resultante (a piscina vazia) e não do processo de esvaziamento. (109) pode ser usada para descrever uma situação em que a piscina ficou vazia por duas horas, sem que saibamos o quanto durou o processo de retirada da água que resultou no esvaziamento. Nem todos os falantes, porém, aceitam essa interpretação. Mesmo predicados de deslocamento relativo, como 'sair' e 'entrar' evidenciam um comportamento semelhante:

(110)   Maria saiu da sala por cinco minutos.

A duração em questão se refere ao estado resultante, ou seja, ao tempo em que Maria ficou fora da sala. Essas considerações nos levam a repensar o que vimos anteriormente para outros predicados incoativos como 'quebrar':

(111)   O vaso quebrou.

Neste caso, temos um vaso mudando de estado: de inteiro para quebrado. Como já havíamos visto, não queremos, para esses exemplos, a presença de um agente na representação das condições de verdade. Ao mesmo tempo, como acabamos de ver, queremos uma decomposição da estrutura em dois sub-eventos, uma transformação, expressando a mudança de estado, e um estado resultante, que se obtém ao final da transformação. Uma possibilidade é assumir um outro v, diferente dos que vimos até aqui. Podemos chamá-lo de BECOME ('tornar-se', em inglês), como na estrutura a seguir:

(112)

(113) $[\![v_{\text{BECOME}}\ \text{VP}]\!]^w = \{e \mid \exists s\ [\text{BECOME}_w(e,s)\ \&\ s \in [\![\text{VP}]\!]^w]\}$

(114) a. $[\![\text{VP}]\!]^w = \{s \mid \text{ESCURO}_w(s)\ \&\ \text{TEMA}_w(s,c)\}$
b. $[\![v_{\text{BECOME}}\ \text{VP}]\!]^w =$
$\{e \mid \exists s\ [\text{BECOME}_w(e,s)\ \&\ \text{ESCURO}_w(s,c)\ \&\ \text{TEMA}_w(s,c)]\}$

Vemos, em (113), que o papel de v_{BECOME} é formar, a partir dos estados caracterizados por VP, um conjunto de eventos de transformação que resulta nestes estados. Note que a relação BECOME se dá entre um evento e um estado resultante. Em (114a), por exemplo, VP caracteriza estados da piscina vazia. Sendo assim, teremos, como mostrado em (114b), um vP que caracteriza eventos de transformação que resultam na piscina estar vazia (por duas horas).

É importante perceber que, diferentemente dos vs vinculados à voz ativa e às estruturas causativas, não há um argumento agentivo associado a v_{BECOME}. Diferentemente do v passivo, não há sequer quantificação existencial indeterminando esse agente.

Concluímos nossa breve incursão na semântica das vozes verbais, listando em (115) os tipos de v que vimos nesta seção e as interpretações de suas vozes, a fim de que o leitor possa cotejá-las e apreciar melhor as semelhanças e diferenças:

(115) **Tipos de *v* e suas vozes**:
a. ***v* ativo**:
$[\![v_{\text{AT}}\ \text{VP}]\!]^w = \{\langle x,e\rangle \mid \text{AGENTE}_w(e,x)\ \&\ e \in [\![\text{VP}]\!]^w\}$
b. ***v* passivo**:
$[\![v_{\text{PASS}}\ \text{VP}]\!]^w = \{e \mid \exists x\ [\text{AGENTE}_w(e,x)\ \&\ e \in [\![\text{VP}]\!]^w]\}$
c. ***v* causativo**:
$[\![v_{\text{CAUSE}}\ \text{VP}]\!]^w = \{\langle x,e\rangle \mid \text{AGENTE}_w(e,x)\ \&\ \exists s\ [\text{CAUSA}_w(e,s)\ \&\ s \in [\![\text{VP}]\!]^w]\}$
d. ***v* incoativo**:
$[\![v_{\text{BECOME}}\ \text{VP}]\!]^w = \{e \mid \exists s\ [\text{BECOME}_w(e,s)\ \&\ s \in [\![\text{VP}]\!]^w]\}$

10.5 Telicidade

Nesta seção, falaremos um pouco sobre a estrutura interna dos eventos e de como isso afeta a classificação dos predicados verbais. Alguns desses predicados, por exemplo, parecem trazer embutido em seus sentidos um fim pré-determinado. É como se os eventos que eles caracterizam evoluíssem no tempo até culminarem nesse ponto final. São exemplos que instanciam esse tipo de propriedade predicados como 'comer a maçã' (o evento termina assim que a maçã tiver sido totalmente consumida), 'construir uma casa' (o evento termina assim que a casa estiver pronta), 'demonstrar o teorema', 'escrever duas cartas', etc.

Essa propriedade é conhecida como TELICIDADE (do grego, *telos*, que significa fim) e os predicados que a instanciam são chamados de TÉLICOS. Há dois tipos de predicados télicos, conhecidos por seus nomes em inglês: ACCOMPLISHMENTS e ACHIEVEMENTS. Os primeiros caracterizam eventos que se estendem no tempo. Todos os exemplos que listamos no parágrafo anterior são de *accomplishments*. Já os *achievements* caracterizam eventos pontuais. São culminações instantâneas, sem uma parte processual que as antecede. São exemplos de *achievements* os predicados 'entrar no prédio', 'cruzar a linha de chegada', 'atingir o topo da montanha', etc.

Nem todo predicado verbal é télico. Predicados que não são télicos são chamados de ATÉLICOS. Exemplos de predicados atélicos são 'correr', 'empurrar o carrinho', 'beber cerveja', 'morar em Londres', etc. Intuitivamente, são propriedades que expressam situações que, apesar de normalmente terem duração limitada e mais cedo ou mais tarde cessarem, dão a impressão de que poderiam se prolongar indefinidamente no tempo. Diferentemente do que acontece com os predicados télicos, não se intui o conceito de uma culminação ou de um término pré-concebido rumo ao qual um processo de desenvolve. Há dois tipos de predicados atélicos: ATIVIDADES e ESTATIVOS. Os primeiros expressam ações e processos dinâmicos que, de uma forma ou de outra, requerem energia. São exemplos de atividades predicados como 'nadar', 'andar de bicicleta', 'trabalhar', 'comer churrasco', etc. Os segundos expressam a ideia oposta. São estados que se dão no tempo, sem invocarem nenhum tipo de dinamia. São estativos predicados como 'saber latim', 'morar no Brasil', 'estar com febre', 'ter olhos azuis', etc.

Telicidade, dinamia e duração são atributos que, combinados, nos dão uma renomada classificação de predicados verbais, sugerida pelo filósofo americano Zeno Vendler. Dessa classificação resulta o que se chama na literatura de CLASSES VENDLERIANAS, TIPOS DE SITUAÇÃO, ou, em um jargão mais especializado, AKTIONSARTEN, que é um termo alemão para tipos de ação. A tabela a seguir representa esses tipos a partir de três traços binários (+/- télico, +/- durativo e +/- dinâmico):

(116)   **Classes vendlerianas**

	TÉLICO	DURATIVO	DINÂMICO
accomplishments	+	+	+
achievements	+	-	+
atividades	-	+	+
estativos	-	+	-

Telicidade é uma propriedade à qual a gramática do português (e de várias outras línguas) é sensível. Sua relevância se mostra de maneira mais clara no emprego de expressões adverbiais de duração. Vamos considerar dois tipos: 'em x tempo', como 'em duas horas' ou 'em um minuto', e 'por x tempo', como 'por trinta minutos' ou 'por cinco anos'. Ambos os tipos dizem respeito ao tempo decorrido entre o início e o fim de uma situação. O que, de certo modo, chama atenção, é o fato de eles, normalmente, não serem intercambiáveis, como atestam os contrastes a seguir:

(117)   a.   Maria demonstrou o teorema em duas horas/??por duas horas.
         b.   Maria comeu a maçã em um minuto/??por um minuto.

(118)   a.   João correu por trinta minutos/??em trinta minutos.
         b.   João morou em Londres por um ano e meio/??em um ano e meio.

Em (117), temos predicados durativos télicos, os *accomplishments*. Eles combinam bem com expressões do tipo 'em x tempo', mas soam estranhos com as do tipo 'por x tempo'. Já em (118), temos predicados durativos atélicos, uma atividade em (118a) e um estativo em (118b). Nestes casos, são as expressões do tipo 'por x tempo' que combinam bem com os predicados, com as do tipo 'em x tempo' soando estranhas ou inadequadas.

O que estaria por trás desta seleção que parece vinculada à noção de telicidade? Fatos linguísticos como os evidenciados pelos contrastes em (117) e (118) levaram linguistas a se perguntar o que faz um predicado verbal ser télico. Qual seria a propriedade formal atrelada à telicidade e à qual expressões adverbiais durativas se mostram sensíveis?

Reflitamos um pouco sobre a origem da telicidade. Ela não parece estar só na natureza dos verbos que encabeçam os predicados:

(119)   a.   Maria comeu por vinte minutos.
         b.   Maria comeu maçã por vinte minutos.
         c.   Maria comeu a maçã em vinte minutos.

Os VPs *comer* e *comer maçã* são atélicos, ao passo que *comer a maçã* é télico. Tampouco estaria a origem apenas na natureza do objeto verbal:

298 Semântica

(120) a. Maria empurrou o carrinho por vinte minutos.
       b. Maria construiu o carrinho em vinte minutos.

O VP *empurrar o carinho* é atélico, enquanto o VP *construir o carrinho* é télico. A conclusão é que além do verbo e de seus argumentos é preciso olhar para a natureza da relação entre eles, ou seja, para o papel dos participantes em questão.

Uma noção que costuma ser invocada nesse contexto é a de INCREMENTALIDADE. Com determinados verbos, à medida que o evento se desenvolve, o tema parece ser afetado incrementalmente. Com 'comer', por exemplo, porções cada vez maiores do alimento vão sendo ingeridas. Já com outros verbos, isso não acontece. Com 'empurrar', por exemplo, a parte do objeto empurrado não vai aumentando progressivamente. Isso pode indicar uma relação entre incrementalidade e telicidade. Se o tema de um evento de comer for um objeto quantitativamente delimitado, como uma maçã, as partes dessa maçã serão incrementalmente afetadas e o evento de comer a maçã está fadado a terminar assim que o último pedaço for ingerido. Por isso, o predicado 'comer a maçã' seria télico. Se, por outro lado, não houver menção ao tema de um evento de comer, ou se esse tema não for expresso como algo quantitativamente delimitado, como em 'comer maçã', teríamos um predicado atélico, sem um final pré-determinado. Já em casos como o de 'empurrar', em que não há um tema incrementalmente afetado, o resultado seria um predicado atélico independentemente da descrição deste tema: 'empurrar carrinho' ou 'empurrar o carrinho'.

Entretanto, por mais sugestiva que seja, há problemas com a associação entre incrementalidade e telicidade. Note, em primeiro lugar, que não é sempre que todo o tema do evento é afetado incrementalmente. Em 'descascar uma maçã', só um aspecto - superfície externa - é afetado. Note, também, que há casos em que partes do evento não têm correlato óbvio com partes do tema. Em 'construir uma casa', as partes de colocação de andaimes, por exemplo, não parecem afetar o tema. E, às vezes, uma mesma parte do tema é afetada mais de uma vez no desenrolar de um evento. Em 'ler um livro', certos capítulos ou passagens podem ser lidos várias vezes antes de se completar a leitura. Por fim, para vários VPs télicos, a noção de incrementalidade simplesmente não parece se aplicar: 'consertar o computador', 'demonstrar o teorema', 'lavar as roupas' são apenas alguns exemplos. Seja como for, tal como colocada, a associação entre incrementalidade e telicidade peca pela sua informalidade e imprecisão, o que torna difícil seu uso teórico e uma avaliação concreta de suas previsões.

Várias propostas de viés formalista surgiram neste contexto, algumas das quais explicitamente voltadas ao refinamento da noção de incrementalidade (ver referências nas recomendações de leitura ao final do capítulo). O que faremos aqui será apenas ilustrar brevemente esse tipo de abordagem formal, que traz embutida a virtude do rigor e a vantagem da avaliação de suas previsões. O leitor que se recordar do capítulo anterior, no qual estudamos a pluralidade e a massividade nominais, notará a semelhança com o que veremos aqui. Isso porque, na base da proposta em questão, está a ideia de que o domínio dos eventos, assim como o domínio dos indivíduos, forma uma estrutura de partes, para a qual se aplica uma operação de soma mereológica $\oplus$ e uma relação parte-todo entre eventos (ou estados) $<_e$.

A analogia de base é a seguinte: predicados atélicos se assemelham aos nomes massivos e predicados télicos aos nomes contáveis. Assim como uma porção de água tem partes menores que também são água, um evento de correr também tem partes que são eventos de correr. Se Pedro, por exemplo, começou a correr às 9h e parou às 11h, então o que ele fez, por exemplo, das 10h às 10h30, também se classifica como correr. As partes de um evento de correr são também eventos de correr. Vamos chamar essa propriedade de homogeneidade, definindo-a da seguinte forma:

(121) **Homogeneidade**

Um predicado P é homogêneo se, e somente se, para qualquer mundo w e quaisquer elementos e, e' em w, se $e \in [\![P]\!]^w$ e $e' < e$, então $e' \in [\![P]\!]^w$.

A proposta é que predicados atélicos são homogêneos. Isso vale tanto para predicados estativos, como 'estar com febre' ou 'morar em Londres', quanto para atividades, como 'nadar', 'comer maçã' ou 'empurrar o carrinho'. De fato, se eu nadei ou comi maçã ou empurrei um carrinho das 9h às 9h30 da manhã, então, o que eu fiz, por exemplo, das 9h10 às 9h15, foi nadar, comer maçã ou empurrar o carrinho. E o mesmo valeria para qualquer subintervalo do período, cabendo apenas uma ressalva. No caso das atividades, as partes que a definição da homogeneidade menciona precisam ter uma certa duração mínima. Eventos caracterizados pelas atividades não são instantâneos, não ocorrem em um ponto na linha do tempo. Ao contrário, estendem-se no tempo e sua ocorrência requer um intervalo mínimo, que pode variar de atividade para atividade. Nadar exige a completude de certos movimentos de braços e pernas que leva um certo tempo, curto que seja. O mesmo vale até para 'boiar', para ficarmos no domínio aquático. Se você tirar uma fotografia, uma imagem instantânea de alguém sobre uma superfície líquida, é possível não sabermos se a pessoa estava nadando, boiando, ou talvez, começando a afundar. Tudo isso para dizer que a definição de homogeneidade precisa ser suplementada por uma qualificação das partes em questão. Por simplicidade e conveniência expositiva, manteremos a definição em (121) como está, deixando implícita a qualificação a respeito dessa granularidade das partes.

Passando aos predicados télicos, a ideia é que eles instanciam uma propriedade contrária à homogeneidade, que costuma ser chamada de quantização:

(122) **Quantização**

Um predicado P é quantizado se, e somente se, para qualquer mundo w e

300 **Semântica**

quaisquer elementos e, e' em w, se $e \in [\![P]\!]^w$ e $e' \in [\![P]\!]^w$, então $e \not< e'$ & $e' \not< e$.

Em palavras, a relação parte-todo não se aplica a nenhum par de elementos distintos pertencentes à extensão de um predicado quantizado. Exemplos disso são 'beber 1 litro de àgua', 'comer duas maçãs' e 'demonstrar um teorema'. A intuição parece clara: se, em certa ocasião eu bebi um litro de água ou comi duas maçãs, as partes menores que compõem esses eventos podem até ser qualificadas como eventos de beber ou comer, mas não como eventos de beber um litro de água ou comer duas maças. O que foi ingerido nesses intervalos menores foram quantidades menores: 300 mililitros, meio litro, uma maçã, uma maçã e meia, etc. E, se a demonstração de um teorema pode ter como partes outras demonstrações auxiliares, essas partes não contam, elas mesmas, como demonstrações do próprio teorema em questão.

De volta às expressões adverbiais durativas, podemos dizer que, ao combinarem com predicados verbais, elas miram a oposição homogeneidade/quantização e sobre elas estabelecem seus requerimentos seletivos: 'por x tempo' seleciona predicados homogêneos e 'em x tempo' seleciona predicados quantizados. Em ambos os casos, as expressões contribuem semanticamente com a especificação da duração do evento – DUR(e) – expressa em alguma unidade de tempo:

(123) $[\![\text{VP por uma hora}]\!]^w$ só será definida se VP for um predicado homogêneo.
Se definida, $[\![\text{VP por uma hora}]\!]^w = \{e \mid e \in [\![\text{VP}]\!]^w \ \& \ \text{DUR}(e) = 1h\}$

(124) $[\![\text{VP em uma hora}]\!]^w$ só será definida se VP for um predicado quantizado.
Se definida, $[\![\text{VP em uma hora}]\!]^w = \{e \mid e \in [\![\text{VP}]\!]^w \ \& \ \text{DUR}(e) = 1h\}$

Como já dissemos, essa breve discussão em torno da telicidade e sua manifestação linguística apenas explora a superfície do vasto terreno em que se investiga a estrutura interna dos eventos, os predicados eventivos e a identificação e formalização das propriedades que os definem. O leitor interessado encontrará algumas recomendações de leitura ao final do capítulo.

10.6 Eventos no tempo

No capítulo 8, dedicado à temporalidade, falamos sobre as categorias verbais de tempo e aspecto e de como elas expressam relações entre intervalos de tempo. Eventos ocorrem no tempo e, como já vimos, orações simples, como 'Pedro beijou Maria' expressam a ocorrência de um evento no tempo. Para iniciar a integração do que vimos neste capítulo sobre predicados eventivos com o que já havíamos visto em relação a tempo e aspecto, vamos nos referir ao intervalo de tempo correspondente à exata duração de um evento e como $\tau(e)$. Se as projeções verbais VP e vP contribuem semanticamente com a especificação dos tipos de situação e seus participantes, caberá às projeções AspP e TP relacionar o tempo de um evento a outros intervalos na linha do tempo, incluindo o momento de fala. Voltemos, pois, à espinha dorsal do esqueleto sintático que estamos assumindo para orações declarativas simples:

(125) $[_{\text{TP}}\ \text{T}\ [_{\text{AspP}}\ \text{Asp}\ [_{v\text{P}}\ v\ \text{VP}\ ]\ ]\ ]$

No mesmo capítulo 8, caracterizamos os núcleos aspectuais como responsáveis por relacionarem a ocorrência de um evento com um certo intervalo de referência e os núcleos temporais por relacionarem esse intervalo ao momento de fala. No diálogo abaixo, por exemplo, esse intervalo de referência é o dia anterior ao momento de fala e a combinação do tempo pretérito com o aspecto perfectivo expressa pela desinência verbal de pretérito perfeito do indicativo indica que esse intervalo anterior ao momento de fala contém uma ocorrência do evento descrito pelo sintagma verbal:

(126)   A: Me fale sobre como foi o seu dia ontem.
          B: Eu fui ao cinema, eu ...

A ideia é que o aspecto perfectivo contribui com a relação de inclusão e o tempo pretérito com a de precedência. Quando discutimos tempo e aspecto no capítulo 8, ainda não havíamos introduzido a semântica de eventos. Agora que o fizemos, as extensões de sintagmas verbais passaram a ser conjuntos de eventos, o que requer algumas mudanças na maneira como formalizamos a interpretação dos núcleos Asp e T. O aspecto será responsável pela transição entre o domínio E dos eventos e o domínio T dos intervalos de tempo. Para uma projeção aspectual nucleada pelo aspecto perfectivo, por exemplo, teremos:

(127) $[\![\text{AspP}]\!]^w = [\![\text{PERFECTIVO}\ v\text{P}]\!]^w = \{t \mid \exists e\ [\ \tau(e) \subset t\ \&\ e \in [\![v\text{P}]\!]^w\ ]\ \}$

Note, primeiramente, que a variável t indica tratar-se de um conjunto de intervalos de tempo. A fórmula após o | especifica a condição que um intervalo t qualquer deve satisfazer para estar neste conjunto. De acordo com (127), deve existir um evento $(\exists e)$ cujo tempo esteja incluído em t $(\tau(e) \subset t)$ e que seja do tipo descrito por VP $(e \in [\![v\text{P}]\!]^w)$. Trata-se, portanto, do conjunto de intervalos de tempo que contém uma ocorrência de um evento do tipo descrito por vP. No exemplo em (127), teríamos intervalos contendo um evento do falante ir ao cinema.

Caberá ao núcleo T situar esse intervalo em relação ao momento de fala. O tempo PRETÉRITO, por exemplo, situa esse intervalo antes do momento de fala (t_0):

(128) $[\![\text{TP}]\!]^w = [\![\text{PRETÉRITO}\ \text{AspP}]\!]^w = 1$ sse $\exists t\ [\ t < t_0\ \&\ t \in [\![\text{AspP}]\!]^w\ ]$

Integrando, (127) e (128), teremos:

302 Semântica

(129) $[\![\text{TP}]\!]^w = [\![\text{PRETÉRITO PERFECTIVO vP}]\!]^w = 1$ sse
$\exists t\,[\,t < t_0\;\&\;\exists e\,[\,\tau(e) \subset t\;\&\;e \in [\![vP]\!]^w\,]\,]$

Em palavras, existe um intervalo de tempo anterior ao momento de fala e que contém um evento do tipo descrito por vP.

Outras combinações tempo-aspectuais seguem o mesmo perfil. Ilustramos, a seguir, uma combinação de tempo presente com aspecto perfeito e outra de tempo pretérito com aspecto imperfectivo. Como se pode notar, tudo está em harmonia com o que vimos no capítulo 8, com modificações mínimas na linha do que acabamos de ver para o tempo pretérito e o aspecto perfectivo:

(130) (Talvez,) Pedro tenha comido o bolo.
[$_{\text{TP}}$ PRESENTE [$_{\text{AspP}}$ PERFEITO [$_{v\text{P}}$ Pedro comer o bolo]]]
$[\![\text{TP}]\!]^w = 1$ sse
$\exists t\,[\,t = t_0\;\&\;\exists e\,[\,\tau(e) < t\;\&\;\text{COMER}_w(e)\;\&\;\text{AGENTE}_w(e,p)\;\&\;\text{TEMA}_w(e,b)]]$

(131) (Ao meio-dia,) Pedro estava comendo o bolo.
[$_{\text{TP}}$ PRETÉRITO [$_{\text{AspP}}$ IMPERFECTIVO [$_{v\text{P}}$ Pedro comer o bolo]]]
$[\![\text{TP}]\!]^w = 1$ sse
$\exists t\,[\,t < t_0\;\&\;\exists e\,[\,\tau(e) \supseteq t\;\&\;\text{COMER}_w(e)\;\&\;\text{AGENTE}_w(e,p)\;\&\;\text{TEMA}_w(e,b)]]$

Em (130), o presente coloca o próprio momento de fala como referência e o aspecto perfeito introduz a relação de precedência, situando o acontecimento no passado. Já em (131), o pretérito desloca a referência para um momento anterior ao momento de fala e o aspecto imperfectivo acrescenta que o tempo do evento inclui essa referência, ou seja, que o evento estava em curso naquele momento.

Sobre o imperfectivo, cabe uma breve, porém, importante observação. Note que as condições de verdade em (131) implicam a existência de um evento completo de Pedro comer o bolo no mundo real, o que não parece correto. Pode ser que ele tenha começado, continuado por um tempo e desistido na metade. Interferências externas, mesmo que explicitadas linguisticamente, não impedem que sentenças imperfectivas sejam verdadeiras. Em ambos os exemplos a seguir, fica claro que os eventos em questão não se completaram:

(132) a. Pedro estava atravessando o rio a nado pela primeira vez quando um jacaré o matou no meio da travessia.
   b. Deus estava criando um unicórnio quando Lúcifer o interrompeu. [exemplo adaptado de Fred Landman]

Se trocarmos o imperfectivo pelo perfectivo, notamos, imediatamente, um sabor de contradição:

(133) a. ??Pedro atravessou o rio a nado pela primeira vez quando um jacaré o matou no meio da travessia.

b. ??Deus criou um unicórnio quando Lúcifer o interrompeu.

É preciso que a interpretação do imperfectivo seja tal que não acarrete a existência, no mundo em que a sentença esteja sendo avaliada, de um evento do tipo descrito pelo sintagma verbal. Tal como aparece em (131), esse não é o caso, o que leva à previsão equivocada de que os exemplos em (132) e (133) devam, ambos, soar contraditórios. Um possível reparo seria o acréscimo de ingredientes modais na semântica do imperfectivo, bloqueando o acarretamento existencial indesejado. A ideia, nesse caso, seria manter o ingrediente aspectual que dá às construções o sabor de evento em curso, mas com um deslocamento modal, de modo que a completude do evento em questão se dê apenas em certos mundos possíveis, entre os quais pode ou não estar o mundo real. O objetivo seria chegar a paráfrases como a seguinte: Pedro começou a atravessar o rio e, em todos os mundos em que não havia obstáculos externos, ele completou a travessia. Ou ainda: Pedro começou a travessia e, se não tivesse sido morto pelo jacaré, ele teria completado a travessia. Nas sugestões de leitura ao final do capítulo, indicamos algumas referências que implementaram semânticas modais para o imperfectivo.

Note, por fim, que os exemplos que acabamos de ver envolviam predicados télicos. Exemplos do imperfectivo com predicados atélicos não dão margem aos mesmos efeitos, havendo acarretamento das formas imperfectivas para as não imperfectivas:

(134) Pedro estava nadando quando um jacaré o matou $\Rightarrow$ Pedro nadou

(135) Deus estava trabalhando quando Lúcifer o interrompeu $\Rightarrow$ Deus trabalhou

(136) Ali morava em SP quando foi transferido $\Rightarrow$ Ali morou em SP

Seja com atividades, seja com predicados estativos, as inferências são válidas, em contraste com o que se observa com predicados télicos. Essa assimetria ficou conhecida como *paradoxo do imperfectivo*.

Recomendações de leitura

As referências clássicas sobre semântica de eventos são Davidson (1967) e Parsons (1990). Para tratamentos composicionais baseados nessas obras, ver Larson & Segal (1995), capítulo 12, Kratzer (2003) e Chierchia (2003), capítulo 9.

Sobre papeis temáticos, ver Dowty (1991) e Cançado & Amaral (2017). O trabalho pioneiro de Zeno Vendler sobre classes de predicados está em

304 Semântica

Vendler (1967). Sobre estrutura argumental, decomposição lexical e causatividade, ver Dowty (1979), Stechow (1996), Rothstein (2004) e Cançado & Amaral (2017). Williams (2015) é uma excelente e acessível introdução a todos esses temas. Sobre vozes verbais, ver Pylkkänen (2008). Sobre telicidade, ver Krifka (1998), Rothstein (2004) e as muitas referências lá citadas.

Sobre semânticas modais para o imperfectivo, ver Dowty (1977), Landman (1992) e Portner (1998). Ferreira (2016) apresenta uma análise que une modalidade e pluralidade de eventos, almejando dar conta da interpretação habitual que não discutimos neste livro, como em 'na sua infância, Pedro jogava futebol'.

Exercícios

1. Considere o verbo 'apresentar', como em 'Pedro apresentou Maria para João.' Quantos argumentos ele teria na análise davidsoniana? Quantos argumentos ele teria na análise neodavidsoniana? Dê as extensões do verbo de acordo com cada análise.

2. Dado o que vimos sobre vs causativos e a expressão 'de novo', discuta o nível sintático em que podemos ou devemos inserir o prefixo 're-' que aparece na sentença 'o juiz reabriu o caso'.

3. Diga a qual classe vendleriana pertencem os predicados verbais a seguir, justificando suas respostas: 'acreditar em Deus', 'ir de casa até o centro da cidade', 'nadar no lago', 'chegar atrasado'.

4. Retorne a (130) e (131) na seção 10.6. Apresente formalmente e em palavras a extensão de AspP em cada exemplo.

5. Considere a sentença (S) 'Pedro se formou' e a estrutura a seguir:

   $[_{TP}$ PRETÉRITO $[_{AspP}$ PERFECTIVO $[_{vP}$ Pedro se formar $]\,]\,]$

   Considere, agora, a negação de (S): 'Pedro não se formou'. A questão é: em que nível dessa estrutura a negação pode ser inserida? Tente responder essa questão considerando as condições de verdade resultantes da sua inserção no nível de TP, no nível de AspP e no nível de vP.

6. Considere uma sentença com a seguinte combinação de tempo e aspecto: $[_{TP}$ PRESENTE $[_{AspP}$ PERFECTIVO vP $]\,]$

   Quais seriam suas condições de verdade? Que tipo de cenário verificaria tais condições?

Respostas dos exercícios

Capítulo 1

1. Em 'mesinhas' (mes+inh+a+s), o morfema 'a' não parece interpretável, indicando apenas gênero gramatical. Podemos chamá-lo de expletivo, indicando uma exigência da morfologia do português, sem correlato semântico.

2. Int. 1: editora imprime artigos defeituosos. Int. 2: editora imprime artigos defeituosamente. Na int. 1, os artigos já continham defeitos. Na int. 2, o processo de impressão é que era defeituoso. A sequência 'artigos com defeito' é um constituinte apenas na int. 1, em que 'com defeito' modifica 'artigo'. Neste caso, 'artigo com defeito' é objeto de 'imprime'. Já na int. 2, 'com defeito' modifica o verbo (ou o sintagma verbal) sendo um adjunto adverbial, modificando a ação.

3. 'azul' não é caso de ambiguidade, mas de vagueza. O termo remete a uma faixa de cor, sem especificar a tonalidade. Evidência: 'não havia carro azul no estacionamento'. De acordo com essa sentença, não havia nem carro azul claro nem azul escuro no local.

4. (1a-b) é polissemia, com sentidos relacionados: 'livro' pode ser tanto um objeto físico com capa e folhas de papel, quanto uma obra, ou seja, o conteúdo impresso naquele objeto físico. (2a-b) é homonímia. Ao menos atualmente, não se reconhece relação entre os sentidos de 'pena'. (3a-b) é polissemia: 'portão' pode ser um vão em um muro e pelo qual se pode passar ou um objeto físico que preenche esse vão. (4a-b) é homonímia, com sentidos de 'vela' que não se relacionam.

5. Os usos em (a) e (b) não parecem semanticamente vácuos. Em (a), 'de' indica posse; em (b) indica autoria. Evidência de que não se trata de vagueza, mas de ambiguidade, vem da negação. Imagine, José, um colecionador de livros que também é escritor e autor de várias obras. Considere a sentença: 'Não há livros do José em sua biblioteca pessoal.' Não soa contraditória, indicando que se está negando apenas o sentido da preposição que expressa autoria.

6. Provavelmente, João. Trata-se de competência pragmática, que leva em conta o fato que socos normalmente machucam as pessoas que os recebem, sobretudo no rosto. A situação mudaria em 'Pedro deu um soco tão forte em João que a mão dele ficou inchada.' Agora, a interpretação mais natural é que a mão do Pedro ficou inchada.

Capítulo 2

1. DDs que se referem a palavras e sentenças: 'a última palavra do título deste livro', 'a primeira sentença da Bíblia', etc.

2. (S) é falsa, já que temos uma sentença declarativa. (T) é verdadeira, já que a primeira palavra da sentença é o artigo definido 'a'. Já (U) parece levar a um paradoxo! Se (U) for verdadeira, o predicado 'ser falsa' se aplica ao sujeito, ou seja, (U) não é verdadeira. Mas se (U) for falsa, o

306 Semântica

predicado não se aplica ao sujeito, ou seja, a sentença não é falsa. Em suma: se a sentença for verdadeira, ela não é verdadeira! E se a sentença for falsa, ela não é falsa! O problema parece estar no predicado 'ser falsa' combinado com a possibilidade de um sujeito autoreferente.

3. Para qualquer contexto de fala (autor, local e momento de fala), o conteúdo kaplaniano (proposição) expresso pela sentença *nesse contexto* será falso *no mundo em que foi proferida*. Ou seja, não há como proferir a sentença e estar falando a verdade. Daí, seu caráter contraditório. Mas o conteúdo em si, qualquer que seja o contexto, não parece contraditório, nem seu valor de verdade é conhecível a priori. Por exemplo, se Marcelo é quem profere a sentença no dia 7/3/2022 em seu ap. na cidade de SP, a proposição *que Marcelo não está em seu ap em SP no dia 7/3/2022* pode ser verdadeira ou falsa a depender dos fatos em questão.

4. Temos um teorema de demonstração não trivial. Porém, pode-se chegar a ela usando apenas os conceitos envolvidos e o raciocínio lógico. Não se trata, pois, de conhecimento empírico que requer acesso aos fatos extralinguísticos. Vista por este ângulo, (P) é analítica.

5. Pressup: João fumava. Implicado (convenc.): João é um idiota. Afirmado: João fuma.

6. *A* parece argumentar contra a contratação, ao passo que *B* parece argumentar a favor. Ambos, no entanto, afirmam que Pedro é muito competente e encrenqueiro. Uma possibilidade seria assumir que o conteúdo afirmado (vericondicional) de construções do tipo 'S_1, mas S_2' é o mesmo de 'S_1 e S_2', ou seja, a sentença será verdadeira sse tanto S_1 quanto S_2 forem verdadeiras. Em relação a este conteúdo afirmado, 'S_1, mas S_2' e 'S_2, mas S_1' seriam equivalentes. Porém, poderíamos vincular a essas construções um conteúdo implicado, expressando que o falante confere um valor argumentativo maior a S_2 do que a S_1. Sendo assim, em relação a este conteúdo implicado, 'S_1, mas S_2' e 'S_2, mas S_1' não seriam equivalentes.

7. Há algo em comum entre uma exclamação do tipo 'Como o João é alto!' e uma afirmação do tipo 'O João é alto'. O falante que as profere endossa que João é alto. Porém, no caso da exclamação, dá-se a entender que a altura do João é algo extraordinário. Isso não está presente no uso da declarativa. Uma possível análise seria apelar à multidimensionalidade do significado, atribuindo à exclamativa o mesmo conteúdo afirmado (que João é alto) da oração declarativa. Haveria, porém, um conteúdo implicado (expressivo) no caso da exclamativa sem correspondente na declarativa. Mas a questão é mais complicada, já que nem toda declarativa tem uma contraparte exclamativa deste tipo. Imagine que João tenha mais de 100 anos, sendo bastante velho. Podemos exclamar 'Como o João é velho!', mas não 'Como o João tem mais de 100 anos!'. Isso talvez indique que não devemos atribuir às exclamativa o mesmo conteúdo afirmado de uma declarativa. Trata-se de um tema delicado!

Capítulo 3

1. a. $\{5, 7\}$ b. $\{5, 7, 8, 9\}$ c. $\varnothing$
   d. $\{0, 1, 2, 8, 9, 10\}$ e. $\{3, 4, 6\}$ f. $\{5, 7, 9\}$
   g. $\{5, 7\}$ h. $\{5, 7, 8, 9\}$ i. $\{3, 4, 5, 6, 7, 9\}$ j. $\{9\}$

2. a. F, no mundo w_3. V, no mundo w_5 b. p_4 c. p_2
   d. *Contraditórias entre si*: não há. *Contrárias entre si*: p_2 e p_3 e. $p_5 = \{w_1\}$
   f. $p_6^{inc} = \{w_1, w_2, w_3, w_5\}$, $p_6^{exc} = \{w_2, w_3, w_5\}$ g. $\{w_2, w_4, w_6\}$

3. a. Está chovendo muito forte.   b. Está chovendo.   c. Está frio.
   d. Está chovendo fraco.   e. Não está chovendo forte.

4. a.   b.   c.

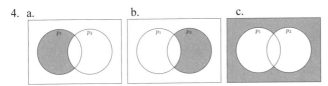

5. (A) Toda criança chora. (E) Nenhuma criança chora. (I) Alguma(s) criança(s) chora(m)
6. a. $p = W$; $q \neq \varnothing$; Mas $W \cap q = q$. Logo, $W \cap q \neq \varnothing$
   b. $p = \varnothing$; Logo, para qualquer q, $p \cap q = \varnothing$
   c. $p \subseteq q$; Logo $p \cap \sim q = \varnothing$
7. a. *Acarretamento*: se é verdade que Pedro conseguiu consertar o chuveiro, então é verdade que Pedro consertou o chuveiro. Mas essa implicação não se mantém com a negação: 'Pedro não conseguiu consertar o chuveiro' não implica que Pedro consertou o chuveiro.

   b. *Pressuposição*: se é verdade que Pedro conseguiu consertar o chuveiro, então é verdade que ele tentou consertar o chuveiro. E essa implicação se mantém com a negação: 'Pedro não conseguiu consertar o chuveiro' continua implicando que Pedro ao menos tentou consertar o chuveiro.

Capítulo 4

1. a. falsa b. falsa c. falsa d. verdadeira e. falsa
2. $[\![\text{filho}]\!]^w = \{\langle x, y\rangle \mid y \text{ é filho de } x \text{ em } w\}$
   $[\![\text{neto}]\!]^w = \{\langle x, y\rangle \mid y \text{ é neto de } x \text{ em } w\}$
   $[\![\text{de José}]\!]^w = [\![\text{José}]\!]^w = josé$
   $[\![\text{neto de José}]\!]^w = \{y \mid \langle[\![\text{de José}]\!]^w, y\rangle \in [\![\text{neto}]\!]^w\}$
   $[\![\text{neto de José}]\!]^w = \{y \mid y \text{ é neto de José em } w\}$
   $[\![\text{de João}]\!]^w = [\![\text{João}]\!]^w = joão$
   $[\![\text{filho de João}]\!]^w = \{y \mid \langle[\![\text{de João}]\!]^w, y\rangle \in [\![\text{filho}]\!]^w\}$
   $[\![\text{filho de João}]\!]^w = \{y \mid y \text{ é filho de João em } w\}$
   $[\![\text{e}]\!]^w = \cap$
   $[\![\text{filho de João e neto de José}]\!]^w = [\![\text{filho de João}]\!]^w \cap [\![\text{neto de José}]\!]^w$
   $[\![\text{filho de João e neto de José}]\!]^w = \{y \mid y \text{ é filho de João em } w \ \& \ y \text{ é neto de José em } w\}$
   $[\![\text{é filho de João e neto de José}]\!]^w = [\![\text{filho de João e neto de José}]\!]^w$
   $[\![\text{Pedro}]\!]^w = pedro$
   $[\![S]\!]^w = 1$ *sse* $[\![\text{Pedro}]\!]^w \in [\![\text{é filho de João e neto de José}]\!]^w$
   $[\![S]\!]^w = 1$ *sse* Pedro é filho de João em w e Pedro é neto de José em w
3. $[\![\text{ama}]\!]^w = \{\langle x, y\rangle \mid y \text{ ama } x \text{ em } w\}$
   $[\![\text{se ama}]\!]^w = \{x \mid x \text{ ama } x \text{ em } w\}$
   $[\![\text{se ama}]\!]^w = \{x \mid \langle x, x\rangle \in [\![\text{ama}]\!]^w\}$
4. $[\![\text{ama e odeia}]\!]^w = [\![\text{ama}]\!]^w \cap [\![\text{odeia}]\!]^w$
   $[\![\text{ama}]\!]^w = \{\langle x, y\rangle \mid y \text{ ama } x \text{ em } w\}$
   $[\![\text{odeia}]\!]^w = \{\langle x, y\rangle \mid y \text{ odeia } x \text{ em } w\}$
   $[\![\text{ama e odeia}]\!]^w = \{\langle x, y\rangle \mid \langle x, y\rangle \in [\![\text{ama}]\!]^w \ \& \ \langle x, y\rangle \in [\![\text{odeia}]\!]^w\}$
   $[\![\text{Maria}]\!]^w = maria$
   $[\![\text{ama e odeia Maria}]\!]^w = \{y \mid \langle[\![\text{Maria}]\!]^w, y\rangle \in [\![\text{ama}]\!]^w \ \& \ \langle[\![\text{Maria}]\!]^w, y\rangle \in [\![\text{odeia}]\!]^w\}$
   $[\![\text{ama e odeia Maria}]\!]^w = \{y \mid y \text{ ama Maria em } w \ \& \ y \text{ odeia Maria em } w\}$
   $[\![\text{Pedro}]\!]^w = pedro$
   $[\![S]\!]^w = 1$ *sse* $[\![\text{Pedro}]\!]^w \in [\![\text{ama e odeia Maria}]\!]^w$
   $[\![S]\!]^w = 1$ *sse* Pedro ama Maria em w e Pedro odeia Maria em w

308 Semântica

5. a.
$[\![\text{estuda}]\!]^{w} = \{x \mid x \text{ estuda em } w\}$
$[\![\text{não}]\!]^{w} = \sim$
$[\![\text{não estuda}]\!]^{w} = \sim \{y \mid y \text{ estuda em } w\}$
$[\![\text{não estuda}]\!]^{w} = \{y \mid y \text{ não estuda em } w\}$
$[\![\text{trabalha}]\!]^{w} = \{x \mid x \text{ trabalha em } w\}$
$[\![\text{e}]\!]^{w} = \cap$
$[\![\text{não estuda e trabalha}]\!]^{w} = \{x \mid x \text{ não estuda em } w\} \cap \{x \mid x \text{ trabalha em } w\}$
$[\![\text{não estuda e trabalha}]\!]^{w} = \{x \mid x \text{ não estuda e } x \text{ trabalha em } w\}$
$[\![\text{Pedro}]\!]^{w} = pedro$
$[\![\text{S}]\!]^{w} = 1 \text{ sse Pedro} \in \{x \mid x \text{ não estuda e } x \text{ trabalha em } w\}$
$[\![\text{S}]\!]^{w} = 1 \text{ sse Pedro não estuda em } w \text{ e Pedro trabalha em } w$
    b.
$[\![\text{estuda e trabalha}]\!]^{w} = \{x \mid x \text{ estuda em } w\} \cap \{x \mid x \text{ trabalha em } w\}$
$[\![\text{estuda e trabalha}]\!]^{w} = \{x \mid x \text{ estuda e } x \text{ trabalha em } w\}$
$[\![\text{não estuda e trabalha}]\!]^{w} = \sim \{x \mid x \text{ estuda e } x \text{ trabalha em } w\}$
$[\![\text{não estuda e trabalha}]\!]^{w} =$
$\qquad \{x \mid x \text{ só estuda ou } x \text{ só trabalha ou } x \text{ não estuda nem trabalha em } w\}$
$[\![\text{S}]\!]^{w} = 1 \text{ sse Pedro só estuda ou só trabalha ou não estuda nem trabalha em } w.$

A interpretação mais natural para S é (a), ainda que com uma entoação especial e em certos contextos, a interpretação em (b) seja possível. Por exemplo, quando alguém diz que Pedro estuda e trabalha e, logo em seguida, alguém replica pondo ênfase na negação: Pedro NÃO estuda e trabalha, ele só estuda.

6. Podemos pensar em quatro tipos de mundos: (i) mundos em que Pedro estuda e trabalha; (ii) mundos em que Pedro só estuda; (iii) mundos em que Pedro só trabalha; (iv) mundos em que Pedro nem estuda nem trabalha. A estrutura em (a) será verdadeira apenas nos mundos do tipo (iii). Já a estrutura em (b) será verdadeira nos mundos dos tipos (ii), (iii) e (iv). Portanto, não existem mundos em que apenas (a) é verdadeira, mas existem mundos em que apenas (b) é verdadeira: (ii) e (iv). Além disso existem mundos em que ambas são verdadeiras, (iii), e mundos em que ambas são falsas,(i). A inexistência de mundos em que (a) é verdadeira e (b) falsa indica que (a) acarreta (b). A existência de mundos em ambas são verdadeiras indica que (a) e (b) são consistentes.

Capítulo 5

1. a. $\{d, e\}$ b. $\{d, e\}$ c. $\varnothing$ d. $\{d\}$ e. a f. 1 (V) g. 0 (F)

2. $[\![\text{o cachorro bravo}]\!]^{w^*}$ não é definida, já que a condição de unicidade não é satisfeita (há, nesse mundo, dois cachorros bravos, c e d)

    $[\![\text{o cachorro bravo mordeu Maria}]\!]^{w^*}$ também é indefinida, já que um de seus constituintes não tem, como acabamos de ver, uma extensão nesse mundo. A sentença, portanto, não é nem verdadeira nem falsa, ou seja, ela carece de valor de verdade em w^*.

3. $[\![\text{oval e colorida}]\!]^{w} = [\![\text{oval}]\!]^{w} \cap [\![\text{colorida}]\!]^{w}$
    $[\![\text{oval e colorida}]\!]^{w} = \{x \mid x \in [\![\text{oval}]\!]^{w} \,\&\, x \in [\![\text{colorida}]\!]^{w}\}$
    $[\![\text{oval e colorida}]\!]^{w} = \{x \mid x \text{ é oval em } w \,\&\, x \text{ é colorida em } w\}$
    $[\![\text{que a Maria ama e que o Pedro odeia}]\!]^{w}$
    $= [\![\text{que a Maria ama}]\!]^{w} \cap [\![\text{que Pedro odeia}]\!]^{w}$
    $= \{x \mid x \in [\![\text{que a Maria ama}]\!]^{w} \,\&\, x \in [\![\text{que o Pedro odeia}]\!]^{w}\}$
    $= \{x \mid \text{a Maria ama } x \text{ em } w \,\&\, \text{o Pedro odeia } x \text{ em } w\}$

Respostas dos exercícios 309

4. Não, pois nem as extensões de descrições definidas nem as extensões de nomes próprios são conjuntos. Note que mesmo se considerarmos essas extensões como conjuntos unitários – $\{Pedro\}$ e $\{Maria\}$, por exemplo – a interseção entre eles seria o conjunto vazio, o que não faz muito sentido!

5. Note duas propriedades da operação de interseção ($\cap$):

   (1) Ela é comutativa: $X \cap Y = Y \cap X$

   (2) Ela é associativa: $(X \cap Y) \cap Z = X \cap (Y \cap Z)$

   Juntando essas duas propriedades, temos que:

$[\![\textbf{bola oval colorida}]\!]^w$	
$= ([\![\text{bola}]\!]^w \cap [\![\text{oval}]\!]^w) \cap [\![\text{colorida}]\!]^w$	Mod. adjetival
$= [\![\text{bola}]\!]^w \cap ([\![\text{oval}]\!]^w \cap [\![\text{colorida}]\!]^w)$	Associatividade
$= [\![\textbf{bola oval e colorida}]\!]^w$	Mod. Adjetival + Op. Conj.
$= [\![\text{bola}]\!]^w \cap ([\![\text{colorida}]\!]^w \cap [\![\text{oval}]\!]^w)$	Comutatividade
$= [\![\textbf{bola colorida e oval}]\!]^w$	Mod. adjetival + Op. Conj.
$= ([\![\text{bola}]\!]^w \cap [\![\text{colorida}]\!]^w) \cap [\![\text{oval}]\!]^w$	Associatividade
$= [\![\textbf{bola colorida oval}]\!]^w$	Mod. adjetival

Capítulo 6

1. $[\![\text{nem todo}]\!]^w = \{\langle X, Y \rangle \mid X \not\subseteq Y\}$ ou, equivalentemente,

   $[\![\text{nem todo}]\!]^w = \{\langle X, Y \rangle \mid X \cap \sim Y \neq \varnothing\}$

2. $[\![S]\!]^w = 1$ *sse* $\sim[\![\text{brasileiro}]\!]^w \subseteq [\![\text{fuma}]\!]^w$

   Em palavras, $[\![S]\!]^w = 1$ *sse* todo estrangeiro (não brasileiro) fuma.

3. **Resposta mais informal:** S_1 significa que todo brasileiro não fuma. S_2 significa que não existe brasileiro que fuma. Está óbvio que dizem a mesma coisa e que não há como uma ser verdadeira e a outra falsa.

   Resposta mais formal: seja w um mundo qualquer:

   Se $[\![S_1]\!]^w = 1$;

   $[\![\text{brasileiro}]\!]^w \subseteq \sim[\![\text{fuma}]\!]^w$;

   $[\![\text{brasileiro}]\!]^w \cap [\![\text{fuma}]\!]^w = \varnothing$;

   Então, $[\![S_2]\!]^w = 1$

   Se $[\![S_1]\!]^w = 0$;

   $[\![\text{brasileiro}]\!]^w \not\subseteq \sim[\![\text{fuma}]\!]^w$;

   $[\![\text{brasileiro}]\!]^w \cap [\![\text{fuma}]\!]^w \neq \varnothing$;

   Então, $[\![S_2]\!]^w = 0$

   Conclusão: S_1 é verdadeira se, e somente se, S_2 é verdadeira

4. Seja $A_w = [\![\text{aluno}]\!]^w$ e $T_w = [\![\text{trabalham}]\!]^w$

   Então: $[\![S]\!]^w = 1$ *sse* $|A_w \cap T_w| > 3$ & $|A_w \cap T_w| < 7$

   ou, de forma mais condensada: $[\![S]\!]^w = 1$ *sse* $3 < |A_w \cap T_w| < 7$

   Daí, podemos isolar a contribuição do 'determinante':

   $[\![\text{mais de 3 e menos de 7}]\!]^w = \{\langle X, Y \rangle \mid 3 < |X \cap Y| < 7\}$

5. Vamos representar, para um mundo w qualquer, o conjunto dos meninos por M_w, o dos indivíduos que choram por C_w e o dos que gritam por G_w:

   (i) $[\![a]\!]^w = 1$ sse $M_w \subseteq (C_w \cap G_w)$

   $\quad[\![b]\!]^w = 1$ sse $M_w \subseteq C_w$ & $M_w \subseteq G_w$

   De acordo com (a), todo menino em M_w pertence à interseção de C_w e G_w. Logo, todo elemento pertencente a M_w também pertence a C_w ($M_w \subseteq C_w$) e todo elemento em pertencente a M_w também pertence a G_w ($M_w \subseteq G_w$), que é exatamente o que (b) afirma.

(ii) $[\![a]\!]^w = 1$ sse $|M_w \cap (C_w \cap G_w)| \geq 2$
$[\![b]\!]^w = 1$ sse $|M_w \cap C_w| \geq 2$ & $|M_w \cap G_w| \geq 2$

De acordo com (a), pelo menos dois meninos em M_w pertencem à interseção de C_w e G_w. Logo, pelo menos estes dois meninos pertencerão tanto a C_w ($|M_w \cap C_w| \geq 2$) quanto a G_w ($|M_w \cap G_w| \geq 2$), que é exatamente o que (b) afirma.

(iii) $[\![a]\!]^w = 1$ sse $|M_w \cap C_w| = \emptyset$ & $|M_w \cap G_w| = \emptyset$
$[\![b]\!]^w = 1$ sse $|M_w \cap (C_w \cap G_w)| = \emptyset$

De acordo com (a), não há menino que pertença a C_w e nem menino que pertença a G_w. Logo, não pode haver menino que pertença a ambos, que é exatamente o que (b) afirma.

6. Em (i), (b) acarreta (a): se todos os meninos estão no conjunto dos que choram e todos os meninos também estão no conjunto dos que gritam, que é o que (b) afirma, então todos os meninos estarão no conjunto dos que choram e gritam, que é o que (a) afirma.

   Em (ii), (b) não acarreta (a), já que mesmo que haja mais de um menino que chore e mais de um menino que grite, que é o que (b) afirma, pode ser que não sejam os mesmos meninos e que portanto não haja dois meninos que chorem e gritem, negando portanto o que (a) afirma.

   Em (iii), (b) não acarreta (a), já que mesmo que não haja meninos que chorem e gritem, que é o que (b) afirma, pode ser que haja meninos que só chorem e/ou meninos que só gritem, negando o que (a) afirma.

7. a. 'um soldado' e 'todos os prédios da cidade'

   b. 'todos os prédios da cidade' tem escopo sobre 'um soldado'. A interpretação resultante é de um soldado (diferente) na frente de cada prédio. Se invertermos essa ordem, a interpretação resultante seria a de um mesmo soldado na frente de todos os prédios da cidade, o que soa incoerente.

   c. Para cada prédio p, existe um soldado s, tal que s está postado na frente de p.

Capítulo 7

1. $[\![\text{querer}]\!]^w = \{\langle p, x \rangle \mid \text{BUL}_{x,w} \subseteq p\}$

2. $[\![\text{João}]\!]^w = jo\tilde{a}o$
   $[\![\text{trabalhe}]\!]^w = \{x \mid x \text{ trabalha em } w\}$
   $[\![\text{João trabalhe}]\!]^w = 1$ sse João trabalha em w
   $[\![\text{que João trabalhe}]\!]^w = \{w' \mid \text{João trabalha em } w'\}$
   $[\![\text{quer}]\!]^w = \{\langle p, x \rangle \mid \text{BUL}_{x,w} \subseteq p\}$
   $[\![\text{quer que João trabalhe}]\!]^w = \{x \mid \langle [\![\text{que João trabalhe}]\!]^w, x \rangle \in [\![\text{quer}]\!]^w\}$
   $\qquad\qquad = \{x \mid \text{BUL}_{x,w} \subseteq \{w' \mid \text{João trabalha em } w'\}\}$

   $[\![\text{Pedro}]\!] = pedro$
   $[\![\text{Pedro quer que João trabalhe}]\!]^w = 1$ sse
   $\text{BUL}_{\text{Pedro},w} \subseteq \{w' \mid \text{João trabalhe em } w'\}$

3. Assuma que w_0 seja o mundo real e que p_{gr} seja a proposição que Maria está grávida:

   (i) Maria está grávida, mas Pedro não sabe se ela está ou não está grávida:

   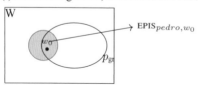

   (ii) M. está grávida e P. sabe que ela está, <u>ou</u> M. não está grávida e P. sabe que ela não está.

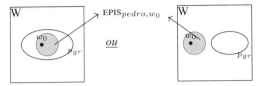

4. O problema é que as entradas lexicais propostas para 'acreditar' e 'querer' requerem um complemento sentencial que expressa uma proposição. Nos exemplos do exercício, os complementos parecem ser sintagmas verbais sem sujeito e que expressam propriedades e não proposições. Podemos pensar, porém, que a estrutura sintática dessas orações subordinadas contém sujeitos pronominais nulos, ou seja, não pronunciados, mas interpretados como pronomes pessoais como 'ele'. Sendo assim, as sentenças receberiam as mesmas interpretações de 'Pedro acredita que ele (Pedro) é um gênio' e 'Pedro quer que ele (Pedro) seja um rei.

5. As inferências são válidas e a entrada lexical de 'acreditar' prevê isso. No caso de (a), vamos chamar de p_1 a proposição que a cabeça da Maria vai parar de doer e de p_2 a proposição que a cabeça da Maria está doendo. O ponto a se notar é que p_1 está contida em p_2, já que todos os mundos em que a cabeça para de doer são mundos em que ela está doendo. Sendo assim, se $\text{DOX}_{pedro,w_0} \subset p_1$, e $p_1 \subset p_2$, então $\text{DOX}_{pedro,w_0} \subset p_2$

O caso de (b) é inteiramente análogo. Todos os mundos em que Pedro vai morrer dormindo são mundos em que Pedro vai morrer.

6. As inferências não são válidas, mas uma entrada lexical para 'querer' nos moldes da proposta para 'acreditar' levaria inevitavelmente à validade delas. A conclusão que podemos tirar é que não devemos modelar as alternativas buléticas de um indivíduo da mesma forma que modelamos suas alternativas doxásticas.

7. Dado o que foi visto neste capítulo, de acordo com S_1, é falso que Maria acredita que fará calor no final de semana. Portanto, a previsão que se faz é que S_1 será verdadeira em dois tipos de situação: (i) Maria não tem uma opinião formada sobre fazer calor no final de semana ou (ii) Maria acredita que não fará calor no final de semana. Já para S_2, a previsão é que a sentença será verdadeira apenas em situações em que Maria acredita que não fará calor no final de semana. Entretanto, intuitivamente, as duas sentenças parecem sinônimas, ambas expressando que Maria tem uma opinião e acredita que não fará calor no final de semana. De alguma forma, a negação em S_1 parece ser interpretada na oração subordinada, exatamente onde ela está em S_2. Esse fenômeno ficou conhecido como *neg-raising* (alçamento da negação) e sua explicação ainda é motivo de debates.

8. Na interpretação *de dicto*, é como se Pedro dissesse para si mesmo: *o marido da Maria é solteiro*! Trata-se de uma crença contraditória, já que ser marido implica em ser casado e, portanto, não ser solteiro. Na interpretação *de re*, existe um indivíduo que é, de fato, o marido da Maria, mas que o Pedro acredita ser solteiro. Neste caso, a crença de Pedro não é contraditória, apenas equivocada. Um cenário que tornaria essa interpretação *de re* verdadeira é o seguinte: Pedro vê o marido da Maria (sem a Maria) na balada e se divertindo muito e diz pra si mesmo: esse cara é solteiro.

9. 'É necessário que' se assemelha a 'ter que', expressando necessidade. Já 'é possível que' se assemelha a 'poder' expressando possibilidade. Em termos de sabor modal, 'é possível que' parece mais flexível, sendo compatível com interpretações epistêmica (É possível que Pedro esteja dormindo, mas eu não tenho certeza), deôntica (É possível votar com menos de 18 anos, a lei permite), teleológica (Se você quer ir até o aeroporto, é possível ir de metrô), dentre outras. Já 'é necessário que' parece mais restritivo, não soando natural com interpretações epistêmicas. Por exemplo, 'É necessário que o João esteja em casa' soa estranha quando se quer dizer que é impossível que o João esteja fora de casa.

312 Semântica

10. (b) e (c) parecem sinônimas, ambas expressando permissão (modalidade deôntica, no caso) para não participar da festa.

(d) parece expressar, ainda que de maneira um pouco prolixa, obrigação de participar da festa, algo como, 'você tem que participar da festa'.

11. Podemos assumir que o domínio em que 'ter que' opera é contextualmente restrito, incluindo apenas mundos iguais ao mundo real em relação a certos fatos. No caso em questão, seriam mundos em que os prisioneiros fizeram o que fizeram no mundo real. *Dentre esses*, o ideal perante a lei é que os presos voltem para as celas às 20hs.

12. 'Poder' é epistêmico e 'ter que' deôntico. A sentença expressa algo como o seguinte: dado o que eu sei no momento, é possível que você esteja obrigado por lei a deixar o país'

Capítulo 8

1. $[\![S]\!]^{t_0} = 1$ sse $\exists t < t_0$, tal que o marido da Maria em t era solteiro em t e $t \subseteq 1980$

As condições de verdade são contraditórias, exigindo que o indivíduo seja ao mesmo tempo marido da Maria e solteiro em algum intervalo t no ano de 1980. A razão disso está no fato de que tanto o DP sujeito 'o marido da Maria' quanto o VP predicado 'ser solteiro' estão no escopo imediato do operador temporal PRET. Uma possível solução seria permitir que o DP se desloque em forma lógica para o topo da estrutura, saindo assim do escopo do operador temporal e deixando um vestígio em sua posição original:

[DP o marido da Maria]$_1$ [TP PRET [VP [VP t_1 ser solteiro] [PP em 1980]]]

O resultado, cuja derivação fica como exercício adicional, será o seguinte:

$[\![S]\!]^{t_0} = 1$ sse $\exists t < t_0$, tal que o indivíduo que é marido da Maria em t_0 era solteiro em t e $t \subseteq 1980$

Uma outra possibilidade seria assumir que há um modificador implícito junto ao NP 'marido da Maria' com sentido semelhante ao do adjetivo 'atual'. Sua extensão seria a seguinte:

$[\![\text{atual NP}]\!]^t = [\![NP]\!]^{t_0}$

Como o leitor poderá verificar (mais um exercício extra), o resultado será semelhante ao que acabamos de apresentar com a solução via movimento sintático.

2. **Pedro está trabalhando:** [TP PRES [AspP IMP [VP Pedro trabalhar]]]

$[\![TP]\!]^{t_0} = 1$ sse existe $t' \supseteq t_0$, tal que Pedro trabalha em t'.

Pedro estará trabalhando: [TP PRES [FUT [AspP IMP [VP Pedro trabalhar]]]]

$[\![TP]\!]^{t_0} = 1$ sse existe $t > t_0$, e existe $t' \supseteq t$, tal que Pedro trabalha em t'.

3. **Pedro estava atravessando a rua:** [TP PRET [AspP IMP [VP Pedro atravessar a rua]]]

$[\![TP]\!]^{t_0} = 1$ sse existe $t < t_0$, e existe $t' \supseteq t$, tal que Pedro atravessa a rua em t'.

Como se pode ver, essas condições de verdade implicam a existência de um intervalo t' em que Pedro atravessa a rua, ou seja, ele parte de um lado, cruza o asfalto e chega ao outro lado. Como (T) deixa claro, não queremos que a existência desse intervalo seja um acarretamento fruto da combinação pretérito + imperfectivo. A não contraditoriedade de (T) mostra que 'estar atravessando' não implica 'ter atravessado' ou 'vai atravessar'. Uma possível solução seria acrescentar ingredientes modais, na linha do que vimos no capítulo anterior, ao aspecto imperfectivo, resultando em algo como : em todos os mundos em que a ação em curso não é interrompida por obstáculos externos, existe um intervalo tal qual descrito por VP.

4. [TP PRES [FUT [AspP PERF [VP a companhia emitir sua passagem]]]]

$[\![TP]\!]^{t_0} = 1$ sse existe $t > t_0$, e existe $t' < t$, tal que a companhia emite a sua passagem em t'.

Como se pode ver, a emissão da passagem se dá em um momento t' anterior a um momento futuro t. Sendo assim, t' pode ser anterior, concomitante ou posterior ao momento de fala t_0.

Respostas dos exercícios 313

A princípio, olhando apenas para (S), temos a impressão de que a emissão ocorrerá após o momento de fala. Mas como a coerência de (T) deixa claro, não se trata de uma inferência puramente semântica, ou seja, de um acarretamento da combinação tempo-aspectual 'terá + VP particípio'.

Capítulo 9

1. $[\![\text{Pedro}]\!]^w = p$
   $[\![\text{menina}]\!]^w = \{x \mid x \text{ é menina em } w\}$
   $[\![\text{meninas}]\!]^w = {}^*[\![\text{menina}]\!]^w - [\![\text{menina}]\!]^w$
   $[\![\text{as meninas}]\!] = max([\![\text{meninas}]\!]^w)$
   $[\![\text{Pedro e as meninas}]\!]^w = p \oplus max([\![\text{meninas}]\!]^w)$
   $[\![\text{chegaram}]\!]^w = {}^*\{x \mid x \text{ chegou em } w\}$
   $[\![\text{Pedro e as meninas chegaram}]\!]^w = 1$ sse
   $\quad [\![\text{Pedro e as meninas}]\!]^w \in [\![\text{chegaram}]\!]^w$

   Como o predicado 'chegaram' é distributivo, a sentença será verdadeira se, e somente se, Pedro tiver chegado e cada uma das meninas também tiver chegado.

2. a. $[\![\text{Alan e Bruno}]\!]^{w*} = a \oplus b$
   b. $[\![\text{os livros}]\!]^{w*} = l_1 \oplus l_2 \oplus l_3 \oplus l_4$
   c. $[\![\text{ler Ulisses}]\!]^{w*} = \{a, c, a \oplus c\}$
   d. $[\![\text{Alan e Carla leram Ulisses}]\!]^{w*} = 1$

3. a. $[\![\text{os livros que Carla recomendou a Bruno}]\!]^{w*} = l_1 \oplus l_2 \oplus l_4$
   b. $[\![\text{os livros que Bruno leu}]\!]^{w*} = l_1 \oplus l_3$
   c. $[\![\text{Bruno leu todos os livros que Carla recomendou a ele}]\!]^{w*} = 0$ (F)
   d. $[\![\text{Bruno não leu todos os livros que Carla recomendou a ele}]\!]^{w*} = 1$ (V)

   Se retirarmos a palavra 'todos' de (c) e (d), os julgamentos parecem um pouco mais sutis. De toda forma, sabendo que Bruno leu alguns, mas não todos os livros que Carlos lhe recomendou, nem (c′) nem (d′) parecem verdadeiras:

   (c′) Bruno leu os livros que Carla recomendou a ele.

   (d′) Bruno não leu os livros que Carla recomendou a ele.

   O resultado não deixa de ser curioso, já que o papel da negação é inverter o valor de verdade, e, se (c′) for falsa, (d′) deveria ser verdadeira!

4. $[\![\text{Alan e Bruno}]\!]^w = \{X \mid \{a, b\} \subseteq X\}$
   Cf. $[\![\text{todo menino}]\!]^w = \{X \mid M_w \subseteq X\}$, sendo M_w o conjunto dos meninos em w

   Com isso em mente, e reprsentando por C_w o conjunto dos indivíduos que choram em w, teríamos: $[\![\text{Alan e Bruno choram}]\!]^w = 1$ sse $\{a, b\} \subseteq C_w$

   Em palavras: a sentença será verdadeira sse tanto Alan quanto Bruno chorarem.

5. O sistema não é capaz já que verbos esperam argumentos com extensões individuais, ao passo que substantivos comuns têm como extensões conjuntos. A sentença com 'biscoito' pode ser parafraseadas por 'Maria comeu um ou mais biscoitos'. Mas a paráfrase não é perfeita, pois se Maria tiver comido apenas um pedaço de um biscoito, ela terá comido biscoito, mas não um ou mais biscoitos. Talvez a única saída seja usar algo ainda mais prolixo como 'Maria comeu pelo menos uma parte de um biscoito'. Já a sentença com 'farinha' pode ser parafraseada por 'Maria comeu uma certa quantidade de farinha'.

6. Vejamos alguns exemplos: 'A criançada se abraçou', 'a mulherada se falou por telefone'. Parecem gramaticalmente bem formados e com interpretação semelhante à de DPs plurais: 'As crianças de abraçaram', 'As mulheres se falaram por telefone'. Nenhum desses predicados vai muito bem com coletividades típicas: ??A máfia se falou por telefone, ??O comitê se abraçou. Portanto, os DPs em -ada parecem mais próximos dos DPs definidos plurais.

314 Semântica

Capítulo 10

1. Na análise davidsoniana, seriam 4 argumentos:

   $[\![apresentar]\!]^w = \{\langle x, y, z, e\rangle \mid e$ é um evento de z apresentar x para y em $w\}$

   Nesta entrada lexical, estamos assumindo que o verbo combina primeiro com seu objeto direto x, depois com seu objeto indireto y e, por fim, com seu sujeito z.

   Na análise neodavidsoniana, seria apenas 1 argumento: $[\![apresentar]\!]^w = \{e \mid \text{APRESENTAR}_w(e)\}$

2. A sentença parece admitir duas interpretações: (i) o juiz abriu um caso que já tinha sido aberto e fechado anteriormente (talvez por outro juiz); (ii) o mesmo juiz já tinha aberto o caso. Em (i), teríamos o prefixo 're-' inserido no nível de VP, excluindo v e o agente. Em (ii), teríamos o prefixo inserido no nível de vP, incluindo, portanto, v e o agente.

3. 'acreditar em Deus': estativo. Esse VP caracteriza um estado mental, uma crença. Não há uma caráter acional, dinâmico neste tipo de situação.

   'ir de casa até o centro': *accomplishment*. Aqui temos uma ação durativa e, a julgar pelos testes com expressões adverbiais durativas, um predicado télico: 'Pedro foi de casa até o centro em 30 minutos' soa ok, mas 'Pedro foi de casa até o centro por 30 minutos' soa estranha com a interpretação de que o deslocamento durou 30 minutos.

   'nadar no lago': *atividade*. Aqui também temos uma ação durativa, e a julgar pelos testes, um predicado télico: 'Pedro nadou no lago por 20 minutos' soa ok, mas 'Pedro nadou no lago em 20 minutos' soa estranha.

   'chegar atrasado': *achievement*. Trata-se de uma ação pontual.

4. Em (130), temos:

   $[\![\text{PERFEITO } v\text{P}]\!]^w = \{t \mid \exists e \, [\, \tau(e) < t \, \& \, e$ é um evento de Pedro comer o bolo em $w \,] \}$

   Em palavras: o conjunto dos intervalos t precedidos por um evento do P. comer o bolo.

   Em (131), temos: $[\![\text{IMPERFECTIVO } v\text{P}]\!]^w = \{t \mid \exists e \, [\, \tau(e) \supseteq t \, \& \, e \in [\![v\text{P}]\!]^w \,] \}$

   Em palavras: o conjunto dos intervalos de tempo contidos no intervalo correspondente a um evento do Pedro comer o bolo. Posto de outra forma: conjunto de intervalos nos quais há um evento em curso do Pedro comendo um bolo.

5. No nível de TP: (i) $[_{\text{TP}}$ **não** $[_{\text{TP}}$ PRETÉRITO $[_{\text{AspP}}$ PERFECTIVO $[_{v\text{P}}$ Pedro se formar $]\,]\,]\,]$

   Condições de verdade: não existe nenhum intervalo anterior ao momento de fala que contenha uma formatura do Pedro.

   No nível de AspP: (ii) $[_{\text{TP}}$ PRETÉRITO $[_{\text{AspP}}$ **não** $[_{\text{AspP}}$ PERFECTIVO $[_{v\text{P}}$ Pedro se formar $]\,]\,]\,]$

   Condições de verdade: existe um intervalo anterior ao momento de fala que não contém uma formatura do Pedro.

   No nível de vP: (iii) $[_{\text{TP}}$ PRETÉRITO $[_{\text{AspP}}$ PERFECTIVO $[_{v\text{P}}$ **não** $[_{v\text{P}}$ Pedro se formar $]\,]\,]\,]$

   Condições de verdade: existe um intervalo anterior ao momento de fala que contém evento que não é uma formatura do Pedro.

   Apenas as condições de verdade correspondentes a (i) estão adequadas. Já as condições em (ii) e (iii) são muito fracas, sendo facilmente satisfeitas, mesmo que Pedro tenha se formado.

6. Assumindo que t_0 seja o momento em que (S) seja proferida, teremos:

   $[\![\text{S}]\!]^w = 1$ sse $\exists e \, [\, \tau(e) \subset t_0 \, \& \, e \in [\![v\text{P}]\!]^w$

   (S) será verdadeira sse t_0 contiver um evento do tipo descrito por vP. Se assumirmos que t_0 (ao menos conceitualmente) é instantâneo e, portanto, sem duração, essas condições não podem ser satisfeitas. Se considerarmos que o t_0 tem uma duração (normalmente muito curta), as condições de verdade serão bastante restritivas, exigindo que o evento descrito em vP comece e termine enquanto a sentença está sendo proferida. Por exemplo, se vP for 'João beijar Maria', o beijo tem de começar e terminar enquanto (S) estiver sendo proferida. Não parece haver línguas que instanciem esta combinação de presente perfectivo.

Referências

Abbott, B. (2010). *Reference*. Oxford University Press, Oxford.

Altshuler, D., Parsons, T., & Schwarzschild, R. (2019). *A course in semantics*. MIT Press, Cambridge, MA.

Barker, C. (1992). Group terms in english: Representing groups as atoms. *Journal of semantics*, 9(1):69–93.

Barwise, J. & Cooper, R. (1981). Generalized quantifiers and natural language. *Linguistics and Philosophy*, 4:159–219.

Beaver, D. (2001). *Presupposition and Assertion in Dynamic Semantics*. CSLI Publications, Stanford, CA.

Beaver, D. & Geurts, B. (2014). Presupposition. In Zalta, E. N., editor, *The Stanford Encyclopedia of Philosophy*. Metaphysics Research Lab, Stanford University, winter 2014 edition.

Beghelli, F. & Stowell, T. (1997). Distributivity an negation: the syntax of *each* and *every*. In Szabolcsi, A., editor, *Ways of Scope Taking*, pp. 71–107. Kluwer, Dordrecht.

Berto, F. & Jago, M. (2018). Impossible Worlds. In Zalta, E. N., editor, *The Stanford Encyclopedia of Philosophy*. Metaphysics Research Lab, Stanford University, fall 2018 edition.

Binnick, R. (2012). *The Oxford handbook of tense and aspect*. Oxford University Press, Oxford.

Birner, B. (2017). *Language and meaning*. Routledge.

Birner, B. (2021). *Pragmatics: a slim guide*. Oxford University Press, Oxford.

Bochnak, M. R. (2019). Future reference with and without future marking. *Language and Linguistics Compass*, 13(1):e12307.

Brisson, C. (1998). *Distributivity, Maximality, and Floating Quantifiers*. Tese de Doutorado, Rutgers University, New Brunswick.

Büring, D. (2005). *Binding Theory*. Cambridge University Press, Cambridge.

Bybee, J., Perkins, R., & Pagliuca, W. (1994). *The evolution of grammar: Tense, aspect, and modality in the languages of the world*. University of Chicago Press Chicago, Chicago.

Cabredo-Hofherr, P. & Doetjes, J. (2021). *The Oxford Handbook of Grammatical Number*. Oxford University Press, Oxford.

Cançado, M. (2012). *Manual de semântica*. Editora Contexto, São Paulo.

Cançado, M. & Amaral, L. (2017). *Introdução à Semântica Lexical: papéis temáticos, aspecto lexical e decomposição de predicados*. Editora Vozes, Petrópolis.

Cann, R. (1993). *Formal Semantics*. Cambridge University Press, Cambridge.

Cappelen, H. & Dever, J. (2018). *Puzzles of reference*. Oxford University Press, Oxford.

Carnie, A. (2013). *Syntax: a Generative Introduction (3a edição*. Wiley-Blacwell, Oxford.

Cheng, L. & Sybesma, R. (1999). Bare and not-so-bare nouns and the structure of np. *Linguistic inquiry*, 30(4):509–542.

Chierchia, G. (1998a). Plurality of mass nouns and the notion of "semantic parameter". In Rothstein, S., editor, *Events and Grammar*, pp. 53–103. Kluwer, Dordrecht.

316 **Semântica**

Chierchia, G. (1998b). Reference to kinds across languages. *Natural Language Semantics*, 6:339–405.

Chierchia, G. (2003). *Semântica*. Editora da Unicamp, Campinas.

Chierchia, G. (2010). Mass nouns, vagueness and semantic variation. *Synthese*, 174(1):99–149.

Chierchia, G. (2015). How universal is the mass/count distinction? three grammars of counting. In Li, A., Simpson, A., & Tsai, W.-T. D., editores, *Chinese syntax in a cross-linguistic perspective*, pp. 147–177. Oxford University Press, Oxford.

Chierchia, G. & McConnell-Ginet, S. (2000). *Meaning and Grammar*. MIT Press, Cambridge, MA.

Comrie, B. (1976). *Aspect*. Cambridge University Press, Cambridge.

Comrie, B. (1985). *Tense*. Cambridge University Press, Cambridge.

Corbett, G. (2000). *Number*. Cambridge University Press, Cambridge.

Cruse, A. (2013). *Meaning In Language. An Introduction to Semantics and Pragmatics*. Oxford University Press, Oxford, third edition.

Cunha, C. F. (1990). *Gramática da Língua Portuguesa*. FAE, Rio de Janeiro.

Dahl, Ö. (1985). *Tense and aspect systems*. Basil Blackwell, Oxford.

Davidson, D. (1967). The logical form of action sentences. In Rescher, N., editor, *The Logic of Decision and Action*, pp. 81–120. University of Pittsburgh Press, Pittsburgh.

De Saussure, F. (2008). *Curso de linguística geral*. Editora Cultrix, São Paulo.

de Swart, H. (2003). *Introduction to Natural Language Semantics*. CSLI, Stanford.

Donnellan, K. (1966). Reference and definite descriptions. *The philosophical review*, pp. 281–304.

Dowty, D. (1977). Towards a semantic analysis of verb aspect and the english 'imperfective progresive'. *Linguistics and Philosophy*, 1:45–77.

Dowty, D. (1979). *Word Meaning and Montague Grammar*. Kluwer, Dordrecht. Reprinted with new prerface 1991.

Dowty, D. (1987). Collective predicates, distributive predicates, and *all*. In Marshall, F., editor, *Proceedings of the 3rd ESCOL*, The Ohio State University, Columbus.

Dowty, D. (1991). Thematic proto-roles and argument selection. *Language*, 67(3):547–619.

Elbourne, P. (2011). *Meaning: a slim guide to semantics*. Oxford University Press, Oxford.

Elbourne, P. (2013). *Definite Descriptions*. Oxford University Press, Oxford.

Ferreira, M. (2016). The semantic ingredients of imperfectivity in progressives, habituals, and counterfactuals. *Natural Language Semantics*, 24:353–397.

Ferreira, M. (2019). *Curso de Semântica Formal*. Language Science Press, Berlin.

Ferreira, M. (2021). Bare nominals and number in brazilian portuguese. In Cabredo-Hofherr, P. & Doetjes, J., editores, *The Oxford Handbook of Grammarical Number*. Oxford University Press, Oxford.

Frege, G. (1892). Sobre o sentido e a referência. In Alcoforado, P., editor, *Lógica e Filosofia da Linguagem*, pp. 129–158. Edusp, São Paulo.

Frege, G. (2009). *Lógica e Filosofia da Linguagem*. Edusp, São Paulo.

Gamut, L. (1991). *Logic, Language, and Meaning*. The University of Chicago Press, Chicago.

Geurts, B. (2006). Take *five*: the meaning and use of a number word. In Vogeleer, S. & Tasmowski, L., editores, *Non-definiteness and plurality*, pp. 311–329. Benjamins, Amsterdam/Philadelphia.

Geurts, B. & Nouwen, R. (2007). At least *et al.*: The semantics of scalar modifiers. *Language*, 83:533–559.

Grano, T. (2021). *Attitude Reports*. Cambridge University Press, Cambridge.

Grice, P. (1975). Logic and conversation. In Cole, P. & Morgan, J., editores, *Syntax and Semantics 3: Speech Acts*, pp. 41–58. Academic Press, New York.

Grice, P. (1978). Further notes on logic and conversation. In Cole, P. & Morgan, J., editores, *Syntax and Semantics*, pp. 113–127. Academic Press, New York.

Grice, P. (1989). *Studies in the Way of Words*. Harvard University Press, Cambridge, MA.

Haegeman, L. (1994). *Introduction to Government and Binding Theory*. Blackwell, Oxford.

Referências 317

Heim, I. (1991). Artikel und definitheit (articles and definiteness). In von Stechow, A. & Wunderlich, D., editores, *Semantics. An International Handbook of Contemporary Research*. de Gruyter, Berlin.

Heim, I. (1994). Comments on Abusch's theory of tense. In Kamp, H., editor, *Ellipsis, Tense, and Questions*, pp. 143–170. University of Amsterdam, Amsterdam.

Heim, I. & Kratzer, A. (1998). *Semantics in Generative Grammar*. Blackwell, Oxford.

Horn, L. (1989). *A Natural History of Negation*. University of Chicago Press, Chicago, IL.

Hornstein, N. (1994). *Logical Form*. Blackwell, Oxford.

Ilari, R. (1997). *A expressão do tempo em português*. Editora Contexto.

Ilari, R., Oliveira, M. F., & Basso, R. M. (2016). Tense and aspect: a survey. In Wetzels, L., Menuzzi, S., & Costa, J., editores, *The Handbook of Portuguese Linguistics*, pp. 392–407. Wiley-Blackwell.

Jacobson, P. (2014). *Compositional Semantics*. Oxford University Press, Oxford.

Kaplan, D. (1989). Demonstratives. In Almog, J., Perry, J., & Wettstein, H., editores, *Themes from Kaplan*. Oxford University Press, Oxford.

Kennedy, C. (1997). *Projecting the Adjective: The Syntax and Semantics of Gradability and Comparison*. Tese de Doutorado, University of California, Santa Cruz.

Klein, W. (1994). *Time in language*. Routledge, London; New York.

Kratzer, A. (1981). The notional category of modality. In Eikmeyer, H. & Rieser, H., editores, *Words, Worlds, and Contexts: New Approaches in Word Semantics*, pp. 38–74. de Gruyter, Berlin.

Kratzer, A. (1991). Modality. In von Stechow, A. & Wunderlich, D., editores, *Semantics: An International Handbook of Contemporary Research*, pp. 639–650. de Gruyter, Berlin.

Kratzer, A. (1998). More structural analogies between pronouns and tenses. In *proceedings of SALT VIII*, pp. 92–110. CLC Publications.

Kratzer, A. (2003). *The event argument and the semantics of verbs*. UMass at Amherst, Ms.

Krifka, M. (1998). The origins of telicity. In Rothstein, S., editor, *Events and Grammar*, pp. 197–235. Kluwer, Dordrecht.

Krifka, M. (1999). At least some determiners aren't determiners. In Turner, K., editor, *The Semantics/Pragmatics Interface from Different Points of View.*, pp. 257–291. Elsevier Science B.V.

Kripke, S. (1977). Speaker's reference and semantic reference. In French, P. A., Uehling, T. E., & K., W. H., editores, *Contemporary Perspectives in the Philosophy of Language*, pp. 6–27. University of Minnesota Press, Minneapolis.

Kripke, S. (1980). *Naming and necessity*. Harvard University Press, Cambridge, MA.

Landman, F. (1992). The progressive. *Natural Language Semantics*, 1:1–32.

Landman, F. (2000). *Events and plurality : The Jerusalem Lectures*. Kluwer Academic Publishers, Dordrecht; Boston.

Larson, R. & Segal, G. (1995). *Knowledge of Meaning*. MIT Press, Cambridge, Mass.

Lasersohn, P. (1995). *Plurality, conjunction and events*. Kluwer, Dordrecht.

Levinson, S. (1983). *Pragmatics*. Cambridge University Press, Cambridge.

Levinson, S. (2007). *Pragmática*. Martins Fontes, São Paulo.

Lima, S. (2014). *The Grammar of Individuation and Counting*. Tese de Doutorado, University of Massachusetts at Amherst.

Link, G. (1983). The logical analysis of plurals and mass terms: a lattice-theoretical approach. In Bäuerle, R., Schwarze, C., & von Stechow, A., editores, *Meaning, Use and Interpretation of Language*, pp. 303–323. de Gruyter, Berlin.

Link, G. (1998). *Algebraic semantics in language and philosophy*. CSLI Publications, Stanford, Calif.

Mani, I., Pustejovsky, J., & Gaizauskas, R. (2005). *The language of time: a reader*. Oxford University Press, Oxford.

Martinet, A. (1970). *Elementos de linguística geral*. Livraria Sá da Costa.

Martinich, A. (2001). *The Philosophy of Language*. Oxford University Press, Oxford.

318 Semântica

May, R. (1977). *The Grammar of Quantification*. Tese de Doutorado, MIT.

May, R. (1985). *Logical Form: Its Structure and Derivation*. MIT Press, Cambridge, MA.

McGinn, C. (2015). *Philosophy of language: The classics explained*. MIT Press, Cambridge, MA.

Menzel, C. (2017). Possible Worlds. In Zalta, E. N., editor, *The Stanford Encyclopedia of Philosophy*. Metaphysics Research Lab, Stanford University, winter 2017 edition.

Mioto, C., Figueiredo Silva, M. C., & Lopes, R. (2013). *Novo manual de sintaxe*. Editora Contexto, São Paulo.

Morris, M. (2007). *An introduction to the philosophy of language*. Cambridge University Press, Cambridge.

Morzycki, M. (2016). *Modification*. Cambridge University Press, Cambridge.

Murphy, L. (2010). *Lexical Meaning*. Cambridge University Press, Cambridge.

Ogihara, T. & Sharvit, Y. (2012). Embedded tenses. In Binnick, R., editor, *The Oxford Handbook of Tense and Aspect*, pp. 638–668. Oxford University Press.

Palmer, F. R. (2001). *Mood and modality*. Cambridge University Press, Cambridge.

Papineau, D. (2012). *Philosophical devices: Proofs, probabilities, possibilities, and sets*. Oxford University Press, Oxford.

Parsons, T. (1990). *Events in the semantics of English: a Study in Subatomic Semantics*. MIT Press, Cambridge, Mass.

Partee, B. (1973). Some structural analogies between tenses and pronouns in English. *Journal of Philosophy*, 70:601–609.

Pietroforte, A. V. (2002). A língua como objeto da linguística. In *Introdução à linguística: objetos teóricos*, volume 1, pp. 75–93. Editora Contexto, São Paulo.

Pires de Oliveira, R. (2001). *Semântica Formal. Uma Breve Introdução*. Mercado de Letras, Campinas.

Pires de Oliveira, R. & Rothstein, S. (2011). Bare singular noun phrases are mass in Brazilian Portuguese. *Lingua*, 121:2153–2175.

Portner, P. (1998). The progressive in modal semantics. *Language*, 74:760–787.

Portner, P. (2009). *Modality*. Oxford University Press, Oxford.

Portner, P. (2012). Perfect and progressive. In Maienborn, C., von Heusinger, K., & Portner, P., editores, *Semantics: an international handbook of natural language meaning*, volume 2, pp. 1217–1261. de Gruyter, Berlin.

Pylkkänen, L. (2008). *Introducing arguments*. The MIT Press, Cambridge, MA.

Rothstein, S. (2004). *Structuring Events*. Blackwell, Oxford.

Rothstein, S. (2017). *Semantics for Counting and Measuring*. Cambridge University Press, Cambridge.

Saeed, J. (2016). *Semantics (4a edição)*. Wiley-Blacwell, Oxford.

Schein, B. (1993). *Plurals and Events*. MIT Press, Cambridge, MA.

Schmitt, C. & Munn, A. (1999). Against the nominal mapping parameter: bare nouns in Brazilian Portuguese. In *Proceedings of NELS*, volume 29, pp. 339–354.

Schwarzschild, R. (1996). *Pluralities*. Kluwer, Dordrecht.

Stechow, A. v. (1996). The different readings of *wieder* 'again': A structural account. *Journal of Semantics*, 13(2):87–138.

Szabó, Z. & Thomason, R. (2018). *Philosophy of Language*. Cambridge University Press, Cambridge.

Szabolcsi, A. (2010). *Quantification*. Cambridge University Press, Cambridge.

Tarallo, F. (1990). *A Pesquisa Sócio-Linguística*. Ática, São Paulo.

Taylor, K. (1998). *Truth and Meaning*. Blackwell, Oxford.

Vendler, Z. (1967). *Linguistics in philosophy*. Cornell University Press, Ithaca, N.Y.

Von Fintel, K. & Heim, I. (2011). Intensional semantics. *Unpublished Lecture Notes, MIT*.

Williams, A. (2015). *Arguments in syntax and semantics*. Cambridge University Press, Cambridge.

Winter, Y. (2001). *Flexibility Principles in Boolean Semantics*. MIT Press, Cambridge, MA.

O autor

Marcelo Ferreira é professor associado (livre-docente) do Departamento de Linguística da Universidade de São Paulo. Possui doutorado em linguística pelo Massachusetts Institute of Technology (MIT), com especialização em semântica formal. Sua principal área de atuação é a semântica e suas interfaces com a sintaxe e a pragmática. O foco principal de sua pesquisa tem sido os domínios da temporalidade e da modalidade. É autor do livro *Curso de Semântica Formal*, publicado pela editora Language Science Press, coautor (com Marcos Lopes) do livro *Para Conhecer: Linguística Computacional*, pela Editora Contexto, de artigos publicados em periódicos como *Natural Language Semantics*, *Journal of Semantics* e *Journal of Portuguese Linguistics*, além de capítulos de livro de editoras como *Oxford University Press*, *Wiley-Blackwell* e *John Benjamins*. É pesquisador e bolsista de produtividade em pesquisa do CNPq.

GRÁFICA PAYM
Tel. [11] 4392-3344
paym@graficapaym.com.br